中江兆民のフランス

中江兆民のフランス

井 田 進 也 著

岩 波 書 店

フランス留学時代の
中江兆民

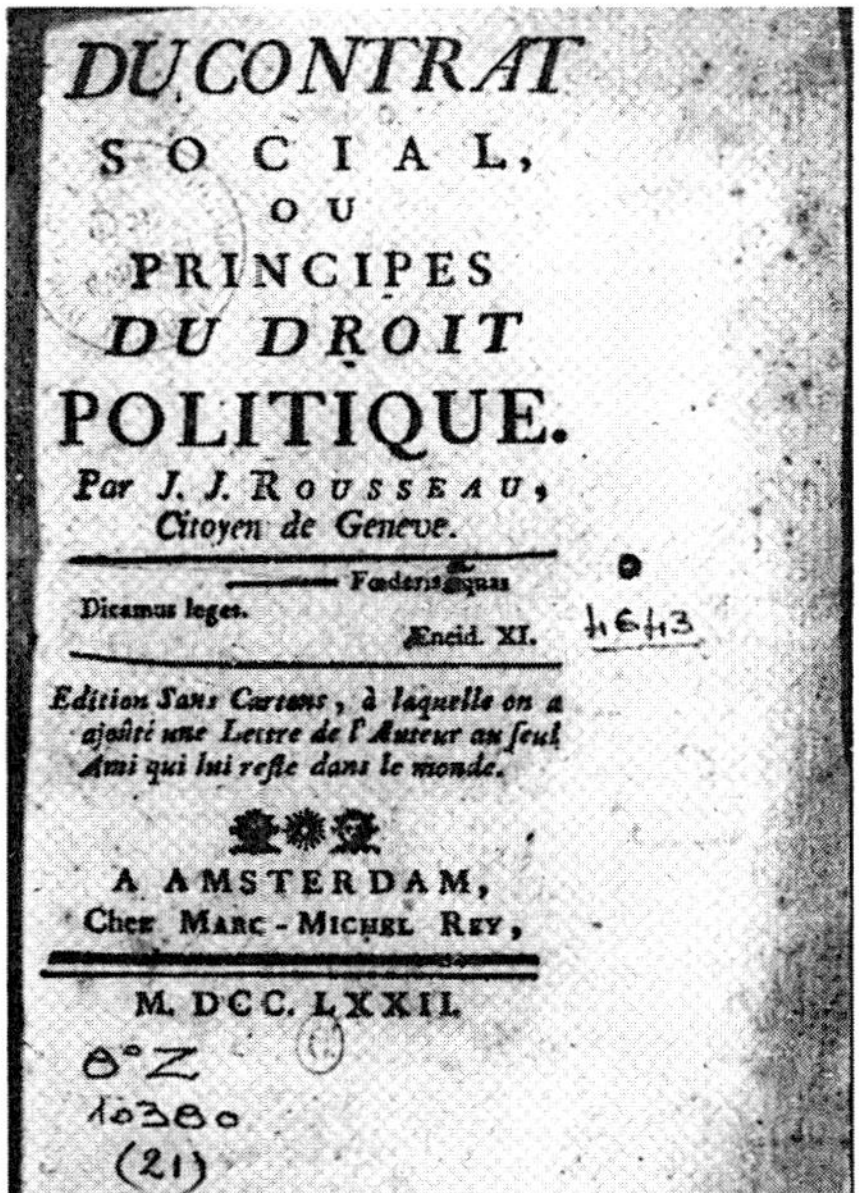

DU CONTRAT
SOCIAL,
OU
PRINCIPES
DU DROIT
POLITIQUE.
Par J. J. ROUSSEAU,
Citoyen de Geneve.

——— Fœderis æquas
Dicamus leges.
Æneid. XI.

Edition Sans Cartons, à laquelle on a ajoûté une Lettre de l'Auteur au seul Ami qui lui reste dans le monde.

A AMSTERDAM,
Chez MARC-MICHEL REY,

M. DCC. LXXII.

『民約訳解』翻訳原本と同版の Du Contrat social, Amsterdam, M.-M. Rey, 1772. BN/8°Z 10380(21)

飯 塚　納

福田乾一

西園寺公望

今 村 和 郎

光妙寺三郎

留学時代の兆民の友人たち(光妙寺を除き滞仏中撮影)

はじめに

本書に収めるのは、昭和四十九(一九七四)年七月から翌年三月末日まで、中江兆民のフランス留学時代について現地調査に従事する機会を得て、主にパリ国立図書館で雑誌『政理叢談』の原典を探索する作業を中心的に行ない、持ち帰った結果を基礎として以後五年間に『文学』『思想』の両雑誌、および勤務する大学の紀要に相次いで発表した論考である。

なお《付録》に旧稿「中江兆民――『民約訳解』の周辺」(『比較文学研究』第八号、昭和三十九年)を再録する。

本書に前々から考えていた「中江兆民のフランス」の題名を冠し、「フランスの中江兆民」としなかったのは、ほかでもない。第一の理由は、兆民が一八七二(明治五)年二月頃から一八七四年四月頃までのフランス滞在中に学んだ事柄が、帰国後仏学塾を起こし、翻訳・言論活動に従事しながら、明治二十年、保安条例のために帝都三里外に追放されるまでの、大まかに学者時代として概括されうる全期間にわたって影響をおよぼしていると考えられるからである。かれが舶載したフランス書を座右に置き、ことあるごとにこれを繙読・参照するかぎり、そこにはたえずかれのフランスが現出していたはずである。第二の理由は、なんといっても資料が絶対的に不足していることである。著者が修士論文ではじめて兆民のフランス時代をテーマに選んだとき、西園寺公望の回顧談などほかにも若干ないではなかったが、最初にして最後、結局これしかないという資料が、幸徳秋水『兆民先生』の岩波文庫版にして一ページにも満たない断片的な聞き書きであった。留学中の兆民が「専ら哲学、史学、文学を研鑽した」とし、「其渉猟せる史籍の該博」であったとすれば、それぞれの学問分野をどこで、どのように「研鑽」したか、「渉猟せる史籍」というのが誰々の、どのような歴史書であったかというように、この僅々十数行の漠としてつかみどころのない証言を一語一句手を換え品を換え吟味して、何か一つでも具体的な手がかりを得られないかと、十年一日われながら情けなくなるほどこの小冊子の同じ箇所を何度も何度もつついてきた結果が、とりもなおさず本書に収める諸論考なのだが、そうして浮かび上ってきたものは、せいぜい、留学時代の兆民の、輪郭のはっきりしないシルエットにすぎないからである。将来それなりの準備をして、「フランスの中江兆民」の実像に迫ってみたい気がないではないが、いまはとりあえず「中江兆民のフランス」くらいにとどめておくほかはない。

したがって本書各章の配列も、『兆民先生』の記述にもとづいて現地調査を行なってみたが決定的な資料をついにえられなかったので（第一章）、フランス側にもはや留学時代の直接資料を期待しえないならば、今日も日本側に残っている資料で手がかりになるものはないかと官費留学制度の実際の運用面を調べ（第二章）、右の二論考ならびにこれと平行して準備しつつあった『「政理叢談」原典目録』（巻末）を執筆する過程で生じた新たな疑問ないしヒントを、以下の論考で順次解明ないし確証につとめる……という、著者が行なった作業の順序にしたがっており、各論考が堂々めぐりに終らず多少とも螺旋状に展開しているとすれば、それぞれ前の論考をふまえた結果であるといえようか。ある論考の記述があとの論考によって明らかに誤まりと判明した場合には、多くの場合本文を正したが、なかには作業の軌跡を残すため、当該箇所に注記してあとの論考を参照して頂くことにした場合もある。

なお、諸論考を本書に収めるにあたり、兆民関係の引用を全部、著者が編纂にかかわった『中江兆民全集』（松本三之介ほか編、全十七巻、別巻一、岩波書店刊、昭和五十九―六十一年）からのものにつけかえた。注に『全集』とのみあるのは、右の兆民全集の謂である。

目　次

第一章　兆民研究における『政理叢談』の意義について

I　滞仏生活に関する直接資料発見の可能性

中江兆民が明治五年から七年春まで二年余のフランス留学中に司法省派遣学生でありながら「専ら哲学、史学、文学を研鑽」したこと、とりわけその「渉猟せる史籍の該博」であったことは、幸徳秋水の筆によってひろく知られている。[1] だが、かれがこれらの学問分野のそれぞれにおいて具体的にどのような作家の、どのような作品に接していたかについては秋水はまったく言及していない。というよりむしろ、この種の問題には最初からあまり関心を払っていなかったようにさえ見受けられる。フランスで兆民と交友のあったことで知られる西園寺公望関係の文献を調べてみても、滞仏中の兆民については「勉強よりも高論放談の方だった」といった程度の寸評しか残されていない。[2] 清華の御曹子として、また粋人として、西園寺にはもともとこのような野暮なことを語る気はなかったのかもしれない。しかしながら、兆民の著作中、哲学における『理学鉤玄』、史学における『革命前法朗西二世紀事』、文学における『三酔人経綸問答』という代表的著作だけをとりあげてみても、いずれも日本近代思想史上それぞれの分野における先駆的業績とみなしうることを考えれば、これらの作品が準備されたともいうべきフランス留学時代が右の事情によって兆民伝中の空白としてとり残されていることは、まことに残念なことといわねばならない。著者はかねてから滞仏中ならびに帰国後言論活動を開始するまでの思想的営為を跡づけることをもって兆民研究の原点と考えているものであるが、兆民が帰朝してからちょうど百年目に当る一九七四年、ときあたかもかれが帰朝したと推定される初夏の候に、たまたま渡仏の機会を得て、年度末までの八ヶ月あまり現地調査に従事することができた。渡仏するに当ってよもや年来の疑問が氷解するとは思えなかったが、前回留学時の経験からパリ、リヨンのいずれかの施設に兆民滞仏中の軌跡をとどめるなんらかの資料がいまならまだみつかるのではないかという淡い期待を抱かないでもなかった。だが、現地に着いて、かれが一度は出頭したり通ったりしたと思われる官庁、学校、図書館等において可能なかぎり探索を行なってみた結果、残念ながらなんの手がかりもえられなかった。いかに公文書を丹念に保存するといわれるフランスでも、一世紀の歳月の距たりはさすがに争いえなかったのである。パリ、リヨン警視庁関係の外国人滞在許可証台帳、および両都の大学の法、文学部（ただしリヨン大学法学部は兆民帰朝後の一八七五年創立）の入学登録台帳など、留学生活の物質的基礎をものがたるべき直接資料は、みなもはや披見できなくなっていた。前者は、パリ警視庁の返答によれば、作成後三十年をもって有名人、犯罪者以外の場合は廃棄されるとの由であり、後者、とりわけ兆民が一時的にもせよなんらかのかたちで籍を置いたかもしれぬパリ大学法学部の入学登録台帳は、少なくとも一九三二年当時にはまだたしかに大学に保存されていたのだが(3)、国立公文書館に移されたまま未整理とのことであった(4)。滞仏中ひろく史籍を渉猟したのだとすれば、各種の図書館を利用しなかったはずはないと考えられるが、パリ国立図書館の入館許可申請書台帳にはマルクス、クレマンソーのような著名人の名は散見しても、兆民のように大学入学資格《バカロレア》さえもたない者には最初から門戸が閉ざされており、またカルチエ・ラタンで青春を送りながらその門をくぐらなかった者はないといわれるサント・ジュヌヴィエーヴ図書館、あるいはセーヌ河岸のマザリーヌ図書館においても、現存する館外帯出者名簿に名前の残っているのは、当時からすでに著書のあった作家・研究者などの特権的読者にかぎられている。フランスにおける資料発見の可能性がこのように低いものだとすると、兆民伝中の空白を埋めうる直接資料は、今後よほどの僥倖によらぬかぎり発掘されぬものと覚悟せざるをえないが、現存する資料の範囲内でこの時期の兆民伝解明の手がかりをえようとする場合、どのような道が残されているだろうか——文は人なりというが、死を目前にした兆民は、書きつつある『一年有半』について「是れ即ち余の真我也」と語っている。もし作家、思想家はその作品中においてもっともよくおのれを語るものだとすれば、兆民がその著書・論説中いかに断片的であれ、自己の滞仏中の体験について語っている箇所、あるいは語っていると思われる箇所(その当否はしばらく措く)を逐一拾い出し、これを兆民滞仏当時のフランス側の一般的資料に照らして検証しながら考察を進めてゆくという道がそれである。西園寺関係の文献にかぎらず、兆民と相前後してフランスに旅行ないし滞在した邦人の記録(同時期の代表的なものとしては久米邦武編『米欧回覧実記』、成島柳北『航西日乗』など)をできるかぎり集めて傍証として利用することはいうまでもない。兆民の滞仏時代一般を対象とする一連の調査の手はじめとして、以下にひとまず、かれが渉猟したといわれる「哲学、史学、文学」その他諸分野の文献を可能なものから具体的に突きとめてゆくことによって、この時期の兆民伝に一面からの照明を当てることができればさいわいである。

（1）幸徳秋水『兆民先生』、『全集』別巻、四五〇頁。兆民滞仏中の動静は、一頁にも充たないこの聞き書きを一字一句検討し、解釈することによってしか窺いえないとさえいってよい。したがって、『兆民先生』については、ごく短かい作品でもあり、特別の場合を除いて、一々註記しない。ついでながら兆民自身の『一年有半』(『全集』第一〇巻所収)についても同様。
（2）木村毅編『西園寺公望自伝』、六〇頁。
（3）Alexandre Zévaès : Jules Vallès, son œuvre, Paris, 1932, p. 25.
（4）ただし、最近は見られるようになったと仄聞する。

II　滞仏中・帰国直後の閲読書目とその限界

まず著作中の引用、言及などから兆民がみずから読んだと断っているフランスの作家・作品、あるいは読んだことがほぼ確実とみなしうるものを挙げてみると、『一年有半』に引用されるコルネイユ（『ル・シッド』、『シンナ』）、ラシーヌ（『アタリー』、『イフィジェニー』）、あるいはパスカル、ボシュエ、フェヌロンら十七世紀の古典主義作家、モンテスキュー、ヴォルテール、ルソーら啓蒙主義思想家の代表的作品、当代のものとしてはユゴーの作品、そしてきわめて例外的に『革命前法朗西二世紀事』の巻頭に引用書目として掲げられているマルタン、ウイトルチュルイー（ヴィクトル・デュリュイ）の二種の『法国《フランス》史』、フイエー（じつはブイエ）の『歴史字典』、ヴォルテールの『手簡鈔』とルソーの『懺悔録』、さらに『選挙人目ざまし』の典拠とされたエヅアール・ヒリポン（エドゥアール・フィリポン）の『有限責任論』、『三酔人経綸問答』に引用されるエミール・アコラース（兆民が Acollas をアコラス、アコラースの二様に綴っていることが指摘されているが、[1] 著者が探し当てた直系の子孫のあいだではアコラースに近い発音がなされていた。アコラスの呼称は、思うに、西園寺が「アコラス門人」を名乗って以来定着したものであるが、どこにもとくにアクセントが置かれていないという意味で、たしかにきわめて日本的なひびきをもっている。アコラースをとりたい）の国際法理論から確認しうるその著『民法提要』第一巻くらいのものである。[2] 兆民が帰朝後、司法省、文部省の委嘱を受けて翻訳したり、あるいは門弟との共訳（ルソー『非開化論』、土居言太郎と）、校閲（アコラース著、酒井雄三郎訳『政理新論』、およびフイエー著、酒井訳『泰西先哲政論』）の労をとった著作も、むろん右の範疇に入れてよいが、いずれにせよ、それらの著作にはじめて触れたのがいつ、どのような機会であったかという事情については、まったく知られていない。

思うに、兆民が生来の法律ぎらいであるとすれば、[3] 司法省関係の法律書は翻訳委嘱を受けた明治十年前後、フィリポンの『有限責任論』(一八八二年)やアコラースの『政理新論』(一八七八年)のようにかれの帰国後に刊行された著作については、おそらく著述・校閲等の実際的必要に迫られた時期と、おおよその見当はつくのだが、ウージェーヌ・ヴェロン『維氏美学』、フイエー『理学沿革史』のように文部省委嘱の訳書となると、哲学に対するかれの主体的な興味もからんできて、いつごろ読み始めたものかをにわかに断定しがたく、当面は滞仏中の伝記を解き明かす過程でおのずから明らかになってくることを期待するほかはない。ただアコラースの『民法提要』については、それが兆民滞仏前後の刊行(初版一八六九年、再版一八七四年)であり、西園寺の懐旧談からも本書(とくに第一巻)が法学生のあいだで珍重されていたことが窺われるうえに、[4] 明治十三年にははやくも兆民の門弟小島龍太郎による全訳が司法省から発刊されはじめている事情などを考え合わせれば、滞仏中から座右にあった書物の一とみなしてさしつかえないであろう。

『一年有半』の文脈から察するに、死に臨んで義太夫・浄瑠璃の至芸に接することをもって至願としたほどの「ツラジェヂー」、「ドラーム」好みの兆民は、さきに挙げたコルネイユ、ラシーヌの悲劇(同じく古典主義作家ながら喜劇作家モリエールの名は挙げられていない)にはフランス語の稽古がてら観劇に出かけたコメディー・フランセーズ、オデオンあたりの台本として接したのがはじめてであったろうか。ユゴーについては、『噫無情』《レ・ミゼラブル》の訳者で、余命一年有半を宣告された兆民を「操守ある理想家」と呼んで感泣せしめたことで知られる黒岩涙香を評する一節に「余涙香の訳せし所の原書、一も曾て読みたること無し」と断わってあるが、『兆民先生』には「ユーゴーの諸作の如き、亦実に神品の文也。而も之が真趣味は、唯だ原文に就て始めて解するを得べくして、決して尋常訳述の能く写し得る所に非ざるや論なし」と絶讃している。右に「神品」と評したユゴー作品については兆民は明治二十二、三年頃「余はユゴーの『リュイブラース』や『ノートルダムドパリー』を好むこと酷し嘗て翻訳せんと欲すること屢々なりしも一読する毎に脊骨辣然として復た筆を操ること能はずユゴーは神なり叨《みだり》にユゴーの文を訳するは神を瀆すなり」と述べており、[5] ほかにも『拿破崙三世罪案記事』(『小ナポレオン』Napoléon le petit のことか)を読んでいた形迹が窺われるが、[6]『一年有半』中、「漢詩革新の一法」と題する一節にコルネイユ、ラシーヌと並んで言及されているところをみると、とりわけその詩劇作品に親しんでいたようにも考えられる。ちなみに兆民滞仏中のコメディー・フランセーズの上演目録を調べると、右の二大悲劇詩人は毎年のことながら、ユゴーの韻文ドラマで、リシュリューの決闘禁止令にまつわる遊女の悲恋を題材とした『マリオン・ドロルム』が一八七三年、七四年の演目に上がっており、[7] 雑誌の劇評欄からも一八七二年春、オデオン座に『リュイ・ブラース』がかかっていることが知られる。[8] さらに、兆民の全著作を通じて、十九世紀のフランス文学としてはユゴー以外の名が挙げられていない事実を考え合わせると、明治十五年渡仏した板垣退助・後藤象二郎の両名が、アコラース、クレマンソーとともにユゴーに会見している例にもみられるように、この共和派の詩人政治家は、一八六七年、アコラースが組織した自由平和同盟ジュネーヴ大会に亡命先から参加して以来、[9] アコラースを通じて在仏日本人たちに特別の親近感を与えていたもののように見受けられる。ユゴーがヴェルサイユ軍によるパリ・コミューン鎮圧を糾弾した詩集『怖るべき年』L'Année terrible は兆民が渡仏した一八七二年の出版であるが、はたしてかれがこれを読んでいたか、いなかったか——推測の域を出ないが、コミューンの翌年パリに着きながら、かたく口を閉ざしているとしか思えない兆民のコミューン観をうかがい知るうえで、きわめて興味ある問題である。

　ボシュエ、フェヌロン、ヴォルテール、モンテスキューの名は『一年有半』の「欧州人の文章」と題する項に、たとえこれらの大作家でも語法上の誤まりなどを犯した場合には、学校教課書の欄外に一々摘発をまぬがれぬとして挙げられており、兆民が少なくともこれらの作家の教課書版を知っていたことがわかる。学校教課書といえばむろん、兆民が帰朝後に起こした仏蘭西学舎や仏学塾で使用した教材を忘れてはならないわけであるが、なんといってもこの種のものに最初に接したのは、着仏当初西園寺らと通ったパリのフランス語学校であったろう。この私立学校そのものについては、西園寺の回想に、バック街 rue du Bac(パリ七区)にあったものかどうか忘れたといわれているだけで[(10)]、その場所はもちろんのこと、どのような教育が施されていたのか、なんの手がかりもえられなかった。ただ、一八七二年五月、ときの文部大臣ジュール・シモン(第二帝政末期、反体制共和派としてアコラースの盟友、『政理叢談』に論文訳載)に答申された『学校図書館用書籍総目録』[(11)]には、大臣の意向にしたがって十七世紀古典主義作家を重視したといわれており、十八世紀の大作家はヴォルテール、モンテスキューの歴史ものにかぎられ、ルソーの名は挙げられていない。また右の『目録』に収められている各種のフランス選文集(これらはいずれも十数版を重ねて当時定評のあったものと思われ、兆民が学校教課書と呼んでいるものがその中のいずれかであることもありうる)を調べてみても、編集方針は答申書の場合と同じで、十七世紀古典主義作家たちに厚く、十八世紀についてはなるべく穏当な作家、作品を選んだ観がある。今日ほとんどかえりみられない群小の作家たちにまじって、ほんの申し訳程度に採録されているにすぎないルソーの作品にしても、『告白』、『夢想』などの詩的、文学的な断片にかぎられている。巷間の私立学校の教則、教育内容については記録が残っていないので断言は避けたいが、新聞広告などでバカロレア試験のための補習教育をうたっているものが多いところをみると、おおむね公立学校の方針に準じていたのではないかと推測される。――ことによると兆民滞仏中の文学修業も、少なくとも当初は、右の教課書版に取り上げられたような作家・作品を主としたものではなかったろうか。のちに新聞に連載された『情海』[(12)]が(どの程度まで原テキストから採取されたものであるかは措くとして)、十七世紀のラ・ロシュフコー、ラ・ブリュイエールに代表されるフランス・モラリストたちの箴言集ともいうべきものであり、さらに『一年有半』そのものさえも、フランス文学史の分類にしたがえば、まさしく箴言 maximes やポルトレ portraits(性格描写)といった古典主義的ジャンルに近い作品であることは、このような推測をある程度可能にするものであるといってよいであろう。

次に『革命前法朗西二世紀事』に引用される諸文献が、兆民滞仏中の史学研鑽の名残りをとどめるであろうことは容易に想像されるところである。当時フランスで全盛期を迎えていた民衆図書館設立運動の『架蔵推薦書目録』[13]にもマルタン、デュリュイの『フランス史』はそれぞれフランス史部門の筆頭にランクされており(とくにマルタンはこの運動の推進者の一人)、当時もっとも世評の高い歴史書であったことがわかる。ルソーの『懺悔録』がヴォルテールの『手簡鈔』とともに、文学作品というよりはむしろ時代を証言する歴史書として引用されていることは、兆民のルソーへのアプローチの一局面を物語っているようで興味ぶかいが、本文中の「ルーソー小伝」(これは『民約訳解』を別とすれば、かれがとくにルソーを取り上げて論じたものとしては唯一のまとまったものといってよい)をくわしく検討してみると、ことごとくマルタン『フランス史』の抄訳ないし要約であるという[14]、東洋のルソーにわれわれが抱きがちなイメージからすればやや意外と思われる事実が明らかになってくる。兆民がルソーをはじめとする啓蒙思想家たちに関心を抱いたのは、秋水がとくに強調しているように「渉猟せる史籍の該博」(傍点引用者)であった結果であったのかどうか、今後の検討に委ねたい。

(1) 松永昌三『中江兆民の思想』、二〇一頁。
(2) 『三酔人経綸問答』、『全集』第八巻、二一七—二一八頁に紹介されるアコラースの国際法理論は Manuel de droit civil, T. I, Introduction, p. VII からの引用。
(3) 「兆民先生行状記」、『全集』別巻、四七九—四八〇頁。

(4) 竹越與三郎『陶庵公』、九〇頁。
(5) 「文章家の徳富君と政治家の徳富君」(自筆草稿)、『全集』第一七巻、八七―八八頁。
(6) 「黄金ニ非ズ黄金ニ非ズ」、『東雲新聞』第七〇号(明治二一・四・一三)、同右、第一一巻、一二一頁。
(7) Joannidès : La Comédie Française de 1680 à 1900, répertoire pour les années 1872–1874.
(8) たとえば『両世界評論』(一八七二年三月一日号)にルイ・エチエンヌ(後述)の「オデオン――『リュイ・ブラース』の再演」と題する劇評がのっている。
(9) ユゴーはジュネーヴ大会開催に賛意を表してアコラースに寄せた小信(一八六七年七月)に「諸民族間の平和大会は、戦争をたくらむ国王間の大会〔パリ万国博覧会――引用者〕へのみごとな回答となるでしょう」と述べているが(Victor Hugo : Œuvres Complètes, Paris, Imprimerie Nationale, 1952. Correspondance, T. III, p. 64.)、じっさいにかれの名は「大会参加者名簿」に見えている(Annales du Congrès de Genève, 9–12 septembre 1867, pp. 5–6.)
(10) 小泉策太郎「小泉三申全集」第三巻『随筆西園寺公』所収「坐漁荘日記」、四五〇頁。
(11) «Le catalogue général des ouvrages admis aux bibliothèques scolaires» dans le Bulletin administratif du Ministère de l'Instruction Publique, N° 280–29, mai 1872.
(12) 『全集』第一二巻、三五二頁以下。
(13) Bulletin de la Société Franklin, N° 55 du 1er septembre 1872, p. 270.
(14) Henri Martin : Histoire de France, 4e édition, 1878. T. XVI, notamment pp. 61–72 ; 127–130. 詳しくは『全集』第八巻巻末「『革命前法朗西二世紀事』引用・加筆一覧」を参照。

III　第一次資料としての『政理叢談』

さて、兆民がこれだけは確実に読んだといえる書目が、現在知りうるかぎり、右の範囲を大きく出ないものとすれば、今日に伝わっている限られた資料の範囲内で兆民滞仏中の知的生活の一斑を臆度する鍵をどこに求めたらよいであろうか。本章がいささかなりと明らかにしようと試みるこの問題の結論を先取りしていえば、その鍵は、かれが『東洋自由新聞』廃刊の翌年、自ら経営する仏学塾の門弟たちとともに起こした翻訳雑誌『政理叢談』(明治十五年二月二十日第一号から十六年十二月十七日第五十五号まで。当初各月二回発行、のち三回。十五年五月二十七日第七号から『欧米政理叢談』と改題されたが、以下たんに『政理叢談』ないし『叢談』を用いる)を措いて当面ありえないと思われるのである。

はじめにお断わりしておかねばならないが、『政理叢談』はあくまで兆民が門弟と謀って――というよりはむしろ、門弟が兆民を戴いて――起こした翻訳政論雑誌であって、そこに門弟・知友の名で、あるいは匿名・偽名(なかには戯名というべきものもある)で翻訳された長短とりまぜて八十余点の論文がどの程度までかれの関与したものであったかということは、いうまでもなく、断定不可能である。門弟中の双璧、田中耕造、野村泰亭のごときはその年齢、経歴からみて、たんに弟子というよりは、むしろ仏学者としてすでに一家をなした協力者というべきであり、かれら自身の提案によって翻訳書目が決定されることもしばしばあったであろう。時期的にみても『叢談』の刊行は明治七年に兆民が帰朝してから八年後のことであり、かりにすべての書目が兆民自身の選択になると仮定しても、いつごろその書目ないしは著者に親しんだかということを確定する手がかりは残されていない。しかも『叢談』は、自由民権運動の高揚期――それが福島事件、秩父事件と次第に激化の道を辿ろうとする前夜――に、明治二十三年の国会開設を期して、「勇鋭ニシテ進取ノ気ヲ負」う青年たちがややもすれば「矯妄詭激」の道に趨ろうとするのを防ぎ、「学ヲ講ジ術ヲ究メ深ク自ラ修メテ以テ議員ノ重任ニ堪」えられるように、との明確な目的意識をもって刊行された雑誌である[1]。開化期日本、ならびに第三共和政草創期フランスのめまぐるしい政治・社会情勢の変転に即応してゆくためには、兆民の帰朝以後フランスで刊行された幾多の文献（むろんその数は訳出されたものに倍したであろう）を渉猟する必要が生じたであろうし、それには兆民一箇の裁量だけによらず、『叢談』第三号以下の各論門の分類にみられるように、それぞれの学問分野を得意とする編輯者たちの合議制がとられたということも充分考えられる。だがわたくしの目的は、さきにもお断わりしたとおり、個々の論文がどこまで兆民自身の関与したものであるかを確定することではなく、兆民滞仏中の資料として利用しうるものがもはやこれしか残されていない以上、いかにしてこれを兆民研究に活用しうるかという方途をみいだすことなのである。

秋水によれば、明治二十一年末、かれが兆民の学僕として住み込んだ頃には「洋書は其大半を売り、残す所甚だ多」くはなかった[2]とのことであるが、『叢談』刊行当時の兆民の書棚にはまだ多数のフランス書が飾られていたことを徳富蘇峰が伝えている[3]。この蔵書がことごとく散佚してしまったことはまことに惜しまれるが、ともかくその少なからざる部分はフランスから持ち帰られたものであったろう。なかには門弟たちの翻訳底本として貸し与えられたものもあったに相違ない。いずれにせよ、小冊子ながら西欧の近代市民社会の仕組を政治、法律、歴史、哲学、文学の諸領域にわたって紹介しようとするこのきわめて野心的な理論雑誌には、たとえ兆民の訳筆にはかからずとも、その後の著作活動の淵源となるべき書目がおそらく含まれており、なかには若干、滞仏中に直接研鑽の対象となった書目も含まれていたとみてよいであろう。『叢談』に紹介される五、六十人の原著者、八十余点の論文の中には、滞仏中兆民の思想的営為の軌跡をとどめ、またのちにかれの思想の核心を形成するに至った著者・論文はないであろうか。またそれらを検討することにより、兆民思想の源流に位する一時期の伝記を明らかにする契機をつかむことはできないであろうか。

『政理叢談』が兆民の自在な漢文による『民約訳解』で巻頭を飾って当時の開明的な知識青年の血を湧かせたことはあまりにも有名である。また、自由民権運動の中で『叢談』の演じた役割については夙くから陸羯南の「ルーソー主義と革命主義」とのこれまた有名な評価があり(4)(この評価自体、『民約訳解』と、第一号劈頭の「仏蘭西民権之告示」にはじまる革命もの――たとえばフォール「革命社会論」、エルネスト女史「仏蘭西国大革命の原因」、アルニー「圧制政府ノ顛覆」等――の与える一般的印象にもとづくもので、『叢談』を迎えた巷間の評価をよく代弁していると思われるが、この雑誌の個々の論文を検討することにより、それがどの程度までルソー的であり、革命的であるかを改めて見きわめることは、きわめて有意義なことであると思われる)、近くは松永昌三氏の調査によって本誌が全国各地に広範な読者層をもっていたことが実証されている。(5)ところが、中江兆民の哲学・政治思想を論ずるに当って、少なくとも兆民研究関係の書誌にみられるかぎり、『政理叢談』がかならずしもその評価に見合った正当な扱いを受けていないかに見受けられるのはなぜであろうか。理由は簡単である。私見によってその主なものを挙げてみれば、(1)さきに述べたとおり、本誌は仏学塾出版局(のちに日本出版会社)発行の雑誌で、「民約訳解」や人権宣言の漢訳などを除けば、どの論文が兆民の筆になるものか特定しがたい。(6)(2)『叢談』末期、おそらくはまさしく「ルーソー主義と革命主義」の拠点とみなされたためであろう、廃刊に追い込まれようとする第五〇号(明治十六年十月二十九日刊)以下に掲載された苦しい弁明――「仮令何某ノ名儀ヲ以テ其著訳ヲ出板スト雖ドモ多クハ何某ノ意見ヲ代表セン為ニ其書ヲ出板スル者ニアラズ」(「本社出板ノ主義ヲ明告ス」)――がついに官権の目を欺きおおせなかったことはやむをえないとしても、皮肉なことに今日意外にも字義どおりに解せられているきらいがあることである。小冊子ながらすぐれた兆民伝の一たることを失なわない小島祐馬博士の『中江兆民』が、さきの陸羯南の評言を引いて、「『政理叢談』の内容をばそのまま兆民の主張なりと解するもののやうである」と批判したあとで、「『政理叢談』はそもそも当時国民の貧弱なる政治思想を啓蒙するために、欧米、なかんづくフランスの著書論文の翻訳を輯録したもので、単なる紹介雑誌である」とし、かつそこには「政治、法律、経済、哲学にかんする諸書が訳載されてゐるだけである」(傍点引用者)としているのがその例である。(7)

(3)最後にもっとも直接的な理由として考えられるのは、『叢談』に紹介された論文の原著者たちが、すでに思想史上に古典的位置を占めるルソー、ミラボー、コンドルセなどの例を除けば、多くはわれわれになじみの薄い存在になっており、論文の出典はおろか、著者名の原綴さえも——今日と異なる表記法ないし片仮名表記に伴なう誤植なども手伝って——確認困難なものが多いということである。いきおい研究者においては、今日すでに魅力を失なった理論・学説——しかも多くはその断章——を百年の塵を払って詮索する意欲を減退させられ、また、たとえ探し出したところで訳者の主張を代弁するわけではないたんなる紹介記事にすぎないとなれば、このような文献にそれ自体としての資料的価値を認めかねるという結果にもなるであろう。『政理叢談』そのものが、現在ではごく限られた図書館にしか保存されない稀覯書に属して閲覧に不便なこと、いわんやその原著を国内で探索・蒐集することがきわめて困難なことなども、いっそう右の傾向に拍車をかけている要因として無視しえないであろう。

それでは『政理叢談』は兆民研究においてせいぜい兆民とその周辺の思想的雰囲気をうかがわせるだけの副次的資料、兆民の主張の裏付けとして援用さるべき参考資料の域を出ないかといえば、わたくしはそうは思わない。兆民滞仏中の思想形成の軌跡を示しているかもしれぬ——示してないという反証はどこにもない——この唯一の資料を活用する道は、当面、個々の論文の選定・翻訳における兆民自身のイニシアティーヴを問うことではなく、まずすべての論文についてその原著者名と出典を可能なかぎりフランス側の資料にもとづいて探索し、こうして得られた原著者にかんするデータを滞仏中の兆民について知られているデータとつき合わせることによって、両者の接点を求めることにありはしまいか——本章の出発点ははじめにこう考えたことにあった。個々の『叢談』論文の出典にかんする調査の結果については、巻末に「『政理叢談』原典目録ならびに原著者略伝」を収めたのでこれを参照していただくことにして、ここではとりあえず、滞仏中の兆民の伝記となんらかのかかわりがあるのではないかと思われた若干の論文について以下に検討を加えておきたい。

　『叢談』の頁を繰ってみてまず念頭に浮かぶことは、兆民とその門弟たちがどのような基準にもとづいてこれらの著者・論文を選定したのかという疑問である。「叢談刊行之旨意」は「欧米諸国ノ書策ニ就テ苟モ議論政理ニ益ナル者ハ随フテ訳述」するとして、特定の政治的傾向とは離れて客観的に益なる者を紹介することをおもてむき標傍しており、さきに引いた「本社出板ノ主義ヲ明告ス」のごときは「革命ノ史乗過激ノ議論」は勿論のことながら、「良シ仮ニ保守主義ノ書冊ヲ訳〔ストモ〕……佗山ノ石ニスギザルナリ」などと明らかに検閲対策としての韜晦を試みている。だがおよそ政論雑誌にしてなんらかの政治的理念をもたない雑誌というのは常識的にも考えにくいし、現に世間——とりわけ官権——は編輯者たちの右の弁疏をよそに、『叢談』の性格を「ルーソー主義と革命主義」と規定して、賞讃あるいは弾圧の対象としていた。兆民とその弟子たちが、じっさいにほぼこれに近い観点から「議論政理ニ益ナル者」を考えていたものとしばらく仮定すれば、かれらがこの雑誌に訳載された書目を選び出すに当って準拠した同じ傾向のフランス側の文献ないし書誌があったとは考えられないであろうか。

　兆民が滞仏中アコラースに就いて学んだか否かについては、わたくし自身かつて学んだという方向で推定を下したことがあるが(『比較文学研究』第八号、昭和三十九年。本書《付録》)、今回調べたかぎりでも、おそらくそうであったろうとの心証は得られたものの、実際にかれが師事したことを証する資料はひとつも得られなかった。パリで探し当てたアコラースの直系の孫にも、西園寺の名さえ伝わっておらず、わずかにかれの遺子ルネの回顧談に「父の生徒には外国人、とくに日本人、ルーマニア人が多かった」といわれているだけであった[8]。ただ、アコラースの著書のうち、とくにその主著『民法提要』については、さきに挙げたいくつかの理由から、兆民が在仏中から親しんでいた形迹があり、『叢談』に先立つ明治十三年には小島龍太郎訳が出ているわけであるから、兆民たちが雑誌を起こすに当ってこれを参照した公算は大いにあるといってよい。

さて西園寺が『民法提要』のうちでもとくに第一巻の評判が高かったと語っているのは、その巻頭に「法学研究入門」と題して一〇〇頁余にのぼる序文を掲げているためで、これが当時の法科学生に入門書として歓迎されたことによるものと思われるが、民法註釈書に法学入門が掲げられ、西園寺が法学を学ぶに当って民法学者のアコラースに就いているのは、当時の法学部のカリキュラムで民法が——ローマ法とともに——第一学年の履修課目に定められていたことと無関係ではなかろう。「入門」の章立ては、第一章「哲学的概念」、第二章「歴史的概念」、第三章「法学研究改革のための諸条件」の三章から成り立っており、兆民自身が狭義の法学研究から「哲学、史学、文学」をも含めた政理の学へと視野を拡大——司法省派遣学生としては逸脱——してゆき、帰国後みずから仏学塾を起こして独自の法学教育を開始するに至る過程に照応しているようで興味ぶかいが(ちなみにアコラースが文学研究の必要についても語っていることについては、後述する)、『叢談』との関係でわれわれの注意をひくのはその第二章「歴史的概念」の各節ごとに掲げられた旧制度法、革命法、現行法にかんする「選択書目」、とりわけ「入門」全体の末尾に附せられた「法学生のための選択書目」Bibliothèque choisie pour l'étudiant en droit であろう。

この書目にはローマ法、フランス各法、経済学にかんする基本研究書、政治・経済・行政関係の辞典類(それらの若干の項目が『叢談』に訳出される)のほかに、哲学(ルソー『社会契約論』、コンドルセ『人間精神発達史』、フイエー『哲学史要』等を含む)、歴史(マルタン『フランス史』等)、雄弁(ミラボー『全集』のみ)の諸領域にわたる学生向きの「低廉で不可欠な書目」が挙げられており、さらに「正義の理念」は「美の理念」と不可分であるとして、文学、美術研究の必要なことも力説されている。『叢談』の原典となった著作そのものもかなり採録されており、そのほか原綴のさだかでない著者についても少なからず手がかりが得られるが、さてこの「書目」を出発点として[9]『叢談』の原典を探索してゆくと、なかでもとりわけ、(1)アコラースと個人的になんらかの接触のあった人々の著作、(2)現在のフランス大学出版PUFの前身Germer-Baillière社刊行の「現代哲学叢書」Bibliothèque de philosophie contemporaine (3)Guillaumin社の「倫理・政治学叢書」Bibliothèque des sciences morales et politiques(これを約めればまさに〝政理叢談〟というべく、経済学関係書をも収める)のものがかなりの比重を占めていることがわかった。ちなみに右の(2)(3)の両出版社は八十年代にFélix-Alcan社に統合され、のちにPUFへと転化してゆくわけであるが、両社の統合以前に両叢書がはやくも『叢談』誌上で統合されていることは、兆民一門の目の高さを証するとともに、『叢談』論文の一般的等質性をも保証しているといってよい。いずれにせよ『叢談』の原典はその大半が当時大学街の書店などで簡単に買い求められたであろう普及本、アコラースのいわゆる「低廉にして不可欠な書目」からなり、その著者についても、十九世紀後半を通じて知名度の尺度として広く行なわれたヴァプローの『世界現代人名辞典』G. Vapereau : Dictionnaire universel des contemporains の各版(『叢談』第三、五号の「法理論」の著者、アンリー・アランについての紹介はこの辞典に拠っている)に採択されているものが多い。わたくしが本章で取り上げたいと思うのは、むしろ右に暫定した一般的基準からはずれる三つの論文、いいかえれば、兆民自身の伝記と結びつけて考えないかぎり、なぜ『叢談』に採択されたのか理解に苦しむもの——逆に兆民滞仏中の伝記を解明する手がかりになるのではないかと思われるもの——なのである。

（1）「叢談刊行之旨意」、『全集』第一四巻、七六頁。
（2）『兆民先生』、同右、別巻、四六五頁。
（3）『蘇峰自伝』、同右、五二二頁。
（4）陸羯南『近時政論考』(『明治文化全集』第七巻所収)、四七三頁。
（5）松永昌三『中江兆民』、一〇三頁以下。
（6）『全集』では『政理叢談』の無署名論説中、「叢談刊行之旨意」と「一千七百九十三年仏蘭西民権之告示」(『全集』第一七巻、七六—八二頁)の二点が兆民筆と認定された。
（7）小島祐馬『中江兆民』、三九—四〇頁。筑摩書房刊「明治文学全集」13『中江兆民集』所収版では四三〇頁。
（8）Emile Acollas, exposé écrit de M. René Acollas, dans le Bulletin de la Société d'histoire de la IIIe République, Bulletin 13, avril-mai 1938.
（9）じつはこれだけではなく、『叢談』掲載論文が当時広く読まれた作品から採られたとの想定のもとに、前掲民衆図書館関係の『架蔵推薦書目録』、またこれと平行して創設期にあったパリの各区立図書館の蔵書目録(一九〇三—〇六年ころまでに出揃う)をも参照した。これらは、むろん、たがいに相補うものであって結論に変りはない。

IV　アコラースの雑誌とそのルソー批判

『叢談』第三十一号(明治十六年四月五日)にはシジスモン・ラクロハー(ラクロア)『主権属民論』(中沢文三郎訳)が載っている。出典を調べると、アコラースが一八七八年に知友・門弟と謀って発刊した雑誌La Science Politique《ラ・シアンス・ポリテイック》(『政治学』)の創刊号に載せられた Sigismond Lacroix : De la souveraineté du peuple (année 1878, pp. 37–46) の前半を訳したもので、『叢談』に紹介されたフランス語系論文としては、ルウイゼチエンヌ「文明ヲ進ムルハ政府ノ分トスベキ所ニ非ズ」(『叢談』第二号、後述)とともに、例外的に雑誌から採られている。平均して当代一流といってよい諸他の政論書・学術書の中にあって、この雑誌論文の存在はなにを意味するであろうか。以下にこの論文の投げかける問題を、『叢談』の性格との関係、兆民伝との関係の両面から検討してみよう。

まず確実に言いうることは、兆民とその弟子たちが、『叢談』を発刊するに当ってアコラース一門の『政治学』の存在を知っていたこと、そしておそらくはこれを自分たちの雑誌づくりの手本としたことである。アコラースはこれよりさき、一八七六年二月十九日の総選挙にパリ第六区の急進党候補に推されて立候補し、ガンベッタ派(中央左派)のダンフェール・ロシュロー大佐(普仏戦争中、パリ防衛に功あり。パリ十四区の同名の広場にあって市内中央部を睨んでいるライオンの石像はこの戦功を顕彰したもの)と争って惨敗を喫しているが、同じ共和主義陣営内部での争点としては、普仏戦争、パリ・コミューン以来の妥協政策によって共和党を倫理的頽廃に陥れた「青二才」(ガンベッタに対するアコラースの評言)の日和見主義《オポルテュニスム》を断固排斥して、民主主義の「原則」に立ちかえるべきこと(急進的を意味するラディカル radical の語の原義は、根本的である)を強く打ち出している。(1) 雑誌『政治学』はこのときの急進派候補、その支援者たちを母体として作られており、その政治的主張はほぼ、当時共和党内最左翼を占めていた急進派(日和見主義者《オポルテュニスト》と呼ばれたガンベッタ派は、その返礼に非妥協派《アントランシジャン》ないし清純派《ピュール》との呼称をかれらに呈した)の主張であるといってよい。前年の著作 La Philosophie de la Science Politique(『政治学の哲理』、酒井雄三郎訳題名は『政理新論』)をルソーに捧げたアコラースが、この雑誌の「刊行の辞」を「われわれは十八世紀とフランス革命の子である」と切り出しているのは、まさしく急進主義《ラディカリスム》の宣言であり、奇しくも『叢談』に対する陸羯南の評価「ルーソー主義と革命主義」と符合するが、それはさておいて、『政治学』刊行の辞、および雑誌そのものを検討してみると、『叢談』刊行の事情、およびその目的を窺い知る上でもたいへん参考になると思われる。

アコラースはまず『政治学』発刊の目的を、従来人類を抑圧してきたあらゆる旧習――「摂理と国家の名のもとに人類に最大害悪を加えてきた神話」――の打破にありとし、その理想を一言でいえば「個人の自律《オートノミー・ド・ランデイヴイデュ》」であるとしている。この主張自体はすでに『政理新論』の基調をなしているアコラースの持論で、特に目新らしいものではないが、その研究領域を「政治学全体」、その適用範囲を「人類全体」――「本誌はまさしくフランス的でも、たんにヨーロッパ的でもなく、そのつとめるところは、人類的、世界的であろうとすることである」――にまで拡大して、それには狭義の政治学の域内にとどまっているだけでは不十分で、「倫理、法律、経済、歴史」の諸分野をも研究対象としなければならない、と述べている。この主張は『叢談』の編輯方針を考える上できわめて示唆的であり、『叢談』が第七号以降「欧米」の二字を題号に冠した事情(むろん『両世界評論』の題号と、それが半月刊であった事情を忘れてはなるまい)、とりわけ第三号以下「政論《ポリチク》、理論《フイロゾフイ》、法論《ドロワー》、史論《イストワル》ノ四門ヲ分チテ愈々精覈ノ議論ヲ訳載」するに至った事情を物語っているといってよいと思う(ちなみに『叢談』の政論門には、Guillaumin 社の「倫理・政治学叢書」の場合と同じく、経済も含まれており、また理論《フイロゾフイ》について第二号「稟告」では「『政理叢談』ハ欧米諸大家ノ政法倫理ニ関スル論説ヲ訳載」するともうたっており、『叢談』の理論の語には、理学、倫理の両義が含まれている)。ところで、『政治学』ではじっさいに掲載論文を右の四門に分かっていないのに『叢談』では分かっていること、さらに前者には設けられていない文学門がアルニー『自由の恢復』(第七、八、十号)、『馬耳塞協士歌《ラ・マルセイエーズ》』(第三十三号)などのためにあとから設けられるのは、さきに引いた「法学生のための選択書目」をも含めて兆民一門が忠実にアコラースの所説を遵守し、さらにこれを発展的に継承したものであるといってよいであろう。

アコラースがその雑誌を「本質的に開かれたもの」とし、特定の寄稿者以外にも老若を問わず「政治学を科学的基礎の上に再建する必要を感じる」すべての人々に開放していることも、若干の中心的人物を除いて今日知る由もない『叢談』の無記名の訳者、その協力者たちのことを考えさせずにはおかないし、とりわけ第三十八号以下仏学塾に代わって『叢談』の出版元となった日本出版会社の「真理民極ヲ闡明シ傍ラ講堂ヲ公開シ年少有為ノ子弟ヲ陶冶シ窮乏ノ志士ヲ救護スルヲ目的トス」という設立趣意書にその日本的表現を見出すことができる。『政治学』の巻頭を毎号アコラースの「古代から現代に至る政治学の主要理論家研究」が飾っているのと、『叢談』の巻頭に兆民の「民約訳解」(政論門)が掲げられているのも、両者軌を一にするところであり、以上諸々の共通点から兆民一門は政論雑誌というものの作り方をアコラースの『政治学』に学んだといってよいのではないかと思う。

さて前掲のラクロア論文と兆民伝との関係に戻れば、ラクロアは一八四五年ワルシャワ生まれのポーランド人で、父の亡命先アンジェの高校、パリ大学法学部を卒業後、一八六七年前後にアコラースの生徒、ついで秘書となった人で、当時の官学における法学教育に支配的な法文解釈万能主義を排し、個人の自律 l'autonomie de l'individu を保証することを近代法の目的、理想であるとするアコラースの主張に共鳴して、その個人主義的教育の影響を強く受けた。兆民留学中の一八七三年にはアコラースの『民法提要』を受験生用に要約した『民法略説』三巻 Mémento de Droit Civil を著わしており、翌一八七四年には、同じくアコラースの薫陶を受けたイヴ・ギュイヨとの共著『無産者の歴史』L'Histoire des Prolétaires がある。同年、パリ市会議員に選ばれて、個人主義の立場からパリ市のために地方自治権 l'autonomie communale を要求し、一八七六年の総選挙に際してはアコラースを支援することを当初の目的としてギュイヨとともに日刊紙『人権』Les Droits de l'Homme を起こしている。一八八一年の総選挙にはパリ第二十区の急進派候補としてガンベッタと激戦のすえ破れ、翌年にも地方区で落選しているが、一八八三年、ガンベッタの死後空席のできたパリ第二十区の補欠選挙では、ガンベッタ派の候補をおさえて当選した。

ラクロアの名が人名辞典などに出はじめるのは、右の補欠選挙で国会議員に選ばれてからのちの『フランス国会議員名辞典』(一八九一)Dictionnaire des Parlementaires français par A. Robert… やヴァプロー第六版(一八九三)などからであり[2]、『叢談』刊行当時の知名度は他の論文の著者にくらべていちじるしく低かったといわねばならない。兆民一門はなぜ、『政治学』に載ったラクロア論文を『叢談』に紹介したのであろうか。

『政治学』の寄稿者名簿を調べると、上記急進派の国会議員、パリ市会議員のほかに、一八六七年の自由平和同盟ジュネーヴ大会以来のアコラースの知友にまじって、「もと東洋語学校教授」今村和郎《わろう》 Imamoura Warau,「法律学士」三田＝光妙寺 Mitszda-Comeuzi の二名の日本人、さらには東洋語学校日本語科教授で日本研究会創立者のレオン・ド・ロニー Léon de Rosny,「もと天皇陛下の代理公使」で、日本研究会二代目会長となるモンブラン伯 Comte de Montblanc, マディエ・ド・モンジョー Madier de Montjau 兄弟(兄は急進党代議士、弟は日本研究会員で日本滞在経験者)、『日本帝国』l'Empire Japonais, Genève, 1878. の著者レオン・メチニコフ Léon Metchnikoff, 日本研究会員シューベル Schoebel 教授、パリ市会議員で、日本研究会員のド・エレディア de Hérédia らの面々が名をつらねている。ロニーに率いられる日本研究会グループがアコラースの主宰する急進派系雑誌に参集したかたちになるが、逆に、ロニーの創立した人種誌《エトノグラフィー》学会の加入者名簿(一八七六年現在入会者)[3]をみると、滞仏中兆民と親交のあったさきの日本人両名をはじめ、メチニコフを除く日本研究会関係者の全員、以前から入会していた福地源一郎、福沢諭吉、成島柳北ほか数人の日本人とともに、アコラースの名が並んでおり、それ以前の名簿には見えないから、かれが一八七六年のある時期——おそらくは同年二月の総選挙の頃——にこの学会に加入していることがわかる。アコラースとロニー、急進主義的政治思想と日本学——奇妙な取り合わせのようだが、両者の関係はおそらくアコラースがサンスクリットや東洋語を、ロニーが中国語、日本語を研究していた第二帝政期、遅くとも前者が人種誌学会と親縁関係にある人類《アントロポロジー》学会に入会した一八七一年ごろにさかのぼるものと思われ、維新後日本からの法文系留学生はロニーないしモンブランを介してほぼ自動的にアコラースの塾に学ぶルートができていたのではないか。モンブランの一八六七年の小著『日本の現状』には当時フランス人家庭に分散寄宿していたパリの日本人留学生のために学寮《コレージュ》を建設する計画のあることがほのめかされているが、(4) あるいはその計画が、やや縮小してアコラースの私塾というかたちで実現したのであったかもしれない。ともあれ、秋水が兆民滞仏中の交友として挙げている五人の邦人中、右にみたように今村、光妙寺の二人はアコラースの雑誌に名をつらねており——「アコラス門人」を名乗る西園寺の名がみえないのは、その門地のゆえに憚ったものかもしれないが、ことによると雑誌の発刊された一八七八年四月現在、まだ大学入《バカロ》学資格《レア》さえも取得しておらず、光妙寺のように「法律学士」など一人前の肩書きがなかったためか(5)——人名辞典(6)によれば、その中の一人飯塚納も、また兆民の高弟で、明治十三年フランス警察制度取調べのために川路利良に随って渡仏したことのある田中耕造も、アコラースに学んだとされている——どうやら、ひとり兆民だけをアコラースの門下から排除しなければならぬ積極的な理由はなさそうである。

わたくしは以前、事実関係の詳細については正確を期しがたい西園寺の回顧談にもとづいて、かりに兆民がアコラースに師事したとすれば、西園寺を介してであろうと考え、それならば西園寺がアコラースに就いた一八七三年秋から——西園寺が一八七二年秋ととり違えているらしいことにあとで気がついた(7)——翌年春帰朝するまでのたかだか半年前後の期間にすぎまいという推定を下したことがある。(8)だが、上記のように、西園寺を介さずともアコラースに就く道がひらけていたとすれば、かれが師事しえた期間は、遅くともリヨン滞在からパリに戻った一八七三年春から、早ければフランス着到当初からの一年ないし一年半まで伸びるわけであり、その間、アコラースのもっとも忠実な弟子であり、秘書をもつとめていたシジスモン・ラクロアを個人的に知った可能性は大いにあるといってよい。無産者《プロレテール》に対するラクロアの関心と兆民の号、ならびにその平民主義とのあいだにつながりがあるかどうか知るよしもないが、ともかくラクロアは兆民よりもわずかに二年長じていたにすぎない。『主権属民論』の紹介は同世代の旗手ラクロアに対する兆民の友情のあかしであったろうか。

さらに、この論文が一八八三(明治十六)年四月五日発行の『叢談』第三十一号に掲載されたという事実にも、たんなる偶然だけとは思われぬ節がある。さきにも触れたとおり、ラクロアはガンベッタの死去にともなう補欠選挙で同年三月二十五日はじめて国会議員として勝名乗りをあげたのだが、それは、二週間前の三月十一日、第一次投票がバロタージュ(過半票獲得者なし)に終ったために行なわれた決戦投票の結果であった。ガンベッタが四十四歳の若さで情熱の生涯を閉じたのが前年の大晦日、新年の到来を告げる鐘が鳴りわたろうとする頃であり、その訃報は全世界をかけめぐった。一月四日に営なまれた国葬には五千人の参列者、十万人の群衆が集まったといわれる。[9] ガンベッタの名は「燃ゆるが如き熱誠と至剛の気」を兼ね備えた大政事家の範としてチエールとともにしばしば兆民の筆端にのぼっており、『叢談』にもその最終号(第五十五号、明治十六年十二月十七日)に「ガムベッタ氏伝」が載せられるが、かれの亡きあとを埋める補欠選挙に、二年前善戦(四、五二六票対三、五二八票)した旧知のラクロアが有力候補の下馬評を得て登場したとすれば、いやが上にも兆民の関心を惹かずにはおかなかったであろう。帰国後の属僚待遇を不満とした光妙寺三郎が再渡してパリ公使館にあった頃でもあり、電信による速報に接する機会にも恵まれていたと思われる。『叢談』にラクロア論文の掲載された時期が、あたかも響きの声に応ずるがごとく思われるゆえんである。

最後に、『主権属民論』の内容について一言触れておきたい。この論文の『叢談』掲載分は、末尾に「未完」と記されているとおり、原論文の前半を訳出したのみで終っているが、そもそも原論文は、アコラース流の「個人の自律」原理に立つラクロアが、ルソー流の人民主権論にきわめて厳しい批判を加えたものである。ラクロアによれば、人民主権論者——聖トマス、スアレス、ルソー——の主張する「人民」(=「市民の総体」l'unanimité des citoyens)、「一般意志」(=「その不謬の意志」)等はまったくの虚構、神話であって、実際には「個々人の集合」la collection des individus,「多数者意志」la volonté de la majorité しか存在せず、このような虚構的存在であるにすぎない人民に至上至大の主権を与えることは、本来ありえない「社会権」le droit social の名のもとに、少数者・個人の権利・自由を抑圧することを意味し、ルソーらの唱える人民主権論はかつての国王神権に代えるに人民神権をもってするにほかならないもの、主権者の責任の所在が不明確なだけに国王神権よりもさらに不都合なもの、なのである。

アコラースのルソー批判がルソーへの敬愛に裏打ちされていたのにくらべて、その弟子ラクロアにおいては敬愛の念は影をひそめており、論文後段におけるルソー攻撃——もはや聖トマス、スアレスは問うところではない——はいよいよ激しさを加えて、ついに「ルソーは社会をもっておのが子を啖う啖人鬼、しかも虚構の父となしおえた」と断じてようやく筆を擱くのである。この憎悪のはげしさには、パリ・コミューンに象徴される近代フランスの病根を「狂人」ルソーにみ、かれが国王主権に置き換えた人民主権は前者よりもさらに絶対的であって、「ルソーの建設する民主主義の修道院では……個人は無であり、国家がすべてである」と酷評したテーヌを彷彿させるものがあり[(10)]（しかるにラクロアはその『人権』誌のコラムをコミューン亡命者たちに提供する）、『叢談』掲載分が前半だけで「未完」に終っている理由もこの辺にありそうに思われるのだが、『叢談』においてとくに注目すべきはその訳し方の問題である。すなわち、原論文で「主権属民論の主張者」として挙げている聖トマス、スアレス、ルソーの三人のうち後二者を削除して聖トマスを槍玉にあげ、「社会権と主権属民論の大理論家J・J・ルソー」とルソーを名ざしで攻撃しているところを「主権属民論ノ主張者皆ナ曰ク……」とぼかしている点である。それではなぜルソーの名を伏せたのか——理由は二様に考えられる。

(1)兆民がアコラースに就いたとしたらおそらくラクロアを知っていた。その立候補の件も電信を通じて知りえた可能性がある。高名な著者たちの手になる論文にまじって無名のラクロアの雑誌論文をあえて訳載したのは、その内容よりはむしろ友誼を重んじたからであり、それゆえに、『叢談』巻頭の「民約訳解」とルーソー主義に対する読者の期待を裏切らないためにも、原論文の主要攻撃目標というべきルソーの名を隠して、たとえ論難を加えても読者の反撥を買う気づかいのない中世神学の権化、聖トマスにすり替えた。

(2)次に、いっそう重要と思われるのは、兆民とその一門がラクロアの主張そのものにいくぶんかは共鳴を覚えなかったとしたら、果してルソーの名を伏せてまでこれを紹介したであろうかという疑問である。『民約訳解』の「訳者緒言」に兆民は、原著『社会契約論』の功績として「掊二撃時政一」、「明二民之有一レ権」の二点を挙げながらも、ルソーの不羈狷介の性格に触れて、「是以論レ事、或不レ能レ無二矯激之病一、学士輩往々有レ所二指摘一焉」[11]と述べている。ルソーの人民主権論が矯激之病としてとかく批判・論難の的になっていたことをむろん兆民は知っていたわけであり、兆民一門はラクロア論文によって暗にその弊を示そうとしたのであったかもしれぬが、『叢談』そのものの範を『政治学』に仰いでいるらしいかれらが、同じ雑誌の創刊号でアコラース自身による刊行の辞、巻頭論文に次ぐ位置を占めているラクロア論文の主張をいくぶんか共有したとてなんの不思議もないのである。従来、ルソーの紹介者・祖述者としての兆民は大いに論じられてきたが、ルソー批判者としての側面はややもすれば看過されてきたように思われる。かれがルソーを無限定、無批判に受け入れていたわけでないことは、『民約訳解』自体が――理由はともあれ――第二篇第六章までの部分訳(分量にして全体の四分の一)であること、また、秋水が自伝執筆をすすめた際に「我れ一寒儒の生涯、何の事功か伝ふるに足る者有らん哉。……彼のルーソーの如きは忌憚なきの甚しき者、是れ予の忍ぶ能はざる所也」といってとりあわなかった事実にも、端的にうかがわれる。(12)『叢談』のラクロア論文は、われわれが兆民のルソー観、ひいては『叢談』そのものの性格を探ろうとするときに一つの重要な鍵を提供しているのではあるまいか。

(1) ラクロアの日刊紙『人権』Droits de l'Homme 創刊号(一八七六年二月十一日)に載ったパリ第六区の立会演説会におけるアコラースの演説。

(2) ラクロアの経歴についてはこの両人名辞典、ならびに Sigismond Lacroix: Articles politiques recueillis par R. Farge, Paris, 1913. の巻頭に掲げられた略伝による。

(3) Institution Ethnographique, Adresse des Membres, dans L'Annuaire de la Société d'Ethnographie—Résumé historique, 1859–1875, Paris, 1878, pp. 44 sqq.

(4) Le Japon tel qu'il est, Paris, 1867, p. 39.

(5) パリ国立公文書館に保存される『法律学位取得者名簿』Répertoire des diplômés. Droit, 1874–1878, Archives Nationales: F 17* 2391 によれば西園寺 Saïonzi, Boitiro が大学入学資格者《バシュリエ》となったのは雑誌発刊後の一八七八年六月、光妙寺 Mitsda-Comeuzi, Sabro が法律学士になったのはその直前の三月。西園寺が望一郎と平民的に名乗っているときに、光妙寺がいかにもいわくありげな、日本離れした名を用いているのが対照的だが、かれはさらに、他の同胞が出身地名として道府県名を記しているのに、ことさらに郷邑三田尻をもち出して Mitaziry と外国風に綴っている。留学中の各自の心緒がしのばれておもしろい。

(6) 平凡社『大人名辞典』。

(7) 木村毅編『西園寺公望自伝』では「〔パリ・コミューンの最中フランスに到着してから〕一年ばかり後、わたしはジュネーヴに行った。これは避暑のためで……」(五八頁)→「其の年十二月には避寒を兼ねてマルセーユに移った……わたしもマルセーユには半年以上、十ヶ月ばかりもいたから……」(五九—六〇頁)と語っており、これを額面通りに受取って、「マルセーユから帰って、その上で正式にソルボンヌ大学に入って専ら法律を学んだ」(六〇頁)のだとすれば、「大学へ入る下稽古のつもりでアコラスに就いた」(「小泉三申全集」第三巻『随筆西園寺公』所収『坐漁荘日記』、四二六頁)のは一八七三年秋頃であろうと考えたのだが、西園寺が一八七二年春ミルマンの塾に入っている事実(本書第二章Ⅲを参照)に照らせば、安藤徳器『西園寺公と湖南先生』に「公はコンミウューン党の乱が平定して後、スウィツルランドのジュネーヴへ行って……然るにスヰスは気候が余りに寒いので……マルセーユに赴き、更にパリーへ帰ってミルマンの私塾に入った」(四五頁)としている方が実際に近いように思われる。

(8) 講座比較文学5『西洋の衝撃と日本』所収、「兆民のフランス留学」。

(9) Jacques Chastenet: Gambetta, Paris, 1968, pp. 365-367.

(10) Hyppolite Taine: Les Origines de la France contemporaine, L'Ancien Régime, 6e édition, Paris, 1878, p. 321.

(11) 『全集』第一巻、六九頁。

(12) 『全集』別巻、四七一頁。兆民のルソー批判にかんしては、同別巻所収「翻訳作品加筆箇所総覧」のルソー諸作品にかんする項(同上六一九、六二一—六二二頁)、ならびに『理学沿革史』のルソーにかんする項(同上五七三—五八四頁)を参照されたい。

V　ソルボンヌのルソー講義

右のラクロア論文とならんで兆民伝的見地から注目すべきは、『叢談』第二号(明治十五年三月十日)に載った「文明ヲ進ムルハ政府ノ分トスベキ所ニアラズ」と題する論文である。訳者田中耕造はこれに前書きを附して「仏人ルウイゼチエンヌ氏曾テ英人バックル氏ノ説ヲ約シテ一篇トナシ、之ヲ『ルウユ・デ・ヅー・モンド』ト題スル雑誌ニ掲グ……今乃チ採テ之ヲ斯書ニ訳出ス」と『叢談』としては珍らしく出典を明らかにしている。第二号といえば『叢談』刊行の日なお浅く、編集方針などもまだ固まっていなかった時期であるとはいえ(前述の「巻中政論《ポリチク》、理　論《フイロゾフイ》、法論《ドロワー》、史　論《イストワル》ノ四門ヲ分チ……」という方針は本号末尾の次号予告にはじめて表明される)、雑誌からの訳出はやはり例外的と考えられたのであろう。こころみに『両世界評論』Revue des Deux Mondes に当ってみると、出典は同誌一八六八年三月十五日号(pp. 375–408)に載ったルイ・エティエンヌ「歴史における実証主義——H・T・バックル氏」Louis Etienne : Le positivisme dans l'histoire, M. Henri Thomas Buckle で、『叢談』論文はその十分の一に満たない抄訳(pp. 392–394)である。エティエンヌはバックルの大著『英国文明史』をとり上げる理由として、ベーコン以来理論ぎらいのイギリスには珍らしく歴史哲学——実証主義的歴史哲学——が出現したことを挙げ、議論されることのみ多く読まれることの少ないバックルを、是非の論はともかくひとまずフランス人に紹介するために、その理論を分析・解説することを本論の目的としている。以下エティエンヌの分析によるバックル理論の骨子を略述すれば、I実証主義的歴史哲学は事実の観察にもとづく一種の厳密科学であって、人類の歴史にはこれを律する普遍法則が存在する。IIこの「社会進歩の法則」には、自然が人間にはたらきかける「物理法則」Lois physiques と、人間が自然にはたらきかける「精神法則」Lois mentales の別があって、前者はアジア史に、後者はヨーロッパ史に支配的な法則である。III「精神法則」にはさらに「倫理法則」Lois morales と「知性法則」Lois intellectuelles の別があって、倫理的進歩は知的進歩ほど確実ではないから、人類進歩を主としてつかさどるのは「知性法則」である。IVしたがって、宗教的迫害や戦争のような災厄が減少したのは、美徳よりも知性〔=科学的知識の増大〕によるところが多く、宗教、文学、政府〔=統治〕に文明進歩の主導的役割を与える歴史家の説は誤ちである。

本論ではさらに、右の実証主義的原則をイギリス、フランス、スイスなどのヨーロッパ諸国民に適用する例が解説されているが、『叢談』掲載論文は、右Ⅳに挙げられた宗教、文学、政府(これらはいずれも文明の結果であって動因ではない)のうち、社会進歩における政府の貢献がもっとも少ないこと、政府はつねに「知性法則」に譲歩するという消極的職分に甘んずべきことを説いた部分である。イギリス流の「自治」self-government の長い伝統にもとづくバックルの自由主義的政治思想が『叢談』に紹介されるのは異とするに足りないとしても、エティエンヌの論文がわざわざ雑誌から訳出されたのはなぜであろうか。

バックルの『英国文明史』はわが国では、明治十六年、日本出版会社から刊行された土居光華訳によってよく知られている。ところでこの日本出版会社は兆民とその一門が同年六月に設立した会社であるが、『叢談』第三十八号(明治十六年六月十五日)末尾には「爾後政理叢談ハ〔仏学塾に代って〕同社ヨリ出版」すると告知されており、これと並んで同社出版書目の一として『英国文明史』が広告されている。かりに『叢談』刊行当初から土居訳の計画が兆民近辺で知られていたとして、エティエンヌ論文があるいはその紹介ないし刊行予告であったと考えられなくもないが、それだけで果して他の高名な著者たちに立ちまじって無名のエティエンヌがとり上げられるに充分な理由となりえたかどうか。

ヴァプローをはじめとする当代の人名辞典、百科辞典にもルイ・エティエンヌの名はみえないが、たまたまわたくしは、パリ国立公文書館で兆民が留学した一八七二、七三年前後のパリ大学文学部(ソルボンヌ)の「講義科目一覧」(1)を調べているとき、この名に遭遇した。「一覧」によれば、当時のソルボンヌでは哲学、文学、歴史、地理の四部門にわたる計十一科が講義されており、うちフランス文学としてはフランス雄弁術 Eloquence française(散文学)とフランス詩 Poésie française の二講座が設けられている。エティエンヌの名が現われるのは、フランス雄弁術の正教授サン＝ルネ＝タイアンディエ Saint-René-Taillandier（ルネ・タイアンディエの筆名）が一八七〇年一月、文部事務次官に転出したために、その不在中（一八六九―七〇年度の第二学期から一八七二―七三年度いっぱい、すなわち、七〇年春から七三年夏まで）の代講者としてである。エティエンヌの講義内容についてはさいわいに、『文学講義雑誌』Revue des Cours Littéraires（のちに『政治・文学雑誌』Revue politique et littéraire と改題）の第十八号（一八七三年四月二日刊）に一八七〇年に行なわれた開講の辞「一世代（一七二〇―一七五〇）の文学」が載っているので、講義のあらましを知ることができる。

エティエンヌはまず、一七二〇―一七五〇年までの世代を論題に選んだ理由として、⑴文学史にはほぼ一世代（二十五年―三十年）に相当する時代区分が可能であって、時代の好尚、思想傾向が前後の世代と截然と区別されること、⑵また、文学史は、旅行者がある地方の景色を眺めようとするときに、あまり近すぎては高山（＝大作家）の輝やきに眩惑され、遠すぎては山頂しか望めなくなり、ともに正しく地勢をつかめないのと同じように、適当な距たりを置いて眺めることが必要であって、現代（一八七〇年当時）はかれが設定した一七二〇―五〇年の世代を回顧するにちょうどふさわしい時期であること、⑶一世代間に文学の諸部門に変化の生じた顕著な例としては、フォントネルの指摘した「大世紀の末年」（十七世紀から十八世紀にかけてのポール・アザールのいわゆる「意識の危機の時代」）があるが、長命のフォントネルも次の世代に生じた変化についてまでは語っていないこと、を挙げている。エティエンヌによればこの世代は十八世紀文学史中もっとも実りゆたかな時代であって、モンテスキューの全作品、ヴォルテールの主要作品、プレヴォの小説の大部分、マリヴォの全作品と、ル・サージュの『ジル・ブラス』の大部分を生んでいるが、その特徴とすべきは、従来存在しなかったといってもよいフランス派歴史学の誕生と、十六世紀以来途絶えていた政治文学の蘇生である。開講の辞ではさらに、本論においてこの時代の文学を、⑴小説と演劇、⑵哲学、倫理、⑶文芸批評、(4)歴史と政治文学のジャンルに分けて論ずることが予告されているが、さて以下に、兆民のパリ滞在中におおよそどのような講義が行なわれていたかをさきの「講義科目一覧」に照らして検討してみよう。

「一覧」の一八七二年、七三年分の講義題目を調べると、パリ到着当時開講中だったのが一八七一―七二年度第二学期の「十八世紀前半フランスモラリスト研究」(続)、リヨンに去った一八七二―七三年度第一学期は「十八世紀前半の政論家」、リヨンから戻って自由な研鑽がはじまったと思われる同年度第二学期が「十八世紀前半の歴史家および政論家」となっている。到着当初の兆民はフランス語学校へ通ったり、秋水の伝えるところでは短期間ながら小学校にまで入学しており、司法省派遣学生としての課業も最初から放擲していたわけではあるまいから、ソルボンヌの講義を聴く時間的(そして語学的)余裕があったかどうかははなはだ疑問であるが、それはともかく、エティエンヌの講義では倫理的主題をもった演劇とともに、最後の大モラリストといわれるヴォーヴナルグ Vauvenargues とその著『省察と箴言』Réflexions et Maximes などが取り上げられたもののようである。問題はリヨンから帰る一八七三年春以後の「歴史家および政論家」にかんする講義で、一七二〇―一七五〇年の世代に特徴的な新ジャンルとしてエティエンヌが重要視していた論題でもあり、一連の講義のしめくくりとしてもっとも力のこもったものではなかったかと思われるが、その内容を開講の辞によってうかがうに、歴史家としては、従来の歴史学がダニエル神父のように戦闘の記述などをこととしていたのにたいして、歴史叙述にデカルト的な哲学精神を援用して近代的なフランス歴史学派の基礎を築いたモンテスキュー、ヴォルテール、作品としては前者の『ローマ盛衰原因論』、後者の『シャルル十二世伝』、『ルイ十四世の世紀』が取り上げられ、また政論家としては、同じくモンテスキュー、ヴォルテールの『ペルシャ人の手紙』(一七二一年)と『哲学書簡』(一七三四年)が時代の政治哲学の萌芽として、また、世代をしめくくる『法の精神』(一七四八年)がその集大成として引証され、この両大思想家が国家・社会の変革のみならず、個人の変革のためにも大いに尽力して、次代の政論家、モラリストたちに道をひらいた、とされている。

『兆民先生』には、かれが明治七年、政府の留学生召還命令に接して帰国しようとした矢先、「仏国の教師、先生の才を惜みて、資を給して止らしめんと云」ったと伝えられている。この教師が誰であったかについて、わたくしはこれまで、推測の材料もないままにアコラースではないかと考えてきたが、今回の調査の結果、どうやらこの説は若干の修正を要するようである。給資といえば当然官費を意味するものと思われるが(もし私費だとすれば、一介の法律復習教師《レペティトゥール》アコラースにその経済的余裕はない)、パリ国立公文書館に残る資料によれば[2]、残念ながらアコラースは文部省筋にあまり評判が芳しくない上に、大体、フランスのような官僚国家で民間の学者が官費による給資を申請しえたかどうかいささか疑問である。その点、東洋語学校教授で、復習教師《レペティトゥール》(現地人講師)に栗本貞次郎のあと今村和郎を抜擢し、人種誌学会、日本研究会の創立者、東洋学会終身書記の肩書きを誇るレオン・ド・ロニーのほうが可能性があるといってよい。一八六二(文久二)年の遣欧使節竹内下野守保徳一行とも交渉のあったロニーは、当時、日本、中国の古典をさかんに仏訳しており、「厖然大冊を成」したと伝えられる兆民の『孟子』、『文章軌範』、『日本外史』仏訳を、たとえば今村を通じて知る機会があったとすれば、なおさら「その才を惜」しんだことも考えられるし、逆に兆民の翻訳そのものがロニーとの関連で行なわれた可能性もなしとしないのである[3]。だがここでわたくしは、ロニーとともにまずルイ・エティエンヌと、そしてかれが代講をつとめていた正教授サン゠ルネ゠タイアンディエの二人を、かの「仏国の教師」のうちに数えるゆえんを以下に略述してみたい。

兆民がソルボンヌにおけるエティエンヌの講義――とりわけ一八七三年春に始まる「十八世紀前半の歴史家および政論家」にかんする講義――に出席したことを実証しうる資料はなにひとつないが、かれが滞仏中研鑽したといわれる「哲学、史学、文学」とは、さきの「一覧」によれば完全に文学部の学問分野と一致しており(ソルボンヌにはこれら三部門のほか地理が講ぜられているが、リヨン大学文学部に同講座が新設されるのは兆民帰国後の一八七四―七五年度からである)[4]、また右の講義で主に取り上げられたモンテスキューの『ローマ盛衰原因論』、『法の精神』、ヴォルテールの『シャルル十二世伝』、『ルイ十四世の世紀』は――ルソーの『不平等論』、『民約論』、『エミール』とともに――帰国後仏学塾で使用される教科書の主要部分をなしている。[5] エティエンヌの設定した一七二〇―一七五〇年という世代の末年は、たしかに『法の精神』を名残りにモンテスキューという巨星が西天に傾くとともに、ルソーという明星が、ディジョン・アカデミーの懸賞論文『学問芸術論』(兆民訳『非開化論』の原著)の当選をもって東天にさし上る世代の交替期であり、エティエンヌの講義ではルソーは次代をになうモラリスト、政論家の一人として予告されるにとどまったと思われるが、さらに偶然の符合を挙げれば、兆民の『革命前法朗西二世紀事』はルイ十四世の死去した一七一五年に説き起こしてフランス革命前夜にいたるルイ十五世・十六世の二世代紀事であり、上巻「王路易第十五」(一七一五―七四)と下巻「王路易第十六」(一七七四―九二)とでは治世の長短こそあれ、上巻はモンテスキュー、ヴォルテールの「小伝」でしめくくられ、右の二大思想家とともに「文壇の老将」三人のうちに数えられるルソーの「小伝」は、革命家たちとともに下巻に収められている。[6]

さて、ソルボンヌの「講義科目一覧」に戻ると、エティエンヌのフランス雄弁術講義は一八七三年夏までで終り、同年秋の一八七三―七四年度からは正教授サン＝ルネ＝タイアンディエが復して「ジャン＝ジャック・ルソーとその時代」の題目が掲げられている。タイアンディエが文部事務次官に抜擢される以前の「一覧」を繰ってみると、かれは正教授に任命された一八六八年の新学期から同題のルソーの講義をはじめており、一八六九―七〇年度の第一学期(第二学期からはエティエンヌが代講)は「ルイ十六世時代の思想と文学の歴史」となっている。ソルボンヌ復帰後は、さきのルソー講義を皮切りに、兆民の帰国後もなお、一八七四―七五年度「ヴォルテールの死後、革命に至るフランス文学」、一八七五―七六年度「革命中のフランス文学」、一八七六―七七年度「革命時代の雄弁家と政論家」と、十八世紀後半から革命にいたる文学――羯南にしたがえば文字通り「ルーソー主義と革命主義」――を四年連続で講義しており、ルソーが革命の時代を闢く代表的思想家として位置づけられていたことがわかる。だが右の講義題目のほかこの一連の講義の内容を具体的にうかがうべき資料がないままに本章を脱稿しようとしていた矢先、おりよくタイアンディエの『八九年の背信者たち――ソルボンヌにおけるフランス雄弁術講義の思い出』Les Renégats de 89—Souvenirs du cours d'éloquence française à la Sorbonne, Paris, 1877 と題する古書が手許に届いた。本書はその題名からも察せられるとおり、恐怖政治《テルール》時代の雄弁家・政論家を論じた一八七六―七七年度第二学期の講義で、かれがダントン、ロベスピエールらを「八九年の精神」を裏切る「背信者」、その時代を「罪悪の時代、人殺しの時代」(7)と呼んだことに端を発した紛争の渦中、弁疏のため就任以来の二、三の講義録に解説を施して公刊したものであるが、(8)その第二章に、一八六八年十二月に開講するルソー講義の劈頭に向こう数年間の講義計画を述べた開講の辞「十八、九世紀の思想闘争」(pp. 36-63) が収録されている。それによればかれは、講座就任後初の講義題目として、中世以来の各世紀の文学のうちでもとりわけ百年来――厳密に言えば百二十年来――世界を震撼してやまない思想の大闘争をとり上げ、これを時代思想の証人・代弁者たるフランス作家において研究することを思い立ったと述べている。この「哲学革命、倫理革命の百年、たえざる動乱の百年」はさらに、(I)ジャン=ジャック・ルソーとその時代(一七四九―七八)、(II)ヴォルテール、ルソーの死から革命までの十一年間、すなわち「ルイ十六世の治世と革命の序章」(一七七八―八九)、(III)革命時代の雄弁家と政論家(一七八九―九九)、(IV)総督・帝政時代、スタール夫人とシャトーブリアン(一八〇〇―一八一四)、(V)王政復古・七月王政(一八一五―一八四八)の五期に区分され、「五幕ものの大ドラマ」になぞらえられるが、その第一幕「ジャン=ジャック・ルソーとその時代」は「のちの転変を引き起こすがゆえに、以後の時期と密接にかかわる」ものとされている。[9] タイアンディエが五、六年を予定するこの連続講義の出発点に選んだ十八世紀中葉は、思想、習俗等フランス社会の全域に革命の兆候が現われる時代、百歳のフォントネルを驚愕せしめた狂信と断言的・独断的な調子が世上人心に漲る時代であるが、それがタイアンディエによってジャン＝ジャック・ルソーの時代と呼ばれるのはなぜか――ディドロの主宰する『百科全書』に集大成をみる唯物論、無神論、汎神論が十八世紀精神を錯乱せしめるさなかにあって、ひとりルソーが神を語ったからである。タイアンディエはこの宗教感情を軸としてかれのルソー講義を行なってゆく意向を表明し、いたずらにルソーの過誤・誤謬を指弾することを安易の道として却けて、「かれが時代の倫理的麻痺状態を振起せしめ、人心に生気を呼び戻す拠り所とした原理を明らかにすること」が肝要だとしている。ルソーにはたしかにさまざまな欠点があるが、かれのうちなる生命の原理をその時代のうちに位置づけつつ、「苦悩の共感をもってかれを支持し、行為と発言でかれを励まし」、ロングフェローにならって「もっと高く、もっと高く」Excelsior! excelsior! と声援を送ることを、タイアンディエは提唱するのである。ルソー百年忌（一八七八年）を機として一般的評価が好転する以前にあって、この「苦悩の共感」をもってするルソー支持表明は貴重である。

「一覧」の講義題目は、この連続講義が予定の第三期「革命時代の雄弁家と政論家」をもって中断され、タイアンディエは十九世紀の文学・思想には触れぬまま一八七九年に他界したことを示しているが、さきの講義録によってかれの革命観をうかがうに、[10] 社会のすみずみにまで不公正が瀰漫していた旧制度を覆して公正の社会を実現した「革命」の必然性、正統性は十八世紀全般を通じて政治史、文学史の証するところであるにしても（十八世紀初頭以来、革命の到来を予見した思想家のなかにルソー『エミール』の「革命の世紀が近づいている」との予言を引用）、そのありうべき姿は「九二年の呪うべき革命」（＝恐怖政治）以来、暴力によって宗教感情が押し殺されたために見失なわれてしまった。しかし、革命とキリスト教とは、けっしてたがいに相容れない二者択一的な性質のものではなく、「キリスト教と八九年当初の理想」の調和をはかることは近代社会に課せられた崇高な義務である、と論じている。すなわちタイアンディエの革命観においてルソーは、「八九年当初の理想」の体現者、「ありうべかりし革命」の先駆者と目されていることが知られるが、右のキリスト教を倫理の次元でとらえるならば帰国直後外国語学校の教育に儒教倫理を採用しようとした兆民自身のルソー観、ひいては革命観――秋水が「仏国革命は千古の偉業也。然れども予は其惨に堪へざる也」と言ったのに対する返答、「然り予は革命党也。然れども当時予をして路易十六世王の絞頸台上に登るを見せしめば、予は必ず走って劊手《かいしゅ》を撞倒《どうとう》し、王を抱擁して遁れしならん」[11]――にかなり近いものが得られるように思われる。

さて、フランス革命との関連におけるルソー講義の概要は以上のとおりであるが、問題は、これが一八六八―六九年度に行なわれた講義の概要であって、兆民が聴いたかもしれぬ一八七三―七四年度のそれではないことである。二度の連続講義を通じて、そのかなめをなすルソー評価に基本的な変化が生じたとは思われないが、一八六九―七〇年度に一旦計画の第二期に当る「ルイ十六世時代の思想と文学の歴史」の講義を開始しておきながら、文部省から帰任後、ふたたび振り出しに戻ってルソー講義を開始しているのはなぜか――タイアンディエはその間の事情について、

これほど重大、かつ広汎な主題の解説を四年間中断したあとで、ただ鎖の環をつなぎなおすことをもって足れりとするわけにはいかなかった。思想の脈絡がここでは、出発点にかえらずにすませるにはあまりに重要性を帯びていたのである。だからわたくしは、当然至極にそこへ立ちかえった

と述べている。[12]残念ながらこの二度目のルソー講義については資料を見出しえなかったが、かれが講義を中断した四年間とは、普仏戦争の敗北、それに伴なう第二帝政崩壊と第三共和政宣言、そしてとりわけパリ・コミューンという

未曾有の大事件をはさんだ激動の四年間である。コミューンの勃発が往年の自由主義者テーヌをしてルソー——とくにその『社会契約論』——を近代フランスにおける諸悪の根源として糾弾せしめたことは前節にも触れたとおりだが、これらの大事件によってもタイアンディエのルソー評価に本質的な変化が生じなかったとすれば、そのルソーへの共感は周囲の厳しい情況のなかでいよいよ苦悩の色を濃くしたであろうし、Excelsior! の声援はますます熱烈、悲愴の調子を帯びたのではないかと察せられる。そしてなにより重大なことは、最初のルソー講義が主としてその宗教・倫理思想(作品からいえばとくに『エミール』あたりか)をとり上げたものであったのに対し、敢えて出発点に戻った二度目の講義では、批判するにせよ、弁護するにせよ、ともかく『社会契約論』を中心テーマに据えずにすますわけにはいかなかったであろう、ということである。兆民は一八七四(明治七)年春帰国するに先立って、エティエンヌの講義にひき続き、タイアンディエのルソー講義(両者はそれぞれ十八世紀前半、後半の文学・思想史として連続し、『革命前法朗西二世紀事』に扱われる年代をほぼ網羅する)を聴いたことはなかったろうか。

さきにわたくしは、ルイ・エティエンヌが当時の人名辞典に載っていないと書いたが(載っているのは同名の別人)、タイアンディエはフランス雄弁術講座に代講者を起用した件に言及して、「大学の同僚、『両世界評論』の協力者」であったエティエンヌを自分みずから代講者として推薦したこと、ソルボンヌに帰任後もまる一年間エティエンヌに代講を許す約束であったが、それはよそで職をみつけるための時間と業績を与えるためであったこと、その結果エティエンヌはまもなくシャムベリー、ついでブザンソン各大学区《アカデミー》の学区長《レクトゥール》に任ぜられたが、業なかばにして早世したこと、死後かれの主著『イタリア文学史』がアカデミー・フランセーズ賞にえらばれたこと、を述べている。[13] 正教授－代講者間のこのように親密な関係(おそらくエティエンヌはタイアンディエの弟子だったのだろう)、そして後者が文部事務次官をつとめるかたわら、参事院議官《コンセイエ・デタ》、特別中等教育中央委員の要職にあった事情を考え合わせると、右の両名は

——兆民がソルボンヌに自由聴講したとすれば——かれを給資生として推輓するにふさわしい資格をそなえた「仏国の教師」たりえたといってよいであろう。『叢談』に無名のエティエンヌの論文がわざわざ雑誌の中から採択されたことは、あるいはおのれの才能を自覚させてくれた教師（たち）への兆民の学問的感謝の表われであったかもしれない。

なお本題とやや離れるが、同じ時期の「一覧」をさらに調べると、フランス詩講座に『ジャン＝ジャック・ルソー——生涯と作品』二巻 Jean-Jacques Rousseau, sa vie et ses ouvrages（一八七五、死後出版）の著者サン＝マルク＝ジラルダン Saint-Marc-Girardin, 哲学史講座には名著『倫理との関連における政治学の歴史』二巻 Histoire de la science politique dans ses rapports avec la molale, 2e éd., 1872. の著者ポール・ジャネ Paul Janet の名が見える。前者は当時、議会内中央右派連合（王党派）の領袖としてもっぱらチエールの標榜する共和政の最終的樹立（実現は一八七五年）を阻止すべく策動中であったが、チエールの失脚する「五月二十四日の政変」を目前にして一八七三年四月、急死を遂げている。ソルボンヌには数年来代講者を立てて講座に名を残すのみであり、兆民が直接なんらかの教示を受けたとは考えられないが、その著『J-J・ルソー』は二月革命を契機にソルボンヌで講義され（一八四八—五一）、『両世界評論』に連載された記事（一八五二—五六）をもとに編まれたもので、もともと「ルソーの作品のうちでもとりわけ『社会契約論』を、「その原理のうちでももっとも不吉な誤謬、〔中略〕すなわち、国家の絶対権の理論、個人的良心の権利の否定」[14]を論駁することを目的とするとはいえ、反面ルソーにおける「矯激之弊」を兆民に教えた書物であったかもしれず、この時期の総合的なルソー論として、また一般的ルソー評価をはかる目安として注目すべきものであるといえよう。一方、ポール・ジャネは、二月革命前後、ジュール・シモンやジュール・バルニ（ともにアコラースの友人で、『叢談』にも論文がそれぞれ二点十二回、および四点九回連載される重要な原著者）らとともに『思想の自由』Liberté de penser 誌に拠って論陣を張ったことのある講壇自由主義の旗手であるが[15]、兆民がパリに着いた一八七二年はじめ頃には、おそらくパリ・コミューンに触発されてであろう、前年秋から始めた「モンテスキューとJ-J・ルソーの倫理・社会思想比較論」と題する講義を続行中であり、それが兆民滞仏中の『政治・文学雑誌』(『青雑誌《ルヴュ・ブルー》』の通称で親しまれる)に逐次掲載され、のちに『政治学史』第三版(一八八七)のルソーにかんする重要な章に附録として収められるのである。ジャネについては、明治二十六年に刊行された中江篤介・野村泰亨共訳『仏和字彙』の訳者序言に、「仏国兵科将校委員編輯改正兵語字典」などの参考書目を列挙する中に「ポール・ジャンヌ」とあるのが右『政治学史』を指すものと考えられるが、[16] さきに述べたように、兆民滞仏中の教養が——実際に講義に出席したか否かは別として——完全に文学部系統のものであること、『叢談』に紹介されるJ・シモン、J・バルニらとジャネが思想的に近い関係にあること、さらにはかれが『叢談』の原典に多いGermer-Baillière社の、とりわけ「現代哲学叢書」から『フランス革命の哲学』その他の著作を発表している事情等を考え合わせるならば、ただたんに『叢談』に紹介されていないという理由だけで、兆民の哲学研鑽がこのソルボンヌの哲学史教授と無縁のものであると断じ去ることはできないであろう。[17]

兆民が以上すべてのソルボンヌの教師たち、あるいはその著書にじっさいに親しんでいたことを証する資料のないことはすでに述べたとおりであるが、少なくとも十八世紀の文学と思想、とりわけルソーを学ぶのにもっともふさわしい条件が兆民留学当時のソルボンヌに用意されていたことだけはたしかである。

(1) Affiches des cours et conférences. Faculté des Lettres, Paris, 1854–1896. Arch. Nat., F 17 13126

(2) Cours Publics. Accolas [*sic*] à Azaïs, Arch. Nat., F 17 6684

(3) 今村和郎が編輯していた『日本研究会年報』L'Annuaire de la Société d'Etudes Japonaises をみると、ロニーは一八七三、七四年ごろに『太平記』、『実語経』を翻訳出版し、また今村との共編で、東洋語学校での講読用と思われる『本朝史略』三巻 Extraits des Historiens du Japon(『太平記』や記紀、『大日本史』などと並んで『日本外史』のそれぞれ抜粋を収める)を出版しており、また同『年報』には長門の人 Ogura Yémon(馬屋原二郎のこと)訳の『日本外史』Histoire indépendante du Japon, composée par Rai Sanyau が連載され、一八七四年には出版決定、七六年には印刷中とある。兆民と今村との距離を考えると、『外史』等の仏訳も、たんなる作文練習ではなく、この種の企画の一つであった可能性が、かならずしもないとはいえない。

（4） L'Université de Lyon, Lyon, 1900, p. XXVII.

（5）「家塾開業願」以下仏学塾関係資料(『全集』第一七巻、一一九―一五一頁)を参照されたい。

（6）『全集』第八巻、一三三―一四〇頁。

（7） Saint-René-Taillandier, op. cit., chap. IV, p. 77.

（8） Ibid., Avant-Propos.

（9） 以下ルソー講義にかんする記述は、Ibid., p. 40 sqq.

（10） Ibid., pp. 43-57.

（11）『兆民先生』、『全集』別巻、四七〇頁。

（12） Saint-René-Taillandier, op. cit., ch. III, p. 66.

（13） Ibid., pp. 65, 66.

（14） Saint-Marc-Girardin : Jean-Jacques Rousseau, T. I, Introduction, pp. II, III.

（15） Biographie de J. Barni par D. Nolen dans la *Revue politique et littéraire* du 22 février 1879, mise à la tête de la *Molale dans la démocratie* de Barni, 2e édition, 1885, p. II.

（16）『全集』第一七巻、一〇二頁。

（17） 兆民を論ずる場合、とかく『東洋自由新聞』の論説、『民約訳解』にはじまり『三酔人経綸問答』に頂点をみる政論家の側面に目を奪われがちであるが、秋水以来後世の評価を別とすれば、かれみずからは――むろん謙遜の分を大いに割引かねばならないにしても――『三酔人』について「是れ一時遊戯の作、未だ甚だ稚気を脱せず、看るに足らず」(『兆民先生』、『全集』別巻、四六七頁)、その他の作品についても「我が従来作る所、大抵古人の糟粕に過ぎずして、曾て独創有るなし、我れ深く之を恥づ」(同右、四六八頁)と不満の意を洩らしていたと伝えられる。しかるに、死に臨んでなお「我日本古より今に至る迄哲学無し」(『一年有半』)と嘆ずる「哲学者」(『続一年有半』)兆民が他日に期した「真個雄篇大作」、「五年十年の歳月を費し、千万巻の図書に資して組織せん」(『兆民先生』、『全集』別巻、四六八頁)としたものは、ほかならぬかれ自身の哲学体系であった。この雄図がむなしく『続一年有半』の小篇にわずかにその名残りをとどめることとなったのは周知のとおりだが、ひるがえって考えるならば、フイエー『理学沿革史』その他哲学書の翻訳にはじまり、『理学鉤玄』、そして『続一年有半』に至る哲学上の著作こそは、時局とともに推移する政治論の現実主義を縫って、かれの一生を貫く理想主義の縦糸であったとはいえないだろうか。その場合、この縦糸の先端が留学時代の哲学研鑽にまで延びていることは明らかであり(かれの東洋哲学研鑽はむしろ帰国後の東洋回帰とみる)、具体的な場としては、ソルボンヌの哲学・哲学史講座に発していないともかぎらないのである。

VI　兆民のリヨン又は社会主義

『叢談』掲載論文のうちで上述の両雑誌論文と並んで特異なものとして最後に取り上げたいのは、ブラク「近世社会党ノ沿革」(第二、三、九、十一号、史論門)、およびラペリエル著・日下東男訳「社会党ノ主義」(第二十三、二十八号、政論門)である。原典については、アコラースの書誌でもその他の叢書類でも手がかりを得られないままに、『パリ国立図書館蔵書総目録』を当て推量に繰っているうちに、たまたまJ・ブラック＝ド＝ラ＝ペリエール『社会主義』J. Brac de la Perrière : Le Socialisme, 1880. というのがみつかり、帰国後『叢談』論文と照合してみて、全十二章からなる本書の第六章「近代社会主義の歴史起源」Origine historique du socialisme moderne が「近世社会党ノ沿革」の、そして第四章「社会主義綱領の第一箇条」Le premier article du programme socialiste が「社会党ノ主義」のそれぞれ出典であることがわかった。訳者については、「沿革」は匿名、「主義」の日下東男とあるのはおそらく偽名であり、両者が同一人物であるかいなかもさだかでない。原著者の長い名前を前後に分かって表記に統一がないのは別人の手になることを思わせないではないが、それにしても同一雑誌に連載中(ただし両者の掲載期間には約半年の開きがある)に果してこのような不統一が自然に生ずるものであろうか。

わたくしはさきに『叢談』の一般的傾向を、一応「ルソー主義と革命主義」——フランスの政治的情況に照らしていえば急進主義《ラディカリスム》——と想定して論を進めてきた。『叢談』にはしかし、革命の伝統を継承しながらもあくまで合法主義・議会主義の枠内にとどまろうとする急進主義を超えようとする若干の試みがみられる。それが右のブラック＝ド＝ラ＝ペリエールの論文のほか、フォール著・坂井勇訳「革命社会論」(第十三号から五十四号まで十一回連載、政論門)、トニッサン著・酒井雄郎訳「主権《スープレーヌテ》ノ解」(第十四号、政論門)の社会主義関係文献の紹介である(第十二号に載ったナケー著・田中耕造訳「社会党論」はアコラースの親友アルフレッド・ナケーの『急進的共和政』Alfred Naquet: la République radicale, Paris, 1873. の一節にこの題名を冠して訳出したものであるが、訳者の側で積極的に社会主義を紹介するというより、急進主義の立場からする社会主義批判の紹介なので、ここでは除外する)。三文献中、後二者の訳者が酒井雄三郎のわざと見え透いた仮名であることは言うを俟たないが、かれは前年、『東洋自由新聞』(第二十一号、十四年四月十五日刊)に仏学塾生酒井雄の名で寄せた「国会ノ開設ナキハ国民政治上ノ思想ヲ激昂スルノ媒タラザル乎」のかどで東京裁判所に召喚されたとき、自分は雄三郎であって雄ではないと言い張ってついに無罪をかちとった豪の者である。『叢談』全体を通じて訳者名を調べると、創刊から第六号(十五年五月十日)までは田中耕造、野村泰亨ら一、三の例を除いて匿名、第七号から三十一号までが記名、第三十二号(十六年四月十五日)以下終刊までふたたび匿名に戻っている。兆民一門は『東洋自由新聞』の経験によって『叢談』もまた官権による検閲、弾圧の対象になることをはやくから予期し、最初は慎重を期して匿名、創刊以来の好評に力を得て第七号以下記名に踏み切り(兆民にはその門弟に一人前の仏学者として自活しうる道をひらいてやる責任があった。後年、幸徳秋水に英書を学ばしめた[1]のは、自由民権運動の退潮とともにこの道が閉ざされた結果にほかならない)、『叢談』、とりわけ『民約訳解』の名声が頓に高まり、監察の目がようやく厳しくなるにおよんで、犠牲者を出さぬため匿名に復した、と考えることはできないであろうか。[2]『叢談』を訳者名の有無によって右のように三期に分けることが許されるならば、さきのブラク(訳者名なし)「沿革」は第一期に、ラペリヱル「主義」は第二期の末に属し、しかもその訳者名日下東男はどうみても日本男児、東洋男児あたりを意味するとしか思えない偽名(戯名?)である。当時危険思想視されていた社会主義思想を紹介するのに、ブラック・リスト上の人物酒井雄三郎がさまざまな偽名あるいは匿名を使い分けるのになんの不思議もないし、そこには兆民とその愛弟子との間に相通ずる反権力の姿勢、というよりむしろある種のあそびないしは茶目っ気(わたくしは兆民をたんなる奇人とする見方を好まないが、その奇行の根底には世間の思わくを憚からぬ合理主義精神のほかに、やはり多少の茶目っ気も介在していたと信ずる)が感じられる。ブラック＝ド＝ラ＝ペリエールの同一の著作をブラク、ラペリヱルという別人の作であるかのごとく表記しているあたり、いかにも酒井一流の韜晦癖の現われというべきであろう。酒井以外にあえて訳者を探すとなれば、後年の社会主義者小島龍太郎であるが、かれは当時、司法省から逐次刊行中であったアコラースの主著『民法提要』の全訳(明治十三―十七年、全十八冊)にかかりきりであったろうと思われ、またじじつ、『叢談』の記名者中にもそれらしい名前はみあたらない。ブラク、ラペリヱル二篇の訳者を酒井雄三郎と仮定した上で、本章のしめくくりにとりかかりたい。

まず原著者J・ブラック＝ド＝ラ＝ペリエールがいかなる人物か、原著の扉に「法律学士《リサンシエ・アン・ドロワ》」と記されているほかは、『叢談』の原著者について今回行なった調査でただ一人、その履歴について活版に付されたなんの記録も得られなかった。やむなく原著そのものを調べると、一八八〇年、パリのサン＝シュルピス寺院にほど近い Honoré-Che-《オノレシュ》

valier《ヴァリエ》街(第六区)にあった Edouard Baltenweck《エドゥアール・バルタンヴェック》という(おそらく小さな)書店から刊行されており、末尾広告欄の同書店刊行書目をみると、Monsabre《モンサーブル》尊師作品集(『ノトル・ダム寺院での講演』、『カトリック教義解説』など)、聖職者、宣教師の伝記類、パリ・コミューンの人質となって銃殺された二人の修道士の伝記、社会問題を扱ったものとしては同じく聖職者による『社会問題のユートピアと現実』とか、『革命精神』といった作品が並んでいる。要するにこの種の宗教書・信仰書を専門とする書店から刊行された原著『社会主義』は、カトリック教会の立場からする、社会主義は国家と宗教とを破壊するものであるとの反駁書であって、急進主義(宗教的には反教会主義)を基調とする『叢談』の中になぜこのような書物がまぎれ込んだのか、どう考えても場違いの観を免れぬ作品なのである。社会主義を紹介するのになぜわざわざこのような反駁書が採択されたのか。

同じようなことはトニッサン〔トニッセン〕「主権ノ解」(第十四号)にもいえることで、その原著『ベルギー憲法註解』J.-J. Thonissen : La Constitution Belge annotée, 1876. そのものが社会主義反駁書というわけではないが、著者トニッサンはベルギーのルーヴァン・カトリック大学の刑法教授として、五十年代にはさかんに『社会主義とその約束』(一八五〇)、『過去における社会主義』(一八五一)、『古代から一八五二年フランス憲法に至る社会主義』(一八五二)、『無限進歩理論にかんする若干の考察』(一八六〇)などの書を著わした社会主義撲滅の大家である。[3]『明治憲法成立史』の著者稲田正次氏が、「主権ノ解」の訳出において酒井は原文を一部改変し、「トニッサンに仮託して仏学塾の主権在民論を主張した」と指摘されている[4]のは、右の事情を考え合わせれば反社会主義文献の社会主義的転用の例として、十分首肯されることなのである。ある危険思想を紹介するのにその反駁に名を藉りるというのは古来思想史上の常套手段というべく、フランス十八世紀にもフェヌロンやブーランヴィリエ伯爵によるスピノザ紹介[5]のような例があるが、ブラック=ド=ラ=ペリエールにせよ、トニッサンにせよ、社会主義反駁書を逆手にとって社会主義を紹介しているところに、やはりさきに述べた酒井流の茶目っ気ぶりをみることができよう。

フォールの「革命社会論」。じつはこの論文の原著は、著者の無知によるとはいえ、探索に当って『叢談』論文のうちでももっとも難渋したものの一つである。アコラースの書誌その他からなんの手がかりも得られないのはブラック＝ド＝ラ＝ペリエールの場合と同様であったが、なおかつ各種の書誌、蔵書目録、人名辞典のFの項を端から繰ってみても結果はやはりむなしかった。出発前に『叢談』論文に目を通す余裕がなかったために、革命社会とはいかなるものを指すかということさえ、正直言ってわからなかったのである。ところが偶然、ブラク「近世社会党ノ沿革」の原文に当っているとき、その脚注に引用されている、ほかならぬフォール『革命時代の社会主義』Faure: Le Socialisme pendant la Révolution というのが目に止まった。ようやく探し当てた原題に勇を鼓して、項目別書誌の[6]「社会主義」の項を調べると、なるほどみつからなかったのも無理はない。フォール「革命社会論」、じつはル＝フォール『フランス革命時代(一七八九―一七九八)の社会主義』Amédée Le Faure: Le Socialisme pendant la Révolution française (1789-1798), 1863. のことだったのである。

『叢談』における社会主義文献の紹介を全部酒井雄三郎の分担であると仮定すると、ブラク「沿革」が第十一号で完結して、一号おいた第十三号から〔ル＝〕フォール「革命社会論」の長い連載が始まっている。ちなみにブラク「沿革」をその原テキストに当って調べてみると、これは原著第五章「社会主義は昨今のものか」の後を承けて十八世紀初頭から説き起こし、中頃ルソー、ディドロらの啓蒙思想家、ロベスピエール、サン＝ジュストらの革命家とバブーフ陰謀の顛末を経て、インターナショナルの創立とその活動にまで論及したものである。だが、社会主義を論難することを目的とするこの論文の議論はすべてその引用文献――〔ル＝〕フォールのほか、テーヌ『旧制度』Taine: Ancien Régime, シュードル『共産主義史』Sudre: Histoire du Communisme, フルーリー『バブーフと一七九六年の社会主義』E. Fleury : Babœuf et le socialisme en 1796 など――からの孫引きであって、論難部分をとり除くと（ブラック「沿革」は全章が社会主義者からの引用なので無削除、ラペリエル「主義」では冒頭と末尾を削って社会主義者の主張のみを訳出）、そのまま簡潔な社会主義概論になってしまうところはなかなか痛快だが、けっして学問的に高い水準のものとは思われない。その点〔ル＝〕フォールの著作は、革命家の主張が正しく理解されないのは、その書物が入手しがたいからだとして、帝室（現国立）図書館に眠っている多数の革命時代のパンフレット類をみずから読破し、一々その整理番号まで脚注に明記するという実証的態度を貫いており、『叢談』と時を同じうして Germer-Baillière 社の前掲「現代哲学叢書」に収められたポール・ジャネ『現代社会主義の起源』Paul Janet : Les Origines du Socialisme contemporain, 1883. に、ビュシェの『革命の議会史』Buchez : Histoire Parlementaire de la Révolution（『叢談』第三十四号以下ビュセー「仏王十六世路易の獄を記す」として訳出されるフランス革命史研究の基本文献）などとともにしばしば引用されているところをみると(7)、当時の社会主義文献として一応の水準に達していたものと思われる。

酒井が『叢談』第十三号から第五十四号まで（『叢談』は第四十六号に「民約訳解」最後の解が載ってからは、第四十七号以下「板垣先生欧州ヨリ携帯セラレシ書」、とりわけ「欧米近世名家列伝」など当り障りないものだけが訳出されるようになり、同誌が政府による板垣の懐柔→洋行の代償として、第五十五号をもって廃刊に追い込まれる事情が歴然とする）、途中に九州遊説をはさみながらも前後十回にわたって〔ル＝〕フォールの紹介に打ち込んでいるのは、かれが本格的な社会主義研究にとりかかった時期を明示しており（明治二十五年、同門の小島龍太郎らと組織する「社会問題研究会」にその到達点をみる）、まさしく兆民から秋水へ、急進主義から社会主義への――苦難の――道がここに切り拓かれたといってよい。上述のさまざまな指標からわたくしは、酒井が〔ル＝〕フォールの著作を知ったきっかけは、ブラック＝ド＝ラ＝ペリエールの『社会主義』ではなかったかと推定するものであるが、もしそうだとして、かれがはじめて手にした社会主義関係文献がこの論難書であり、これによってかれが社会主義に開眼したのであったとすれば、日本社会主義はその揺籃期においてまことに奇しき第一歩を踏み出したことになりはすまいか。しかも、本書を『叢談』に訳さしめたのがほかならぬ兆民であったとすれば、どうか――そう考えたい理由を以下に述べる。

兆民のリヨン時代については、『兆民先生』に、「里昂《リヨン》の某状師に就て学」んだといわれていることと、かれが一八七二年十月ごろから翌年四月末ごろまで滞在したことしか知られていない。[8] 右の引用中、状師という古風な表現については、研究者のあいだでもやや等閑視されている観があるので、他処に書いたことをあえて繰り返させていただく[9]と、それは代言人とともに明治期に弁護士を意味した言葉である。とすれば、兆民のリヨン生活を物語る右の二つの指標を結びつけると、かれは十一月ごろに新年度を迎える一八七二―七三年度の上半期(三、四月ごろの復活祭《パック》休暇まで)を――ことによると法院とか学校とかの施設で――弁護士に就いて学んだと考えることができないであろうか。なぜリヨンへ赴いたか、直接の動機は知られていないが、弁護士に就いたといわれている以上、フランス語研修もさることながら、一応は明治三年の「海外留学規則」に定める「専門学科」、すなわち、司法省派遣学生の義務として法律を修めることをもって主眼としていたとみるべきであろう。

さて右の弁護士に就いて学んだというのが、個人的に就いたものか、それとも法律学校などに入ってそこで教えていた弁護士にとくに学んだものか、これだけでは判然としないが、当時のリヨンにおける法学教育の事情を調べてみると、意外なことにリヨン大学には法学部がまだない。それが新設されるのは兆民の帰国した翌年、一八七五年であり、それまでリヨン在住者の子弟で法学を修めようとする者は、ディジョンやグルノーブルの近接大学区に遊学することを余儀なくされていた。したがって、父兄のあいだからフランス第二の都リヨンに法学部設置を求める声が高まるのは当然の勢いであり、そのような声に応えて、わざわざ大学に通わなくとも地元で学位取得に必要な科目を修められるようにと、一八六八年、リヨン上告裁判所 Cour d'appel に所属する弁護士たちが文部大臣の許可を得て裁判所内に開設したのが、自由法律学校（自由とは私立の意）、通称「裁判所学校」Ecole du Palais であった。一八六八年開校以来一八七五年までの七年間に教授十人、学生平均八十ないし百人ほどの陣容で、官立大学の法学部に準じた教育がほどこされていたという。[10]

パリ国立公文書館の「公開講座—リヨン」の項目に分類される文部大臣への提出資料[11]によれば、この法学校が開設された当時、リヨンには私立商業学校長フルーリーという人の開いた法律講座があって、一時両者が並立していた模様であるが、第三共和政成立以後はフルーリーからの毎年の開講願いが出されていないところをみると、兆民滞在当時リヨンの法律学校としてはこの裁判所学校しかなかったようである。かれが果してこの学校に入ったかどうかはともかくとして、以上の事実から弁護士に就いて学んだというのは、裏を返せば、大学法学部の置かれていない当時にあっては、弁護士に就くしか法律を学ぶ道のなかったリヨンの特殊事情を反映しているともいえそうである。

ところでリヨンに赴いた兆民はこの法律学校に入ったのだろうか。もしそうだとすれば裁判所学校では一八七二年—七三年度は十一月十四日に始業式が催されているのだが[12]、翌一八七三年秋の始業式における校長ルージエ Rougier の前年度報告によれば、百人前後の学生内訳は、大多数がリヨン在住者の子弟、他は家系的・個人的にリヨンになんらかの因縁のある者で、この地域と無縁な者は一人もいないと言われている。しかし、これはあくまで正規入学登録者について言われたことであって、前年秋（兆民滞在中）の始業式に行なわれた開校後四年間の来歴と現状、および校風について語る報告では、同校の学生には大別して(1)「個人的欲求から」特定の講義を選択して受講する者、(2)官学での受験準備を目的とする者、の二種があり、前者には軍人、商人、官吏等、「受験したり学位を取得したりする意図をもたず」いわば教養のために受講する者が含まれ、後者、すなわち大学での受験、学位取得を目的とする者は、年々正規登録者の少なくとも四分の三を占める、と言われている。さきの一八七三―七四年度始業式の校長報告から、兆民が正規登録者の中にいたとは考えにくいが、果して聴講生、校外生などの資格でこの学校に籍を置いたことはなかったか――残念ながら、肝腎の入学登録者名簿が裁判所自体にも、また法学部やリヨン市、ローヌ県の各公文書館にも残されていないので、この問題もたんなる推測、可能性の域にとどめておくよりしかたがない。ただわたくしが、秋水のいう「里昂《リヨン》の某状師」とは誰を指すかという、少しく深追いの譏りを免れない穿鑿をするようになったきっかけは、じつは、同校の一八七三―七四年度始業式の来賓者中に（前年度の来賓者名は記されていない）、リヨン大学学区長、弁護士団長《バトニエ》、弁護士団監事会員二名と並んで、元弁護士団長ブラック＝ド＝ラ＝ペリエール氏なる人物の名をみつけたからである。『叢談』に紹介された『社会主義』の経歴不明の著者とたまたまこの珍しい姓を同じくする人物には、果して「里昂の某状師」たる資格がそなわっているであろうか。

　まず単刀直入、地方紙に発表された一八七二―七三年度のリヨン弁護士団名簿をみるに[13]、この年度の登録者数百八十名、うち修習生六十三名とある。名簿にはそのほか新規加入者、レジオン・ドヌール勲章佩用者、国会・県会・市会議員、監事会員十五名（弁護士団長や自由法律学校長ルージェと並んでブラック＝ド＝ラ＝ペリエールの名がみえる）、ヴァプロー『現代人名辞典』記載者などの項目別に延べ数十人の名前が連ねてある。「某状師」もここに名前の出ている者のなかにいるように思われるが、自由法律学校の八人の教師が全員博士号取得者であるところをみても、弁護実務のかたわら教育にたずさわる者の数は資格あるいは関心の面からかなり限られるに相違ないから、おそらくは法律学校関係者と、事実上これを監督する立場にある監事会員、合わせて二十人ほどのなかに含まれているのではなかろうか。他のメンバーについては具体的な手がかりをえられないままに、とりあえず、学校と監事会の接点上に現われる、ブラック＝ド＝ラ＝ペリエールなる人物についてその履歴を探ってみよう[14]。

ポール・ブラック＝ド＝ラ＝ペリエール Paul Brac de la Perrière (1814-1894) は代々裁判官や弁護士を出しているリヨンの旧家に生まれて、カトリックを奉じ、王党派に属する謹厳な家風のうちに育った。一八三三年、パリに遊学して法学部に入ったが、折から全盛のロマン主義運動をよそに、カトリック系慈善団体サン＝ヴァンサン＝ド＝ポール会の設立に参画した。宗教活動を通じて、新興カトリック運動の推進者ラコルデールとも親しく交わったという。一八三六年、リヨンに帰って、弁護士登録を行なったが、それは生来の闘争癖から裁判官よりも弁護士の道を選んだからであり、「真理と正義への情熱」に衝き動かされたためであると、弁護士登録五十年祝賀会の席上語っている。一八五九年、弁護士団の監事会員入り（終生これにとどまる）、一八六三年には、弁護士団長にえらばれている。弁護活動のかたわら、慈善訪問団の結成、孤児院やカトリック系私立小学校の建設等さまざまな慈善事業に尽力しているが、兆民のリヨン滞在当時には、弁護士として当地で名声を博す一方、三十数年後リヨンに遊んだ永井荷風が「見渡す全景〔サンジャンの古刹とこれを取り巻く中世紀の街並〕の古色暗然たるに比較して、直ぐ其の真上なる山の頂きにはフールビエールの新しい大伽藍が懐古派ならざる吾々の目にも近世的建築の卑しい事を知らせてゐる」(15)と評した、フルヴィエール教会堂の建設委員、のち会長に選ばれて、その最終設計案の採択に力があったという。

さきの自由法律学校関係の資料によれば、この学校の設立案が一八六八年の弁護士団監事会に諮られたときには、かれはすでに監事会の終身会員の地位にあり、また一八七三—七四年度の始業式に参列していることからも同校の運営ならびに法学教育一般にかなりの関心を持っていたものと考えてよいが、とくにかれが兆民の師事した「某状師」たるの資格をそなえた人物であることは、晩年の二十年を自由高等教育のための活動に捧げている事実によって示されている。(16)

ブラック＝ド＝ラ＝ペリエールがカトリック系小学校の建設に尽力したことはさきに触れたが、兆民がリヨンにあった時期は、フランスの教会、カトリック勢力が半世紀来展開してきた高等教育の自由を求める闘いがようやく実を結ぼうとする前夜、ブラック＝ド＝ラ＝ペリエールが「剣の刃が折れればその切れ端をもって闘う勇者」ぶりを発揮している最中であった。念願の法律が施行されるのは一八七五年のことであるが（リヨン大学法学部の新設はたまたまこれと時期が重なったもの）、この法律を実行に移すためリヨンにも一八七七年、カトリック法学部 Faculté catholique de droit が設立されることになり、その実現のために奮闘してきたブラック＝ド＝ラ＝ペリエールは衆人一致で初代学部長に選出された。以後はもっぱらこの法学部の経営・発展のために努力し、死の前日も病苦を冒して登校し、校務をとったほどであるという。付言すれば、この法学部はパリのカトリック学院 Institut Catholique の姉妹校としていまも健在であるが、その第一回募集要項によれば、学部長みずから「フランス法原理」（選択演習）Conférences sur les Principes du Droit français を担当することになっていたようである。[17]

弁護士、教育者、地方名士と三拍子揃ったこの元弁護士団長は、パリから兆民が紹介を受けて来学してもすこしもおかしくない人物であったと考えられるが、さらに推量を逞しうすれば、かれと同姓で経歴不詳の『社会主義』の原著者は、もしやかれの同族ではあるまいか。かれには子孫が多かったと伝えられるが、その子、甥などで、かれと同じくパリ大学法学部に遊学し（原著の出版地および原著者肩書き）、かれと同じく信仰心厚く（出版元は信仰書専門書店）、闘争意欲旺盛な（原著は社会主義反駁書）青年（肩書きに「法律学士」とだけあるのはまだ他の肩書きをもたぬことを意味する）はいなかったであろうか。あるいはごく単純に、兆民とその一門は、Jというイニシアルだけしか知られていない原著者のファースト・ネームを、しばしばPと略記される元弁護士団長のそれと混同してはいなかったか——じつはわたくし自身、調査のかなり長い期間を通じてうかつにも両者を同一人物と考え、パリ国立図書館のカタログ見出しで別項に扱われているのに気がついて一瞬狼狽を禁じえなかった。いずれにせよ、『叢談』における社会主義紹介が、まずJ・ブラック＝ド＝ラ＝ペリエールの反駁書にはじまり、ついで〔ル＝〕フォールの正規の紹介書に引き継がれるという曲折を経ているのは、兆民がリヨン滞在時代に右の元弁護士団長から蒙ったなんらかの恩義と関係があるのではあるまいか。さいわいリヨンにはブラック＝ド＝ラ＝ペリエール姓を名乗る数家族が現存しているようである。近く実否のほどを確かめてみたいと思う。(18)

（1） 『兆民先生』、『全集』別巻、四六六頁。
（2） 『叢談』が第三十二号（明治十六年四月十五日）から訳者名を伏せるようになるのは、翌四月十六日付で新聞紙条例が改正されるのに備えたものであろう。『全集』第一五巻、『政理叢談』解題三八六頁を参照。
（3） Vapereau : Dictionnaire universel, 4e édition, 1870.
（4） 『明治憲法成立史』上巻、六三八頁。
（5） 『バルーフ・デ・スピノザの誤謬を駁す』Réfutation des erreurs de Benoît de Spinoza…, Bruxelles, 1731. ポール・アザール『ヨーロッパ精神の危機』、野沢協訳（法政大学出版局）、一七六頁およびこれに対する「原注・参考文献」（巻末横組み）を参照。
（6） O. Lorenz : Catalogue général de la librairie française, T. VIII (t. II de la Table des Matières, 1840–1875).
（7） Paul Janet, op. cit., pp. 68, 83 sqq.
（8） その後一八七二年六月（和暦明治五年五月）から翌七三年五月末ごろまでリヨンに滞在したことが明らかになった。本書第二章Ⅲ、Ⅶを参照。
（9） 前掲「兆民のフランス留学」、三七頁。
（10） 以上の自由法律学校にかんする記述は、L'Université de Lyon, 1900, pp. IX, X および L'Université de Lyon. Cinquantenaire de la Faculté de droit, 1926, pp. 13, 14. の大学刊行物による。
（11） Cours Publics—Lyon, Arch. Nat., F 176643.
（12） 以下一八七二―七三年度および一八七三―七四年度の始業式報告については、『リヨン裁判所における法学教育』第五年、第六年 Enseignement du droit au Palais de Justice à Lyon : Cinquième Année—Séance de rentrée du 14 novembre 1872 ; Sixième Année—Séance de rentrée du 15 novembre 1873. による。

(13) Salut Public, Mercredi 18 décembre 1872.

(14) ブラック＝ド＝ラ＝ペリエールはリヨン弁護士団中でもヴァプロー記載者組には入っていないので、以下の紹介はパリ国立図書館目録室備付けの「国内伝記」Biographie Nationale カードに記載された Henri Beaune : M. Brac de la Perrière. Extrait de *l'Université Catholiqué*, Lyon, 1895. と Une fête au barreau de Lyon. La cinquantaine professionnelle de M. Brac de la Perrière, Ancien Bâtonnier, Lyon, 1886. ならびにリヨン市公文書館の「ヴァントリニエ関係書類」dossiers Vingtrinier に収められる地方新聞のブラック＝ド＝ラ＝ペリエール追悼記事によった。

(15) 『ふらんす物語』所収、「蛇つかひ」(岩波版『荷風全集』第三巻、三八五頁)。

(16) 「里昂の某状師」としては、その後、兆民がリヨンで普通学の師として就いた「パレー氏」が浮上してきた。次章Ⅶおよびその注(6)を参照されたい。

(17) Brac de la Perrière : Renseignements et programmes pour les études de droit à la Faculté Catholique de Lyon, 1876.

(18) 調査の結果については、本書巻末「原典目録」参照。

おわりに

以上、『叢談』掲載論文中、上述の観点からとくに際立ったもの三点をとり出して、これを兆民自身の伝記と結びつけて解釈するという、われながらかなり強引と思われる試みを行なってきた。乱暴な議論だとのご批判も多かろうと思う。甘受したい。正直言ってわたくし自身、兆民とラクロアの関係、ソルボンヌの文学講義聴講、とりわけ両ブラック＝ド＝ラ＝ペリエールの血縁関係等、右にあげつらったことがらについて、言い出した手前をも含めて八分通りまではその蓋然性を信ずるが、あとの二分についてはいかんとも申しかねる。要するに、わたくしが本章で意図したことは、留学中の兆民がかくかくであったということを実証することよりも(それは現在のあまりに乏しい資料のかぎりでは無理である)、かれが呼吸して帰った第三共和政初期パリ、リヨンの雰囲気は大凡こんなものであったということを推測することであった。したがって、本章にとり上げた三論文から多少とも確実なこととして言いうるのは、せいぜい、『政理叢談』にはその範とするに足る雑誌がすでにアコラース周辺の知日派グループの手で刊行されていたこと、兆民の紹介になるルソーをはじめとする十八世紀啓蒙思想は、普仏戦争、パリ・コミューンで荒廃したフランスを再興するに当って、批判するにせよ(テーヌ、サン＝マルク＝ジラルダン、ラクロア)、弁護するにせよ(サン＝ルネ＝タイアンディエ、そしてむろんアコラース)、近代フランスの原点として回顧され、ルソー百年忌(一八七八年)、フランス革命百周年(一八八九年)などを機として次第に復権・再評価に向かう傾向にあったこと、リヨン関係では、ブラック＝ド＝ラ＝ペリエールがたとえ兆民の師事したといわれる「某状師」ではなかったとしても、この地でかれが受けた法学教育(全期間を通じて受けたのではなかったかもしれない。むしろ、文学部系の学問への逸脱の契機になったか)は、自由法律学校のそれとさしたる懸隔はなかったであろうこと、などにすぎないのである。

だが『叢談』論文のなかには、まだほかにも精査してみれば兆民伝を解明する手がかりになるのではないかと思われるものが、いまわたくしの気がついているものだけで数点はある。例を挙げれば、第四号の仏人某撰「英人ロック氏政体論の序」Avertissement du *Gouvernement Civil* par M. Locke, traduit de l'anglais par L. C. R. D. M. A. D. P. 1755 (5e édition); 1795 (7e édition)や、第二十号以下のシャアル・コント「代議政論」Charles Comte : Du Système représentatif dans le *Censeur*…, T. III. 1814–1815. などは明らかに、他の多くの叢書類とちがって、兆民滞仏当時すでに図書館、古書店、貸本屋(これらがコミューンの作家ジュール・ヴァレースの思想形成においていかに決定的な役割を果たしているかはかれの自伝的作品にくわしい)などでしか入手できないテキストであり、ことによると滞仏中の研鑽の場を暗示していないともかぎらないのである。第二十八号以下「国事犯罪論」の著者オルトラン Ortolan, 第十四号「政府ノ権ヲ論ズ」などの著者グラッソン Glasson は、それぞれ、当時パリ大学法学部の老教授(刑法、一八七三年死去)、若手講師(民事訴訟法)であり、兆民がたとえ法学部に「正式に入学」したのでなくとも、出入り自由だった講義や、しばしば日曜日などに開かれた講演会(オルトランはその名物講師)に出向いたことがあったとも考えられる。最後に、第七号以下アルニー「自由ノ恢復、一名圧制政府ノ顚覆」Harny : La Liberté conquise, ou le despotisme renversé, 1791. はどうか[1]。今日にいたるまで原典自体が未刊行であるこの台本が、なぜ『叢談』に訳載されているのか——

すなわち、本章が兆民滞仏中の生活全般にかかわる一連の推測の手はじめであることを、おわりにお断わりしたいゆえんである。

(1)　巻末「『政理叢談』原典目録ならびに原著者略伝」の各項を参照されたい。

第二章　中江兆民のフランス

――明治初期官費留学生の条件――

はじめに

フランス留学時代の中江兆民の動静を物語る資料の不足が嘆かれてより久しい。一九七四年パリ、リヨンにおいて若干の現地調査を行なった結果、直接資料と目しうるものをなにひとつ発見しえなかった次第についてはすでに『思想』一九七五年九月号(本書第一章)に報告したとおりである。その際わたくしが兆民について従来知られているかぎりの資料と『政理叢談』に訳載された文献の原著ならびに原著者にかんして得られた副次資料とをつき合わせ、両者の接点を求めるという方法をとったのは、多少とも直接資料の欠を補いたいと念じたからであったが、かりにフランスにおける直接資料発見の可能性が今後ともきわめてうすいものと覚悟しなければならぬとすれば、兆民の思想形成――ひいては日本への西洋思想の流入過程――において決定的な意義をもったこの時期の伝記を解明するためには、あらためて日本側の資料が博捜されてしかるべきかと思われる。従来この時期の兆民伝にかんする論考においては、幸徳秋水『兆民先生』に収められたいくつかの――たがいに脈絡もないといってよい――はなはだ簡略な聞き書きが、二年余にわたる留学時代のいっさいを論ずるための根本資料として、また西園寺関係の伝記・懐旧談などがその際のほとんど唯一の傍証として援用されてきた観がある。しかしながら右の二種類の資料はそれぞれ兆民なり西園寺なりの生涯全般を対象とする伝記作品から採られたものであって、いずれの場合にもとくにかれらのフランス留学時代に資料蒐集の照準を合わせたものでないことはいうまでもない。当然のことながら、これらの作品に使用されなかった資料——未発掘のもの、あるいは公刊されてはいても従来の兆民研究に活用されていないもの——がほかにもまだ存在することが予想されるわけであるが、さてこの新たな模索の手がかりをどこに求めたらよいだろうか。

すでに繰り返し引いた『兆民先生』の僅々十数行の文章をいま一度検討してみよう。(1)秋水は「先生が仏国留学中の事、親しく其詳細を叩くに遑あらざりしは、今に於て予の深く遺憾とする所也」とはじめに断わりながらも滞仏中の交友関係に触れて、西園寺公望、故光妙寺三郎、故今村和郎《わろう》、福田乾一（坂田乾一あるいは乾一郎とも—後述）、飯塚納の五人の名前を挙げ、「現に存するの諸君に就て当時の事を敲かば、極めて興趣あり、且つ有益なるべきを信ずる也」と語っている。かれがついにこの興趣ある企てを果すことなくして畢ったのは、以後の関心がこのような懐古趣味の方向をとらず、社会主義、無政府主義へと傾斜していったためであり、とりわけ、ときの天皇制国家がかれに藉すに時間をもってせず、いくばくもなくしてかれを大逆事件の奔流の中に拉し去ったためであったろう。兆民が歿し、秋水が刑死してより七、八十年の歳月が流れた今日、秋水の残した空白を埋めることはむろん望みうべくもないが、かれの示唆に副って、さきの兆民の交友五人、さらにこの五人と交渉のあった人々、その人々の周辺……と次第に交友関係の輪を拡げながら、兆民と時を同じうしてヨーロッパに滞在、留学していた人々に「当時のことを敲」くことはできないだろうか。当然、今日まで失われずに残った資料の限界内での作業ということになるが、逆に、秋水が披見できなかったであろう日記・書簡類がその後少なからず公刊されたという利点も無視することはできない——それはそれなりに、また興趣もあり、かつ有益なことではないだろうか。留学中の兆民の事蹟にかんする秋水の記述がきわめて断片的であり、かつ具体性を欠いていることが先般の現地調査においてもついに決め手をえられなかったゆえんであるが、『兆民先生』中、(1)かれが大久保利通に直談判して司法省出仕、フランス留学を命ぜられたこと、(2)そしてその帰朝は明治六年十二月の留学生悉皆帰朝命令によったものであるという二つの指摘は、明治初期の海外留学制度――とりわけ官費によるもの――という具体的な枠組を前提としてなされたものであり、この制度の側から逆に兆民にかんして知られている、または知られうるデータを検証してゆけば、なんらかの手がかりがえられはしまいか。留学中の兆民については、「先生が司法省の派遣する所たりしに拘らず、専ら哲学、史学、文学を研鑽したることを聞けり」という秋水の口調から、ややもすればかれが官費留学生としての義務を免れていたかのような印象を受けがちであるが、「司法省の派遣する所たりしに拘らず」という文言は、とりもなおさず、たりしがゆえの拘束があったことを物語っているとも考えられ、かれのもっぱら人文学的な研鑽も、当時の監督者の苦情によくみられるような――しかしさいわいにして召還の対象とならない範囲内での――逸脱であったと解すべきであろう。(2)留学生召還令に接した際にも、たとえ「仏国の教師」からは給資の申し出があったにもせよ、国内当路者からは有効な残留工作が行なわれることなく帰国している事実をとってみても、かれが留学生の中でとくに優遇されていたともみえないから、本章においては兆民のうちに、後年の思想家ではなく、ことさらに平均的な官費留学生の条件をみることにつとめたい。このような試みが明治初期における海外留学制度――とくに個々の留学生の勉学と生活――にかんする実態調査を俟ってはじめて可能なことは明らかであるが、いまはその手はじめに、兆民という一人の官費留学生が、朝令暮改もただならぬこの制度のもとで、具体的にどのような条件に服しつつその留学生活を送ったかを、かれが留学していた明治四年末から七年春までという時期をとらえて探ってみたいのである。それはまた、明治初期留学生がもっとも多く渡航していた時期でもある。

(1) 幸徳秋水『兆民先生』、『全集』別巻、四五〇―四五一頁。以下、断わりなしで引用する場合は大体本書のこの個所、もしくはその前後から、と理解されたい。ついでながら引用文の傍点はすべて引用者。

(2) 明治五年十一月、在英留学生の取調べに当った伊藤博文は、その乱脈な修学状況について「其修ムル所ノ学科、其居ル所ノ黌塾、皆生徒ノ自選独決ニ出テ、敢テ之ヲ指令スル者ナク、其学ヲ転ジ其居ヲ移スモ亦敢テ之ヲ咎否スル者ナシ」と本国に書き送っている(『伊藤博文伝』上巻、六七六頁、大隈・大木・井上(馨)宛意見書、五年十一月四日)。兆民の身辺では、松田正久が召還されたのは、陸軍省派遣でありながら「政治、法律、哲学、史学」の研鑽に励んだためだという説がある(白柳秀湖『西園寺公望伝』、一六九頁)。

I

兆民が大久保利通に留学の推薦を乞うのに、まずその馬丁に親しんだ上で車中の大久保に引見されることをえたという『兆民先生』の有名な逸話は、大久保側の『甲東逸話』にもかれ自身の談話をまじえながら多少のヴァリアントをもって録せられている[1]。たとえば前者において門番に体よく玄関払いをくわされた兆民は「日々衙門《がもん》〔=役所〕の前に遊びて、公の馬丁と親狎し、相図つて其退庁に乗じ、車後に附攀して往く。公車を下るや、急に進んで刺を通し、坐に延かるゝを得たり」と伝えられているが、後者においては、玄関子に拒絶されること前後七回に及んで「流石の中江も一時は当惑して、独り思案に暮れたが、彼は更に考へるところがあつて、甲東〔=大久保〕の出勤時刻を窺ひ、一日ひそかに門前に待つこと少時、甲東が馬車を駆つて門外に出で来るを見て、道路の一角に待ち構へ……後方より走り寄つて声をかけて馭者を呼び留め、甲東に向つて云ふには……」とされている。前者が文章においてまさり、いかにも奇人兆民の片鱗を窺わせてドラマチックなのに対して、後者のたたみかけるような詳細な状況描写はリアリティーにおいてまさっているように思われるが、いずれが真実に近いかの穿鑿はさておき、かれが面会を拒まれること前後七回に及んだという後者の指摘が正しいとすれば、ついに面談を遂げるまでに費やした日数は、かれの留学決定が『太政官日誌』に公示される四年十月十五日に先立つある時期の十日ないし半月の間となろう。久しく抱いた「外遊の志」を実現すべく動き出したのはいつごろのことだったのだろうか。

兆民が岩倉使節団に同行留学することを望んだとすれば、ほかにもこれを望んだ学生のあったことが当然考えられるが、その中の一人日下義雄は「有為の青年を洋行させるという廟議の起こったのを聞いて」井上馨に斡旋依頼を開始したといわれる。(2) 全権使節派遣の廟議が確定をみたのは九月十五日、同月三十日には使節随行を願い出た三浦芳介に木戸が断わり状を書いているから、(3) 留学志願者たちは廟議決定が公けにされるとともに一斉に動き出したとみてよいであろう。井上馨の書生であった右の日下が、容易に井上の聴入れるところとならず、毎朝その寝室に押かけては「繰返し、繰返し切望し……その翌朝も翌々朝も、やって来て前言を繰返し、とうとう侯の推薦で洋行することになった」(4) といわれるから、留学許可をかちうるまでには兆民と同じくらいに手間ひまをかけていると考えられる。ただし、兆民の辞令が十月十五日付、日下の場合は十一月四日付で、日下はさらに、兆民と同日付で発令された河内宗一(後述)を介して木戸にも斡旋を依頼したとみずから語っているから、(5) 内諾から辞令までを約半月と計算すれば、(6) 兆民のほうが一足早く、大久保との面談は九月末ごろのことではなかったかと察せられる。

さて『兆民先生』によればかれは大久保に引見された際、推薦を乞う理由として開口一番「政府の海外留学を命ずる、之を官立学校の生徒に限るの非なるを論じ……同じく是れ国民にして、同じく是れ国家の為め也、何ぞ其出身の官と私とを問はんや」と語ったといわれている。これだけ読むと官学出でない者が道に馬車を要して推薦をとりつけるという兆民流の手段がきわめて異例に属するものであったかのような印象を受けるが、明治三年十二月の「海外留

学規則」中、官選留学にかんする規定をみると、

華族ハ太政官ニテ選挙大学生徒ハ大学ニテ選挙士庶人ハ其府藩県ノ庁ニテ相選（第一項）

ぶと——官学生徒優先というよりはむしろ——人選を官公庁に委ねることを建て前としながらも（第一項）、すぐ続いて、

士庶人ノ内府藩県学校幷私塾等ニ在テ学力抜群ノ者ハ直ニ大学ヨリ選挙候儀モ可有之候事（第二項）

と特例を設けている。[7] 兆民のような例は、ほかにもたとえば、文部大丞田中不二磨（使節理事官）の人力車に追い縋って留学を許されたといわれる内村良蔵の場合[8]などにもみられ、これらはいずれも法規上は右の第二項に定める「学力抜群ノ者」として処理されたであろうから、制度自体が整っていない当時にあっては特別奇異な例には属さなかったのかもしれない。同じころ作成された「各国留学生調」（四年九月）には官費、県費、自費別に総計二百八十一人が録せられているが、官費之分一四六人中、華族とその家従が二十人前後、官学関係者は「大学出仕」菊池大麓、「中博士」入江文郎ほか数人を数えるのみで、あとはほとんど府藩県の士庶民である。[9] これらの圧倒的多数を占める部分が規則どおりそれぞれの地方の庁で選抜されたものか、諸学校、私塾に在学する「学力抜群ノ者」——あるいはそう目された者——であったのか肩書だけでは判然としないが、兆民と大久保とのあいだに交わされた問答はその辺の事情を物語っているように思われる。すなわち兆民が「自ら其学術優等にして、内国に在て、就くべきの師なく読むべきの書なきを説きて、其選抜を乞」うた——かれは「規則」第二項の選抜理由に自分が該当することを述べ立てているのだ——のに対して、大久保はそれには肯わず——『甲東逸話』によればこのときすでに黙諾が感じられたという——「足下土佐人也、何ぞ之を土佐出身の諸先輩に乞はざる」と反問している。つまり大久保が奇異に感じたのは、馬車を止めて直訴に及んだ行為そのものではなくて、なぜ土佐人が薩摩人である自分に訴えたのかという理由なのである。

留学生の選抜がとかく雄藩出身の有司の私情に偏して公平を欠く弊は、三年六月に外務省が纏めた「意見書」[10]にすでに指摘されていることであるが、大久保の反問は逆に、留学志願者が正規のルートによらずむしろ同藩の先輩に頼るというこの通弊が、すなわち通念であったことを如実に物語ってはいまいか。[11]

ところでなぜ兆民は、この炯眼の政治家が「莞爾として」問い詰めたように、土佐の後藤、板垣らにまず事を諮らなかったのか――「同郷の夤縁《いんえん》情実を利するは、予の潔しとせざる所也、是れ特に来つて閣下に求むる所以也」というかれの返答は、その客気まことに愛すべきではあるが、果して本音か。意地のわるい見方をすれば、大久保に痛いところを衝かれて力んでいる観がないではない。ここにかれの理想主義の片鱗をみるのはたやすいが、思うに受験生(留学志願者もその一である)というものは、目的達成のための手段を選ぶに当って、古来、理想主義にいちばん縁遠い存在である。げんにかれ自身、数年前に長崎から江戸へ遊学するための船賃二十五両を得るのに、ためらうことなくまず「同郷の先輩」岩崎弥太郎に諮り、断られるや憤然として去ってまたも後藤象二郎にかけ合ったと『兆民先生』にはいわれている。遊学と留学とで、その手段はともかく、主義までも左右にするとすれば、かれは「操守ある理想家」ならぬ変節漢ということになり、それでは黒岩涙香のせっかくの讃辞が泣こう。おそらくそうなのではなくて、この二つの相矛盾するかに見える行動の根底にはある共通の認識、あえていえば計算がある、とはいえまいか。『甲東逸話』によれば、かれが請願の対象としてとくに大久保を選んだ理由は、たんに相手が同郷者でないというだけにとどまらず、「また他の紹介を求むるを欲せず、一に閣下の知遇に依らんと」したためであったとされている。つまり狙い撃ちだったわけだが、ちなみに大久保は、明治初年以来、近代的官僚国家を建設するに当って、「三年五年之後」には廟堂の軸に立ちうる人材の育成こそ急務であるとし、[12]海外留学政策を積極的に推し進めてきた開明的指導者の筆頭である。それが今回副使として使節の列に加わることになった――兆民の返答はその間の事情を知悉した上での発言であったかと思われる。さらに使節団の構成を調べてみると、大久保が薩摩、木戸・伊藤が長州、山口尚芳が肥前(佐賀)をそれぞれ代表して副使に名を列ねているのに対して、土佐藩の主だった者としてはわずかに司法大輔佐佐木高行が一格下の理事官——各国に分遣されて「担当ノ科目ヲ研究習学」することを任務とする——として加わっているにすぎないし、その佐佐木にしてなお、とかく使節団中に孤立して、自分の意見が「一も採用」されないことに、しばしば不平を洩らしている有様である。(13) 後来土佐が——そしてことによると兆民自身が——民権派に廻ったのは、極論すれば使節団から事実上排除されたことに端を発するといえるかもしれぬが、とりわけ板垣が木戸、大久保らの要人を一時に海外に派出することに頑強に反対して、ことに大久保の使節参加が最後まであやぶまれた事情を、同藩の後輩がよもやわきまえぬはずはあるまい。

佐佐木の日記四年十月十五日の項には「中江篤助・長州人河内宗一、律学修業トシテ仏国へ遣サル」という「太政官布告」を引いたあと、

　右ハ仏国法律家入用ニ付、司法省へ暫時御雇ニテ、本文之通被仰付候、志願者モ多ク有之候得共、両人見込アルニ依リ、周旋ノ上相運ビ候事

と付記している。(14) 各人各様の手段、手蔓によって当路者に推薦を依頼する者の多かった中で、兆民の留学決定は大久保の——河内については木戸の——「見込」ありという強力な後押しを得て、佐佐木が「周旋」につとめた結果「相運」んだものであることが知られる。生来の法律ぎらいである兆民が皮肉にも司法省出仕に任ぜられたのは、さきの大久保の旧藩的配慮から、同藩の先輩たる佐佐木に預けられたためであったかもしれない。

　ともあれ兆民は宿願を遂げるために叩くべき扉を知っていたというべきであろう。そしてかれの前にその扉が開かれたのは、面談の際に「熱心眉宇の間に溢れて見えた」(『甲東逸話』)こともさることながら、かつて後藤に「笑つて二

十五両を出」させ、今度もまた大久保をして「莞爾として」黙許せしめたかれの人間的魅力があずかって力あったと思われるのである。

(1) 勝田孫弥『甲東逸話』所収「甲東と中江篤介氏」、『全集』別巻、五一六―五一八頁。その後、谷沢永一氏の本書評に秋水の紹介する逸話を敷衍した感のある鈴木光次郎著『現代百家名流奇談』(明治三十六年九月刊)の一文が紹介された。

(2) 中村孝也『日下義雄伝』、五七頁。

(3) 『木戸孝允文書』第四、二九四頁、三浦芳介宛。

(4) 中村前掲書、五七頁。

(5) 妻木忠太『史実考証木戸松菊公逸事』、三三七頁。

(6) 留学生ではないが、田中理事官随行に選ばれた長與専斎は、たまたま友人の家で使節派遣の件を小耳にはさみ、一昼夜のうちに井上、伊藤、木戸、田中の邸をかけめぐって田中の内諾をえ、「半月余を経て」九月二日、随行の命を受けたという(『松香私志』上巻、四四頁)。『伯爵平田東助伝』(三四八―三五二頁)によれば、久しく洋行の志を抱いていた平田も、岩倉使節以前(四年はじめごろか)、使節副使となった山口尚芳に周旋を依頼すること七回に及んで拒絶せられたが、使節派遣の挙を知るや、ロシアの南下政策に備えるべきことを説いた北門鎖鑰論を草して岩倉に呈し、さらに井上馨をも「他人の紹介に由らず突然訪問せし……に意外にも引見せられ」推薦を諾されたという。それから数日後岩倉邸に呼ばれ、さらに十日程して、十月八日、ロシア留学の辞令を受けとったといっているから、内諾から辞令まではやはり半月余くらいになる。

(7) 『太政官日誌』、明治三年十二月廿二日、第六十五号。

(8) 下村冨士男『明治初年条約改正史の研究』、一三九頁。

(9) 同右、一三九頁、注(2)所引、京大国史研究室所蔵「吉田文書」三〇二四。

(10) 渡辺実「遊学から留学へ」『日本歴史』第五九号、昭和二十八年四月号所収。

(11) しかもこの先輩―後輩の依存関係はかならずしもつねに後輩から先輩へばかりではなく、逆に先輩から後輩へという方向にもはたらくものであったことは、木戸が出発直前に後輩の京都府知事槇村正直にあてた手紙に、「何卒御地よりも有志のものに而留学に而も心懸け候ものは被差越度存候、先達而西島青浦より鴻〔之池〕市〔兵衛〕へ一書相投じさせ彼之悴なども今便に被差越度と相考候処一片之返答にも不及不束なる奴に御座候」(『木戸孝允文書』第四、三一五頁、明治四年十一月七日)と書き送っていることからも想像されよう。

(12) 『大久保利通文書』第二巻、四九三—四九五頁、明治元年十二月二十五日、岩倉具視宛。

(13) たとえば、『保古飛呂比』佐佐木高行日記五、二六二—二六三頁(四年十二月二十九日、ソルト・レークの項)。

(14) 同右、二一二頁。

II

さて、兆民の留学そのものを云々する前に、かれが岩倉使節団に同行する留学生五十九人の一人として、明治四年十一月十二日横浜を解纜したことが、明治初期海外留学制度の歴史の中でいかなる意義をもっていたかを見定めておく必要があろう。前節に触れたように、大久保はじめ新政府の指導者たちが積極的に海外留学政策を推進した結果、海外に旅行・留学する者の数は年を逐って増加して行った。明治二年四月の「海外旅行規則」、同三年十二月の「海外留学規則」の制定はこの趨勢を反映したものであるが、石附実氏によれば、明治元年から七年までの間に海外留学に出発した者の数は、三年末から四年のころをピークとして五年になると激減し、以後在外留学者数は六年末の悉皆帰朝命令の時期まで三百五十—三百六十名でほぼ横ばい状態が続くという(1)。岩倉使節以前にも各官省庁から留学生をまとめて派遣した例として、三年十月に陸軍兵学寮からフランスへ十名、同じく大学東校からドイツへ医学生十一名、四年二月に海軍兵学寮から英米へ十六名を送ったことがあるが、これらの前例にくらべて使節随行留学生の総数五十九名という数字が、同時派遣の例として空前であるばかりか、さきに引いた四年九月現在の在外留学生総数二百八十一名(これは文部省が掌握した数字なので実際よりはかなり少な目)、あるいは同時期の別の統計による三百五十四名(2)

に対していかなる比重をもつかは一目瞭然であろう。まことに国運を賭けた使節派遣にふさわしい盛挙というべく、留学生たちの将来にかけられた期待のほども推量されるのであるが、同船した留学生たちにとってはまことに皮肉なことに、この大使節団は、それ自体が明治初年の留学流行時代に終止符を打ったばかりでなく、各国都府を歴訪するかたわらかれらの修学状況をも巡察し、六年末にはついにその大半が召還されるに至るきっかけをつくったのである。

使節の主な使命が、五年五月に迫った条約改正期に備えて締盟各国を順次聘問し、かつ欧米の文物制度を調査し、取捨することにあったことはいうまでもないが、発遣に当って与えられた九項目からなる勅旨には「……各国ニ官費ヲ以テ留学スル生徒ノ分科修業ヲ検査案定シ、失行無状ノモノハ帰国ヲ申渡スベシ、但シ留学生徒ノ費用ヲ裁省シ其方ヲ検定スベシ」という一項が加えられている。[3] 海外留学流行の風潮に水を差すかのように、こうして留学生の削減、整理の方針が打ち出されたのは、人選がともすれば権門の私情に偏ったため、国内で十分な準備教育を受けぬまま渡航する者が多く、留学生の増加とともにその玉石混淆状態に批判の矢が向けられるようになったからであろう。廃藩置県を断行したばかりで財政の逼迫を訴える大蔵省、留学生の管理を一手に負わされた外務省からこのような声が挙がるのはむしろ当然の勢いともいえるが、なかでも整理案の急先鋒となったのは、大久保の留守を預ることになった大蔵大輔井上馨である。

かれは使節発遣に先立つ四年十月、太政官正院宛てに提出した「留学生取締の儀に付伺」の中で留学生の人選に当ってはまず人物を精選し、「一課の学」を専修することを義務づけなければ成功は期しがたいとして、おのれの提唱する選衡基準を、

殊に注意致度儀は将来生徒詮選の法工芸技術の者にして高尚文事の人に無之、固より治国修身の経律法理論の学、要は最も要にして不可不備のもの雖(マヽ)も、急にせざるも別に無害、其地に極(於カ)て学ばざるも其書に就て之を求めば粗

其大概を渉猟して、其綱領に達し得べし……

と説明している。臆面もない「工芸技術」優先主義であり、「理論の学」(＝哲学、倫理)はもちろん、法経の学までが不急の「高尚文事」扱いされているのは気の毒の至りだが、かれはさらに留学効率向上の観点から、留学生の人選のみならず、その監督も厳格でなければならないとして、決められた「何学何課」をかならず専修せしめること、「他課に転学」した者は「勤怠成不成に不拘帰朝」を命ずべきこと、「生徒監督役」を設けて毎月「功課状」を検査せしめることを提案している。(4)

このような留学合理化の論法にかかっては、兆民のごときは主課の学たる法律を専修してさえ不急の学の譏りを免れないうえに、あまつさえ「哲学、史学、文学」など迂遠の学に転じようというわけであるから、弁解の余地なく即刻帰朝扱いになるところであろう。それがそうならなかったのは、井上の建策が概してあまりに性急苛烈にすぎて、かれの意を体して欧米に派遣された大蔵少輔吉田清茂さえ、にわかに実地には行ないがたい旨をロンドンから報ずるほどであったからである。(5)井上は五年二月にも正院に建議し、廃藩以来官費負担となった元藩費留学生百余名について、もっぱら冗費節約の観点から、

何卒特命全権大使ニ御沙汰有之、弁務使ニ於テ生徒ノ年令・学業ノ成否、及学資支給ノ多少等巨細取調、且人物等も夫々精選ノ上取捨相成候様至急御達相成度

と申し入れている。(6)

財政逼迫を理由に、しかし国家予算の強力な後楯をもってなされたこのドラスティックな建策が、「学制」(五年八月)、「学制二編追加」(六年三月)と留学生規則が整備されて行く過程で、徐々にではあるが着実に条文の中に根を下ろして行く経緯については、下段各節において順次論証を試みたい。

（1）石附実『近代日本の海外留学史』、一五三―一五五頁。
（2）同右、一五三頁所引『新聞雑誌』、明治四年九月、第十四号。
（3）『大日本外交文書』第四巻(明治四年)、九六頁、「特命全権大使ノ使命ニ関スル勅旨」(十一月四日)。
（4）同右、一一三―一一四頁。
（5）『世外井上侯伝』第二巻、四九〇頁。
（6）同右、四八五頁。

III

さて、サン・フランシスコに向かう太平洋飛脚船「アメリカ」号の船中でのさまざまな珍談奇談のたぐいについては『米欧回覧実記』や、その筆者久米邦武自身の『久米博士九十年回顧録』、その他同行者たちの伝記、メモワール類に譲ることにして、しばらく使節一行と別れたあとの兆民がパリに着くまでの足取りを辿ってみることにしよう。『回覧実記』によれば、船中で一八七二年の元旦を迎えた一行は、十二月六日(西暦一月四日)サン・フランシスコに着いた。四年前に開通したばかりの太平洋会社の大陸横断鉄道で同地を十二月二十二日出発、途中ロッキー山脈の豪雪で線路が埋没したため二十六日から翌五年一月十四日(西暦二月二十二日)までユタ州のソルト・レーク・シティーに滞留を余儀なくされ、ワシントンには同月二十一日(西暦二月二十九日)に到着したとされている。ヨーロッパへ向かう留学生がどこまで使節に同行したかについてははっきりした記録がないうえに、兆民自身がソルト・レークに足留めされたときの経験を「食竭き腹減り雪を冒かして一里程の処へ肉を食ひに往きたる為め指三本と耳一箇とを凍損した」[1]と書き残しているので、これまでわたくしはワシントンあたりまで使節に同行したあと、ワシントン、ニューヨークなどの見物に数日、大西洋横断に十日ほどを費やしたとして、五年二月中ごろ(西暦三月下旬)パリに到着したのではないかと推定していた。ところが先年たまたま、明治五、六年ころフランスの留学生総代をつとめていた入江文郎(文部省六等出仕)の筆になる留学生名簿が伝わっていることを知った。[2] これをみると、兆民にかんする記載は次のとおりになっている。

中江篤介

申(明治五年)二十五歳

仏国着　明治五年正月十一日

学科　刑法学

当時所学　普通学

教師　パレー氏

この名簿が作成された経緯を解き明かすことが本章の重要な鍵の一つとなるはずであるが、とりあえず兆民にかんする記載項目の検討からとりかかろう。まず五年正月十一日という「仏国着」の期日であるが、かりに兆民が使節とワシントンあたりまで同行したとすれば、そのころはまだソルト・レークの雪の中に閉じこめられていたはずであるからパリ到着はとうてい無理である。正月とあるのを二月の誤記とすれば一応つじつまは合うが、試みに名簿の冒頭に掲げられている西園寺の例を調べてみると、その着仏期日は本人が橋本実梁宛に送った着仏第一信の日付と同じ明治四年二月六日であるから、一概に誤記とばかりは決めつけられない。考えられるのは、兆民がワシントン以前に使節と別れて渡仏した可能性であるが、その場合、ソルト・レークでの共通の体験をどう説明するかという問題が残る。

突飛なものを引くようだが、ジュール・ヴェルヌの『八十日間世界一周』Jules Vernes : Le Tour du monde en 80 jours は兆民滞仏中一八七三(明治六)年の出版で、川島忠之助による邦訳(同十一年)はわが国における翻訳小説の嚆矢といわれている。ヴェルヌの作品の例に洩れず、本書もまた一種の民衆教育書というべきもので、主人公フィレアス・フォッグ主従が船、汽車、象、橇その他あらゆる交通機関を乗り継いであわただしく旅行するあいだに、かれらが駆け抜ける国々の風俗、地理、歴史がめまぐるしく紹介されてゆく仕組になっているが、その最新旅行案内書としての実用性からみて福沢諭吉の『西洋旅案内』(慶応三年)におさおさ劣らないばかりでなく、(3)その世界一周コースは、出発点こそ違え、兆民の往路、返路とほぼ重なっている。さてその主人公が横浜からサン・フランシスコ着後、福沢のころにはまだ開通していなかった太平洋鉄道で――頃も同じ十二月――ロッキー越えをすることになるのだが、汽車がソルト・レークにさしかかるくだりを川島訳で引用してみよう。

此日〔十二月五日〕ハ降雪漸ク歇《や》ミ積雪地ニ在テ白氈《はくせん》ヲ布ケルガ如ク太陽微《かすか》ニ見《あら》ハルヽモ重霧《ちょうむ》ニ蔽《おほは》レテ光ナク其形盆大《ぼんだい》ノ金貨ヲ空中ニ懸《かく》ルニ彷彿タリ……(第二十七回)

さいわいソルト・レークでは降り籠められなかったものの、ロッキー山脈にかかるとまた雲行き怪しく、夜来の雨まじりの雪が本降りになって、いつ汽車が止められるかもわからぬ風情……気が気でない従者パスパルトゥは、

主君ガ此冬天ニ行旅ヲ思ヒ立チ玉フハ何等ノ意ゾ年中《ねんちう》ノ好時節ヲ撰ンデ途《と》ニ上《のぼ》リ玉ハバ勝算モ自《おのづか》ラ多カルベキニ……(第二十八回)

と、かつは恨み、かつは嘆くのである(4)――つまり冬場のロッキー越えはいつなんどき雪に鎖されるかもしれない難所だったのだ。兆民が使節と別々に越えたとしても、同じ体験をした可能性は十分あるわけである。またそのつもりで

読みくらべてみると、使節一行のソルト・レーク滞在記は暖房のよくきいているらしい旅館を根城に、防寒用のゴムの上靴を靴の上からはいて、市中や、モルモン教の本山へ見物に繰り出すなど、危機感が感じられないのに対して[5]、兆民の文章には短いながら、いかにも雪で立往生した車中から悲愴な覚悟で腹を充たしに出かけて行くという、飢えと寒さの実感が漂っている。あるいはサン・フランシスコで別れたのではないかという想定に立って、試みに同地滞在中の『木戸孝允日記』を繰ってみると、四年十二月十一日(じっさいは日付変更線通過のため十日)の項に、

同行の浅(麻)間、三浦、河内其他総て同艦中の留学生今日より欧州を望み発航せり

と記載されているのが注目される。[6]「総て同艦中の留学生」を字義通りに解すれば、兆民もむろんこのとき出立した仲間に加わっていたと考えられる。しかも右に名前の挙がっている河内〔宗一〕については、前述のとおり、兆民とともに司法省から二名連記の辞令を受けて使節団に加わったものであるから、両者が連れ立って目的地へ向かった公算はいよいよ大になるが、果して、さきの留学生名簿には兆民のすぐあとに河内宗一の名が同日(正月十一日)着仏、同専攻(刑法学)として記されており、自費之分にも同艦中の一人中島精一が三日遅れの正月十四日着仏として記入されている――やはり兆民は四年十二月十日、サン・フランシスコで使節と分袂してそれぞれの目的地に向かった留学生の中にいたのだ。ニューヨークまでは汽車で七日行程だが、途中ソルト・レークに何日か足留めされ、ワシントン、ニューヨークなどの見物に一週間前後を費やしたのち[7]、四年暮、一行はイギリス船――おそらくは王立キュナード汽船会社の郵船[8]――に同船してニューヨークを出港、海路十一日でリヴァプールに着き、ロンドンにもおそらく一、二泊してから、名簿に記載されているとおり、五年正月十一日、サン・フランシスコを発ってからちょうど一月で、パリに着いたのである。西暦一八七二年二月十九日、まだ厳冬のころである。

さて、入江名簿では兆民も河内もともに刑法学専攻とされているから、両者はゆくゆく刑法の専門家たることを司

法省から嘱望されていたことがわかるが、(9) 名簿に名前を記入された当時はまだ普通学を修めていたわけである。今日耳慣れないこの用語は三年の「海外留学規則」に「普通学科成業ニ至ラントスル前其志ス所ノ専門学科ヲ弁務使ヘ可申立事」と定める普通学科、内容的には同年閏十月の「大学南校規則改正」に、学業を普通、専門の二級に分かち(第九条)、法科、理科、文科からなる「専門科」(それぞれを四等に分かつ)に対し、綴字、習字からはじまり、文典、会話、書取、翻訳、作文等を含む語学と、地理、万国史、窮理書等の一般教養とを合わせて「普通科」(五等あり)と名づけているもの(第二十五条)を意味するといってよかろうが、事実上はほぼ語学の同義であったろう。

つぎに兆民の師事した普通学の教師パレー氏なる人物について穿鑿する前に、名簿に記載されている「教師」欄のうち、複数の生徒が就学しているものを挙げてみると、兵学寮生徒の通っている官立中学校のサン・ルイ学校、ニース政府学校(各二名)、私塾としてはボンネー氏塾(四名)、ヲ《オ》ルチュス氏塾(二名)、個人教師としてはミルマン氏(西園寺と兵学寮生徒楢崎頼三)、ルノワール氏、ベナール氏(各二名)がある。『西園寺公望自伝』によればかれは着仏後まもなく、前田正名がモンブランの世話で入っていた「ある私塾に入った」ところ、「中江兆民、光妙寺三郎、松田正久などは後からきた」とのことである。(10) 入塾してまもないころの父宛ての書簡には、

本月十六日より望一郎は学校に入塾して在り、此地の学生は、元より各国より遊学の生徒沢山ありて、愉快不可言(四年二月二十七日付)

といわれているから、(11) これは私塾といってもかなり大きな方で、フランス人(=「此地の学生」)もいるらしいところをみると、当時の新聞に大学入学資格試験《バカロレア》のための準備教育の広告を出しているのをよく見かける Institution《アンスティテユシオン》の一つであろう。その場所については二、三の伝記(12)に左岸第七区のバック街 rue du Bac(幕末外交史上有名なメルメ・カション Mermet Cachon の所属した外国伝道団《ミッシヨン・エトランジエール》の本拠がある)にあったといわれており、外国事情にかなら

ずしも明るくない伝記作者に引用される外国の固有名詞は、本人から口移しで伝えられる例が多いと考えられるから、存外信憑に値するかもしれない。

前田正名が最初からずっと同じ私塾にとどまったとすれば、名簿の前田の項にみえる「クエー学校」——学校とあって塾とないところから官立中学校《リセー》であるような印象を受けるが、当時パリに六校、全国で七十八校あったリセー中[13]それらしきものは見当らない。規模が大きいので学校といったのではないか——をQuai《ケー》(セーヌ河岸)の学校ととれば、それはあるいはバック街から河岸に出る角にでもあった私塾のことであろうか。ただ、コミューンの最中パリに着いた西園寺はその潰滅後の混乱期ジュネーヴに夏を、マルセイユに冬を過ごしており、一八七二年春パリに帰来後は「ミルマン氏」に就くわけであるから、[14]かれが兆民らは後からきたといっているのは右のバック街の私塾ではなくてむしろ「ミルマン氏」の塾であったろうか。秋水は兆民が着仏後「先づ小学校に入れるを聞けり」と書いているから、[15]西園寺がパリへ戻った春ごろになって「ミルマン氏」に就いたとも考えられる。一方松田正久関係の伝記によれば、[16]松田は五年末着仏後まもなく「巴里バチニョールの私立中学校」に入ったといわれており、また五年の夏休みを利用してジュネーヴから出てきた大山巌も楢崎頼三の塾——すなわち「ミルマン氏」——に入ったと日記に書いているから、[17]日本人留学生の多く出入りしていたらしい「ミルマン氏」の塾は、パリ右岸第八区のはずれバティニョール地区にあったものかもしれない。

さて問題の「パレー氏」については兆民以外にこの教師に就いた者が名簿に載っていないので確認のしようがないが、たまたま司法省調査団の一員として来仏中の井上毅がリヨンから、一八七三(明治六)年六月はじめ、数日前パリへ発っていった兆民の留学延長を周旋する書簡案に、「代言人パーレー氏に逢て、阪田と云書生〔兆民の友人坂田乾一のこと。『兆民先生』では福田乾一〕之通弁を以て」当地の裁判制度について質問したこと、「極良人物」に見うけられ、地方の法学者ではあるが採用(司法省にか)に値することを記している。(18)兆民が就いたといわれる「里昂の某状師(＝弁護士、代弁人)」というのがすなわち日本人と近い関係にあったらしいこの「パーレー氏」であり、なおかつ、さきの普通学の師「パレー氏」その人であったとしばらく仮定すれば、かれは着仏後まもなく一旦「ミルマン氏」あたりの塾に入ったとしても、入江名簿に記載された当時はすでにリョンに在ったか、あるいはあらかじめ教師名を届けておいてリョンに出立しようとしていたかのいずれかであろう。

それゆえ以下に入江名簿の作成された時期、そして兆民の名が明治五年のいつごろそこに記入されたかの点を検討したいと思う。

名簿の紹介者藤田東一郎氏はその形状・作成年代について、

これは美濃紙に毛筆もて書かれたもの、其第一項を見ると、嘉永二年、一八四九年生まれの西園寺公が二十四歳である。申としてあるから、この氏名控が書かれたのは、明治五年で、明治六年二月、公に留学生総代を命ぜられた前年、既に入江は留学生の世話をしていたのか

と附記しておられる。(19)藤田氏のこの疑問を出発点として、若干の推測を試みることにしよう。

名簿には、五年当時の在仏留学生五十八名が官費之分(三十一名)、県費之分(十一名)、自費之分(十六名)と学費別に分類されており、各自について氏名(肩書または出身県を付したものもある)、年齢、「仏国着」(年月日)、「学科」(専攻予定)、「当時所学」(二、三の例を除いてたいていは「普通学」)、「教師」(官立中学校、私塾、個人教師名。『法普戦争誌畧』の著者渡六之介の「陸軍大兵学校サンシール」や、黒川誠一郎の「巴里法律大学校ニテ修業」とあるのは別格)、県費生については「学費」(年「千金」＝千ドルが多く、八百ドル、五百ドルの例もある)が記入されている。兆民の交友五人のうちでは、西園寺、飯塚納、坂田乾一郎の三人が載せられているので、以下に掲げる。光妙寺、

今村の名が見えないのは、五年当時、前者はベルギー留学生、後者は使節の文部理事官随行だったためである。

官費之分

西園寺望一郎

申 二十四歳

仏国着　明治四年二月六日

学科　制度学

当時所学　普通学

教師　ミルマル〔ママ〕氏（『自伝』ではミルマン）

県費之分

島根県

飯塚 納

申 二十八歳

仏国着　明治四年五月廿五日

学科　法律学

当時所学　普通学

教師　デヌビール氏

学費　千金（年額千円でほぼ千ドル）

自費之分
　坂田乾一郎
［空欄］

つぎにこの名簿が明治五年のいつごろ作成されたかを検討しよう。一見したところ各部門とも「仏国着」欄は慶応二（一八六六）年に鹿児島藩から派遣された新納武之助（自費）を最古参として、記載のあるものでは五年九月到着の中村雄次郎（度会県、自費）まで順不同で並んでおり、官費、自費の部門の末尾が名前だけ記入されて空欄になっているところをみると——県費は全員四年以前到着で空欄なし——記載事項のある名前は五年九月ごろまでに記入され、空欄になっている部分はそれ以後名前だけ書き加えられたものだということがわかる。官費之分の冒頭を四年二月到着の西園寺が飾り、そのあと三年十一月に兵学寮教官ビュランの帰国に同行渡仏した同寮生徒七名が続いているのは、入江が四年七月到着した当時すでに在仏した者を、清華の家柄に敬意を表してまず西園寺から書き入れたものであろう。ただし書き入れられた時期——すなわち、名簿が作成されはじめた時期——は、西園寺がマルセイユから帰って「ミルマン氏」に就いた五年春以降であろう。兵学寮生徒のあと五年正月着の中江篤介の名が二十三番目に現われるまでに、かれよりも遅い同年四、五月の着仏者六名が記入されているのは、この名簿が各留学生の「仏国着」順ではなしに、入江が——とくに五年四月以降——接触ないしは連絡をとった順序で書き足されていったことを意味し、兆民より五番前に五月十一日着の長谷部仲彦の名があるから、かれの名が書き込まれたのはこれよりあと、五月中旬以降九月以前ということになる。かれがリヨンに赴いた時期については、当地から母宛に送った写真のうち現存するものが一八七二年十月二十五日以降の日付になっているところから一般に十月ごろと推定されてきたが、さきの「ミルマン氏」塾に入塾すべくジュネーヴからパリに向かった大山巌は、リヨンに途中下車して次のような思いがけない日記を残している。

西暦千八百七十二年六月十六日午后三字儒侫府《ジュネーヴ》ヲ発車ス……夜九字「リヨン」ニ着セリ　坂田生ノ寓居ヲ訪フ同行シテ一ツノ宿屋江泊ス　小田生モ来ル　十二字ニ至而床ニ臥セリ

十七日晴　朝中江生モ至リ四人同行シテ博覧会ニ遊ビ　且ツ池水ヲ小舟等ニ而渡リ　四字帰宿ス　夕七字宿屋ヲ出テ八字ニ発車ス(20)

大山は西暦で日記をつけているから、六月十七日は和暦に換算すると五月十二日ということになるが、ともかくこれは留学中の兆民を現場でとらえた証言として珍らしいものである。大山日記には通常旅行者については当地着発の期日が付記されているので、断わりなしに中江生とだけあるのは他の坂田生、小田生と同様当地在留の書生をおもわせる書き方であり、さきの「パレー氏」がリヨンの弁護士だということになれば、兆民はこの時期にまちがいなくリヨンに在留していたことになる。また西園寺関係の伝記には、ある年(五年か六年)の夏、かれと光妙寺が連れ立ってブーローニュ海岸へ避暑に行った逸話がのっている。海岸育ちの光妙寺がタコをつかまえたり岩の上で小魚を干物にしたまではよいが、根が洒落者なので「おい、君、君は分業が現代経済学の第一義諦である位は知つてるだらう」といって、獲物を兆民に持たせて宿へ帰ったという話である。(21)かなり眉に唾してかからなければならないゴシップにはちがいないが、伝記作者が全篇創作したにしては細部ができすぎているし、おまけに学問的なおちまでついていてなかなかに捨てがたい。(22)細部の真偽はともかく、噂の尾鰭をとって、ある年の夏を光妙寺とブーローニュで過ごした、という大筋だけは事実であったとすれば、後述する理由で六年夏にはかれらはとうてい避暑になど行けるような状況にはなさそうであるから、兆民は五年の夏を一旦リヨンに行き、ついでブーローニュに転じて過ごしたとも考えられよう。八月一日、二日(=和暦六月二十七日、二十八日)の両日、パリからの帰途大山がふたたびリヨンに下車した際に、坂田、小田の二人だけが出て来て博覧会へ同行したり駅へ送ったりしているのに兆民の姿が見えないのも、あるいはブーローニュへ行っていて不在だったためとみるべきであろうか。右の坂田が坂田乾一であることはもはやいうまでもないが、わたくしが秋水のいわゆる福田乾一、すなわち坂田ではあるまいかと思い到ったきっかけは、成島柳北の『航西日乗』五年十一月八日の項に「島地黙雷梅上広延坂田乾一三氏亦来タル」とあるのを初出に、使節のパリ到着以前からパリに出て劇場(六・一・一八)、曲馬場(同二・八)などへ成島と同行した記事が散見し、使節がベルギーへ去ったあと六年二月二十三日の項に、「此日坂田子ノ里昂ニ帰ルヲ送リ……」と記されているのを見出したことである。乾一という名が特徴的な上に、リヨンに帰るとあれば通常リヨンに在留する者のことであろうし、時期あたかも兆民のリヨン在留時代となれば、もしや……と考えたわけである。兆民の五人の交友中、坂田はリヨンで相識った友人とみるべきである。

要するに兆民の名が入江名簿に記入された時期は、右のくだくだしい論証によって五年五月中旬から程遠からぬ時期と考えられるわけであり、そのころかれははやくもリヨンに在留し、ことによると「パレー氏」に就いて「普通学」を習っていたことになる(23)。名簿全体の完成時期についていえば、坂田、小田(均一郎)(ともに自費)が空欄であるのは、大部分の名前が書き込まれた五年九月以前――自費之分にかんしては、かれらのあとに八月五日着浦島健蔵という人物がいるからそれ以前――かれらがすでにリヨンに在ったため入江が消息を知りえなかったことを意味しており、事情は官費之分で中江篤介、河内宗一につづく大田徳三郎(在ローザンヌ)、柏村庸之允(在ベルギー)、大山岩〔巌〕(三月五日パリ発、在ジュネーヴ(24))がそれぞれ空欄になっているのと同様であるが、ここでわたくしの注意を惹くのは大山から一人置いて松田正久、曾根荒助、長嶺正介と並んでいる末尾三名、および自費之分末尾から二番目の新田静丸である。さきに引いた松田の伝記によれば、曾根、長嶺の両人は、松田が五年八月二十九日付で陸軍省から仏国留学(留学費年額二千円)を申付けられたときの仲間である。(25) また松田と新田はたまたま成島柳北と同じフランス郵船「ゴダベリイ」号に乗り合わせて、九月十三日に横浜を出港、十一月一日パリに着いて当地随一の「グランド・ホテル」に一泊したが、翌日には成島ともどもそこを逃げ出して、「オテル・ロール・ビロン」に移ってみると、先客として長嶺(=「長岡精助」)や使節随員ら五人がすでに控えていた……という次第であるから、(26) 名簿の官費之分、自費之分の末尾で空欄になっている松田、新田ら四人は――おそらく日本から同船して――十一月一日にはパリに全員到着していたわけである。結局、入江の留学生名簿は、五年四月ごろから九月ごろにかけて大部分の名が書き込まれ、そのあと遠隔地在留者、ついで五年おそく到着した松田らをとりあえず空欄のまま記載して、同年十一月初旬――あたかもロンドンからパリに向かおうとしていた岩倉使節の来着に間に合わせるかのように――蒼惶として閉じられたものと考えられる。それではこの名簿が五年四月から同十一月初旬ごろにかけて作成されたということが明治初期海外留学制度の歴史の中でどのような意味をもつか――それが以下に検討されなければならない問題である。

(1) 『東雲新聞』明治二十一年三月九日「奈良紀遊」、『全集』第一一巻、八六頁。

(2) 藤田東一郎「入江文郎に関する研究」(『日本学士院紀要』昭和二十二年三月、六巻一号)。この留学生名簿については高橋邦太郎氏による紹介(『学鐙』五十年二月号「明治初年の仏国留学生」)があり、筆者が名簿の存在を知ったのは氏の直接の御教示による。

(3) それもそのはず、主人公フォッグは「ブラドソー氏所著の世界道中記」Bradshaw's Continental railway steam transit and general guide と首引きで旅行しているのである(第四回)。

(4) 川島忠之助訳『八十日間世界一周』(改造社版『明治開化期文学集』)、一〇八、一一一頁。
(5) 『久米博士九十年回顧録』下巻、二一二頁。
(6) 『木戸孝允日記』は以後頻繁に引用するので、煩を避けてかっこ内に日付のみを記す。
(7) たとえば三年八月中旬サン・フランシスコに着いた馬場辰猪ら高知藩留学生は「新《ニューヨーク》府市井の大観に魂を奪はれ、博物館の珍奇に一驚を喫して」数日を費やしており(安永悟郎『馬場辰猪』、三七頁)、同年末アメリカ経由ヨーロッパに向かった西園寺も、有名な滞仏第一信によれば、十二月二十五日米国着、翌正月上旬ワシントンに着き、一週間前後当地に滞在して(二月六日パリ着から逆算)、大統領グラント将軍に面会している。少し長い例では五年六月、大弁務使としてイギリスに赴任する途中の寺島宗則がワシントンに五日、ニューヨークに四日滞在しているが(「寺島宗則自叙伝(二)」、『伝記』第三巻第五号、昭和十一年)、寺島には折から滞米中の使節との打合せ等公務もあったから、留学生の場合はやや短く、一週間前後の滞在が多かったと思われる。
(8) 本稿を初出誌の校正刷りに出したあと、前掲『伯爵平田東助伝』によって、ヨーロッパ留学生が打揃ってサン・フランシスコから使節に先発し、リヴァプール経由パリに到着したこと、ドイツ、ロシア留学生はそこからさらにそれぞれの目的地に向かったことを知ったが(三五八―三六〇頁)、日程等の細部もあるので右の推測はそのままにしておく。なおニューヨーク―ロンドン間の旅程については、ヴェルヌはキュナード会社の最高速船「チャイナ」号と汽車を乗りついで、海路九日でリヴァプール着、同日夜ロンドン着を予定しているが(『八十日間』第三、三十二回)これはあくまで理論値であろう。西園寺(橋本実梁宛書簡)、片岡健吉(『日記』)、寺島宗則(「自叙伝」)らの実際の場合を調べると、いずれも十一日を費やしており、また使節の場合は五年七月四日、イギリス寄りのボストンからキュナード会社の「オリムパス」号に乗り込み、同十四日リヴァプール着、同日夜ロンドン到着となっている。
(9) 使節発遣に際して司法省から正院に提出された伺書には、当時司法省の事務は山積しており、同省派遣の随員だけではとても手が回らず、在留邦人や留学生にまで加勢を頼んで取調べなければ、間に合わないとされている(『大日本外交文書』第四巻、明治四年、一一六頁)。
(10) 小泉策太郎筆記・木村毅編『西園寺公望自伝』、五七頁。
(11) 西園寺が旅先から実父徳大寺実則に送った書簡を小泉三申が玻璃版により百部限定で複製し、知友縁者に配った『欧羅巴紀遊抜書』があるが、ここでは国木田独歩編『陶庵随筆』所収本、八〇頁から引用。

(12) 安藤徳器『西園寺公と湖南先生』、四三頁、ならびに白柳秀湖『西園寺公望伝』、一五九頁等。

(13) Le Grand Larousse Universel du XIXe siècle, article《Lycée》, 1873.

(14) これまでに発表した論考(とりわけ講座比較文学5『西洋の衝撃と日本』所収「兆民のフランス留学」)においてわたくしは、『西園寺公望自伝』に本人が、「一年ばかり後、わたしはジュネーヴへ行つた。これは避暑のためで……」(五八頁)と語っているのをうかつにも真に受けて、かれのジュネーヴ行きを一八七二(明治五)年夏とし、伝記作者たちがコミューン後の混乱をジュネーヴに避けたといっていることをあまり意に介さなかった。また、同年十二月にはマルセイユに移って「半年以上、十ヶ月あまりもいた」(五九―六〇頁)のであれば、パリに帰ったのは翌一八七三(明治六)年秋ごろであろうと推定したが、その場合事実と一年ないし一年半のずれを生ずることになり、二年しか滞仏しなかった兆民との関連においては由々しき問題なので、入江名簿によって右の誤りを訂し、かつおわびしたい。

(15) 留学前すでに有数のフランス学者であった兆民がフランスで小学校に入った件については、かれの「ものごとを徹底的におこなう」性格の証左とされているが(桑原武夫「人間兆民」、『中江兆民の研究』、二九頁)、留学制度が十分に整備されていない当時にあっては、「当人ノ望ニ任セ上等学校即チ専門学校……等ニ直ニ入学致シ授業講義等聴問致シ候モノモ有之、却テ夫等ノ人ヨリ学業優等ノ者ニテ先小学ニ入リ順序ヲ逐ヒ修学致シ居候者モ有之……」(『文部省日誌』明治六年第七号、二月十三日)という事情であったから、かれは留学生の二つのタイプの――より徹底した――一方に属していたといえそうである。徹底しているといえば、福沢の門下で「先生ニモ勝ル程ノ有名ノ人」といわれた小幡篤次郎(実は同じく福沢門下の弟甚三郎のこと。岩倉使節団と同船して渡米し、六年一月ブルックリンで死亡)が、ニューヨーク近郊の小学校に入ったものの「思ヒノ外ニ学業進マズ、其上日本ニテ有名ノ学者ナルニ却テ海外十二三才ノ童子ニ同ジキヤト深ク胸ヲ苦シメ」、ついに狂死するに至った、というまことに痛ましい日本型知識人の悲劇が伝えられている(『新聞雑誌』六年八月、第一二六号)。これにくらべれば「児童の喧騒に堪へずして、幾《いくば》くもなくして去」った兆民や、「初めの中は、米国の小学生と一緒に勉強して見たが、あまり詰らないので」教師を頼んでエール大学に入学する準備を始めた山川健次郎(『日下義雄伝』、六〇頁)などは、むしろ不徹底といわねばなるまい。

(16) 笹川多聞『松田正久稿』、六二頁。

(17) 国立国会図書館憲政資料室蔵『大山巌欧州再旅日記』一八七二年七月六日。

(18) 『井上毅伝』史料篇第四、三九九―四〇二頁、明治六年六月六日、河野敏鎌・岸良兼養宛。兆民のリヨン時代について物語るこの重要な書簡案については再度検討する。

(19) 藤田前掲論文、一一二頁。

(20) 前掲『大山巌日記』。

(21) 田中貢太郎『西園寺公望伝』、一二九―一三〇頁。

(22) これをもってかれらがそのころ経済学を研究していたなどと言い立てるつもりは毛頭ないが、当時フランスの法学界では従来の条文解釈一辺倒の法学教育に経済学、政治学等を取り入れることによって変化をもたせようとする改革案が練られていた。その改革が実現するのは兆民帰国後の一八七八(明治十一)年以降であるが、『政理叢談』の「政論門」に経済学が含まれてかなりの紙数がこれに割かれていることを考えると、兆民らの留学中の関心のありかを示すかに見えるこの逸話が捨てがたいゆえんである。

(23) 兆民がフランスから持ち帰ったアルバム(他の中江家資料とともに最近国会図書館憲政資料室に収められた)にはリヨンの写真館で撮影したフランス人の名刺版肖像写真があり、裏面に「友人の顔を眺めるのは楽しいことである　ジャン＝バティスト・パレー[J. B. Paret]」とペンで書き込まれている。兆民の「普通学」の師「パレー氏」が別離に際して贈ったものと思われる。

(24) 各自の五年当時在留地は、太田、大山については前掲『大山日記』、柏村については『木戸孝允日記』(五年十一月二十六日)によって確認した。

(25) 笹川前掲書、六一頁。

(26) 『航西日乗』五年九月十三日、および同十一月二日。

IV

兆民をはじめこの名簿に記載されている留学生の多くは、明治三年の「留学規則」にもとづいて派遣され、五年八月に「学制」が制定されるとともにその留学生条項（第五十八章―八十八章）の規制を受けるようになったものである。『学制七十年史』によれば、学制草案は、使節発遣直後の四年十二月に任命された箕作麟祥以下十二名の学制取調掛によって、はやくも四年末にはその大綱が定められながら、学制案の条文の整備が成ったのは翌五年六月といわれている。(1) その間の半年はもっぱら条文の整備に費やされ、「文教行政の方針や学校制度、更にその設置及び運用に関する具体的問題が討議されたと思ふ」と同史は推定を下しているが、半月にして大綱の成った学制案が、六ヶ月も宙に浮いている事情を説明するにしては、右の推定はあまりにも具体性に欠けてはいまいか。使節には西欧教育制度取調べの任を帯びて文部大丞田中不二麿が理事官として加わっている。その間文部省に残った辻新次らは「其贈って来た報告に基いて、明治五年の八月に始めて学制を発布した」といわれているから、(2) 主としてこれらの報告――のちに厖大な『理事功程』十五巻（明治十年）に纏められたものであろう――を「取捨して我が国情に適せしめ、且つ之を我が国の制度に作成し、之を実施(3)」するための準備に半年以上の時日が費やされたということになるのかもしれないが、発布が遅れた特殊な理由として、「学制」全体の三分の一近くを占める留学生条項の、まさしく具体的な運用面にかんする検討を行なわねばならなかったという事情が考えられないであろうか。思うに教育制度全般にかんしてならば学制取調掛の一人内田正雄の著わした『和蘭学制』（明治二年）がすでにあり、同じ取調掛河津祐之が訳出することになる『仏国学制』（明治六年）(4)のように、欧米列強に範とすべき例はいくらもあった。しかるに海外留学制度という特殊日本的——あるいは極東的といってもよい——な現象にかんしては、欧米先進国に範を仰ぐことは最初から無理であり、みずからの試行錯誤を重ねるなかで根底からその制度を築き上げてゆくことを余儀なくされたものと思われる。明治三年の「海外留学規則」で「学費」および「年限」の欄が空欄になっているのがその間の事情を雄弁に物語っているが、この制度の具体的な運用面は、留学生の修学状況にかんする海外出先機関からの報告をたえず斟酌しながら、「学制」（五年八月）、「学制二編追加」（六年三月）と再度にわたって修・改正を加えていかねばならない性質のものであった。四年十二月十九日、学制取調掛にただ一人半月遅れで追加任命された河津祐之(5)が、留学生としてフランスに派遣されたことが入江名簿の記載によって知られる（当年二十四歳、「仏国着」明治五年四月廿六日、「学科」究理学、「当時所学」普通学、「教師」デマレー氏）。かれが留学中、取調掛としてどのような活動をしたかについてはいま資料をもたないが、「学制追加」公布後の六年五月に帰国して『仏国学制』を翻訳したところをみると、取調掛が身をもって留学生活を体験し、制度の不備を内部から指摘することを求められたのではなかろうか。五年四月二十六日というかれの着仏時期は、同年六月二十日頃と推定される学制案の採択——そしてむろん八月の「学制」頒布——に先立って短期間ながら現地から留学生の現状を報告しうる日程であり、六年五月の帰国というのも、「学制追加」の公布によって文部省の実験留学生としての任を解かれた結果であろうと思われる。

さて、五年四月ごろというのは、さきに入江名簿が作成されはじめたと推定した時期であるが、これと相呼応するかのように日本では寺島宗則が四月二十八日付で駐英大弁務使に任ぜられ（五月十七日、米国から一時帰国中の大久保、伊藤両副使とともに横浜発航、七月八日ロンドン着）、それまで英独仏兼任の少弁務使であった鮫島尚信《ひさのぶ》が五月三日、駐仏中弁務使に昇格して（ただし英国弁務使兼任を解かれたのは七月二十七日）、両者ともに「交際事務」のみにとどまらず「在留国民管轄委任」を命ぜられている。(6) 入江は六年二月、公式の辞令を受け取る以前から留学生総代に任ぜられていたのではないかとの疑問を呈せられたことはすでに引いたが、右の両弁務使の任命と留学生総代の――非公式の――選任、さらに留学生名簿の作成が、「学制」頒布を目前にいずれも留学生監督体制強化の方向でほぼ同時平行的に行なわれていたらしいことが、当時、三条公恭(実美の嗣子)に従ってイギリスに留学していた尾崎三良(のち戸田三郎)の自叙伝によって知られる。

其内予は生徒総代と云ふ者に鮫島少弁務使より申付けられ、在英国生徒へ政府よりの命令を通達し又生徒より申立ることを取次、政府へ上申する役人類似のものなり(鮫島は最初英仏二ヶ国へ派遣せられたる代理公使にして併せて生徒の支配を為すべき任務を帯び来りたれども、英国にて外交官と認めざるに依り仏国に駐在して遥かに在英生徒の支配をも兼任して、予を其取次役と為し生徒総代と云ふ名を付けたるものと見えたり)(7)

留学生総代という役目が、はじめ留学生とこれを監督する任にある弁務使との間をつなぐ非公式の取次機関として設けられた内情が物語られていて興味ぶかいが、それが鮫島の少弁務使時代であったという事実に着目しよう。イギリスで尾崎が留学生総代に任ぜられたとすれば、鮫島の少弁務使時代(三年閏十月二日から五年五月二日まで)、かれの管轄に属したフランスやドイツでも、当然、相前後して同様な措置がとられたであろうことが予想されるが、じじつ、青木周蔵は五年一月にドイツ北部連邦留学生総代に任ぜられたと自伝に語っている。(8)

尾崎や入江が任命されたのも、国によって遅速の差はあれ、おおよそ五年一、二月ごろであったと推定されるわけであるが、尾崎はさらに留学生総代としてフランスに渡り、「在英生徒の名簿と並びに之に対する学資金とを請取りたり」と述べているから、(9) 入江名簿の成立事情もほぼこれに近く、入江が総代に任命されるとまもなく鮫島から渡されたもの――おそらくは西園寺、兵学寮生徒、県費之分の全員、その他四年以前到着者の名を記したもの――をもとにして、以後弁務使館を通じて各留学生からの到着届出が入り次第、順次書き加えられていったものであろう。

英仏独三ヶ国に留学生総代の設けられたのが五年一、二月ごろ、留学生名簿が各国で作成されはじめたのが同四月ごろという推定がかりに正しいとすれば、本章IIに述べた井上馨の建議——「留学生監督」の設置(四年十一月)、および藩費留学生を対象としたものではあるが「生徒ノ年令、学業ノ成否、及学資支給ノ多少等巨細取調方」、すなわち留学生名簿の作成(五年二月)——が、それぞれ日本からヨーロッパ各国への船便に要する二ヶ月の間隔を置いて実施されているのは偶然の符合といえようか。入江名簿にはたしかに「学科」、「当時所学」のみあって肝腎の「学業ノ成否」欄が欠けているが、井上が整理の対象とした県費之分には記載事項に空欄がない——したがって他よりも管理が強化されている——うえに、官費、自費之分にはみられない「学資支給ノ多少」の欄が設けられている。それは——少なくとも当初は——尾崎のいうとおり留学生への学資支給台帳として使用されたものであったかもしれないが、使節のフランス来着まぎわに閉じられているのは、やはり留学生監督強化の方針と無関係ではなかったことを物語るものであろう。ことによると、次第に「学制」第八十七条に定める「勤惰進退明細表」的な性格を帯びるようになったのではないかと推察されるゆえんであるが、使節大副使と寺島公使のあいだで合議採択された留学生規則「草按」[10](後述)には、「別紙明細書」(郵送中失われた)に在英の「私費ノ者廿人許」(入江名簿の自費之分は十六人)が記載してあること、留学生に帰国を言い渡すには「明細書ニ着英ノ日限詳ナレバ(入江名簿では「仏国着」欄あり)右ヲ以テ年限ヲ定メラル、方然ルベ」きことが述べられている。右の明細書が果して「学制」に定める「明細表」を意味するものであるかどうかは判然としないが、いずれにせよ入江名簿は、井上の建議案と大副使らによる明細書——大木文部卿から「井上大蔵大輔へ御廻シ可有之」はずになっていた——とに共通する体裁をそなえているうえに、作成された時期も明細書と一致する。思うに、入江名簿は、右の失なわれた明細書とともに「学制」に定める「勤惰進退明細表」そのものだったのである。「学業ノ成否」欄がないのは各自の修学程度(大・中・小学)が本人の自選によったため(本章III

注(15)参照)、一概に成否をつけがたかったことによると思われるが、一見無難なように思われるこの一覧表も、使いようによっては「仏国着」欄によって長期在留者に、また「当時所学」欄によって普通学修業者に帰国を言い渡す整理の手段ともなりえたし、もともとその目的で作成されたものなのであろう。兆民の名が五年五月中旬以降そこに記載されたということは、かれが着仏後はやくも入江を介して鮫島弁務使の管理体制に正式に組み込まれ、折から進められようとしていた留学生整理の対象となったことを意味するものといえよう。

(1) 文部省『学制七十年史』、一一頁以下を参照。

(2) 石川半山『当世人物評』「帝国教育会々長辻新次君」、一七五頁。なお「学制」が田中の報告にもとづいて制定されたとする説は、黒田・土館共著『明治学制沿革史』(明治三十九年刊、六頁)にも、「斯ノ学制ハ時ノ文部大丞タリシ田中不二麿氏曩ニ理事官トシテ米欧ニ派遣セラレ其ノ制度ヲ調査シ之ヲ斟酌シテ制定シタルモノ云々」と述べられている。右の共著者は文部省に長年勤続した人々であることが序によって知られるから、田中(明治四十二年歿)がまだ存命中の明治三十九年当時、上述の石川半山の説(同三十五年)と同趣旨の了解が文部省関係者とその近辺においてなされていたものと解してよかろう。海後宗臣氏はその著『明治初年の教育――その制度と実体』(一四五―一四六頁)に同説を「著しい誤り」として却けておられるが、その根拠として挙げておられるのは、田中が岩倉使節の一員として欧米巡回中であったため、「学制が議せられた際には日本にいなかった」ということだけで(しかるに氏が引用されない右共著者の本文には田中が「曩ニ理事官トシテ米欧ニ派遣セラレ」たことが明記してある)、「この当時田中不二麿が何をしていたかを調べ」てはおられない。

(3) 安倍季雄『男爵辻新次翁』、九三頁、久保田譲談話。

(4) 『学制七十年史』などには『仏国学制』が河津訳の公刊に先立って「学制起草の際に参照せられたであろう」と推定されているが(一四頁)、辻新次あたりから直接、「学制」制定の内情を聞き出したらしい石川半山は――注(2)参照――田中以下文部省一行が「出発の前後政府で調査編制したる学制は……其範を仏国の学制に取つた者であつた、仏国の学制は制度として最も美はしく整頓して居るので文部省は之を翻訳して、我邦に行はんとしたのである」と語っている(『好学雑誌』第五

十六号、明治四十一年二月、石川半山「日本教育小史」(三)第六―明治維新後の教育)。

(5)『学制七十年史』、一二頁所引、東京大学所蔵の学制取調掛任命書。

(6)『大日本外交文書』第五巻(明治五年)、一―五頁、寺島大弁務使任命にかんする文書〔一〕―〔五〕、ならびに『百官履歴』等による。

(7)『尾崎三良自叙略伝』(中公文庫版)上巻、一二二頁。

(8)『青木周蔵自伝』(東洋文庫版)、三二頁。

(9) 尾崎前掲書、上巻、一二二頁。

(10) 国立公文書館蔵『公文録』文部省之部二、明治六年五月、「留学生ノ儀ニ付特命全権大副使寺島全権公使合議草案」、2A, 9, (公)781.

V

さて五年五月十七日横浜を発った寺島宗則がアメリカ経由ロンドンに到着するのは七月八日であるが、これを追うかのように一週間後の同月十四日、使節一行がロンドン入りしている。鮫島中弁務使もまだ英仏兼任を解かれぬまま寺島との事務引継ぎのため同地に待機しており、使節一行の到着とともに留学生問題が緊急案件として取り上げられたようである。『木戸孝允日記』七月二十一日の項に「寺島鮫島等と使節一同　留学生一条に付会議」とあるのを皮切りに、使節は各地、各省への訪問、女王との謁見などの公式行事を除けば、滞英中ほとんど留学生問題の検討にかかりきりだった観がある。[1] 最初の会議の翌日には早速三条実美宛てに、留学生取締方にかんする「上申書」(公信第十三号)が発せられているが、この「上申書」には同問題にかんする鮫島の使節宛「建白書」が附属書として添えられており、右「上申書」が、ヨーロッパ先進諸国に派遣された留学生の監督を従来ほとんど一手に担ってきた鮫島の強い要望によって採択されたものであることが知られる。(2) 使節が留学生取締りの使命をいかに遂行したか、またそのことが個々の留学生の以後の生活に具体的にどのような影響を及ぼしたかを探るために、まもなく頒布されようとする「学制」、および六年三月の同「追加」に明確に打ち出される留学生削減・整理の基本方針の直接的契機となったらしいこの両文書を、以下に検討してみよう。

留学生問題にかんする会議は「建白書」に盛られる鮫島の問題提起を軸に進められたものに相違ないが、その中で鮫島は明治三年以来の現地統轄責任者としての経験の上に立って、(1)「普通学」未修のまま渡航するために学業の進まぬ者が多く、「御国の名誉」にかかわりかねないこと、(2)留学生の人選が無秩序であるため、勤怠による「進退黜陟」を行ないがたいことを指摘し、(i)今後人選、学資等、留学生の管轄を文部省に統一すること(これは同年十月十七日付太政官令で実現)、(ii)就いては「海外留学生規則」の確定が不可欠であるからそれまで当分のあいだ公私留学生の派遣を停止すべきこと、を提案している。「上申書」はこの提案を受けて、使節が「将来の為一定の規則取締向等相設候積」りであることを本国に報じたものであるが、そこには従来のように諸官省より無秩序に生徒、官員を派遣されては弁務使の管轄外になり「一定の規則」を施行しえないので、「僕輩一同相談の上、将来海外留学生徒取締向の規則は勿論、御国よりの御差出の節検査の方法をも同様取調、中外相矛盾いたし候患無之様の手続きに順序を立て、後便に可申進候」と述べられている。

すなわち右の「上申書」から、使節の滞英中しばしば『木戸孝允日記』に現われる「留学生一条に付会議」とは、将来のために一定の留学生取締り規則を定めるための会議であって、その結論は後便で本国に報告される予定であったことがわかるが、「上申書」自体の日本到着が九月十日であるから、使節、弁務使らが議論していたのはすでに八月に頒布された「学制」の留学生条項のためではなく、またかれらが「一定の規則」と考えていたものも、結果的には六年三月の「学制追加」に結実したものであろうと想像される。『木戸日記』に「留学生一条」云々とあるのは使節のイギリス滞在中五年十月二十七日の項が最後であり、十一月四日には伊藤の留学生監督にかんする意見書[3]が発せられているから、「一定の規則」を定めるための議論は五年十月中に結論に達したことが窺われるが、前節に触れた大副使らによる留学生規則「草按」がまさにその結論である。「学制追加」はおそらくこれを母胎とし――「追加」にほぼそのままの文言で採用された条項が少なくない――駐米弁務使森有礼からの進達書や文部省自体の素案等を「彼是合セテ之ヲ撰録シ」たものであるが[4]、大副使らは「草按」に添えた正院宛書状(十月二十八日付)に「今般御布告之学制中海外留学生ニ係ル箇条当国実地ノ模様ニ就テハ不充分ニ有之候間　拙者共一同会議ノ上別紙草按書差進候」と述べている。「学制」と「追加」にそれぞれ定める留学生条項相互の関係については従来とかくの議論がなされているが[5]、右の大副使らの意識からすれば、学制、同追加という字面によって前者を主、後者を従とみなし、後者を前者の実施細則ないし修正と位置づけることはかならずしも実状にそぐわないように思われる。「学制」の留学生条項は三年の「海外留学規則」をその後の施行実績――試行錯誤というべきか――にもとづいて修正、整備したものというべく、その歴史的意義は海外留学を小学教育に次ぐ主要な柱として「学制」中に位置づけることにあり、留学生規則としてはむしろ、「将来の為一定の規則」(=「追加」)を設けることを最初から予定した暫定的、過渡的なものだったのではあるまいか。

　ともあれ二月中に案文ができ上っていたとみられる「学制追加」[6]は文部理事官田中不二麿が三月上旬[7]帰朝するのを待って採択され、同十八日に公布されるのであるが、内外の留学監督責任者たちから待望されていた「一般必行ノ規則」(「追加」末尾但し書)の制定をみて、文部省はいよいよ留学生改正処分に踏み切ったのである。

さて右の一連の動きを留学生の側からみると、「学制」頒布の最初の影響がかれらの上に及んでくるのは、五年九月二十五日――あたかもさきに引いた使節の「上申書」にこたえるかのように――文部省が各国弁務使宛てに発した海外留学生帰朝命令であろう。これは、「学制」第六十三条に定められる初等(中学卒)、上等(大学卒)留学生の区別にもとづいて、中学普通科を卒業して目下専門科に在学中の者のみを初等留学生としてとどめ、中学普通科以下に在学中の者には全員帰朝を命じたものである。[8] 命令は十一月下旬、使節がロンドンからパリに到着した前後にヨーロッパ各国に達したものと思われるが、本国政府が留学生の実態を把握しないまま性急に「学制」の原則を貫こうとしたためか、実効の方はあまりかんばしくなかったらしい。翌六年一月から二月にかけて発せられた再度の督促状によって、命令に対する弁務使からの回答も、それによる帰朝者もなかったことが知られるが、同二月十三日には帰国費用は同年上半期分の学費五千円の中から支出すべきこと、下半期分についてはいっさい送金しないという強硬方針が打ち出され、[9] 三月にはさきの九月二十五日の命令とほぼ同趣旨の「海外各国留学生心得」があらためて発表されているのである。

入江名簿が「学制」によって弁務使に作成が義務づけられた「勤惰進退明細表」であったらしいことはすでに推定したとおりであるが、「追加」第一三六条には「生徒ノ勤惰明細表アリト雖モ領事官ニ於テ毎三月各生ノ教師ヨリ其行状及ビ勤怠ノ報告書ヲ取リ之ヲ文部省ニ送ルベシ」と定めている。すなわち六年三月現在、明細表はたしかに施行されてはいたが、なおかつ教師の報告書が提出を求められているところをみると、あまり取締りの決め手にはならなかったもののようである。これらの規制措置に対する留学生の反応については、さきに挙げた在英留学生総代尾崎三良の談話が残されており、それによれば、留学生監督の任を帯びてロンドンに赴任してきた大弁務使寺島宗則が学生の住所を調査して弁務使館へ出頭を命じたところ、誰もこれに応ずる者がなく、「何が何やら全く不可解の情態故、

如何とも手の付けようもなき有様」であったという。その際寺島に、

　　はきだめへ大べんむし〔＝大弁務使〕がはふて来て

　　　取調べとはくそがあきれる

という悪臭芬々たる落首を送りつけた者があり、一時は日本人仲間に喧伝されたともいわれるから、[10]『福翁自伝』などに伝えられる洋書生の蛮風をそのままヨーロッパまでもち出したような留学生を前にして、現地で直接監督の任に当る人々の間から「学制」よりも強力、かつ効果的な取締り規則（＝「追加」）の制定が叫ばれたのも、けだし無理からぬ勢いであったろう。

兆民自身がこれら数次の召還命令あるいは弁務使・留学生総代による規制にどのように対処したかについては伝わっていないが、フランスにおいては留学生総代であった文部省六等出仕入江文郎自身が五年六月、六年一月と再度の帰朝命令に接しながらその都度使節に陳情して留学延期を許されていたという特殊事情があったから、諸外国にくらべて規制も比較的弛やかだったであろうか。またそのかぎりにおいて兆民が「司法省の派遣する所たりしに拘らず、専ら哲学、史学、文学を研鑽」することも許容されたのであろう。ただ、明治三年の「海外留学規則」（「学制」によって廃止された）には「留学年限ハ通常五年」と定められているから、五年の予定で留学し、小学校に入ったり、「孟子、文章軌範、外史の諸書を仏訳」するなどフランス語を基礎から鍛えなおす心積りでいたときに、最初の帰朝命令に接したのだとすれば、たとえこれを黙殺したとしても、その後の留学計画を立てる際になんらかの心理的制約を蒙らなかったとは思われないのである。

西園寺は兆民について、「留学でも〔大学に〕正式に入学したのではない、入ろうとしても入れなかった。勉強よりも高談放論の方だった」と語っている。[11]留学中の兆民の勉学態度を窺わせてくれる貴重な評言ではあるが、西園寺自身

が「パリ大学法律学士」になるまでに十一年の歳月を費やしている例からみて、着仏後まもない兆民にとっても大学に入学し、かつ卒業するというのは前途遼遠の企図と思われたに相違ない。それが五年の期限をも満了せずして早晩召還されることを予測しなければならなくなったのである。大学に入れなかったことも事実であろうが、数次の帰朝命令によって入ることを断念したという事情もありはしなかったか。

(1) 使節あるいは木戸個人と寺島、鮫島らのあいだで留学生問題について会議したことが『木戸日記』に見えるのは、七月二十一日以後、八月十七日、十九日、二十四日、二十五日、二十六日、十月二十七日の項である。
(2) 『大日本外交文書』第五巻(明治五年)、文書(四八)、八三―八五頁。
(3) 『伊藤博文伝』上巻、六七八―六八〇頁、三条・大隈・井上宛て。
(4) 国立公文書館蔵『太政類典』六年三月十七日「文部省上申」、2A, 9, (太) 469.
(5) 石附前掲書、一七三―一七四頁。
(6) 文部卿大木喬任は六年三月五日、正院宛ての「留学生規則学制へ追加ノ儀伺」に、同「追加」全四十二章を「至急御評決相成候様」求めている(国立公文書館蔵『公文録』文部省之部、六年三月、2A, 9, (公) 778)。
(7) 田中の随員、長與専斎は香港で一行と別れた後、上海‐長崎航路をとって三月四日、郷里大村に帰着、実家に三日滞在して(『松香私志』上巻、五九頁)、三月九日帰朝している(下巻巻末年譜)。
(8) 『文部省日誌』明治五年第六号(九月二十五日分)。
(9) 同右、六年第七号(二月十三日分)。
(10) 尾崎前掲書、上巻、一三一頁。妻木忠太編『史実考証木戸松菊公逸事』、一七八頁にも同趣旨の尾崎の談話が収められている。
(11) 『西園寺公望自伝』、六〇頁。

VI

使節が滞英中、新たな留学生規則を定めるためにしばしば寺島、鮫島両弁務使らと会議を重ねたことはすでに述べた。しかるに使節には勅旨によって官費留学生の学業成績を査定し、不行跡の者には帰国を言い渡すという任務が課せられていたから、弁務使や留学生総代を介してなり、あるいは直接になり、なんらかのかたちで個々の留学生と接触、交渉をもったものと思われる。一行がパリに滞在したのは五年十一月十六日(西暦十二月十六日)から明けて改暦六年二月十七日までのちょうど二ヶ月間であるが、その間の兆民の消息を窺うために、まず各国都府を巡歴していた使節と、これを迎える現地留学生との交渉のパターンともいうべきものを木戸、大久保関係の日記、書簡類(大久保の日記は残されていないので、とりわけ『木戸孝允日記』などから導き出してみよう。

使節がロンドン、パリ、ベルリンなど、留学生が数多く滞在している都府に到着すると早速多勢の留学生がその宿舎に詰めかけたもののようである。木戸、大久保らが名前を挙げているのはたいてい同藩の後輩で、その大半はかれらの周旋によって留学したものであろうか、府内の案内から、観劇、散歩、買物の相手などいっさいの世話をするのはこの種の留学生である。他藩出身者などなじみの薄い者は「此他客来如山」(『木戸日記』五・七・二一ロンドン、六・二・一七パリ等)とか、「日本邦書生等来訪するもの不絶」(六・三・二八)と十把一からげでまことに他愛ないが——土佐藩の幹部で海外視察員として渡航していた片岡健吉も「土人片岡某」と簡単に片づけられている(六・一・一三パリ)——、一行がベルリンに到着したときには「留学生数十人」が駅に出迎え、宿舎にも「数十人来訪」したとあり(六・

三・九)、同地で催された白川宮の誕生祝いにも「書生数十人」が参会したといわれるから(六・三・一六)[1]、使節のおもむくところ、当地の留学生が挙げて集まったと言ってもさしつかえなかろう。なかにはとりわけ、一行がアメリカからロンドンに渡ったときドイツから青木周蔵、品川弥二郎らが(五・七・一六)、フランスから西園寺が(同七・二二)、また、パリではベルギー、オランダから光妙寺らが、スイスから太田徳三郎らが(五・一一・二六)馳せ参じるという注目すべき例が見受けられ、このほか国内の地方在留者が首都に上ってくる例もかなり多かったと思われる。使節の出発時にも到着時と同じ光景が繰り返されるが、ことに、大久保と木戸が相次いで一行に先発帰国するに当っては、鹿児島県人十五名が大久保を囲んでパリ近郊の名勝サン・ジェルマンに郷友会を催したり[2](六・四・六)、木戸のパリ出発時には山口県系の留学生多数が宿舎ジブラルタル・ホテルを訪ずれるなど(六・六・五)、使節－留学生の関係は、国内での留学斡旋のときと変らず、同藩の先輩－後輩の縦の線で緊密に結ばれていることが歴然とする。だが、遠近を問わず各地から使節のもとに参集する留学生ひとりびとりの動機、思惑はさまざまである。西園寺の場合は、岩倉大使はじめ各副使からも後来「皇室の藩屏」[3]たることをとくに嘱望されて留学した精華の嫡流として、もっぱら儀礼的な訪問であったろうし、青木、品川の両人は木戸がアメリカ出立時にあらかじめ呼び寄せておいたもので[4]、予想される留学生召還に備えて、本人らの求めに応じ弁務使館書記官に推薦しておく心算であったらしい[5]。大山巌がジュネーヴから「児玉某云々ノ件」を依頼してきたのに対する大久保の返答には、「生徒ノ事ハ今度色々や可ましき評議ニナリ甚六ケシク　尤外ニ右様之類多々有之　何トカ相決可申候」といわれているから[6]、留学の延長や帰国後の任官を依頼したり、ただ単に「縁故を持続」[7]するためにやって来る者、さらに、木戸、大久保らが各国の文物制度について「取調ベヲ命ジタリ意見ナドモ徴」[8]するために呼び寄せた者も多かったに相違ない。だが、山の如く、あるいはたえず使節を来訪した留学生が、すべて右に挙げたような具体的な用件をもって訪れたとも思えぬから、問題はかれらが慣例的、儀礼的な出迎え、見送りだけのために集まったのでないとすれば、あるいは留学状況について査問を受けるために召集されたのではないか、ということである。

六年末の留学生悉皆帰朝命令に抗議して、木戸はしばしば「現場御目撃之処にて」と取り決めた規則、[9]「於仏国も喋々申陳候」こと、[10]とりわけ「仏国以来田中〔不二麿〕へも相談じ置……候処」[11]を当局者に想起させ、その履行を迫っている。五年五月二十二日、新島襄を伴なって渡欧した田中は、ロンドン、パリの学校制度を視察したのち、ドイツで約三ヶ月(五年八月―十月)の調査を行なって十月末滞英中の使節に合流し、[12]使節のフランスでの任務が実質的に終った六年一月三十日、パリを出立、帰国の途に就いているから、[13]使節は留学生規則にかんする「草按」をイギリスから送ったのち、おそらくは個々の留学生の去留にかんするなんらかの規則をパリで纏め、帰国する田中に携行させたのではないかと推定される。

当然使節は個々の留学生となんらかの形で接触しているものと考えられるが、その経緯はつまびらかでない。使節に下された勅旨の「生徒ノ分科修業ヲ検査案定シ……」という文言を字義どおりに解すれば、検査案定する主体は日常的には各国弁務使、あるいは留学生総代であっても、最終的には使節であろうし、また伊藤の意見書にも、

博文今日英国ニ来リテヨリ生徒等ガ学業ニ従事スルノ実際ヲ睹ルニ、規画ノ法ニ依ラズ、各自ノ効訴スル所ヲ聴クニ、修徳ノ道ニ遵ハズ[14]……

とあって、イギリスにかんするかぎりは少なくとも各自に面接し、事情聴取等も行なっているように見受けられる。『木戸日記』では三条公恭(実美の子)が胸患に犯されながらもなお、「此地に死するを甘じ留学せんと欲する」のをようやく諫止して帰国させたり(五・八・二六―同九・一)、「平六公」(旧徳山藩主の子、毛利平六郎)の師コーリヤに面会して「御修行方の事を尋〔ねたところ〕甚懸念の事」もあったので将来の方針について説諭するなど(五・一一・六―一四)、

二、三の特例についてしか触れられていないが、大久保は同郷の吉井友実に宛てて「賢息（幸蔵）ニモ御尋問有之　別而壮康　語学も能通し学問も勉励」云々と書き送っており、[15]語学、学科のみならず健康についてもかなり立ち入った尋問がなされたようであるから、使節は一応すべての官費留学生に面接することを原則としていたのではなかろうか。留学生の去留にかんする判定基準が非常にきびしかったらしいことはさきに引用した大久保の書簡に「生徒ノ事ハ今度色々や可ましき評議ニナリ甚六ケシク」なったといわれていることからもおおよその見当はつくが、当時英国留学生監督（総代か）に任じていた河北俊弼が政府ならびに寺島らの召還説に抗議して、「監督の事務を抛ち、帰国して罪を待たんことを主張」するという事件がもち上がり、[16]先輩としてこれを擁護しようとする木戸が、「実に難題至極な」この事件の調停に半月近くも苦慮しているほどである（五・八・一三―二五）。

以上が主として使節のイギリス滞在中における留学生との交渉のパターンである。フランスにおいてもほぼ同様なパターンが繰り返されたと思われるが、ただその場合難点というべきは、フランス以後の『木戸日記』その他には留学生尋問にかんする記載がないことである。使節がフランスへ向かう五年十一月中ごろといえば入江名簿がちょうど完成した時期であり、この名簿が「学制」にいわゆる明細表にほかならぬであろうことはすでに推定したとおりである。横浜解纜後すでに一年に垂んとしてようやく慌しさを加えてきた使節の日程を考えれば（各国滞在期間はアメリカ六ヶ月、イギリスの四ヶ月に対して、フランスは二ヶ月、ドイツは五十日）、フランスにおける留学生尋問は面接のみによらず、入江名簿と鮫島、入江らの答申にもとづいて行なわれた公算が少なくない。その際、たんなる成績不良者――あるいはそうみなされた者――や長期在留者[17]がまず淘汰されるであろうから、面接の対象となるのは健康、行状等において疑義のある者、本人が特に異議を申し立てた者、去留のボーダーラインにある者等が考えられ、そして最後に、残留を認められようとする少数の成績優良者もこの中に加えられるかもしれない。兆民はいずれの場合に属したであろうか。

端的にいえばこの時期のかれの消息はこれまでに当った文献のいずれのうちにも伝えられていない。逆にリヨンから母に送った端書[18]の存在は、使節を迎えたその他多勢組の留学生の群れの中にもかれの姿がみえなかったことを証しているかのようである。だが、外国からさえ使節のもとへ馳せ参じた留学生もあったことを想起しよう。使節のパリ滞在(西暦一八七二年十二月十六日―一八七三年二月十六日)前後の端書の日付を調べると、七二年十二月十日、七三年正月三日、二月十日、二月二十五日となっており、前三通はいずれも差出地がリヨンであるが、最後のものには差出地名がなく、写真はグルノーブルの風景である。第一と第二信、第二と第三信のあいだにはそれぞれ一ヶ月近い隔たりがあり、かりにこのほかに失われた端書があったとしても当時の中国・日本向け郵船の出航は月二回であるから、少なくとも一週間から十日の日程でパリに出る余裕は十分あったはずである。兆民はのちに皮相な文明開化の風潮を批判する文章のなかで欧米巡歴中の岩倉使節に言及している。かれと使節とのかかわりを云々する前にともかくこれを引いておこう。

……謹デ惟ミルニ曩ニハ明治四年我全権大使ノ欧米諸国ヲ巡回シテ制度風俗ヲ採訪セラルルニ方リ敏能ノ官僚秀俊ノ髦士雲ノ如ク随伴セリ然ドモ其中ニハ或ハ又智嚢ノ空虚ナル者意馬ノ軽標ナル者モ亦之レ無カリシトハ謂フ可ラズシテ乃チ彼邦数百年来収獲シ蓄積シ来リタル文明ノ効果ノ粲然トシテ目ヲ奪フニ遭フテ始ハ驚キ次ハ酔ヒ終ハ狂シテ……一夜ノ中ニ我日本国ヲ変ジテ純然タル欧米ト為サント欲セシ者モ亦是レ無カリシト謂フ可ラズ……兎ニモ角ニモ我邦俊傑ノ人士ガ欧米諸国ヲ一巡スルニ際シ巴里《パリ》竜敦《ロンドン》伯霊《ベルリン》紐育《ニューヨーク》ノ真中ヨリシテ五彩七色ノ祥

氛ガ油々然トシテ現出シ……我日本国ニ来航セリ(19)

兆民の目に映じたパリの使節一行と解したいところだが（「巴理竜動……」）、これだけでは断定を下すに足る具体的な手がかりに欠ける。サン・フランシスコまで使節に同行して慣れぬ船中で繰りひろげられるさまざまな悲喜劇、赤裸々な人間像をとくと眺めてきた人間ならば、アメリカ到着の段階でその後の使節を見なくとも、「始ハ驚キ次ハ酔ヒ終ハ狂」するに至る全過程を見届けることはできたはずだからである。ただ留学の選に入るに当って大久保の推輓を受けた恩義を考えると、いかに兆民が自ら持すること高かったにもせよ忘恩の徒ではなかったとすれば(20)、使節のパリ滞在中、少なくとも大久保に対してはなんらかの礼を尽くさなかったはずはない、と考えるのがむしろ自然であろう。いわんや尋問の件などで出頭を命ぜられたとすれば……だが、肝腎の大久保の滞欧日記が残されていない以上、これから先の臆測は不毛であるから、とりあえず、使節滞仏中およびその前後における兆民の交友五人の動静に眼を転じてみよう。

まず西園寺。使節の着英後まもない五年七月二十一日、かれが海を渡ってロンドンに姿をみせていることはすでに触れた。その日の『木戸日記』を引くと、

……山田顕義従仏来　西園寺卿も亦仏より来　此他客来如山　寺島鮫島等と使節一同留学生一条に付会議せり

とある。折から使節は着英一週間後の仕事始めに、留学生取締り規則を作るための会議を行なっており、翌二十二日にはこの問題にかんする大副使連名の「上申書」が発信されるという次第であるから、官費留学生西園寺望一郎、儀礼訪問とはいえあいにくな場面へ顔を出したというべきか（一年後かれはこの件でいたく苦慮煩悶させられることになるのは、後述）。入江名簿に名前が記入された五年春現在、かれはミルマン氏について普通学を習っていたわけで

あるが、そろそろパリ大学(法学校 Ecole de droit)入学に備えてアコラースの塾に入っているころである。

使節が十一月十六日パリに到着すると早速これを訪問しているが(一一・一九)、滞在中は――『木戸日記』にみられるかぎり――おそらく年賀に行ったくらいで(「今日賀客又不少」六・一・一)、頻繁に使節の宿舎に出入りしている様子はない。ただ出発前の三日間は連日木戸につきあって、あるいはパレー・ロワイヤルに会食し(二・一四)、あるいは仮面舞踏会に誘って「手を連ね対舞するもの女子の顔誰々たるを知らず毎日曜の前夜十二字よりはじめ暁に至ると云米欧一種の妙観なり」(二・一五)といいたく感じ入らせているあたり、日々各処の案内などに犬馬の労をとる同藩の後輩たちにくらべて、あざやかな清華の御曹子ぶりというべきである。

光妙寺三郎。西園寺より一週間遅れて『木戸日記』(一一・二六)に「飯田吉次郎光田三郎柏村庸之允来訪」と出ているが、末尾に「飯田は蘭光田柏村は白に留学せり」と断ってあるところから、当時ベルギー留学生であったことがわかる。三人とも山口県出身者で木戸の後輩に当るから、フランスの次に予定される使節のベルギー、オランダ訪問についての打合せなどの件もあって呼び寄せられたものであろうか。[21] 同じく木戸の後輩のベルギー留学生周布公平によれば、使節のベルギー訪問当時、日本人留学生は周布、馬屋原二郎、河野三太郎ら三名(いずれも山口県出身、木戸の推薦で留学)で、「後に光田三郎が来て……都合四人になった」[22]といわれるから、比較的最近――おそらくは前年秋の新学期から――ベルギー留学生になったものであろう。パリ滞在中の動静は不明だが、使節のブリュッセルの宿舎にも姿を見せているところをみると(六・二・二〇、二二)、使節に随伴してパリを発ったものであろうか。西園寺と別行動をとり、西園寺にあやかったともいわれる光妙寺姓を名乗っていないのは、まだ交わりを訂していないためと思われ、兆民とブーローニュへ避暑に行ったという話が前年夏のことであれば、あるいは兆民との交わりの方が古いのかもしれない。西園寺によれば、かれが留学中、本名の三田を光田と替えてやはりミタと読み、さらに光妙寺に改めたのは、別に「公家の出か何かのやうな顔をする」ための底意に出でたものではなく、「何やら仔細ありげな姓を名のる方が、女にもてるぐらゐの稚気に過ぎなかつた」のであろうという。(23)

今村和《わ》郎《ろう》。兆民とは同じく高知県出身者で、かつ箕作麟祥の門人、岩倉使節にも田中理事官随行の文部中助教として同船、という三拍子そろった旧知の間柄である。使節がイギリスに滞在していた五年八、九月ごろには、田中に随ってベルリンに在ったことが佐佐木高行日記によって知られるが（『保古飛呂比』、五・八・一三以後）、十月ごろにはパリに戻っていたらしい（同上、五・一〇・二二）。このころ佐佐木はパリを中心としてさかんに各国の間を往復しており、今村はこの同藩の先輩がパリに寄るたびに、市内見物はもちろん荷物の受取、金の工面などいっさいの世話を弁じている。使節が到着すると早速佐佐木がその宿舎におもむいてなにごとか「今村ノ義」を伊藤に内談し、その足で鮫島公使を訪問しているのが注目されるが（同上、五・一一・一九）、果せるかな、翌六年二月六日付の使節公信第廿一号には、(24)栗本貞二郎、青木周蔵ら留学生の在外書記官任命の件とともに、鮫島からの要請で今村をパリの公使館へ引渡した旨が報じられている。かれは同年十一月から向う三年間留学生並みの待遇（年額千円）で司法省から「当省事務並刑民法律」取調べを命ぜられることになるが、その件にかんして太政官へ提出された同省伺書には、

昨壬申中（明治五年）江藤司法卿欧州行ニ随従一行ノ者巴里滞在中相雇御用弁相成候ニ付一行ノ者帰朝ノ節猶残リ
御用向取調申付置候……

とある。(25)おりから使節理事官随行には経費節減のため調査が終り次第帰国するよう命ぜられていたから、さきの「今村ノ義」とは司法省調査団の帰朝後かれを公使館付きとして残留させるための準備工作だったのである。公信第廿三

号(三月十三日)をみるとさらに「今村和郎儀は願の通本官差免巴里滞在申付候　右は同府東洋学校にて同人所望の趣鮫島公使より掛合越候由に付右様取計候事に候」といわれている。[26]「東洋学校」とはいうまでもなく、一八六八年日本語講座新設以来レオン・ド・ロニー Léon de Rosny が教授に任じていたパリ東洋語学校 Ecole spéciale de Langues Orientales Vivantes のことであるが、『フランス文部省年報』の同校関係記事をみると、一八七二年十一月十八日付をもって中国俗語 chinois vulgaire 担当の現地人講師 répétiteur に任命された栗本貞二郎が新学期の授業を再開しないのでこれを罷免し、[27]後任として日本語講師に今村和郎 Waro-Smaïmoura《ママ》を翌一八七三(明治六)年三月十五日付で任命するとしている。[28]筆者が現地調査の際、同校校長シーフェール Sieffert 教授の好意で見ることを得た「ロニー関係文書」には、栗本に授業再開の意志があるかどうかを問い合わせるよう、校長が年内からロニーに指示している書簡、それに答えてロニーが後任の推薦を公使館に依頼した旨報告する短信等が残されているが[29]『航西日乗』から察するに、当時の栗本は、十一月一日(西暦十二月一日)成島柳北がパリに着いてからは連日のように案内役に狩り出されて、とても授業どころではなかったろう。栗本の養父鋤雲と成島とがそれぞれ旧幕府の駐仏大使と外国奉行の間柄であった事情を考えれば無理もなかろうが、栗本の新たに任命された大使随行二等書記官が東洋語学校講師に数倍する給与をもって遇せられていたことも考慮に入れておいてよい。[30]今村が司法省雇いと東洋語学校講師をどのように兼任したかについてはいまつまびらかにしないが、帰国を命ぜられていた身にとっては、同校の申し出はやはり渡りに舟の思いであったろう。かれがその後四年間にわたってロニーの主宰する日本研究会の書記として、また同研究会報の編者として、揺籃期のフランス日本学の発展に貢献した蔭の功績についてはここでは割愛するが、ただはっきりいえることは、リヨンから帰来後の兆民の行動半径内に東洋語学校(一八七三年八月までコレージュ・ド・フランス内に仮住い、同九月からリール街の本校舎に移転)が入ったということである。

次に坂田乾一。『兆民先生』で福田乾一とされているのは、その後福田姓を冒したためであろうか。坂田が使節のパリ滞在中を通じてリヨンから出てきていたことは前述のとおりであるから、使節を駅頭に迎え、あるいは送った留学生の群れの中に十中八九、かれの姿も見られたであろうと思われるのだが、成島とはしばしば遊覧を共にしていながら、なぜか使節関係の文献には名前も出てこない(31)。坂田が自費留学生であり、使節は官費生の取締りに来たからだといってしまえばそれまでだが、一行は成績不良の官費生に帰国を申し渡す一方で、県費生——制度上は五年十月以降官費生に移行している——や自費生でも「学術進歩ノ見込」ある者については官費生として残す権限を鮫島に委ねたい意向を洩らしており（公信第廿五号、ペテルブルグ、六・四・一三）(32)、坂田もあるいはそのための陳情に出向いたり、出頭を命じられたりしていた事情がなかったのだろうか。それはともかく木戸が一行に先立って、六年六月、帰国の途次リヨンに立ち寄った際にも、また一行が同七月、マルセイユ発航前最後の訪問地としてジュネーヴからまわってきた際にも、かれは当地の絹織物業者や織物博物館等に案内役をつとめている——もっぱらリヨンに在留し、兆民ともそこで相識ったらしい坂田のパリ行きは、使節となんらかの関係があったのだろうか。

最後に飯塚納。木戸、大久保関係の文献には名前が出てこないが、『佐佐木高行日記』六年一月二日の項に「十一時ヨリ今村来リ、仕立屋モ来リ、衣服ヲ著試ム、飯塚訥・森藤内両人来リ、夕六時頃帰ル」とあるから、使節滞在中の所在はパリである。年明けとともに帰国の準備を始めた佐佐木が同郷の片岡健吉——かれと同船すべく大晦日にロンドンから来ていた(33)——や今村らとさかんに往き来しているときに、飯塚の名が出てくるのはこのとき一回限りである。親疎のほどは姓名の表記にも窺われるから（飯塚納が訥、毛利が森）、佐佐木を訪れたのは年始の挨拶を兼ねてなにか依頼の用件があったものとみられる。飯塚は明治十三年帰国後、西園寺、兆民らの『東洋自由新聞』に参画し、その廃刊後は飄逸の漢詩人として西湖を号したことが知られているが、その死後詩友らによって出版された『西湖四十字詩集』に権藤成卿の「西湖山人事歴攷」と題する漢文の略歴が掲げられている。[34] この種のものとしては留学時代にかんする記述が比較的くわしく、秋水がかれに敲いていたならばさぞやと思われるような興味ある事蹟が載せられており、たとえば、飯塚が松江藩医の家に生まれながら擾乱の時代に医者たるに甘んぜず、江戸に出奔して洋学を修めたこと、明治元年、声望一世に高い西郷隆盛に「外遊の志」を陳べ、西郷から紹介を受けた勝安房の推薦で藩の徴士としてフランス留学を命ぜられたこと、明治三年夏、出発するに当って勝から餞けに詩を贈られたことなどが知られるが、とりわけ、普仏戦争で仏軍が連戦連敗している時分(一八七〇年七、八月頃か)パリに着いて「阿格剌斯《アコラース》」に師事し、変乱に処して泰然自若たるその態度からその後の人生の指針(「其畢生之行蔵」)を学びとったといわれていることは注目に値する。すなわち、日本人留学生が西園寺のまだ渡仏していない普仏戦争中からはやくもアコラースに師事している[35]こと、日本におけるアコラースの名声が、たんにかれが高名な法学教師であったばかりでなく、人生の教師でもあったためでもあること[36]がこれによって知られるのである。飯塚は翌明治四(一八七一)年、プロシア軍によるパリ包囲中スイスに難を避け、その地でドイツ人女性ボーレンを娶って終戦後パリに戻った由であるから、入江名簿の「仏国着」明治四年五月二十五日という記載は、日本からの到着期日ではなく、スイスからパリに戻ってきた期日がそのまま記入されたものと解すべきである。そのほかこの略伝には明治六年、征韓論の決裂後、尊敬する西郷の辞職したことを知って故国に望みを断った飯塚が、欧州各国歴遊の旅に上り、スイスのジュネーヴ湖畔に至って淹留数年に及んだこと、その地の景観が郷里松江を思わせるところからついに西湖山人を号するに至った経緯なども述べられているが、使節パリ滞在中の事蹟に触れる次の一節は、本章の議論を展開するうえでかなり重要な問題点を含んでいるので、原文のまま掲げることにする。

五年。全権大使岩倉具視。副使木戸孝允、大久保利通等。巡㆓遊欧州諸邦㆒。時官有㆓留学生召還議㆒。納仍就請㆑緩㆑期。且具説㆓欧州列邦興敗之状㆒。曰国際之事。在㆔善通㆓其情偽㆒。諸公深諒㆓微意㆒。因納与㆓西園寺公望、中江篤介、黒川誠一等㆒。得㆑留㆓于巴里㆒。

右にわたくしが問題点といったことを整理すれば、(1)使節がパリに滞在していた五年中、すでに留学生の監督だけではなく、召還の問題までが議せられたこと、(2)該当する個々の留学生には帰国が命ぜられたこと、(3)飯塚が使節に直接会って留学延期を陳情し、これを許されたこと、(4)そして最後の部分はこれだけでは文意が不分明なのでいくつかの場合を区別して考えなければならないが、(i)西園寺や兆民らは飯塚の陳情によって留学延期を許されたのか、(ii)かれらもまた飯塚と同様の交渉を別箇に使節と行なって許されたのか、(iii)かれらには延期が認められたので、帰朝を命ぜられた飯塚だけが陳情を行なって、かれらとともにとどまることを得たのか、(iv)上記いずれの場合にせよ、飯塚が一旦帰朝を命ぜられながら、留学延期を許されたことがあったとすればその時期はいつごろなのか、の諸点にひとまず分類されよう。(1)(2)(3)の場合についてはすでに、使節が各国の留学生を呼び出すなどして尋問し、かつ、場合によっては即時帰国をも命じ、個々の留学生の去留の問題にかんしてはパリで——六年一月末以前——ある約定に達したのではないかとさきに推定しておいたこととほぼ合致するので、これ以上は述べない。問題は(4)のさまざまな場合で、帰国前の佐佐木が「今村ノ義」を使節にとりなしている例からみて、飯塚が佐佐木を訪ずれたのもあるいは留学延期のための周旋を依頼するためであったかとも思われるのだが、席上飯塚は西園寺や兆民のためにも弁じたのか、どうか。いずれにせよ兆民も一度はパリで使節一行と接触しているのではないかという心証を強くするものであり、当時のかれの所在がはなはだ気がかりなゆえんであるが、この辺でふたたび、使節以後の留学制度の帰趨を眺めることとしよう。

(1) 「留学生数十人」の実数については、『佐佐木高行日記』(五・八・一二、ベルリン)に「留学生会食ノ日トテ……凡ソ六十人許」といわれているのがかなり近い数字であろう。
(2) 前掲『大山巌日記』六年四月六日の項、および祖田修『前田正名』四七頁所引、『鹿児島県史』。
(3) 西園寺にフランス留学を勧めたときの大久保の訓戒から(「甲東と西園寺公」、『甲東逸話』、八一頁)。
(4) 青木前掲書、三八頁。『木戸日記』に「青木周蔵書状到来」(五・六・六)、「青木周蔵、品川弥二郎に書簡」(五・六・八)とあるのがそれであろう。
(5) 『木戸日記』には「品川、青木、長与ら将来の事を約し数ヶ条を談話す」(五・八・二)とあった後、「青木周長田銈書記官を奉命せり」(六・一・一七)という記事がみえる。
(6) 『大久保利通文書』第四、四六七―四六八頁(五年十一月二十日、大山巌宛)。結局、大久保の口添えにもかかわらずこの「児玉某」(在米の佐土原藩留学生児玉章吉)が召還されたことは、西郷の書簡によって知られる(『大西郷全集』第二巻、七〇五頁、六年五月四日、市来宗介宛)。
(7) 青木前掲書、三八頁。
(8) 『大久保利通文書』第五、二〇八頁、青木周蔵談話。
(9) 『木戸孝允文書』第五、四九頁(六年十月二日、寺島宗則宛)。
(10) 『木戸孝允文書』第五、一二一頁(六年十一月二十八日、伊藤博文宛)。
(11) 同右、一三二頁(六年十二月二日、九鬼隆一宛)。
(12) 新島は田中に随行して渡英後、フランスを経てドイツ等へ向かう予定を父に告げているが(『新島先生書簡集』、六二頁、五年六月二十一日ロンドン発)、佐佐木高行はそのベルリン滞在中、何度か田中と会っている(『保古飛呂比』、五・八・九―同九・二五)。『木戸日記』によれば田中の帰英は十月二十五日であるが、留学生規則にかんする最後の会議が同二十七日に行なわれたことは前述のとおりである。

(13)『木戸日記』(六・一・三〇)。

(14)『伊藤博文伝』上巻、六七六頁。

(15)『大久保利通文書』第四、四三四頁(五年七月十九日、西郷隆盛・吉井友実宛)。

(16)『松菊木戸公伝』下巻、一五三二頁。

(17)たとえば入江名簿にみえる新納武之助(自費之分、当年十六歳、「仏国着」は一八六六(慶応二)年十一月二十九日)が六年五月二十八日に帰朝し、六月十八日、帰朝者試験を受けたことが『新聞雑誌』(六年七月、第一一四号)に報ぜられている。

(18)『全集』第一六巻、三—八頁。ただし兆民は年号を西暦で記しているので、とくに改暦前の明治五年(一八七二年)の端書については、日付も西暦と考えられる。

(19)「流行ノ論」、『東雲新聞』第一八〇号、明治二十一年八月十九日。『全集』第一一巻、二〇三—二〇四頁。

(20)前掲「甲東と中江篤介氏」は主に留学をめぐる兆民の大久保との交渉を述べたものだが、かれは後年もなお「深く知遇の恩を蒙つたことを回想して、感謝措く能はざるものがある」と語っていたという(『甲東逸話』、『全集』別巻、五一八頁)。

(21)『木戸日記』(五・九・一七)には、「光田、小倉(馬屋原二郎)、河野へ書状」とある。

(22)妻木前掲書、三九六頁。

(23)小泉三申全集第三巻『随筆西園寺公』、三一六頁。

(24)『大日本外交文書』第六巻(明治六年)、二一一頁。

(25)『太政類典』第二編、2A, 9, ㊍ 308.

(26)『大日本外交文書』第六巻(明治六年)、二九頁。

(27)Bulletin administratif du Ministère de l'Instruction Publique, des cultes et des beaux-arts, Année 1872, N° 297.

(28)Ibid., Année 1873, N° 303.

(29)残念ながらノートを紛失したために日付等を注記できない。

(30)当時の弁務使館二等書記(七等相当)は月額二八〇円のほか家屋賃借料として年三〇〇円(年総計三、六六〇円)を給せられたようであるが(『大日本外交文書』第五巻、明治五年、一〇九頁)、東洋語学校では一八一六年以来(!)、教授五、〇〇〇フラン、講師二、五〇〇フランに据え置かれていた(Décret impérial du 8 novembre 1869 et Documents relatifs à la Constitution et à l'Histoire de l'Ecole spéciale des Langues Orientales Vivantes, Paris, 1872, p. 48)。当時の一円は五フラン強に相当したから、単純計算すれば七倍強に当る。

(31) もっとも成島自身についても事情は似たり寄ったりである。『航西日乗』には折あるごとに使節の宿舎を訪ずれて大副使と面会したり、視察に同行した記事がみられるのに(前後十二回)、『木戸日記』に「鳴嶋」(!)の名が現われるのは、使節のパリ出立の前日(六・二・一六)、かれが木戸に古銭を見立ててやった日のことだけである。新政府の大官と旧幕府の重臣との立場の相違を示すというべきであろうか。

(32)『大日本外交文書』第六巻(明治六年)、三五頁。

(33)『片岡健吉日記』五年十二月三十一日。六年一月十九日の項を『佐佐木日記』と読みくらべてみると、両者は同日朝十時、マルセイユを発航したフランス郵船「プロヴァンス」号に同船していることがわかる。

(34) 桑原羊次郎「飯塚納」および同「補遺」(『伝記』八の五、七。昭和十六年)。

(35) アコラースは普仏戦争中、一八七〇—一八七一年度をベルン大学法学部に招聘されて、パリ降伏の際はベルンにいたから(Acollas: Manuel de droit civil, T. III, p. VI)、飯塚はアコラースが一八七〇年秋ベルンに赴任する前に入門したことになろうか。なおアコラースと日本人の関係については、本書第一章IVに若干の推察を試みているので参照されたい。

(36) このほか、主義主張を越えてアコラースの薫陶を受けた例を挙げれば、入江名簿にも載っている曾禰荒助について次のようにいわれている。「子(曾禰)ハ仏国ニ学ビタル人ナリ　留学凡ソ五年　其間子ガ最モ親ク教ヲ受ケ又常ニ其人トナリニ推服セシハ極端ナル共和主義ヲ取リタル「アコラス」其人ナリシニ拘ハラズ、子ハ最モ熱心ナル帝室主義者ニシテ　天皇ニ対スル忠誠ヲ以テ第一ノ要義トセラレシガ如シ」(『西湖曾禰子爵遺稿並伝記資料』、五〇頁)。

VII

前節VIにおいて文部理事官田中不二麿が留学生の去留にかんしてパリで協定されたなんらかの規則を携えて明治六

年三月帰朝し、おそらくその最終報告にもとづいて「学制追加」が採択・公布されたものであろうと推定したが、「追加」の公布を目前にした三月十五日、大木文部卿から正院に提出された「海外留学生改正之義示達云々申立」[1]には、別紙として改正処分の具体的方法を指示する「各国在留公使へ示達文」が添付されている。それによると、文部省は各国公使による処分がすでに進行中であることを前提しながら、なおかつこれを督促するために、上梓された「海外留学生徒心得書」とともに、「留学生帰朝ノ辞令」を各生に手渡すべく公使らに送達している。この帰朝辞令が五年九月の召還命令の原則を踏襲して、「現今〔六年一月現在と解してよかろう〕普通学科を卒業セズ大学校或ハ専門学校等ニ従事スルヲ不得ルモノ」に悉皆帰朝を命ずるものであることはいうまでもないが、初等留学生としてとどめらるべき大学・専門学校在学者に対しては、別に「辞令角印ノ包」を送って「名前御書加御取計可有之候事」と指示している点は注目される。つまり文部省は、田中不二麿のもたらした規則に定められる帰朝生に対しては機械的に帰朝辞令を発行し、初等留学生としてとどめらるべき者の認定については――「篤ト生徒ノ御試験有之」べきことを前提として――公使らに白紙委任したわけである。当然、一旦は帰朝扱いになった者でも、公使の判断で、あるいは公使に依頼して「大学校或ハ専門学校等ニ従事」する能力ありと認定されれば、初等留学生としてとどめられるチャンスもありえたはずであるが、それには「譬ヘ学科ヲ卒業スルニ悉ク規則ノ如クナラズトモ語学算術等出来シ……」という条件を備えていることが要求された。初等留学生としての客観的条件を備えていないかぎり――入江名簿の官費・県費之分都合四十二名中、この条件を備えているのは渡六之助(「陸軍大兵学校サンシール」在学)、黒川誠一郎(「パリ法律大学校」在学)の二名だけである――みずから右の留保条件に該当すると信ずる者はあるまいから、圧倒的に多くの留学生はいよいよ帰国を覚悟せねばならなくなったわけであり、しかも「示達文」はこれを「厳達」するよう各国公使に指示していたのである。

右の辞令とともに三月中旬発送された「留学生心得」が公使から各生の手許に配布されるのは五月中旬以降と考えられるが、四月十五日、大木文部卿から正院へ提出された「海外留学生改正処分之儀ニ付申上」には、「此度田中理事官帰朝ニ付情態モ相分候ニ付……九鬼隆一渡海為致速ニ改正処分相成候様公使領事等へ示談為致候」(2)と述べられている。文部省は今般の改正処分を行なうにあたって文書のみによる督促では一向に効果が上らないのに業を煮やして、田中のあとを受けて九鬼を欧米に派遣し、直接公使らと談判させることにしたわけである。春以来学資仕送り停止を通告されていた留学生たちは(本章Ⅴ参照)、右の一連の措置によって処分がいよいよ容易ならざる局面に立ち到ったことを察知したであろうと思われるが、さきに兆民の普通学の師「パレー氏」すなわちリヨンの弁護士「パーレー氏」ではないかと推定した際に引いた井上毅の書簡案(3)は、少なくとも兆民がこれらの措置に重大な関心を払わざるをえなかったことを示すものである。

リヨンの裁判制度を取調べるため六月一日以来当地に滞在していた井上は、兆民の友人坂田を介して「パーレー」の意見を叩いていたわけであるが、司法省調査団の同僚に向かって兆民の留学延期のために大いに弁じている。

小生仰ギ願ハクは、一人之書生を里昂に置キ、専ら商法ヲ学ばしめん事を、凡ソ商法の学は商事に通ずるの後にあらざれば、口耳共に通ずべからず、工商裁判官ハ工人商人の中に撰ぶ、即チ其ノ証なり、故に尤も専門の科たるべし、幸ヒ中江篤助と云者、元ト司法省より抜擢して法科の名を以て洋行拝命いたし、是レまで里昂ニ滞学いたし候処、文部省書生呼返し一件ニ付キ、巴里へ転寓いたしたり、留学之栄ヲ求ムル為ナラン、彼レ洋行拝命之時ハ、本省定額未定中ニ付キ、文部省管轄ヲ以テ学費ヲ受ケ、彼レが生命一ニ文部ニ係ル、此ノ節呼返し云々ニ付キ、危如シ二朝露ノ一若し諸君之御垂意を以て、今村〔和郎〕が例ニ倣ヒ、彼レをして今両三年留学する事を得せしめバ、彼レ之私幸にあらず、必ズ本省一科の用を成す事、小生不肖敢テ保証ヲナサン、中江ハ十年来之仏学者、嘗テ南校ノ教授職たり、又、日々新社之塾生百人余ヲ教授せるものなり、然シ今村ト同ク高知県タル之故ヲ以て、嫌疑云々モ有之候半歟なれども、此事小生至願ニ御座候間、御帰朝之上至急ニ御詮議被下度、尤文部省今一左右次第、又御両君御評決有無、御寸筆を以て小生へ御垂示被下度奉伏願候……

前年夏かれがなぜリヨンに赴いたかは依然として明らかでないが(4)、パリに戻った動機はこれではっきりする。留学生改正(「此ノ節呼返し云々」)の報に接しておのれの留学生活が「危如二朝露一」という、かつてない脅威に曝された――少なくとも主観的にそう感じた――結果、リヨンを引き払ったのである。かれが初等留学生たる客観的条件を満たしていなかったとすれば、リヨン大学法学部のまだ開設されていない当時その肩代りをしていた「自由法律学校」(井上の見学したリヨン裁判所内にあったので「裁判所学校」と通称された)に正式に在籍しなかったこともまた明らかであり(5)、かつ、右の「代言人パーレー氏」、すなわちかれの普通学の師「パレー氏」(6)にほかならないとすれば、このままリヨンにとどまるかぎり帰朝は必至である、なにはともあれ、パリへ……と考えるのは、兆民ならずとも官費留学生として当然すぎるほどの反応であったろう。井上は兆民がパリに戻った時期を明示していないが、両者がたとえ大学南校の中舎長と大得業生として旧知の間柄だったとしても、兆民の能力、人物にこれだけ惚れ込み、その留学延期を「此事小生至願ニ御座候」とわがことのように冀望しているところをみると、坂田からの伝聞だけによらず、やはり本人と当地で面会し、かつおそらくは推薦の依頼を受けたうえでさきの書状を認めたものと思われる。すなわち兆民は、五月中旬以降留学生改正の報に接して地方在留の不利を悟り、六月はじめごろリヨンを後にしたのではなかろうか。井上の書状が結局投函されたか、それともこの案文だけに終ったものかはさだかでないが、余談ながら、もしかれの推薦が効を奏して兆民が「今両三年留学する事を得」ていたらどうなったであろう――司法省雇いとして「刑民法律」を専修し、明治十一年帰国した今村和郎がボアソナードを輔けて民法編纂事業に従事した例から推量すれば、かれもまた商法または刑法の専門家としての道を否応なしに歩まされる結果になったのではあるまいか。その場合、ことによると西園寺内閣の文部大臣(7)くらいには抜擢されたかもしれぬ官僚中江篤介は生まれたとしても、おそらくわれらの兆民は現出しなかったであろう。ただここで興味あるのは、かれは今回も留学延期の推薦を今村のように同藩の先輩たる佐佐木高行に直接依頼した形迹がなく、かえって他藩の――というより大学南校および司法省の先輩というべき――井上に依頼したらしいことである。それが「同郷の夤縁《いんえん》情実」(『兆民先生』)を嫌ったためか、「高知県タル之故」の嫌疑を避けるためであったかはここでは問わないが、いずれにせよ兆民や井上のような近代的知性の内面において、海外留学を媒介に、旧来の藩閥意識からはやくも新興の学閥・官省閥意識への転換が遂げられていることは注目に値しよう。

さて留学生改正に対する兆民の対応は以上のとおりであるが、欧米に派遣された九鬼隆一がそのときの体験を語った三種の談話が公刊されている(8)。身をもって留学生を呼び返しに行った者の談話であるから貴重な資料にはちがいないのだが、後年の回想談であるせいか年代や前後関係についての誤りが多いうえに、武勇伝にありがちな誇張や言い落しも少なくないように見受けられる。明治初期海外留学史の不明部分を多少とも明らかにするために、語られている事実の真偽をたしかめながら、ひとまず派遣前後の九鬼の動静を辿ってみよう。

九鬼は大学南校寄宿舎長の任にあった明治五年、上司の井上毅を飛び越して――かれら両人と兆民は当時からすでに知己の間柄であったろうか――東校副長心得兼任を命ぜられ(『秘録』)、「其時直ちに各藩留学生の廃止に関する建白書を提出した」という（『五十年史』）。派遣当時の身分が「文部省の七等出仕」だったとすれば（同）、『百官履歴』にはかれが七等出仕に補せられたのは明治五年九月二十四日とあり、さきに触れた「学制」頒布にもとづく最初の留学生召還命令が翌九月二十五日付であるから、東校副長心得（＝七等出仕）に抜擢されたのは九月二十四日で、建白書も其時直ちに提出されたものと思われる。その趣旨は、文部省の年間予算総額八十万円のうち、各藩留学生のための支出が十万円にのぼり、なおかつ、かれらのように「勉強も何もしないで居る者共を外国へ遣つて置くのは、我国の恥辱になる」から（同）、「此等を大部分呼び戻して、其の代りに大学の選抜学生四十八人〔学費年二千円、兆民らの倍額〕を遣るの外は無い」（『秘録』）というもので、井上馨が各藩留学生を整理して「工芸技術」の学を専修させようとしたのと同じく留学効率向上を旨としたものといえよう。九鬼はその後しばらくして三条はじめ、西郷、板垣、大木（喬任）らの留守政府に呼び出されて建白書に述べた留学生処分の具体的方策について質されたが、「欧米各国へ差遣はさるという辞令が其場で渡された」というから（『五十年史』）、太政官に呼び出されたのは六年四月十二日（『百官履歴』および『公文録』六年四月）のことであったろう。辞令を受けると「急に旅装を整へて、先づ米国に向つて出発した」ようであるが（『秘録』）[9]、「当時米国には我が岩倉大使一行が行つて居た」（同）とか、「明治五年の学制頒布の際は、私は留守だつた。……是れより先き欧米出張中であつたからだ」（『五十年史』）と述べているのは明らかな記憶ちがいである。しかし、そのあと「木戸公とは米国で初めて逢つたのだが、一見旧知の如く、大久保公も半月ばかりの間によく私の誠意を呑み込んでくれた」（『秘録』）というくだりになると、これはもうたんなる記憶ちがいというよりむしろ、両元勲の歿後数十年を閲してその知遇をえたことを誇る、見てきたような嘘に近い。使節は五年七月にはすでにアメリカを辞してイギリスに渡っていたから、両者とアメリカで会ったはずのないことは明らかだが、両者の渡欧後の足取りを調べると、大久保は九鬼の出発と入れ違いに六年四月十三日、使節に先んじてマルセイユを発航、帰国の途についているし(『大久保文書』)、木戸もそれより一足遅れて六月八日には同港を発っているから(『木戸日記』)、じつはヨーロッパでも会えるはずはなかったわけである。したがって九鬼が使節と会ったというのは——むろんアメリカではなくて——大久保、木戸を先発させて大副使に岩倉、伊藤らを残すだけとなった「此一行と瑞西《スイス》で出遭つた」(『五十年史』)とみるのが正しいようである。一行がロシア、イタリアを歴訪してスイス入りし、ジュネーヴに滞在したのは六月二十九日から七月十五日までであるから(『米欧回覧実記』)、九鬼は四月中旬横浜を発航したとすると、五月中旬ごろにはアメリカ東岸に達し、おそらく六月下旬渡欧後——パリ経由——ただちにジュネーヴへ赴いて、帰国を控えた使節と文部省の留学生処分案について打合せを行ない、かつその指示を仰いだものと思われる。その際岩倉が、「何でも先頃中学生の間でナイン＝デビル(＝九鬼)を殺せと云つて演説をやる者などがあり……今そんなことを云ひ出したら、如何なる大事件を惹起するかも知れぬ。血気に逸つてはならぬ……」といって涙を流して止め、伊藤もまた九鬼の行動を「暴虎馮河だと云つて頻りに非難(10)」したのに対して(『秘録』)、九鬼は、

> けれども私としては他に方法が無いのであるから、仮令死を賭しても断行せねばならぬと固く決心して来たのである。幸ひ仕込杖を一本携へて来て居るから、痩腕でも立派に四五人ぐらゐは相手にして見せる。彼等が多数で負けても、討死するのだと覚悟して居れば、少しも恐れる事はない。親にも妻にも水盃をして来たのだ、立派にやつてお目にかけると傲語した(11)(同)

とみずから語っている。これはもはや、血相変えて待ち構える留学生を向うにまわして、摂津綾部藩家老九鬼隆周の養嗣隆一(『五十傑伝』)、弱冠二十一歳にして初陣に臨む図というべきである。

さて、使節のもとを辞して(12)、いよいよロンドン、パリで留学生たちとの談判に入ったときの模様をかれは次のように語っている。武勇伝のクライマックスであるから長い引用をお許しいただきたい。

倫敦にはカレドニアン・ホテルに藩の留学生が十九人も居つた。又巴里では文部少博士入江文郎といふ人が、留学生の取締か何かして居つて、予の使命に反対した。巴里には中江兆民、光妙寺三郎、今村和郎及び其他の人々が居つて、後から井上毅氏も来て、大分八釜しい議論をして居た。殊に中江兆民君の如きは態々倫敦まで遊説に出かけて反対した。

其処で予は予《かね》て準備した留学生の表に廃止の止むを得ざる理由を附して之を留学生に示した。其理由は、当時各藩の留学生といふも、其中の八割二、三分まで薩長土肥の四藩が占めて居て、他の各藩は其中の一割七、八分しかなかつた。教育は四民平等にしなければならぬのに、此四藩ばかりが国費を以て留学の恩典に浴して居るのは宜しくないといふのであつた。此理由書を発表すると、先づ第一に感心したのは中江兆民君であつた。中江は之を読で、翻然として其罪を謝し、即日官費を辞してくれた。続いて今村も光妙寺も辞退したが、中江は更に檄文を倫敦に送つて反対の気勢を挫いてくれた。米国では華盛頓《ワシントン》で一喜劇を演じたが、此処でも又滞りなく使命を果すことを得て、明治六年殺されもせずに帰朝した（『五十年史』）

このあと九鬼の談話は、無事留学生召還に成功して新たに送り出したのが、小村寿太郎、古市公威、杉浦重剛、穂積陳重などといういずれも綺羅星のごとき大学の俊才たちであったという手柄話となって幕になるのだが、『五十傑伝』にはさらに、兆民が「此度の改革に極力反対を企て反抗遊説の為に倫敦に行き、伯林にも行き大いに留学生間を煽動した」こと、九鬼に対して官費留学を辞したのみか、「直情径行の人であったから直に鮫島小弁務使を訪うて之を辞した」ことが伝えられている。

ここには、(1)兆民が帰国前すでに——留学生仲間という狭い範囲内にもせよ——政府の方針に対する抗議行動を起こして各地に「遊説」し、「檄文」を廻すなど指導的役割を演じていること、(2)馬場辰猪のロンドンの寓居で一週間あまり起居を共にした往時を回想して、「既ニシテ余偶マ事有リ英国ニ赴キ……[13]」と切り出しながら事のなんたるかを伏せているのが、じつは処分反対運動の遊説のためであり、さらにそのためにベルリンにも行ったらしいこと、(3)「巴里には中江兆民……其他の人々が居つて、後から井上毅氏も来て、大分八釜しい議論をして居た」とあるのは、井上がリヨンで兆民の推薦状を認めた翌六月七日クレルモン＝フェランに赴き、同地に「留連半月[14]」してパリに戻る以前から――たとえば九鬼がジュネーヴへの途次パリへ立寄った際などに――兆民らは九鬼に対して召還反対を唱えていたかもしれぬことなど、留学中のかれの動静について傾聴に値する事実が示されている。したがって、この反対運動を機に、留学期限満了以前の召還といういわば政府側の契約違反に対して、「刑法学」研修義務の放棄をもって応えるというかたちで、かれの人文学的諸学科への本格的逸脱がはじまり、のちにかれの著作・翻訳の底本となる書目など[15]、帰国後に備えた研鑽と文献蒐集が精力的に行なわれたであろうことが推察されるのであるが、しかしこれだけでは兆民ら留学生と九鬼の交渉がいつごろ行なわれたかが明らかでないうえ、概して九鬼の談話に前述のとおりの信憑しか置けないとすると、交渉の経緯についても果してかれが得々と語っているとおりに運んだものかどうか、にわかには信用しがたい。

なるほど、各藩の留学生中「八割二、三分まで薩長土肥の四藩が占めて居て」国費を私するのは不公平であるという九鬼の言い分は正論であって、これに兆民が承服したことは大いに考えられるところである。かれが前非を悔いて「即日官費を辞し」たばかりか、「直情径行の人であつたから直に鮫島少弁務使を訪うて之を辞した」という、いかにも理想家兆民にありそうな事実を挙げられるともはやこれに信を拒むわけにはいかぬようにも思える……だがこの談話が兆民の亡きあと、すでにでき上っていた兆民伝説(「奇人」、「革命家」、「理想家」等のイメージ)に依拠し、帝国議会を三ヶ月で辞めたことを知っている聴衆＝読者へのその効果を計算に入れながらなされていること、またそれは本質的に、事実をおのれに有利に潤色しがちな武勇伝であって、さきにも欧米で会ったはずのない木戸と「一見旧知の如く」、大久保も「半月ばかりの間によく私の誠意を呑み込んでくれた」と、周囲を納得させるための附帯状況をまじえて語っていたことに留意しよう。留学生改正処分と、おそらくはこれに伴なう九鬼の派遣の報に接して「留学ノ栄ヲ求ムル為」、あらかじめ寓居をリヨンからパリに移してまで「改革に極力反対を企て」ていた兆民である。大体この談話の筋立てには、芝居の主人公が敵に囲まれて今やこれまでと思われたとき俄かに敵の大将が寝返って……といった式のお定まりめいたところがありすぎはしまいか。秋水によれば、いよいよ帰国が迫ったときにさえ「仏国の教師」から学資提供の申し出を受けると、「意頗る動けるも、而も母堂の老いて門に倚るを想ふて……竟に帰途に就けるもの」だったようである。最後までフランスに未練を残し、後髪をひかれるようにして帰国するのに、奇人兆民も永井荷風も、われら凡夫と大した変りはなかったのである。それが九鬼の一場の説得に悔悟徹底して、やすやすと官費を辞するほど、果してかれは人が好かったのか——とりあえずこの点にかんする当否の判断はしばらく保留させていただくことにする

　さて、西園寺が橋本実梁に送った書簡中、明治六(一八七三)年のものとだけわかって差出期日の不明なものがある。西園寺ほどの境遇の者でも一旦召還命令に接するとどれだけ狼狽し、懊悩しなければならなかったかを生々しく伝えており、はじめ漠然と同年末の悉皆帰朝命令の際のものかと思ったが、話の内容からどうもそうではないらしい。九鬼がジュネーヴで使節一行に接触したのを六年七月上旬と仮定すれば、かれがロンドン、パリの間に姿を現わすのは同月中旬ごろと思われるが、これを念頭に置いてこの手紙を読んでみよう。また引用が長くなるのはやむをえない。

　前日一書相認郵筒中ニ投置候得共万里隔絶之天地万一不相達事も可有之と配意之余り更汚尊聴候……

扨ハ両公々務御多忙中非常之難題を申出候事実以恐縮不啻候得共苦心ニ堪兼エ(原)敢テ哀訴仕候所以ハ此度諸生徒呼還之一件也其命令既に去ル十四日英国にてハ相発し公使館より来月之半迄ニ帰朝之為メ発途可致旨申渡せしと云フ仏にてハ来二十一日申渡趣也蓋シ夫ニ付可怪ハ英国にて被留者七人仏にてハ六人と云フ此六七人之書生を留ハ人撰カ芸能ヲ撰カ或ハ官員之私しカ一切不可解不公平之所置也弟モ何等之憔悴カ此六人之員ニ加エラレタル由也扨右六七人之書生を残し且開拓使及ビ兵部省より派出之分ハ一人も不呼還只文部之分而已今日之形也諸人沸騰我輩等六七人而已留学スル抔ハ不思寄蓋(原)沸騰之次第且政府之不条理之件ゝ等ハ多端なれども略ス前条ニ付是非一統帰朝ニ立到ル可シ噫抑望一郎国を辞し父母に別れ万里ニ客タリシより眠食を廃し吃々苦学スル者殆三年今日に到漸仏之言語文字を解し有名学士之著書をも略々読得ルニ到れり然ルニ一朝捨て去ル前日之苦心ハ尽ク水泡ニ帰せん且今一段之処にて素志を達スルカ多年之苦慮を消却スルカ豈不惜乎然れども人或ハ曰ハン一応帰朝スルモ再ビ大学文部省ニテ試ヲ受ケ或ハ別ニ策ヲ運らし再航スべしと抑モ弟モ亦三歳之小児ニ非ズ有限之年月を以テ無極之嶮ヲ犯し徒ラニ金ヲ捨テ時日ヲ費し風濤千万里終ニ身ヲ魚腹ニ葬ト欲ス豈此拙謀ヲナスニ堪ン乎仍而千慮万思スルニ我之志ヲ遂んコト只自費之二字より他ニ策アルコトナシ自費之策金ヲ借ルコト也蓋方今金ヲ借ルコト頗ル難カラン夫故ハ政体変革人ニ疑慮多し且借リ得ルモ償フ之目的ナケレバ他日之結局ヲ如何[16]……

召還令がパリの留学生間に捲き起こした波乱と、西園寺自身の切々たる心事、今後の対応策などを的確に伝えてなかなかの名文であり、かつ、語学上達のプロセスなど留学生の実態に触れる貴重な証言を提供しているが、文中召還令が「既に去ル十四日英国にてハ相発し……仏にてハ来二十一日申渡趣也」とあるから某月十四日から二十一日の間であり、それが十二月の悉皆帰朝命令でないことは「英国にて被留者七人仏にてハ六人」とあることから明らかである。十一月十八日付の橋本宛次信をみると、同じく召還問題にかかわる「九月五日之華翰謹拝披仕候」とあって、船便に要する二ヶ月前後を差引けば、橋本は西園寺が七月初旬から中旬にかけて送った書信――本信、もしくはこれと同趣旨の「前日一書」――に折り返し返答していることがわかる。いずれにせよ本信は、六年七月十四日から二十一日の間に発せられたものであり、文中述べられているのは、いち早くパリに伝わった九鬼の処分案に対する留学生沸騰の状である。六月はじめパリへ戻るとともに抗議行動を起こしていたらしい兆民は、このころにはまちがいなくその先頭に立っていたものと思われ、九鬼との談判も、書中フランスで処分案が発表されるといわれている七月二十一日前後に行なわれたものであろうか。ただ『五十傑伝』によれば、九鬼が「留学生の族籍別をあげたる表」を示して説得を試みた際に兆民は、「此度の改革に極力反対を企て反抗遊説の為に倫敦に行き、伯林にも行き大いに留学生間を煽動したが、今深意のある処を聞いて今迄の誤見を悟つた」と述懐したとのことであるから、ロンドン、ベルリン等に遊説に赴いたのは九鬼に会って悔悟する以前、とりわけ、九鬼の来欧が伝えられて処分がいよいよ在欧留学生の身辺に及んできた六月末七月上旬以降だったのではあるまいか。さきに兆民と光妙寺がブーローニュへ避暑に行ったというのが五年夏であって、六年夏ではありえないとしたのは這般の事情によるものであるが、これまで留学生関係の資料にほとんど姿を見せなかった兆民がにわかに処分反対運動の前面に躍り出てくるのはなぜか。あるいは、「何等之僥倖カ」被留者のうちに選ばれたという西園寺自身、「一切不可解不公平」「不条理」と唱えている政府の処置に対して、持ち前の正義感が発揮されたものというべきであろうか。ただ、たとえかれが被留者のうちに選ばれたとしても「是非一統帰朝ニ立到ル」ことは必定であり、学なかばにして廃せざるをえない心事は西園寺とまったく同じだったとしても、「自費之策」などは思いもよらぬ「窮人」(18)であったとすれば、六年夏、かれが悶々の日夜を送っていたであろうことは想像に余りある。さらにまた、今日われわれが――とくに兆民のような反体制的と目される思想家において――とかく見落しがちなのは、「国家の為」という強烈な意識である。(19)かれが大久保に留学の推薦を乞うた際にこの表現を用いたことは前述したが、もし留学――とりわけ官費留学――が国家の為であるなら、これを正当な理由なくして中断することは、たとえその主体が国家であろうとも、国家の為にならぬことはいうまでもなかろう。やはりわたくしは、兆民が理由書を読んで「翻然として其罪を謝し」た(『五十年史』)という九鬼の立言にしばらく信憑を差し控えたい。だが事の真偽をたしかめ、当時の兆民の動静を窺うには、直接かれと交渉した九鬼自身の動静をさらに追ってみるのが捷径かと思われる。公刊された談話以外に九鬼の派遣を跡づける資料が求められなければならない。

(1) 『公文録』文部省之部、六年三月、2A, 9, (公) 778.

(2) 同右、六年四月、2A, 9, (公) 779.

(3) リヨン、一八七三(明治六)年六月六日、河野敏鎌・岸良兼養宛、『井上毅伝』史料篇第四、三九九―四〇二頁。

(4) 兆民のリヨン行きと相前後して一八七二年六月に開会した当地の万国博覧会に、日本は政府としては不参加であったが、絹、漆器その他を多数出品しているから(Bulletin Officiel de l'Expo. univ. de Lyon, N° 37, 28 avril 1872)、普通学のかたわら通訳等の任務を帯びたのではなかったか。もっとも大山巌はそのジュネーヴ留学の動機を、「偖ハ巴里府江殆ンド三十日滞留罷在段々承合候処仏国ニハ日本人数多ニ而田舎とイヘドモ大概二三人づゝ罷在候間云々」と述べているから(明治五年四月一日、山県有朋宛、『元帥公爵大山巌』、三五〇頁)、兆民が地方都市リヨンを選んだのもこれと同様の理由、あるいはかれの狷介な性格に帰せらるべきであろうか。

(5) リヨン自由法律学校については本書第一章VIに若干の紹介と推察を試みている。

(6) 筆者の問合せに応じてリヨン弁護士団長 Perret-Gayet 氏(一九七六年当時)から御恵贈を受けた『一八七二―七三年度リヨン上告裁判所付弁護士名簿』Tableau des Avocats à la Cour d'Appel de Lyon. Année judiciaire 1872–1873. には「パレー」ないし「パーレー」と表記しうる名前は見当らないが、同名簿の弁護士修習生欄 Avocats au stage の Peyret (George-André-Abel) なる人物ならば、「ペーレー」と表記することは可能である。しかし、兆民の師事する「パレー氏」がともかくも「里昂の某状師」(=弁護士)にほかならないとすれば、司法省調査団員たる井上毅がリヨンの裁判制度を視察するのに司法省留学生の師事する状師パレー氏(Paretは現地音では「パーレー」ともきこえる)に案内を依頼するのはごく自然な成行きといえよう。

(7) 前掲『松田正久稿』、巻頭人物評。

(8) 『教育五十年史』、二二一頁以下、男爵九鬼隆一「海外留学生の引上げ」。『伊藤博文秘録』、二〇五頁以下、「華族の新制度と教育振興」。神戸図書館蔵『兵庫県近世五十傑伝』、一七四頁以下、「我が国教育美術の功労者九鬼隆一」。以後この三種の談話を頻繁に引用するので、それぞれ『五十年史』、『秘録』、『五十傑伝』と略記する。

(9) 『公文録』によれば四月十五日ごろか。注(2)および本文関連箇所を参照。

(10) 文中、岩倉、伊藤の発言に具体的な事実、積極的な表現があって真実味が感じられるのに対して、さきの木戸、大久保にかんする記述は抽象的で、臨場感に乏しい。合わせて、両者不在の証左とする。

(11) 留学生が洋服の首から刀を吊して渡航した時代の名残りをとどめてか、大分物騒な逸話であるが、物騒なのはかならずしも留学生や若手の官吏だけではなかったらしい。使節を追って渡米し、外債募集問題で森有礼と衝突を来した大蔵少輔吉田清成は、五年五月一日、上司の井上馨に森への憤懣を次のように洩らしている。「森等如き徒数百人大同して襲ふとも、微生におゐて露之程も恐れ不申候故、暴論を以目前ニたゝき付置候間、少しハ案外ニ思ひ候哉と存候」(『森有礼全集』第一巻、一〇〇—一〇一頁)。

(12) 岩倉らと九鬼とのやりとりが決行を控えての警告と決意表明として、ともに未来形で語られているところをみると、九鬼はこのあと処分に着手したものと思われる。

(13) 「弔馬場辰猪君」、『全集』第一一巻、二八七頁。

(14) 一八七三(明治六)年六月、佐々友房宛、『井上毅伝』史料篇第四、四一五頁。

(15) 兆民が帰国後まもない七年八月、東京府知事大久保一翁に提出した「家塾開業願」(『全集』第一七巻、一一九—一二〇頁)の「教則」欄をみると、その使用教科書は、前年パリへ帰来後、ソルボンヌの仏文学講座でルイ・エチエンヌ(『政理叢談』に紹介あり)、サン=ルネ=タイアンディエの両教授によってとり上げられた作品とかなり重なり合う(くわしくは本書第一章Vを参照されたい)。これらは仏学塾における講義で十分咀嚼されて、のちの著作・翻訳の底本となってゆくものである。

(16) 原本は国立国会図書館憲政資料室に所蔵されるが、本章では橋本実斐氏が『心』(昭和二十五年六、七、八月号)に発表された「西園寺公滞仏書簡」(七月号、三二—三三頁)に拠った。

(17) 本章Ⅲ、七八頁。
(18) 前掲「弔馬場辰猪君」に兆民は、「余本ト窮人ナリ洋行セザル前固ヨリ窮人ナリ洋行中固ヨリ窮人ナリ」と述べている。
(19) ビュランに同行して留学した兵学寮生徒大久保春野(入江名簿の堀江提一郎はその変名)は、留学生活が四年の長きにわたったとき、郷里の妹に次のように書き送っている、「父上母上様をはじめ……めもじ致し度候へども御国の為大事の学文致居候事故、何もかもみなふり捨て不孝不愛の人となり、今しばらくは外国に滞留可致候」(中村修二『大久保春野』、一三六頁)。

Ⅷ

九鬼の談話を虚心に読むと、あたかもかれがはじめから抜くべからざる方針と決意をもって欧米に航し、反対運動の先頭に立つ兆民らを説得、悔悟せしめてからは、六年末、留学生悉皆帰朝命令が下されるまで一瀉千里にことが運んだような印象を受ける。これが自己に不利な状況を故意に言い落とす武勇伝に通有の論法であることは、九鬼の出発後から帰国直後にかけて田中不二麿から太政官に提出された一連の上申書、ならびに留学生相手に折衝中の九鬼自身がロンドン、パリから大木文部卿に送った書簡等を比較考量することによって明らかになる。

九鬼の出発後、田中が正院に提出した「留学生改正処分云々伺」によれば[1]、じつは九鬼を発遣した六年四月現在文部省の処分案はまだ完全に一本化してはいなかった。「学制」施行という大事業を抱えながら六年度の予算総額が要求の三百万円から二百万円に、さらに百三十万円(うち留学生費二十万円)に削減されたという財政的事情からはもちろんのこと、「学制」によって国内の官費制度は廃止されていたから、内外公平の原則を貫くためにも、年数と学資を費やすばかりで成績の上らない従来の官費留学生はたしかに整理される必要があった。だが、いざこれを実行に移す段になると、一旦全員を召還して内地で試験に合格した者だけを再留学させるとする「第一ノ見込」、大学、専門学校に在学する者のみを残して、その他の者は召還するという「第二ノ見込」の両案があっていずれとも決しかねていたようである。文部省としては、留学生の現地での淘汰は事実上不可能であるとの寺島からの報告にもとづいて、全員召還を第一案としていたが、正院の長老たちの意向を憚って、やむをえぬ場合は次善の策として第二案による処分を行なうべき旨正院に上申していた。九鬼が派遣されることになったのは、最終的に第二案を行なうことになった場合、「坐して域外ノ生徒ヲ陶汰スル事ニ当リ実ニ空想渺漠之取為ヲ不免……素ヨリ博ク問ヒ遍ク糺シ精々注意致候義ニハ候得共決テ其当ヲ得可申不被存不安ノ次第ニ付云々」(2)という内情があったためであり、九鬼に公使らと協議させた上、現地の事情に即した処分を行なわせることになったのである。

ただ前節Ⅶの冒頭に引いた三月十五日付の「各国在留公使へ示達文」は明らかに第二案による処分を各国公使へ督励したものであるから、文部省はたてまえとしては第一案を、しかし実際には第二案を行なう準備をしていたのであろうか。あるいは、六年末の悉皆帰朝命令の際の意見分布——岩倉、大久保、伊藤、寺島らが悉皆帰朝を主張、木戸、鮫島らがパリで取決めた規則を楯にこれに反対——に顕在化する二つの力関係が流動的に作用していたのかもしれないが、いずれにせよ九鬼の発遣当時、文部省の前述の趣旨の上申に対して正院からはなんの返答もなされていないから、九鬼は両案のいずれが採択されたかの結果については現地で沙汰を待つことにして出発したものと思われる。しかるにかれが六年八月七日(ロンドンから?)大木文部卿に送った書簡(3)をみると、

抑小生辞国以来文部省より生徒処分之儀ニ就而は何等之一言も申来らず公使館(4)江之来信ニては或は既ニ決議之上小生御差出し相成しものの如く或は又小生辞国以後確然御決議有之しものの如くして帰留之生徒を判別記載し留生之学費帰生之旅費等迠送り来九鬼隆一江相談之上宜敷処分可有之と而已度々申参候……

と不満を洩らしているから、「留生之学費帰生之旅費等」が七月上旬には到着していたらしいことから逆算する

と、文部省は五月上旬ごろ第二案にもとづいて処分を行なう方針を独自に決定し[5]、その実行に必要な資金を発送していたもののようである[6]。ところが五月十九日になってにわかに正院から文部省案とはまったく別箇の処分案が提示された。すなわち、全留学生に向こう一ヶ年の滞在を許し、学校に入れて試験を受けさせた上で、三年後に成業の見込ある者を残し、ない者を召還するという、かなり後退した案である。これに対して文部省は――上述の内情もあってか――成業見込書は生徒の望みに任せて容易に書き与えられるから留学制度改正は空文に帰するとして強硬に反撥し、在来留学生のための別枠予算を組むか、その管理を文部省から切り離すかの二者択一を迫ったので[7]、結局正院側が折れて六月十九日、文部省第二案を正式採択する旨同省に通達し、合わせてその実施方法にかんする調査を命じたのである[8]。

九鬼が渡欧とともにジュネーヴの使節のもとに赴いたと思われる六年七月上旬といえば、右の通達にもとづく文部省側の最終答申案「海外留学生改正御処分之義ニ付伺」が七月四日、田中から三条太政大臣宛てに提出された前後の時期である。すでに述べたように九鬼はおそらくパリの公使館で文部省が第二案採択に踏み切ったことをあらかじめ知り、また使節のもとでも七月四日の正式決定の結果を電信によって知りえたはずだから、かれが「仮令死を賭しても断行する」と岩倉に傲語し、「暴虎馮河」の挙として伊藤から非難されたのは、かれの談話に匂わされている全員召還(六年末の悉皆帰朝命令)のことではなくて、文部省第二案による部分召還のことだったのである。

さて、田中の「伺書」そのものを検討してみよう。本文には各国在留の留学生を甲乙丙の三項に分けて記載した一覧表――九鬼のいわゆる「帰留之生徒を判別記載し」たもの、あるいは「予て準備した留学生の表」(『五十年史』)はこれと同一内容のものであろう――が附せられており[9]、「甲印」の者は「従来ノ儘留置」、「乙丙印」の者は「悉皆帰朝申付」で、なかでも「丙印」は入江文郎ら緊急召還予定者のようであるが、「甲印」の項の但し書には、

悉ク大学専門校ニ入学ノ者而已ニハ無之候得共　何レモ優等ノ者ニテ　前途成業之目的有之　相当ノ者ト奉存候

……

と述べられている。これを各国別にみると、アメリカでは服部一三、目賀田種太郎ら十名、イギリスでは馬場辰猪、菊池大麓ら八名、ドイツでは佐藤進、平田東介ら十八名（医学生が多い）など総計四十四名となっているが、うちフランスの六名を特記すれば

石川県貫属士族　黒川誠一郎
同　松原旦次郎
長崎県貫属士族　古賀護太郎
東京府　華族　西園寺公望
佐賀県貫属士族　山口賢五郎
高知県貫属士族　中江安恒(10)

となっている。さきに西園寺が「仏にては〔被留者〕六人」といっていたのがこれを指すものであり、兆民がその選に入ったことが明らかになるが、パリ大学在学の黒川が六人中の筆頭を占めているのに対して、かれが末尾に置かれているのは、右の留保条件によって最後に選ばれたことを意味するものであろうか。さらに「乙印」の項を調べると、アメリカでは東隆彦（華頂宮の変名）、日下義雄ら三十六名、イギリスでは戸田三郎（尾崎三良の変名）や土佐藩留学生五名を含む計四十二名、ドイツでは井上省三、品川弥次郎ら二十四名、総計百二十七名が召還の対象になっているが、フランスの該当者十七名中には前田正名、小田均一郎(11)や、入江家に残った六年四月付帰朝命令書の名義人四名(12)とならんで飯塚納が、またベルギーでは光田（光妙寺）三郎ら山口県出身の三名が名を列ねているのは注目される。すなわち

兆民の官費留学生仲間ではかれと西園寺だけが留置、飯塚と光妙寺はともに帰朝の部に入れられたわけである（今村は司法省雇い、坂田は自費生として対象外）。さきに飯塚の略伝に、飯塚が使節大副使に留学延期を乞い、西園寺、中江、黒川らとともにパリにとどまることを得たといわれていた意味がこれで明らかになるわけだが、問題はかれがパリにとどまることをえた時期である。兆民が使節滞仏中（五年十一月→改暦六年二月）すでに「甲印」に分類されたことを知っていたのだとしたら、六年六月、倉卒としてリヨンを去る必要はなかったわけである。ことによると飯塚が留学延期を乞うたのは使節の滞仏中だったとしても、とどまることをえたのはそれと同時ではなかったのだろうか。ともあれ、それまで留学生のあいだでとりわけ際立った存在であったとは思われない兆民がにわかに召還反対運動の前面に出てくるのは、西園寺の書簡にもみられたように、召還される仲間をよそに「吾輩等六七人而已留学スル抔ハ不思寄《（ママ）》」という心境からであったことが理解されよう。しかしかれが処分に反対したのは、自分一身のためばかりではなく、仲間の召還辞令を撤回させるためでもあったとすれば、みずからは留置の選に入りながら官費を辞退するというのは、九鬼の示した理由書によって翻心したからというより、全員留学か、しからずんば全員帰朝か――という多分に戦術的な辞退だったのではあるまいか。

　さて右の留学生判別表のフランスの部を入江名簿の記載項目によって検討してみると、なるほど西園寺が憤慨していたとおり、「開拓使及ビ兵部省より派出之分ハ一人も不呼還只文部之分而已今日之形也」[13]という歴然たる事実を認めざるをえない。というよりむしろ、留学生の詮衡に際して「工芸技術の者」を先にし、「高尚文事の人」は後にしても別に害なしとした井上馨の建議が全面的に採用されたというべきであり、軍事・技術、ないし医学系の留学生は――ごく少数の例外を除いて――最初から判別の対象からはずされたらしく、したがって「甲印」の項にさえも入れられていない。こころみに、以下に「甲印」合格者六名についてその判定の根拠を入江名簿その他によって再点検してみよう。

西園寺が使節大副使から将来を嘱望されて留学したこと、使節の来仏当時、ミルマン塾でジュネーヴ、マルセイユ以来のフランス語に磨きをかける一方[14]、アコラースにも就いて法律の初歩を学び始めていたことはすでに述べた。さきの橋本宛の書簡によってもかれの語学力は苦学三年の結果すでに「仏之言語文字を解し有名学士之著書をも略々読得ルニ到」っていたことが裏付けられるから、かれは五年九月の帰朝命令に定める「中学普通科卒業即今専門科研学」という在留基準にほぼ達し、「優等ノ者」「相当ノ者」とみなされうる条件を備えている。「甲印」はしたがって「何等ノ僥悻カ」と――多少の謙遜もあって――みずから訝るまでもなく、順当な評価といってよかろう。

黒川誠一郎。県費之分に「仏国着」千八百六十九年四月と記されている古参で、入江名簿では「当時所学」欄が例外的に「法律学、巴里法律大学校ニテ修業」とされている人物である。井上がなんと言おうとこれだけで立派に正規の在留条件を満たしているわけだが、法律の専門知識を買われてか黒川は、司法理事官佐佐木高行がパリに立寄るごとに、駅への出迎え、旅館、荷物の世話など、佐佐木の後輩今村和郎とも甲乙つけがたい奔走ぶりを示しており、その帰国時にはあとに残る司法省一行や、おそらく使節にも、「黒川ノ儀」を言い置いてもらっている[15]。「甲印」フリーパスはまちがいなしである。

松原且次郎、古賀護太郎、山口賢五郎ら三名の「学科」はいずれも「工芸技術」に属する鉱山学である。同専攻予定者としては岡田太郎(県費之分、当年十六歳)が――年少すぎるためか――「乙印」の項にみられるが、他の技術系諸学科ではごく少数の例外――成績あるいは素行不良者か――を除いて全員無条件に在留を認められているときに、たとえ「甲印」にもせよなぜ鉱山学だけが判別の対象とされたのか。そこにはなにか「工芸技術」を優先したことへの申しわけ、留学生対策としての「甲印」合格者の水増し、といった作為的なものさえも感じられるのであるが、ともかく当時の留学政策の趨勢からいえば、鉱山学自体が「甲印」に扱われることはごく自然な成行きだったといえよう。

　さて右の「甲印」合格者五名は――政府の処置の当否は別として――それぞれ「甲印」に判定さるべきなんらかの客観的条件を備えていると考えられるが、残る兆民の場合はどうであろうか。着仏後まもないころ西園寺の下宿をしばしば訪ずれて、日常会話には不自由しても、書きかけの手紙の「文法上の誤謬を指摘したりなどして[16]」すでに「仏語に通じて」いた相手を敬服させたといわれるあたりは、さすがに元大学南校大得業生の面目躍如たるものがある。同じころスイスの大山巌(兵部省派遣、無条件留置)が当時の留学生によくあるように、まさしく「犬馬の名より習ひ始め[17]」て、その練習帳にもっぱら卑近の単語、単文を書き綴っており[18]、稚拙ながらフランス語の日記をつけ始めるのは二年後の一八七四(明治七)年からであるから、それ以前すでに「専心欧文を作ることを学び、其仏訳する所の孟子、外史、文章軌範の類尨然大冊を成せり[19]」といわれる兆民の語学力がはるかに朋輩に擢んでていたことは疑いの余地がない。さきに引いた井上毅の推薦状に「彼レをして今両三年留学する事を得せしめバ……必ズ本〔司法〕省一科の用を成す事」を保証し、その根拠として「中江ハ十年来之仏学者、嘗テ南校ノ教授職たり、又、日々新社之塾生百人余ヲ教授せるものなり」と職歴、教歴を挙げていることからもまた、かれが大学、専門学校にこそ入学していなくとも、十分「甲印」合格規準に達していたことが窺われよう。他の「甲印」合格者五人に共通してみられる門地、資格、専攻のいずれの利点をも欠く兆民は、在仏留学生中ただ一人いわば実力で「甲印」の評価を獲得したのである。ただ問題は、かれが使節の在仏中これと接触したことを証する資料がなく、飯塚や今村の場合のように積極的に残留工作を依頼した形迹もなければ、留学の推薦を受けた大久保にさえ接触したかどうか定かでないことである。かれがその間終始リヨンに在ったとして、面接抜きで「甲印」に判定される可能性はあったであろうか。

文部省は甲乙判別表を提出後、「何ノ憑拠ヲ以テ優劣陶汰候哉」との正院からの問合せに、「是迄帰朝致候生徒ヲ召シ屢次承リ糺シ兼テ外国在留公使ヱ協議候次第共参照斟酌公評ヲ尽シ候」と返答しているが(20)、前述のとおり、判別表の原案はあくまで田中不二麿のパリ出立(六年一月三十日)以前、使節と公使らの間で纏められた規則に遡るものと考えられ、かつ、文部省は田中の帰朝を待っていたかのように、三月十五日、帰朝留学生への辞令を各国公使宛発送しているのであるから、六年三月以前に甲乙総計百七十一名の全員について右に述べられているような調査が国内で行なわれたとは考えられない(21)。思うにこれは、正院の決定を待たずに第二案にもとづく処分を実行に移した文部省の独断専行を糊塗するための遁辞であり、むしろ九鬼帰朝後の報告書(一部既引)に、「兼テ其頭角ヲ露シ候聞ヘ有之者ヲ以テ上等ノ生徒ト見ナシ候迠ニテ寧ロ止ムニ勝ルヲ以テ著目ト致候事ニテ……不安ノ次第ニ付」(22)九鬼を派遣したといわれているほうが実情に近そうであるが、帰朝生への調査の件はともかく、使節、公使らがパリ在住の留学生を呼び出して地方在留者の修学状況について訊き糺すという手段をとったこともまったく考えられないことではない。その場合、兆民の交友五人が全員パリに所在――在留あるいは一時滞在――を確認されうることはすでに述べたとおりであり、またかれの学力ならびに成業の見込について井上毅の推薦状にみられるような聞えが留学生間に広まっていたであろうことも容易に想像されるところである。

さて右の判別表と各留学生への辞令をひっさげて英仏の間に現われた九鬼に話を戻そう。六年八月七日、ロンドンから送られたとおぼしき大木文部卿宛の書簡によれば(23)、かれはジュネーヴを辞去したのち英仏両公使と協議の上処分に着手したが、七月十七日以後ロンドンからパリに赴いて「文部省仕組通〔すなわち第二案によって〕帰朝生江辞令を相渡、紛紜多端昼夜奮励罷在候処豈斗らん寺島公使より至急便相達し」、急ぎ帰英するよう伝えてきた。外務省差廻しの『正院日誌』に五月十九日（原文の六月は誤りであろう）[24]の正院案が載っており文部省案と喰い違うからとのことだったが、早速戻ってみるとそのあまりの違いに愕然とするほかはなかった。同便で文部省からは正院案提示後田中が公使館宛てに送った書簡が届いていたが、そこには正院案については一言も触れられず、ただ、処分については万事九鬼と相談の上従前通り行なわれたいと記されているのみであった。これでは本国政府の意向が一向に把めないので、とりあえず英仏で発表したばかりの処分を撤回することとし、次便で確報の入るまで帰朝生の出発を一時差止めて、七月二十五日、文部省宛に事情照会の電報を打った。

結局九鬼は本国政府部内の信じがたい意思不統一——文部省と正院、外務省、だがとりわけ文部省当局とその海外派出者——の巻き添えを喰ったわけである。かれが処分を撤回せざるをえなかったのは、兆民ら留学生たちの猛反対もさることながら、これに対処して「昼夜奮励」のさなか、あろうことか、文部省が撤回を要求していた正院案が、思いもかけぬ外務省ルートを通じて、降って湧いたように舞い込んできたからである。木戸が六年末の悉皆帰朝命令を批判して「いつでも政府に失策をいたしたまげたよふに御処分有之候は云々」といっているのは[25]、まさしく右の失態を指すものと思われるが、九鬼にしてみればいまさら留学生に顔向けもならず（「只小生之慨歎仕候は生徒ニ向テ令之変じ候事ニ有之……」）、さりとて本省の指示もなければ身の振り方も定まらぬわけであり、ひとり異域にあって「天ニ向て叫喚」するほか遣りどころのない胸中を、かれは大木にあまえて次のように愁訴している。

> 実ニ夢中落花漠然之至これを四方ニ想像せんとする共到底竜蛇を捕るが如く更ニ分毫之把柄も御坐なく候波濤万里隔絶声臭なく偏ニ文通を以而目途とすべき域ニあるものへ此之如き仕向有之而は公事決而相進不申而已ならず事実齟齬不容易不都合を生じ候事も可有之為」国実ニ歎息之至ニ御坐候

弱冠二十一歳の初陣はかくて後年の武勇伝とはうらはらに、惨憺たる結果に終った。しかも味方の陣営から放たれた矢を背に受けて斃れたのである。本省の仕向――田中との間になにか確執があったのか――を呪いたくなる九鬼の憤懣は想像に余りあるが、七月下旬、処分第二案による召還辞令を撤回してからのかれの動静は、八月二十四日ロンドンから、そして同二十七日パリからも念のため大木に送ったほぼ同文の書簡に語られている。[26] これによればかれは、八月下旬まで約一ヶ月ロンドンに滞在して日本からの確報を待ったらしい。同二十三日ようやく届いた文部省からの返電は「生徒処分之儀ニ就而は既ニ三―通信《コンモニケーション》を以而仏国公使館江申たり」と相変らずそっけなく、かつ三が三日なのか、通信が伝信のことなのか不得要領であったが、前日届いた大木の六月十一日付書信[27]で内地の事情はほぼ呑み込めたようである。この上は一日も早く渡米し、遅くとも十一月下旬、十二月中旬までには帰朝して「千語万縷々」大木に報告するのみであるが、ヨーロッパを辞するに先立って、(1)「仏国公使(=鮫島)江掛合之儀種々有之」にもかかわらず、「何分先の御存之通之人物故紙上ニ而は常々諸事の相果《ママ》取不申候……明後廿六日より又一参伸之上諸事相片付け」たいと述べていること、(2)渡米前に「英仏之事件」を始末しておかねばならないが、「此の件ト云ハ生徒へ一旦帰朝ヲ命ジテ又差止メタル故其後仕舞及生徒会計ノ調及議論聞キ等ノ事ニ御坐候」(ロンドン、八月二十四日)といっていることは注目される。すなわち、七月下旬の処分撤回の結果、問題がけっして白紙に還元されたわけではなく、今後の方針をめぐって九鬼と鮫島との意見対立が表面化したらしいこと、留学生のあいだからも不満の声が上がっていて「議論聞キ」をしないわけにいかなかったことが察せられるのであるが、九鬼が予定どおり八月二十六日渡仏して、翌二十七日鮫島と直談判するのと符節を合わせるかのように、同日、駐英公使を辞して帰朝途中の寺島宗則が尾崎三良(さきに触れた在英留学生総代)を伴なってパリに立ち寄っている。[28] 留学生の現地統括者としての寺島の持論が文部省第一案(=全員召還)の根拠となったことはすでに述べたが、第二案による処分の失敗したいま、九鬼に残された道——そして文部省がフランス公使館宛てに送った通信の指示内容——はもはや第一案しかありえないことも また明らかであり、かれはこれに異議を唱える鮫島を説得すべく寺島と相携えて海を渡ったのではあるまいか。寺島はその後、同二十九日パリ発、三十一日にマルセイユを発航して十月十六日に帰朝しているが、(29)全員召還に反対する木戸がその帰朝を待ち兼ねるかのように十月二日(香港宛にか)、「遂々鮫島氏よりも申聞け置候事も有之且いづれ現場御目撃之処にて大体御規則等に而も御取きめ被成是非其通りを以本邦之方被行不申而はたとへ百年相待候とも終に何事もきまり候事は有之間敷……」(一部既引)と書き送っているところをみると、(30)全員召還の方針は六年八月末、パリでおそらく、九鬼、寺島が鮫島を説得するというかたちで事実上確定され、寺島はその詳報を本邦にもたらすべく九鬼より一足先に帰朝したものであろう。一方、あとに残った九鬼は「英仏之事件」を片付けてからアメリカ経由帰朝の途に就くことになるが、「欧州に居る留学生反抗の気焔は大に減退したけれども、米国の方は容易に沈静の模様がなく翁〔＝九鬼〕を狙撃せんとするので僅に身を以て逃れた位であつた」(『五十傑伝』)といわれているところをみると、(31)留学生の側にも処分撤回のあとに来たるべきものは全員召還しかないという理解が行きわたっていたものとみることができよう。

兆民が九鬼の説得に翻然として官費を辞したかどうかは別として、「更に檄文を倫敦に送つて反対の気勢を挫い」た事実がかりにあったとすれば、それはけっして九鬼の言い立てるように交渉の「即日」——七月十七日から二十一日の頃——ではなくて、すでに大勢の決した六年八月末以降——九鬼の「議論聞キ」のあと——おそらくは在留期限などにかんしてなんらかの条件と引換えに戈をおさめたときのことであり、帰国を命ぜられていた飯塚が兆民らとともにとどまることをえたといわれるのもこの段階を指しているものと思われる。ロンドンへ送ったといわれる檄文なるものが今日なんらかのかたちで伝わるならば、かれが公けにしたはじめての文章として、帰国後の思想、行動を考えるうえで好箇の資料たるべきことは言うを俟たないが、[32]折しも六年九月、ロンドンでは馬場辰猪、小野梓らの主唱で約百人の在英留学生からなる「日本学生会」が組織されている。馬場によればこの会の目的は、遠く留学先にまで封建時代の藩意識をもち込んで、土佐の学生は薩摩の学生を見ると腹が立ってしかたがないという狭量無知な状態を改ためようというものであったが、[33]召還反対運動が下火になった直後、しかも遠からず全員召還の大勢が定まった時期に組織されているところをみると、会の別名共存同衆はかならずしも「社会的交際の会」[34]という単なる親睦団体を意味するばかりとは思えず、あるいは反対運動によって固まった結束を土台に留学生同衆を結集し、帰国に備えてその共存を図るという実際的かつ切実な目的を裏に秘めたものではなかったかと想像される。[35]兆民が英国に渡った理由を伏せたように、馬場らもまた留学中の運動について多くを語りたがらなかったのではあるまいか(ちなみに馬場も英国の「甲印」合格者である)。

ともあれ一八七三(明治六)年六月リヨンから帰来後三ヶ月間の兆民の留学生活は、各国都府間の反抗遊説、九鬼との交渉、および交渉後の後始末など、召還反対運動に明け暮れたもののようであるが、ときあたかもランボー、ヴェルレーヌの地獄の季節が、同じくパリの、カルチエ・ラタンを舞台に、そのめくるめき展開を遂げていたことは人の知るところである。

(1) 『公文録』文部省之部、六年七月、2A, 9, (公)783.

(2) 同右、六年十二月、田中不二麿より十一月二十二日、右大臣岩倉具視宛に提出された「留学生悉皆帰朝下命云々伺」、2A, 9, (公)789.

(3) 六年八月七日(ロンドン?)発、大木喬任宛、国立国会図書館憲政資料室蔵「大木喬任文書」191-11.

(4) 本信冒頭には「去月十七日一紙拝呈仕候後又々巴里参候」とあるから、渡欧後ジュネーヴへの往復や留学生処分で再三立寄ったパリの公使館であろう。なお、大蔵少輔吉田清成は五年五月一日、ニューヨークから井上馨に宛てた書状に渡欧後の連絡先について、「今般拙生泰西行ニ付而ハ　御出状之節英仏之郵便船なれバ鮫島少弁務使ェ向け御差出有之度候」と書き送り、その宛名書式を《His Ex. Kiyonari Yoshida, Japanese Commissioner. Care of S. Sameshima, Japanese Charge d'Affaires. Paris》と指示している(『森有礼全集』第一巻、一〇三頁)。当時インド洋航路による日欧間の往来には英仏両郵船が就航していたが、メイン・ルートというべきはフランス郵船であったから(後述)、人の出入りの多いパリ公使館がヨーロッパへ派遣された官吏たちの連絡先とされていたものであろう。

(5)　はなはだ腑に落ちないのは、留学生への帰朝辞令が三月十五日付で各国公使に発送されたことを少なくとも知っているはずなのに、「帰留之生徒を判別記載し」たもの——すなわち第二案による処分案——を現地ではじめて知ったかのごとき九鬼の口吻である。草創期とはいえ、大木、田中ら文部省幹部が九鬼の疑っているように第二案採択を「既ニ決議之上」、かつこれを知らしめずに属僚を派遣するようなことが果してありえたであろうか。常識的に考えれば、田中の帰国以来事実上既定方針とされていた第二案が、九鬼の出発後四月下旬から五月上旬にかけて確然決議されたものとみるべきである。

(6)　辞令および「示達文」は五月上旬段階ではまだ各国公使のもとへ到達していないとみられるから、文部省で最終的に「帰留之生徒を判別記載」することはできないはずであり、送金は概算によったものであろう。「帰生之旅費」についてはマルセイユ－横浜間の船賃六五〇円、旅行中諸費用約一二〇円(四年十一月、井上馨が正院に提出した建議案による。『世外井上公伝』第二巻、四八三頁)に帰国前の滞在費一、二ヶ月分を加えれば、ほぼ「留生之学費」千円に近い額になる。

(7)　(1)に同じ。

(8)　同右、六月十九日付正院の指令案。

(9)　六年三月十五日付で「示達文」とともに発送された「留学生帰朝ノ辞令」および初等留学生用の「辞令角印ノ包」(氏名欄白紙)が各国公使のもとへ到達するのは前述のとおり五月中旬ごろとみられるから、各国公使館ではこれをもとに一覧表が作成されたものと思われる。また、正院から第二案採択の通達が出されたのは六月十九日であるが、これに対する文部省の答申案が半月後の七月四日に提出されているのは、折り返し各国公使から送られた一覧表の写しが到着するのを待って、処分案の東西同時発表という体裁をとったためであろう。

(10)　兆民は明治三年、大学南校に大得業生としてフランス語の教鞭をとっていた当時すでに藤原安恒を名乗ったことがあるが、留学命令書その他の公文書では本名の中江篤助が用いられているから、これは留学中の変名であろうと思われる。本章VIおよび第一章IV注(5)に光妙寺が本名の三田を光田と改ため、さらに光妙寺、三田＝光妙寺 Mitsda-Komeuzi を称した次第に触れたが、兆民の変名もまたパリで気炎をあげていた頃の稚気に由来するものであろうか。入江名簿にみえる堀江提一郎は大久保春野《はるの》の変名であるが、大久保は知り合いのフランス人にその理由を問われて「別に大した理由もなし」と答え、その後旧名に復している(前掲『大久保春野』、一三二頁)。これらはいずれも当時の留学生に通有のメンタリティーに属するものかもしれないが、留学生側の勝手な変名が、無届けの転学、転校、転地等とともに在外公館の事務を繁雑にし——という苦情が多い——、留学生取締りの口実を与えた一面も否めない。

(11) 入江名簿によれば、坂田乾一とともにリヨンにあった五年当時小田は自費留学生であったはずであるが、いつのまにか官費生として帰国の部に入れられている。名簿に記入された時期は五年九月以降、十一月一日以前(各記入欄が白紙で、同日着の新田静丸の前)とみられるから、それ以後——おそらくは使節に陳情して——官費生になったものと思われる。本章VIに述べた坂田のパリ行きが使節への陳情のためではなかったかと推測したゆえんでもある。

(12) 入江文郎の手許に残った「中村孟、清水金之助、大塚琢磨、山田虎三の各自に宛てられた明治六年四月の文部省の帰朝命令書(学制改革ニ付帰朝申付候事)」(藤田前掲論文、一〇三頁)というのは、九鬼の配布した帰朝辞令がなにかの事情で当人の手に渡らなかったものであろう。召還反対運動との脈絡からいえば、ことによると当人たちの受領拒否にあったためか。

(13) 明治五年十月十七日の太政官令により「学制」制定の結果、従来の官費留学生および旧藩費留学生はすべて文部省の管轄に入った(『明治以降教育制度発達史』第一巻、八二〇頁)。

(14) 西園寺は「仏語が自由になつてから、ミルマンにも通つた。ミルマンへ通ひしは仏語に通じて後……」(小泉三申全集第三巻『随筆西園寺公』、四二六頁)と自ら語っているが、ミルマン塾ではもっぱらそのマルセイユ訛をやかましく匡正されたというから(安藤徳器『西園寺公と湖南先生』、四五頁)、すでになかなか高級なフランス語である。

(15) 『佐佐木高行日記』(六・一・八)「山口留守、伊藤ノ部屋ニモ書状相認メ六時半帰宿、鶴田、河野、岸良来り、黒川ノ義ニ付相談」。

(16) 竹越與三郎『西園寺公望』、九三頁。

(17) 『片岡健吉先生伝』、二一五頁。

(18) 国立国会図書館憲政資料室蔵『大山巌文書』、「仏語単語帖」、「仏文ノート」。
(19)『兆民先生』、『全集』別巻、四六六頁。
(20)『公文録』文部省之部、六年七月七日、太政大臣宛部内報告、2A, 9, (公) 783.
(21) 帰朝辞令発送の一月前まで文部省は、「海外留学生徒改正処分ノ儀ニ付テハ追々御達ニ及候次第モ有之候処未ダ何タル御回答モ無之且又右及御達候規章ニ準ジ帰朝ノ者未ダ一人モ無之候右ハ実地如何様ノ次第ニ候哉」と各国在留公使に梨のつぶてを詰っている有様であった(『文部省日誌』六年第七号、二月十三日分)。
(22)(2)に同じ。
(23)(3)に同じ。
(24) 当時の郵便事情から六月十九日付の『正院日誌』が七月下旬ロンドンに達することは不可能と思われるが、本節冒頭に述べたとおり、六月十九日付の正院通達は、五月十九日付の同院案を撤回して文部省第二案を正式採択する旨を知らせたものであるから、文部省案と齟齬を来たすことはありえない。ただ、六月はじめの『新聞雑誌』(第一〇三号)には各省宛の文部省布達として正院案が紹介されているから、同案は、その撤回を求める五月三十日付の田中の伺書にもかかわらず、六月十九日までは正式の文部省案とされていたことがわかる。(『太政官日誌』明治六年第七十一号にはたしかに五月十九日付の文部省達書として「外国留学生ハ今ヨリ一ヶ年ノ滞在ヲ許シ、云々」という正院案が載っているが、第九十二号の六月十九日の項に該当する記載はないことをその後確認した。)
(25)『木戸孝允文書』第五、一二一頁(六年十一月二十八日、伊藤博文宛)。
(26)(3)に同じ。ただし、191-4, 191-3.
(27) 文部卿・参議として正院に連なっていた大木は、六月十九日の通達以前に文部省第二案採択との見通しを極密九鬼に報じたものであろう。
(28) 前掲「寺島宗則自叙伝」(二)。
(29)「寺島宗則自叙伝」の帰朝期日六年十月十六日は、『百官履歴』や、『木戸日記』による尾崎の帰朝期日十七日と一日ずれているが、実際の帰国と帰朝報告がずれることは往々あることだから、かれが九鬼と同船渡仏したことも大いに考えられる。
(30)『木戸孝允文書』第五、四九頁。木戸はさらに六年十一月二十三日、青木周蔵宛てに「於欧地齟(ママ)御約束も有之候事歟呼返し之沙汰先達而相成候」(同上、一一二頁)と書き送って、悉皆帰朝命令の出所(=「欧地」)と張本人(=寺島)を明らかにしている。

(31) かれが「米国では華盛頓で一喜劇を演じた」(『五十年史』)とか「二、三回襲撃されて、一寸かすり傷位は負はされた」(『秘録』)と語っていることも同じ事件を指すものと思われるが、留学生間の噂によれば「後で聞くと亜米利加では、隆一へ大変侮辱を加へたとかいふ」(妻木前掲書、一七八頁、尾崎三良の談話)由であるから、これはアメリカでの「議論闘キ」が紛糾した上での刃傷沙汰だったのだろうか。

(32) 西園寺は『東洋自由新聞』(明治十四年)の創刊に際して松田正久から社長就任を慫慂されたとき、「一人でも困るから中江を引っぱっていこうか。それも妙、よろしく頼む。ただ飽きっぽい奴だが、……しかし好きな文章のことだから飽きもすまい」というやりとりがあったと語っている(『西園寺公望自伝』、七七頁)。兆民は十一年にはすでに済美黌の漢文雑誌『奎運鳴盛録』に文章を発表しているが、十三年に帰朝したばかりの西園寺は、兆民が留学中すでに『孟子』『外史』等を仏訳して「専心欧文を作ることを学び」、あるいは英独の間に遊説して檄文を草していたことなどを想起しているのかもしれない。

(33) 「馬場辰猪自叙伝」、明治文学全集『大井憲太郎、植木枝盛、馬場辰猪、小野梓集』、三〇八―三〇九頁。

(34) 同右、二九〇頁。

(35) 同じころニューヨークでも留学生富田鉄之助が「書生五六名ヲ結盟シ人力社ト号セシ会社ヲ建設シ」て、その結社趣意書に、たがいに課業を異にする留学生が「相助ケ相謀リ友誼ヲ厚シ切磨ノ益ヲ得ント欲ス」とうたっていたことが『新聞雑誌』(六年十月初頭、第一四八号)に紹介されている。

IX

九鬼がみずから傲語するように「滞りなく使命を果すことを得」たのでないことは前節に述べたとおりであるが、さきに引いた大木宛の書簡(六・八・二七パリ)にかれは渡米後帰朝の段取りについて、サン・フランシスコを太平洋汽船会社の十月一日、十五日の両便のいずれかで出帆したい旨を報じている。大西洋横断(十一日)、米大陸横断(七日)に要する日数を差し引くと、「英仏之事件」の事後処理になお数日を費やして九月初旬パリを出立し、アメリカにも数日間滞在することを予定しているようであるが、「渡米之上は同処公使館ニ而は兼而待設たる趣申越居候故数日之費は可有之」く、十月の両便で出帆できなければ、遅くとも十一月一日か十五日の便には乗りたいとして、アメリカ滞在に一ヶ月の余裕をみているのは、ヨーロッパでは一応鎮静をみた反対運動が、アメリカではまださかんに気焔を上げていた事情を考慮したものであろう。かれが遅くとも十一月下旬ないし十二月中旬と予定している帰朝時期については、『百官履歴』では十一月十六日とされているから、おりから欧米を漫遊してきた中井弘とサン・フランシスコを同船出帆した(1)のは、逆算すれば十月二十四、五日の頃であろう。

秋水が兆民の帰朝に触れて、「当時、我政府が一切の留学生を召還するの議ありて、先生も亦其中に在り」と書いているのは、正式には六年十二月二十五日付をもって太政官から布告されたいわゆる留学生悉皆帰朝命令を指すものであるが、九鬼が帰朝してまだ週日を出ない十一月二十二日にははやくも、「九鬼隆一儀……実際之模様有之最前御評決之処分施行難致旁過日一旦帰朝致候　然ニ同人具陳ノ条ニハ生徒悉皆帰朝之御下命相成度旨意ニテ云々」という伺書(2)が田中不二麿から右大臣岩倉具視に提出されている。さきに「学制追加」とこれに伴なう留学生処分が田中の帰朝後まもなく発令されたことを述べたが、今回も九鬼の帰朝と悉皆帰朝命令との因果関係は明らかである。すなわち、処分第二案失敗の第一報は七月二十五日の電信で、またその詳報は十月中旬寺島の帰朝とともにもたらされていたから、九鬼の帰朝復命はいわば発令の引き金となったのである。田中が十二月初旬、再度岩倉に正式下命を願い出た伺書(一部既引)(3)は、悉皆帰朝の已むなきに至った理由として「下等之生徒大学ニ在テ上等之生徒却テ中学以下ニ有之モ

ノ不少」、したがって統一的な実地検査を行なうことは不可能であることを挙げたあと、敢えて問題の本源にまで溯って、

尚又尽衆議候処初メ其精粗ヲ不問其年歯ヲ不論続々派出被仰付候末今日ニ至リ成規ヲ以一途ニ概切セントスルハ素ヨリ多少ノ障碍可出来不足怪儀ニテ迚モ尋常ヲ以可相運筋ニ無之寧ロ断然総テ帰朝被仰付候

よう求めている。伺書はこのあともさらに前言を反覆しながら綿々と続き、文部省としてはもともと第一案を省議としていたところ、処分効果の期待できぬ第四〔三カ〕案が正院から示されたため、やむをえず第二案が採択されるに至った事情を釈明した上で、「然ル処当今著手ノ際果シテ物論不少哉ニ相聞」えるので、かねて上陳していた第一案にもとづいて悉皆帰朝を命ぜられたいというのである。この天下の悪文はまた保身の論理の名文ともいうべく、第二案失敗における文部省内部――とりわけ自分自身――の信じがたい失態には完全に口を噤んで、正院の長老たちに甘え、かつその頑迷を詰り、処分失敗の責任はことごとくこれに転嫁しているのである。結局六年末の悉皆帰朝命令は、海外留学制度施行後まだ日も浅い明治新政府の無策に次ぐ失策の総決算として発令されたといってもよく、かくて六年夏の第二案失敗は青史から抹消され、九鬼の失敗談転じて武勇伝たることをえたのである。文部省の同僚として留学生問題にもたずさわり、九鬼とも個人的に近かった辻新次関係の伝記に、

最初政府の意見では、事に托して留学生全部を帰朝せしめ、その中から学力、品行共に優秀なる人物だけを選択して、改めて留学を命ずる筈であつたが、鼻息の荒い彼等の事だから、一度や二度の帰朝命令では、中々オイソレとは帰つて来まい。それよりは玉石共焚、学資の供給を断つにしかずと、さてこそ一刀両断の挙に出たのである。(4)

といわれているのは、悉皆帰朝命令が確然たる強硬策としてよりはむしろ、窮余の策として打ち出されたものである

ことを端的に物語っているといえよう――兆民が九鬼の示した理由書に「翻然として其罪を謝し、即日官費を辞してくれた」(『五十年史』)という九鬼の言説にこれまで信憑を控えてきたが、この辺でそろそろ、右の説がもの言わぬ枯骨を前にした真赤な嘘であり[5]、兆民はあくまで玉ながら石とともに焚かれる身となってやむなく帰国したものであることを断じてもよさそうに思われる。

さて、右の経緯で発せられた悉皆帰朝命令に対して木戸が、

伝承候へば留学生尽く御呼返と歟　於仏国も喋々申陳候通　弟においてはまたまた遊女如解放御処分に而　実に御不都合どもに而は無之哉と甚懸念仕候　いつでも政府に失策をいたしたまげたよふに御処分有之候は甚御良策にて無之様奉存候(一部既引)

と病床から伊藤に書き送って反対し[6]、「遊女如解放御処分」、「蜂巣をあばき候様之御処分」[7]ともちまえの言い廻しで精一杯皮肉ってこれが撤回を求めていることは、パリで纏められた規則、ならびにかれ自身の文明開化漸進論の趣旨からして至極当然な反応であった。だがこの反対論は岩倉、大久保、伊藤、大木らの結托した強硬論の前に衆寡敵せず、十二月二十五日太政官から正式に発せられた悉皆帰朝命令に「内外官費生処分之大旨」[8]と題する長文の建議を行なった木戸は、文部卿として命令遂行を督励するという皮肉な役廻りを演じたのち、七年五月、ついにその職を擲つに至るのである。以下に検討を加えておきたいのは、この帰朝命令がいつ、どのようなかたちで欧米の留学生に――そしてむろん兆民に――伝達され、かつ実行に移されたかという問題である。

木戸は六年十二月二日、九鬼宛に帰朝命令の玉石混済の処置を強い調子で非難し、「一般之御見込一定に不仕候へば、米国之書生被差返候分も屢見合候様伝信にて御通し有之候而は如何」[9]という提案を行なっている。「米国之書生被差返候分も」とは、在欧留学生の召還についてはすでに一時見合せたことを意味するのかどうか判然としないが、

ともかく帰朝命令廟議確定の報が十一月下旬、いちはやく伝信によって欧米各国の留学生に伝わったらしいことは右の文言からも窺われよう。(10)越えて七年一月十九日の青木・品川(在独)宛、翌二十日の大黒屋禎二郎(在英)宛の書簡(11)にも木戸は、全員召還に異論を唱え、かつ建議を行なったにもかかわらず多数決で押し切られた事情を説明し、とくに後者においては「先達而来度々朶雲御投与一々相達申候……右の次第に而如何とも難致に付而は兄にも一同不遠御帰朝の御都合に可相成　嘸々御遺憾千万と実に想像候得共　右の仕合どふも難及心底誠に御気の毒に奉存候」と了承を求めているから、これらの山口県系留学生たちは二ヶ月前の六年十一月下旬、伝信による帰朝廟議確定の報に接するやただちに、事情照会あるいは留学延期依頼の書状を木戸に送っているわけで、他県の留学生がこれにならわぬはずはないから、やはり同報は十一月中に欧米の全留学生に行きわたったと解してよかろう。また木戸の大黒屋宛書状がイギリスに達するのは三月上旬以降とみられるから、それから「一同不遠御帰朝の御都合に可相成」とすると、留学生たちは二月末ごろ船便で届いた悉皆帰朝命令(十二月二十五日付太政官布達)(12)の「本件当人へ相達候上六十日以内ニ必出発可致……」という但し書によって、二月末から六十日以内、すなわち四月末日ごろまでにそれぞれの留学地を出立することを求められたことになろうか。

さて本章のしめくくりに、兆民がいつごろフランスを後にし、そして帰国したかを考えてみよう。

かれは一般に明治七年五月に帰国したものとされている。帰国後の思想・行動を論ずるのに五月ごろ帰国ということで一向に差支えはないようなものだが、敢えてそれを穿鑿するのはほかでもない。右の通説がおそらく『土佐偉人伝』の、

明治四年岩倉大使の欧州に航するや篤助請ふて随行となり彼地に留まり研鑽多年明治七年五月を以て帰朝し(13)……

という郷党の伝聞にもとづくらしい記述以外に準拠をもたない点にいささか不満を覚えるからである。したがって以下に、かれの帰国時期を示唆するかにみえるいくつかの指標を挙げてこれを検討してみよう。

(1)　これは直接帰国時期をいったものではないが、兆民が帰国後まもない七年八月、東京府知事大久保一翁に提出した仏蘭西学舎開業願の教師履歴欄には、「明治四年十一月仏国ニ遊学シ在留二年六月ニシテ帰朝」と記載されている。(14) 四年十一月というのはいうまでもなく横浜解纜の時期であり、着仏期日は入江名簿の五年正月十一日であるから、遊学期間は今日ならば五年正月から起算するところであろうが、なにぶんヨーロッパまで一月半ないし二月を要した時代である。横浜解纜すなわち遊学とされているところがおもしろい。思うに当時船は、たんなる交通機関というより、外国の言語、食事、習慣に親しむのに絶好の訓練の場、いわば外国そのものと考えられており、外国船上での生活体験は、各寄港地での見聞とともに、ゆうに遊学――したがって教師の学歴ないし業績――の一部として評価されえたものなのであろう。当然、帰路に要した日数も二年六月の中に算入されたとみるべきであり、しかも帰朝直後の願書に記されたこの数字はかなり信憑に値すると考えられるから(しかるに兆民は概して年代の覚えがわるいたちである)、これを額面どおり四年十一月十二日(西暦十二月二十三日)横浜解纜から数えて二年六月と受取れば、かれの帰国したのは七年五月二十四日以後、六月二十三日以前ということになる。

(2)　『新聞雑誌』七年六月二日(第二五四)号には「仏国留学生中江篤助ヨリ来簡」(15)として「法国共和家人撰ノ事」という投書が載せられている。最近の補欠選挙でルドリュ＝ロラン Ledru-Rollin ほか一名の共和派が当選し、また近日二、三の県で行なわれる選挙でも共和派が当選の見込みであることを報じたものである。木戸の後援を得て発刊されたといわれるこの新聞に後輩の青木周蔵らの留学生がしばしば投書しているのは怪しむに足りないが、兆民が投書したのはこれがはじめてである。なぜ投書したかということになると、二年四月の「海外旅行規則」には「何事ニヨラズ皇国ノ御為ト可相成筋見聞ノ節ハ精々心ヲ用ヒ穿鑿ヲ遂ゲ候上書面ヲ以外国官……エ飛脚便ノ節可申越若又書通不便ノ節ハ帰国ノ上可申出事」[16]と定められているから、いよいよ帰国に臨んでこの旅行者義務を型どおり履行したものかどうか。それにしても同誌はその海外情報をほとんど留学生、在留邦人からの投書に仰いでおり、個々の留学生の消息にも比較的通じていたとみられるから、その六月二日号の兆民の肩書が仏国留学生、かれの記事が一般に在外留学生からの投書を意味する来簡となっているのは、この投書が飛脚便の節申越されたものであることを示し、ことによるとかれは、通説の五月にはまだ帰国していなかったのではあるまいか。さらに記事にみえるルドリュ＝ロランらの当選と、近日行なわれる予定という補欠選挙の日程を調べてみると、前者は三月一日に行なわれたヴォークリューズ Vaucluse, ヴィエンヌ Vienne 両県の補欠選挙(新聞に結果が出るのは三月三日)で、それぞれルドリュ＝ロラン(急進派)、ルプティ Lepetit(穏健派)の二名の共和派が当選したことを[17]、また後者は三月二十九日のジロンド Gironde, オート＝マルヌ Haute-Marne 両県の選挙[18]を指しており、ジロンド県ではルーディエ Roudier, オート＝マルヌ県ではダニエル＝ベルナルダン Daniel-Bernardin(ともに急進派)が圧勝していることがわかる。すなわち兆民がフランスからこの投書を行なったのは三月三日から二十九日の間――近日とあるから二十九日の方に比較的近い時期か――と推定される[19]。みずからの乗船と投書が同便になるとしたらわざわざ投書する必要はないから、投書から乗船までには一便以上の隔たりがあったと考えられ、その場合かれは少なくとも四月上旬まではフランスに滞在したことになろう。当時のフランス東洋郵船によるマルセイユ－横浜間(香港で小型船に乗り換え、ときに数日の船待ち)が四十五日ないし五十日ほどであるから、この点からもかれの帰国は早くて五月末、おそらく六月以降と算定される。

(3) 以上とは別に、兆民以外の留学生で悉皆帰朝命令によって留学生を免じられた期日のわかっている者の例を二、三挙げると、在独の坊城俊章の七年三月、池田謙斎の同五月(『百官履歴』)、在米の日下義雄の同三月七日[20]などがあり、とくにドイツのシレジア州ザガンの毛織物工場で実習中の井上省三のように、「……打続田舎に潜居修業罷在、本国人との交際も甚打絶、本朝之形勢には甚疎く、相暮居候処豈料、去月〔＝三月〕之半、頓に文部省より海外留学之書生、無レ残帰朝被ニ仰付一之命到着、愕然の至、真に迷ニ方向一罷在候」と、三月中旬寝耳に水の帰朝命令に接して早速先輩の木戸に留学延期の周旋を依頼している例もある。[21] 留学を免ぜられた時期に個人によって多少の遅速があるのは、命令伝達後六十日以内であればいつ官費を廃されても学費の名目が旅費に変るだけでおそらく実質的差異はなかったため（II—注（6）参照）、帰国手続などのために公使館へ出頭すると即日官費を廃されたのではないかとも想像されるが、右に挙げた数人を甲乙判別表で調べると、留学生差免が一人だけ五月となっている池田が「甲印」のほかはすべて「乙印」である。九鬼の帰朝直後田中から岩倉に提出された前述の伺書には「彼地相残シ可申目的ノ者〔＝「甲印」合格者〕ト雖モ判然相残り候様下命ハ不仕罷在候得バ……畢竟帰朝ニ前後有之候迄ニテ不都合ノ儀無之候」[22]と述べられているから、「甲印」合格者にはとくに申し出れば多少の猶予が認められるというような事情があったかもしれない。いずれにせよこれらの例から兆民も少なくとも七年三月ごろまでは留学生の資格で滞仏したことが推察されるのであるが、『新聞雑誌』に投書した三月二十九日に近い時点で、かれの肩書が留学生であったことはそれを裏付けるものといえよう。

　さて、おのれの滞仏時代について頑として口を割ろうとしない兆民が――調べているとそんな気がしてくる――いつになくリヨン時代の見聞をある種の感慨をこめて語っているらしい文章がある。帰国前後の時期にかかわりがありそうなので最後の長い引用をお許しいただきたい。[23]

　絹糸織物の中にても現に仏国里昂《リヨン》の工場に在りて手芸的のものと機械的のものとの二種有りて存せり、其機械的のもの蒸氣力もて造出して力の及ぶ所ろ手芸的に擬して乃ち文明国中にて最も殺風景と聞へたる米利堅《〔メリケン〕》向きの奢侈品を作り、其手芸的のものは矢張牽挺抽機もて造出して欧洲古国の需用品を作り、碴々の音嘔軋の声、相和して里昂工場の賑はひ日々益々繁昌なり。

里昂の手芸的織物は同一牽挺抽機にて作らるゝも、我国の物に比すれば、其器具の捷利なる其造出の夥多なる同一日の談に非ず、左れば其輸入の金額に於ては真に是れ滄海と水滴も啻ならず、此一着の処に気附かれたるにや明治四五年の頃に在りけん、我京都府知事の命に由り西陣の職人十数名仏国に渡航し里昂に滞留し、日々工場に赴きて伝習し心悟り手熟し利便の器具を買込みて帰朝しけるが伊豆の海上俄に颶風に遭ひ船覆へりて職人と職具と倶に水底に没せり、其後果して再び別に職人を差遣せしや否や、再び職具を買来りしや否や絶て未だ消息を聞かず

兆民のリヨン時代については機会を改めて推論を試みたいと思うが、右の文章が市庁舎の北、クロワ・ルッス Croix Rousse の丘一帯にひろがる機屋町の盛況を日々目のあたりにし、案内記にもうたわれた名物の「碴々の音嘔軋の声」[24]を耳にした者の印象にもとづいて書かれたものであることは疑いを容れない。だがここでとくにわたくしの注意をひくのは、明治四、五年の頃リヨンに派遣されたという西陣の職人たちの日々の研修ぶりと帰国時の悲運とが、いかにもかれらを近い距離から眺めたことのある者らしいリアルな筆致と深い思いやりとをもって描かれていることである。明治初年、西陣の職人が言語の障害と万里の艱難を乗り越えて西洋斬新の技術を求めに出かけた事実がもしあるとすれば、これは西陣機業史を飾るべき壮挙であり、それだけに右の遭難事件は西陣機業界全体にふりかかった悲劇として記録されているにちがいない……そう思ってこの方面の文献を調べてみると、たしかに西陣からは明治五、六年のころ(四、五年ではない)技術研修のため職人がフランスへ派遣された事実がある。[25] すなわち、五年十一月、ときの京

都府知事長谷信篤の命で佐倉常七(西陣物産会社肝煎竹内作兵衛の別家)、井上伊兵衛(染色工)、吉田忠七(器機工)の三名が三井家手代松浦某、島田商店手代清水某とともに、京都府仏語学教場の教師レオン・ジュリー Léon July の紹介で、リヨンの絹織物工ジュール・リズレイ方に預けられることになったのである。佐倉の自筆報告書[26]によれば、一行は五年十一月十五日(西暦十二月十五日)神戸を発航、上海で一週間船待ちして二十八日発の郵船に搭じ、五十五日でマルセイユに着いたという。しかし、いかに上海経由とはいえ、神戸－マルセイユ間計六十八日というのは、船待ち分を差引いても、香港経由横浜－マルセイユ間(やはり香港で船待ち)の平均四十数日[27]にくらべて少しく長すぎるから、五十五日とは上海からの日数ではなくて、神戸発航以来の総日数を指すものと解すべきであろう。その場合、一行のマルセイユ着は六年二月八日ごろということになるが、言葉が通じぬため、リヨンに着いてから三日間飲まず食わずの憂き目に会っている。リズレイ方で研修をはじめてから三月ほど[28]して、日本人「雲州ノ家老小田金一郎ト申人」、その後「横浜弁天二丁目坂上氏」――両者が日本人のリヨン来訪ごとにかならず姿をみせる自費留学生小田均一郎と坂田乾一の二人であることはいうまでもあるまい。坂田は横浜の人か――に出会い、言語を解さぬ一行はなにくれとなく面倒をみてもらったという。佐倉、井上の両人はこうして八ヶ月の粒々辛苦ののち、六年十二月二十八日、最新の技術と機械を西陣に持ち帰ったが、兆民が右に遭難事件として語っているのは、じつは三ヶ月の帰国延期を請うてさらに機械の研修に励んだ吉田忠七が、いよいよ日本の風光を目のあたりにして明日は横浜着港という七年三月二十日夜、乗船ニール号 Nil が伊豆入間村(妻良の隣村)沖で暴風雨のため座礁するという悲運に遭って、機械もろとも海底に没した事件を指しているのである。

佐倉の報告書に『大山日記』におけるように坂田、小田と並んで兆民の名が出てこないのは、佐倉らが二人の世話になりはじめたと思われる五月中ごろ、おりしも留学生改正処分の報に接して一人だけ官費生だった兆民の身辺がにわかにあわただしくなり、ほどなくパリへ去ったこととおそらく無関係ではあるまい。兆民を推薦する井上毅の前述の書簡案(六月六日付)にも西陣の職人のことが触れられているから、兆民もまたリヨンを去るまでのしばらくの間に、坂田らとともにこの職人たちに会っているとみてよかろう。かれが留学中「重ニ下等職人連ト交ハ」[29]ったといっているのも、当時の日本人の交際のパターン[30]を考えれば、かならずしもフランス人労働者のみを指すとはかぎらず、その中に西陣の職人が混っていてもなんの不思議もないのである。

さて、兆民の帰国時期に戻ると、ニール号の沈没した七年三月二十日ごろといえば、ちょうどフランス補欠選挙の報を日本へ送る前後、ことによるとまもなく留学生を免ぜられようとして、乗船券予約等のため、パリのフランス郵船会社を訪ずれたりするころである。かれが近日行なわれると報じた補欠選挙が三月二十九日に予定されていたことはすでに述べたが、ニール号遭難の第一報が同月二十五日横浜発アヴァス Havas 通信社(AFPの前身)特電としてフランスの諸新聞に載るのは、まさにその選挙当日の電信欄である。[31]投書中共和派の勝利を占った兆民が選挙前後の新聞に目を通さなかったとは考えられないから、当日の新聞を披いてかれは、西園寺の言葉を借りれば、「風濤千万里」の船旅を目前にして「終ニ身ヲ魚腹ニ葬ト欲ス」る危険(本章Ⅶ)がまざまざと身に迫るのを覚えたであろう。正確な年代を忘れるほど古い事故であるのに依然としてこれに強い関心を抱き続けているのはそのときの印象が鮮烈であったためではあるまいか。ただ右の第一報は、ニール号が伊豆沖で座礁したこと、乗客、乗組員は救助されたこと(実際は総勢九十名前後のうち、生残者はわずかに三名)などを簡略に伝えるのみであり、事件の全容を伝える横浜仏字新聞への郵船会社員からの投書がフランスの新聞に転載されるのは、兆民の投書が『新聞雑誌』に掲載されたのと同じ六月二日になってからである。[32]当時の日本の新聞を調べても、『新聞雑誌』に「仏蘭西船ニール号ノ日本人船客ハ(マルセル)ヨリ出発ノ吉田一人ナリ　右吉田ハ西京ノ糸屋ニテ年令三十歳仏国ニ在留スルコト十三ヶ月本便帰航セルナリ」(33)とあるのがいちばんくわしい程度で、とくにリヨンでの研修ぶりまで伝えているものはない。また兆民はその後西陣から再三ヨーロッパへ研修生が派遣された事実を知らないようであるから、遭難事件にかんする伝聞のソースは、帰国手続のために訪ずれたパリ、マルセイユのフランス郵船会社の窓口、おそらくはマルセイユ発航前リヨンに立ち寄って旧交をあたためた坂田、小田らの友人たちであったろう。

いずれにせよ右に挙げたさまざまな指標から、兆民の帰国時期については、少なくとも七年三月末までは官費留学生として在仏し、悉皆帰朝命令に定める四月末日以前にマルセイユを発航して、六月二日以後二十三日以前に帰朝したことがひとまず輪郭づけられよう。最後に単刀直入、当時横浜で刊行されていたJapan Daily Mailその他外字新聞の入船乗客名簿(34)に当ってみよう。一等船客しか載せない乗客名簿に果して留学生が載っているかという疑念が生じないではないが、かつて幕府が瓦解して送金が途絶えたときにさえ、監督者たちが「御時節柄に付」各国留学生を二等で帰国させる手筈を整えていたところ、仏人クレーから「是迄帰国之者一同上等に付此度限二等に引下げ候も何分御不都合には無之哉」との異論が唱えられ、結局同人の計らいで二等との差額は着払いを条件に、上等で帰国させた先例がある(35)。留学生の待遇というのは、たとえこれを呼返す際であっても、新興国として、あるいは新政府としての体面を顧慮せねばならぬ微妙な問題であったのだ。ただちにエコノミー・クラスを連想するのは洋行という晴れがましい言葉を失なった後代の僻見というべきである。

さて、ニール号遭難前後の香港－横浜便の入港状況(36)を調べると、従来ニール、ヴォルガVolga, マンザレーMenzaleh の三艘が交替で二週間ごとに入港するシステムが組まれていたのが、三月二十一日入港予定のニール号が沈没したため、四月五日の次便からはヴォルガ、マンザレー両号によるピストン往復にかわり、従前の三艘システムに復するのは七月九日、タナイス号Tanaïsの入港以後である。在欧留学生がそれぞれの留学先を出立するのがおおむね四月中であるとすれば、その帰国は五月後半以降に集中することが予想されるが、各便船ごとに日本人もしくはそれとおぼしき綴りの乗客名を拾ってみると、年が明けてから五月中旬までは三月七日入港のヴォルガ号に十五、六名纏ってあるほかは、各便ともほとんどゼロないし二、三名以内であるのに対して、五月二十七日のヴォルガ号に十六名、六月九日のマンザレー号に十四名、六月二十一日のヴォルガ号に三名、七月九日のタナイス号に四名とにわかに急増をみせ、七月後半には入港なく、以後旧態に復している。五月末からの日本人客の急増が留学生の帰朝によるらしいことは、七月九日便の Waturi(渡六之助?)、F. Bosjo(坊城俊章?)、Musianokoji(武者小路実世?)、Madé(万里小路《までのこうじ》通房?)らの華族留学生[37]を含む特徴的な姓名によっておおよそ見当がつくが、同じ時期のアメリカ太平洋汽船の乗客名簿をみると、五月二十八日(チャイナ号、五名)、六月六日(グラナダ号、八名)の両便に乗客が集中し、かつそこにはフルネームが記されているから、各種の留学生名簿からこれらが米国から帰った留学生であることが判明し、同様にフランス船の特徴的でない乗客名についても、大半が留学生名簿と照応することが確認される。さてこれらの帰朝留学生中とくにわたくしの注意を惹くのは六月九日入港のマンザレー号中、Schoshi(庄司金太郎、仏?)、Haro(原桂仙、独?)、Yamoski(山崎橘馬、独?)、Ischi(石井助三郎、独?)とかなり不正確に名を記された日本人十四名の中にまじっている Nakohie なる人物である。右に挙げた例だけでも日本人名の母音が脱落したり、本来 -a- と綴るべきものが -u- または -o- などと誤記されているらしいことが窺われるから、右の Nakohie, 実は Nak*a*hie のことだったかもしれない。逆に日本人がナカエと発音した場合にフランス人の乗客係がどう綴るかと見当をつけると、[naka-e]とはっきり区切って発音させるためには、Nakaë, Naka*yé* 等若干の細工が必要になるが、Nak*ahie*(又は Nak*ahié*)もその一種とみなされよう。

予想される時期に、多くの留学生とともに帰朝した右の Nakohie すなわち中江篤介であったとすれば、わが兆民の帰朝時期は七年五月ではなく、六月九日だったことになり、その場合かれは、まさに留学期限ぎりぎりの一八七四年四月二十六日、マルセイユを発航した上海行きのフランス郵船イラワジ号 Irraouaddy に身を托し(38)、ポートサイド、アデン等、英仏列強の植民地と化した東洋諸地方の悲惨な光景に祖国の像を垣間見ながらヨーロッパを後にしたものと思われる。なお西園寺が橋本実梁に送った書簡中、官費を廃せられたのちの窮状を訴えて送金を依頼する四月十六日付のものがあるが、私信、公信をとわず幸便に托する(39)当時の慣行からすれば、ことによると同十六、七日ごろパリを出立した兆民に托されたものではあるまいか(40)。かれが二十六日のマルセイユ発航に先立って、一週間前後を曾遊のリヨンで坂田らと過ごしたことは大いに考えられるからである。

(1) 中井弘『漫游記程』下巻、一七頁。
(2) 『公文録』文部省之部、六年十二月、2A, 9, (公) 789.
(3) 同右、「留学生悉皆帰朝下命云々伺」。
(4) 『男爵辻新次翁』、一一二頁。
(5) 前節以来、九鬼の三種の回顧談にもとづいて、かれが留学生呼返しのためアメリカ経由で渡欧したことを前提として議論を進めてきたが、九鬼は明治六年六月十七日、ロンドンから恩師の福沢諭吉に書簡を送り、「一筆拝啓。益御清適奉恐悦候。私儀香港出帆以来、海上平穏、ベルベック〔＝フルベッキ〕氏の同道故、日夜質問に消光いたし、去る十四日当府到着仕、其後励精奔走仕候……」(『福沢諭吉全集』第十七巻、一五五頁)と、驚くなかれインド洋経由で渡欧した旨を報じていることがその後判明した。もしこれが事実であるとすれば、兆民にかんする九鬼の言説は根底から覆されることになるが、渡欧の経路についてまで両説を吐いた九鬼の心中は不可解というほかはない。
(6) 『木戸孝允文書』第五、一二一頁(六年十一月二十八日、伊藤博文宛)。
(7) 同右、一二三頁(六年十一月二十九日、伊藤博文宛)。

(8) 同右、第八、一四四―一四七頁。

(9) 同右、第五、一三二頁。

(10) 在米の日下義雄は、六年十二月三日(原文の七年は誤り)、友人の米国人に、「日本政府は、もう陸海軍の学生以外は、公費で外国に遊学させない事にした……」と書き送っている(『日下義雄伝』、六七頁)。

(11) 『木戸孝允文書』第五、一八七、一九三頁。

(12) 馬場辰猪は一八七四(明治七)年の総選挙によるグラッドストン内閣の退陣とディズレーリ内閣の成立、J・S・ミルの死という二つの感銘深い出来事について語ったあとで「日本政府が欧州へ留学させてゐた学生を悉く呼び返しだしたのは、大凡此頃ほひであつた」と述べている(前掲自叙伝、三〇九―三一〇頁)。ミルの死(前年五月七日、南仏アヴィニョン)は三月の留学生改正処分の報とともに馬場の耳に達したことを意味すると思われるが、ディズレーリ内閣の成立は一八七四年二月二十一日とされているから(永田新之允『小野梓』、四一頁)、それがさかんに取沙汰されていたころ(=二月末)、日本政府は留学生を実際に呼び返しだしたことになる。

(13) 寺石正路『土佐偉人伝』、五〇一頁。

(14) 「家塾開業願」、『全集』第一七巻、一一九頁。

(15) 兆民はルドリュ＝ロランについて「有名ノ激党ニテ曾テ赤色共和ト称シ千八百四十九年巴利ニテ一揆ノ唱首トナリ「ナポレオン」敗後内乱ノ時モ都下無頼ノ徒ヲ慫慂シ政府ニ抗セシ人ナリ故ヲ以テ王党及持重共和家ノ人々ハ之ヲ嫌フコト最モ甚ダシ」という、やや偏向的と思われる紹介を行なっているが(『全集』第一六巻、一〇頁)、これはかれの帰国直前の政治的信条をおしはかる上で意味深長である。(i)帰国後に任官を予定された官費留学生として、かれはこの政府筋に近い新聞紙上で政治的持重主義の信仰告白を行なっているのか。(ii)かれは概してフランスの十九世紀諸革命、とりわけパリ・コミューンについて語りたがらないふしがあるが、帰国まぎわに書かれた右のコミューン評(「都下無頼ノ徒ヲ慫慂シ……」)は西園寺の橋本宛着仏第一信のそれ(「共和政治を必とし姦猾無恥の徒大に愚民を煽動し以て干戈を用ふるに至れり」)と酷似している。右のコミューン評すなわち帰国時のかれのコミューン観であるとするならば、これはチエール(コミューン鎮圧者)、ガンベッタ(激党の党首)への礼讃の問題とともに、かれの共和主義思想の質を見極める試金石とはなりえまいか。

(16) 『法令全書』明治二年、一四頁。

(17) Le Temps, le 3 mars 1874.
(18) Ibid., le 1er avril 1874; Hanotaux: Histoire de France Contemporaine, T. II, p. 453.
(19) 本信と同趣旨の明治七年三月十四日付書簡(千谷・高橋宛)が五月二十日に『横浜毎日新聞』に掲載されているから(『全集』第一六巻、九頁)、本信もこれと同便か、もしくは一便(=十五日)遅れで投函されたものと思われる。
(20) 前掲『日下義雄伝』、七〇頁。
(21) 前掲『木戸松菊公逸事』、二〇四頁。
(22) (3)に同じ。
(23) 「当年の内国大博覧会に就て」、『全集』第一三巻、三五二頁。
(24) 「繰業中は、布地を打つ織機《バッタン》の賑やかな響きが聞こえる……」(Guide universel de l'étranger à Lyon, Paris, Garnier frères, 1872, p. 52.)
(25) 佐々木信三郎『西陣史』(二八八―二九四頁)、本庄栄治郎『西陣研究』(七〇―七一頁、とくに註(7))、同『西陣資料』(一八五―一八九頁)。なお、昭和四十七年、「ジャカード渡来一〇〇年記念碑」除幕式が西陣織物館前でとり行なわれた際配布された同題のパンフレットに、吉田光邦「西陣産業革命へのスタート」、「ジャカード渡来顛末記」が収められている。
(26) 西陣織物館蔵、毛筆書き半紙二枚の報告書。
(27) 同じコースを逆に辿った田中の随員長與専斎は六年二月一日マルセイユを発航、上海経由三月四日には長崎・大村の実家に着き、同九日横浜に帰朝しているから、やや短かすぎる観がないではないが、わずか三十六日しか要していないことになる。香港経由横浜―マルセイユ間は往路で大山四十五日、成島四十七日、返路では大久保四十三日、寺島四十六日、木戸が長くて五十五日(各出典略)の所要日数となっているが、六十日を越える例はない。
(28) 佐倉の筆蹟は「三日」ともまぎらわしいが、月の丁の部を長く伸ばし、日にくらべて全体に長目なことから「三月」と読む。日本人に会ったのち、「パリスに着アリ候岩倉大臣公」(二月十七日パリ発)の名代に立った鮫島から盃を拝領したというが、それが岩倉の滞仏中だとすると、マルセイユ着から十日以内の拝領となって少し話が早すぎる。やはり三月ほどしてから――予定される使節のリヨン訪問の下見等にやって来た鮫島から――岩倉からとのことで拝領したものであろう。
(29) 「弔馬場辰猪君」、『全集』第一一巻、二八八頁。

(30) 成島柳北がパリに滞在した通算三ヶ月足らずのあいだに約百人といわれた日本人滞在者中六十数人——と、日本人に関係の深い特定のフランス人——にまじわり、ロンドンの馬場辰猪が日本人学生会を組織するかたわら、同郷の真辺戎作とささいなことから決闘に及んだ例、光妙寺がパリの下宿で曾禰荒助と激論の末三階の窓から投げ出されそうになった例（『明治紳士譚』、二頁）などにもみられるように、当時の日本人留学生・旅行者の欧米における交際は、おおむね日本人同志、往々にして同郷人同志のつきあいすぎといった観がある。

(31) Le Temps, le 29 mars 1874,《Dépêches télégraphiques》.

(32) ニール号遭難の第一報が三十時間走り続けた早飛脚によって神奈川県庁へもたらされたのは三月二十五日であるが（『東京日々』、七年三月三十日）、日仏両国で同時に発信された投書が新聞に掲載されるまで大体同じようなプロセスを辿ったとすれば、かれの投書もあるいは三月二十五日前後の発信で、そのころかれはまだ仏国留学生だったのであろうか。

(33) 『新聞雑誌』、七年四月八日、第二二七号。

(34) 横浜発行の Japan Daily Mail ; Japan Weekly Mail ; Japan Daily Herald 等の《Shipping Intelligence—Passengers》欄を合わせ用いた。

(35) 『川勝家文書』、一一七—一一八頁、明治元年閏四月二十七日、渋沢篤太夫・栗本貞次郎より栗本安芸守・川勝近江守宛書簡。

(36) 当時のインド洋航路にはフランス郵船のほかイギリス郵船も就航していたが、これはケープタウン廻りの小型船による世界周航便で、日本人乗客は稀である。幕府瓦解の際にも在英留学生を料金立替えの上同便で帰国させるべき旨英国政府から提案がなされたが、渋沢らは「右帰国入費新政府江談判可及儀に而は如何にも御不体裁不忍」とこれを謝絶し、全員フランス郵船で帰国させている（前注に同じ）。

(37) 坊城、武者小路、万里小路の三人は姉小路とともに、平田東助が随伴留学を命ぜられた華族子弟仲間である（『伯爵平田東助伝』、三五二頁）。

(38) マルセイユ市立図書館司書 J. P. Codaccioni 氏に地元新聞の「出船」欄をお調べいただいた御回答による。

(39) 西園寺自身、一八七三（明治六）年十一月十八日付橋本宛書簡に、「今晩出立之人ニ頼為メ課業中之時を以て書ス大ニ乱筆云々」と付記している。

(40)　七月九日便で帰朝した万里小路について、父正三位博房が東京府へ差出した届書には、「長男従四位万里小路通房右去三月廿七日文部省ヨリ被免留学候趣於英国御達ニ相成候四月廿七日先方発足仕当月八日着船仕候云々」(『太政類典』第二篇、第二四八巻、学制六「官費留学」、2A, 9, (太) 471)とあり、発着期日に各一日のずれがあるが、Nakohie ら六月九日着港の乗客とイラワジ号に同船して「先方(=マルセイユ)発足」したことはまちがいあるまい。帰朝が一月遅れたのは、三人の華族留学生が連れ立って一応期限内に「発足」したのち、途中——神戸で一旦下船して京都に立ち寄るなどして——日を費やしたためであろうか。いずれにせよ西園寺の書簡は、兆民でなくとも、四月二十六日にマルセイユで同船した留学生の誰かに托された公算が少なくない。

第三章 『民約訳解』中断の論理

I

「東洋のルソー」中江兆民が人口に膾炙している割には、かれにこの名を博せしめた『民約訳解』が全四巻からなる原著『社会契約論』の第二巻第六章「法について」(『訳解』では「律例」)まで、分量にして四分の一ほどの部分訳にすぎないことは、研究者以外にはあまり知られているとはいえないであろう。ましてやそれがなぜこの箇所で中断されたかという理由になると、従来かならずしも十分納得のいく説明がなされているとはいいがたい。兆民が多分に儒教的な論理と倫理とでルソーを理解し、それを漢文で表現したためにルソー思想と儒教思想とがたがいに抵触し、ついに訳業を挫折せしめたのではないかという中村雄二郎氏の見解があるが、(1)兆民がフランスから帰国後まもない明治七、八年頃通常の仮名まじり体で訳し、河野広中、宮崎八郎ら民権の志士たちに愛誦されたという未刊行写本でもやはり第二巻第六章「国法」で擱筆されているということは、(2)『訳解』中断の理由を漢訳以外の事情にも求めうることを示唆するものといえよう。したがって本章では、『訳解』をひとまず漢訳の問題から切り離し、それがいかなる外部的情況に照応していたかを検討することによって、合わせてその中断理由を解明する緒としたい。

さて、『訳解』の中断理由で真先に思い浮ぶものは、まさしくその第二巻第六章「律例」の所論から兆民がおのれの基本的政治理念として『東洋自由新聞』論説に掲げた「君民共治之説」(3)の論拠を導き出しているということであろう。後論の理解のために以下にとりあえずこの理論が原著『社会契約論』の該当箇所から導き出された経過を逆に辿ってみよう。

前段までに「社会契約」、「主権者」、「一般意志」等の主要原理をほぼ論定しおえたルソーは、第二巻第六章に「社会契約によって、われわれは政治体に存在と生命とを与えた。いまや、これに意志と行動力とを与うべきときであるが、それには立法がなくてはならない」と前置きし、「法律は一般意志の行為」des actes de la volonté générale,「われわれの意志の決定の記録」des registres de nos volontés であるから、法律を作る権限(＝主権、立法権)は当然人民に属すべきであると説いたのち、各国の政体に触れて次のように述べている。

　だから、わたしは、すべて法律によって統治される国を、その政治形態がどんなものであろうと、国家《レピュブリック》〔共和国〕と呼ぶ。なぜならば、この場合においてのみ、公共の利益が優先し、公共のもの《ラ・ショーズ・ピュブリック》ということばが何らかの意味を持つからである。すべて正当な政府は共和的である(4)

右の一節にはさらに次のような原注が施されているが、兆民を鼓舞して本節に拠って君民共治論を唱道せしめたものは、けだしこの注であろう。

　共和政という語で、わたしはたんに貴族政または民主政だけを考えているのではなく、一般に、一般意志すなわち法によって指導される、あらゆる政府をさす。正当であるためには、政府は主権者と混同されてはならず、主権者の執行機関でなくてはならない。そうなった場合には、君主国もまた共和国といえる

ルソーはマキャヴェリの『君主論』を逆説的に「共和主義者の教典」(le livre des républicains)と呼んだが、(5) ここには期せずして、まさしく「共和主義者の教典」と万人に目された『社会契約論』を、転じて天皇制日本の臣民の教典たらしめる読解の可能性が示されているといえよう。兆民がただ単に民約論を訳すだけでなく、民約訳解を作る必

要を感じたのはこのルソー一流の逆説的論理を正しく伝えるためではなかったかと想像されるゆえんであるが、『訳解』の該当箇所をみると、

是故若有二一邦一、独被二律例之所一レ束、而不レ知二其他一、余必曰二之自治之国一、其居レ尊者、称レ帝称レ王、非レ所レ問、何者、唯其如レ此、然後為レ民者、自治而不レ治二於人一、又凡政之合二于理一者、皆為二自治之政一……

となっている。[6] すなわちルソー本文前段の「国　家《レピュブリック》」〔共和国〕を「自治之国」と訳して中段を「解」にまわし、原注の「君主国もまた共和国といえる」を前面に出して傍点部分を補訳しているのであるが、そこには、「居レ尊者」といって「至尊」の成語を用いず、「帝」「王」という漢語に托してたくみに「天皇」を回避しながら、なおかつ日本人の天皇制呪縛を解き、人民が法律を作る主体となれば、たとえ天皇制のもとでも「自治」を実現しうることを示そうとする意図が明白に読みとられる。

「解」ではとくにルソー本文中段で république《レピュブリック》 というラテン語源のことばに chose publique《ショーズ・ピュブリック》 というフランス語意訳を当てている箇所をとらえて、そのラテン語表現「列士・彪弗化《レス・ピュブリカ》」(res＝「事」・「務」、publica＝「公」)は本来「公務」、「衆民之事」を意味するものであるとし、重ねてその意義の歴史的変遷を辿ってあるいは「邦」となり「政」と転じ、中世以来とくに「民自為レ治」(＝自治)を意味するようになったとつけ加えている。すなわち、当時すでに république の定訳として用いられていた「共和」をとらないのはこの語の「字面」がそのラテン語原義と無関係だからというわけであるが、じつをいうと res publica という表現は原文にないうえ、ラテン語をよくしない兆民[7]がこの表現を用いているのはやや唐突の感を与えないではない。しかも、ルソー以前からいやしくもレピュブリックといえば「民自主レ国不二別置一レ尊者」、具体的には北アメリカ、スイス、今の〔＝第三共和政〕フランスを指し、その他の「帝制」、「王制」の国と区別するというくだりを読むと、この定義はきわめて図式的であり、かつて『政理叢談』の原典を調

べた経験から、ことによると辞書の項目に拠ったのではあるまいかという疑念が浮かんでくる。兆民とその一門は明治二十年にリトレ『フランス語辞典』E. Littré: Dictionnaire de la Langue Française, 1866–1872. のボージャンによる縮約版を訳した『仏和辞林』を刊行しているが（序にボージャン Beaujean の要約になる中辞典を訳したと断わっている）[8]、『政理叢談』でもかれらはブロックの『政治大辞典』M. Block: Dictionnaire général de la Politique, 1862. 同『フランス行政辞典』Dictionnaire de l'Administration Française, 1856.[9] フランクの『哲学辞典』A. Franck: Dictionnaire des Sciences Philosophiques, 1844–1852, 6 forts vol.（兆民の留学時代久しく絶版となっていた本書は一八七五年、改訂縮約版二巻として再刊された）[10]、ヴァプローの『世界現代人名辞典』G. Vapereau: Dictionnaire universel des Contemporains, 1858.[11] 等各種の辞典類を備えていた形迹が窺われる。それゆえ当時流布していた辞典類に当ってみると、半世紀以上にわたって知識人士の書架を飾ったといわれるブイエの[12]『科学、文学、芸術大辞典』M.-N. Bouillet: Dictionnaire universel des Sciences, des Lettres et des Arts, 1854. の《République《レピュブリック》》の項に、「ラテン語源。*res* は chose, *publica* は publique」と断わったのち、

　古代の原義によればこの語は、その形態のいかんを問わず、あらゆる国家（＝「邦」）、あらゆる政府（＝「政」）をいう。今日では、人民が直接にせよ、代議士によるにせよ、自ら統治に当っている国家（＝「民自為レ治」）をすべてレピュブリックと呼ぶ。君主政 monarchie の反意語（＝「或称二帝制之国一、或称二王制之国一、以別二異之一」）

と定義し、さらに中・近世の著名な実例（＝「中世以来」）を挙げながら「今日現存するレピュブリックとしては、フランス、スイス……、アメリカ合衆国等がある」としているのが典拠であろうと思われる。[13] 兆民はこのあと、ルソー本文前段で「自治之国」の語を用いたことに触れて、それがけっして奇異な訳語でない証拠としてルソー原注を引き、人民が法律を作る権限を行使するかぎり、「所謂帝者、所謂王者、皆不レ過レ為二一長吏之類一、而初無レ害二於我之自為一」

レ治」(傍点部分は原文になく兆民の加筆)と、ともすれば「政府」と混同される「帝」も「王」も(そして言外に「天皇」も)主権者たる人民の執行機関にほかならないことを説いて、この有名な「解」を閉じるのである。

「君民共治之説」でも兆民は原著の同一箇所に拠って、世上にいわゆる「共和政治」とはラテン語の「レスピュブリカー」の訳語であることを断った上で

> 故ニ苟モ政権ヲ以テ全国人民ノ公有物ト為シ一二有司ニ私セザルトキハ、皆「レスピュブリカー」ナリ皆ナ共和政治ナリ君主ノ有無ハ其問ハザル所ナリ(14)

と論じ、同じく共和政治を実現しようとするならば、その「名」、あるいは「形態」(=政体)を求めるよりも、その「実」をとるに若くはないと提唱している。

「見今仏国ノ共和政治」(=第三共和政)といえども、その実について見るときは、「英国立君政体」において人民が自ら法律を定め、宰相を選ぶ権利を享受して、「レスピュブリカー」の実が行なわれているのに決して及ばない。したがって、「『レスピュブリカ』ノ実ヲ主トシテ其名ヲ問ハズ共和政治ヲ改メテ君民共治ト称スル所以ナリ」というわけである。

さきのルソー注の「君主国もまた共和国といえる」の一節は、留学以来ルソー流共和政治の実を日本に行なう方途を求めていた兆民にあたかも『歎異抄』の「善人なをもちて往生を遂ぐ、いはんや悪人をや」という逆説的真理に接したときと同じような衝撃を与えたのではないかと想像されるが、ルソーの政体論を論じたポール・バスティドが指摘するように(15)、アリストテレス以来の伝統的な政体論史の上できわめて独創的なこの定義を、皮肉なことにルソー自身はけっして首尾一貫した体系として完成しないままにおわったのである。兆民があえてそこをとらえて「君民共治之説」という自家の理論を唱えたことは、東西のルソー解釈史上でも稀れな例であると思われ、いささかかれにルソ

ーから出てルソーを超えた功を認めてもよいところであろう。そこでかれがこの理論をいつごろから抱懐していたかを窺うに、『東洋自由新聞』創刊号「社説」(一四・三・一八)[16]に号を逐って論述さるべき所見数項を予告したものの中に「自由之説」に次いで「君民共治之説」が見えており、同「祝詞」[17]にも「余ヤ寒陋ノ一書生……自主ノ大義ヲ鼓唱シ君民同治ノ制ヲ主張スルニ至リテハ其自ラ視ル人ノ後ニ在ラズ」(傍点引用者)と述べているから、君民共治論はすでにそれ以前からかれの持論になっていたようであるが、さらに第二号「社説」(一四・三・二三)[18]をみると、明治八年四月の立憲政体樹立の詔勅に触れて、かかる「聖主ノ慈仁」に沿って日本人民が「自由ノ域ニ躋ル」ことを得るためには「吾輩唯当サニ至理ヲ講求シテ以テ時ヲ俟ツ可キナリ」という脈絡の中で「立憲ハ即チ我輩ノ所謂君民同治ナリ」と説明している。

さて、明治八年五月、兆民は新設後まもない元老院の権少書記官に任官しており、そのころにはすでにかれの訳した「民約論」未刊行写本が出まわっていたと思われるが、稲田正次氏が紹介された「民約論巻之二」をみると、ルソーの「すべて正当な政府は共和的である」Tout gouvernement est *républicain* はまだ「名義ノ正キ政府ハ其体裁ヲ論ゼズ皆共和政治ト称ス可シ」と訳され、「按」でもまた「洋語列彪弗加《レピユブリツク》ハ共和政治ト訳スルモノニシテ……此字往古ニ在テハ唯政府ノ意味ニシテ其体制ニ関セズ……」とさきのブイエの定義に拠っていることは明らかながら、レピュブリックにはやはり「共和政治」の訳が当てられて、のちに「共和政治」の名と実を区別したり、「君民共治」あるいは「自治之国」(又は「自治政」)と訳し換えたりするような細かい配慮を払っていないように見受けられる。[19]一説によれば[20]この仮名まじり体「民約論」は大久保利通の命により元老院から刊行されたといわれるが、現在その刊本は残っていないし、また河野広中は板垣から「此者〔=兆民〕ガ嚢ニ民約論ヲ訳セシガ、何カ政府ヨリ談ジラレ為ニ鼻ヲ拭テ捨タ」と聞いたと伝えているから、[21]刊行の件は沙汰止みになったものであろうか。「政府ヨリ談ジラレ」たというのは訳者の身分が元老院書記官だったことと、「共和政治」その他の用語に穏当を欠くものがあるとみられたことによると思われるが、これよりさき六年十一月、大久保が政体取調掛伊藤博文に提出した立憲政体にかんする意見書には「民主未ダ以テ取ル可カラズ君主モ亦未ダ以テ捨ツ可カラズ」という、消極的な見地からではあるが君民共治論が唱えられている。[22] 兆民は大久保には留学の推薦を受けた大恩があり、帰国時には大久保邸へ直行して留学中の報告をし、かつ、胸中蓄えた経綸を吐露したと伝えられるから、[23] あるいは表現はまだ生硬ながら実質的には君民共治論を志向していたことも考えられぬことではない。

いずれにせよ、君民共治論は兆民の政治思想の根幹をなすものであり、それがいつごろ胚胎したかを探り、当初のどちらかといえば直線的な主張から次第に幅と厚みを増していった過程を辿ることはなかなか興味ある問題であるが、さりとてその論拠が原著第二巻第六章に見出されることをもってただちに『訳解』中断の理由とすることはいささか早計のそしりをまぬがれぬであろう。それはたしかに中断理由の有力な一つであるといえるが、原著第二巻第七章以下の削除された部分を一応検討してみるのが順当な手続きではあるまいか——兆民自身が『訳解』連載の最後に施した「解」はその間の事情を物語っているように思われる。以下になぜこの「解」が施されねばならなかったかをその時代的状況の中で問い、合わせて『訳解』中断のもう一つの理由について考えてゆきたい。

（1）「中江兆民『民約訳解』にみられるルソー思想のうけとり方について」(『法律論叢』、昭和三十七年七月)、『近代日本における制度と思想』に収録。

（2）稲田正次『明治憲法成立史』上巻、六三四—六三九頁。稲田氏はその後『明治憲法成立史の研究』(昭和五十四年)に『民約論巻之二』の全文を発表されたが、『全集』第一巻、三一一八頁にあらためてこれを翻刻した。

（3）『全集』第一四巻、一〇一一二頁。

（4）以下、ルソー『社会契約論』についてはプレイアッド叢書版『全集』第三巻 Œuvres Complètes de J.-J. R., Bibliothèque de la Pléiade, T. III 所収《Du Contrat Social》ならびに平岡昇・根岸国孝訳（角川文庫版）に従うが、とくに頁数は記さない。

（5）『社会契約論』第三巻第六章。

（6）『全集』第一巻、一二六頁。

（7）『仏国訴訟法原論』翻訳「凡例」に「文中羅甸語ニ係ルモノハ訳者解スル能ハザルガ為メ之ヲ闕ク」とある（『全集』第一七巻、二三一頁）。

（8）第五号以下「政党論」ほか。

（9）第五十号以下「仏国行政一斑」。

（10）第四十六号「自殺論」。

（11）第三号、アンリー・アラン「法理論」前書。

（12）G. Matoré : Histoire des Dictionnaires français, p. 175.

（13）RÉPUBLIQUE (du lat. *res*, chose, et *publica*, publique).

Pris dans son acception antique et primitive, ce mot se dit de tout État, de tout gouvernement, quelle qu'en soit la forme. Aujourd'hui on appelle *république* tout État où le peuple se gouverne lui-même soit immédiatement, soit par ses délégués : on l'oppose *à monarchie*.

Parmi les célèbres républiques, on cite : chez les anciens, celles d'Athènes, de Sparte, … ; chez les modernes, au moyen âge, les *R. italiennes*…, etc. —Les républiques qui existent aujourd'hui sont : en Europe, outre la *République française*, la *Suisse* ou *R. helvétique*… ; tous les États de l'Amérique ; …, etc. なお、中江篤介・野村泰亨共訳『仏和字彙』（明治二十六年）の引用書目にリトレ、ラルース等と共に「ブイエー」が挙げられているが、『革命前法朗西二世紀事』に引用される「ブイエー『歴史字典』」も実はブイエの Dictionnaire universel d'Histoire et de Géographie であることが判明した。

（14）『全集』第一四巻、一一頁。

(15) Paul Bastid: Rousseau et la théorie des formes de gouvernement, in Etudes sur le *Contrat Social* de J.-J. R., p. 319.
(16) 『全集』第一四巻、一頁。
(17) 同右、第一一巻、二八頁。
(18) 同右、第一四巻、六頁。
(19) 同右、第一巻、一七頁。
(20) 『二十一大先覚記者伝』後篇三「中江兆民」、二九三頁。
(21) 河野広中『南遊日誌』、『全集』別巻、三頁。
(22) 『大久保利通文書』第五、一八二頁以下。
(23) 前掲『二十一大先覚記者伝』、二九二頁。

II

さて、『政理叢談』誌上における『訳解』の掲載状況を調べると、その第二号(一五・三・一〇)から始まって、第十六号(一五・一〇・一〇)まで毎号連載され、第十七号(一五・一〇・二五)から第三十四号(一六・五・五)までの約半年間は兆民が著訳出版社設立のためと称し高弟酒井雄三郎を具して四国、九州一円遊説の旅に上ったため休載、[1] 第三十五号(一六・五・一五)から第四十三号(一六・八・五)までふたたび毎号連載して第二巻第六章「律例」本文までの掲載を終っているのであるが、問題の「解」は一ヶ月置いて第四十六号(一六・九・五)に追加掲載されたものである。兆民の西遊をはさんで前後二回にわたって連載された本文から一つだけ号が飛んでいるせいか、この「解」は『明治文化全集』の編者たちからも見落とされ、『政理叢談』自体が稀覯本であることと相俟って久しく論者の注目を浴びることがなかったが、復刻版『兆民文集』の松永昌三氏による解説[2]に収められてようやく一般読者の目に触れるようになった、いわくつきのものなのである。

その書き出しをみると、はじめ本文訳了とともにいつものとおり解を施そうとしたのだが、折からの猛暑に「神気疲困」して昼寝を決め込んでしまい（「遽投レ筆引レ枕一睡」）、とうとう本文だけを印刷に付する結果におわった、と解の遅れた理由を説明している。年譜をたぐると、兆民はこの年八月、同じくルソーの『学問芸術論』Discours sur les Sciences et les Arts を訳した『非開化論』上節をみずから設立してまもない日本出版会社から、また十一月には浩瀚な『維氏美学』Eugène Véron : L'Esthétique の上冊を文部省からそれぞれ出版しているから、『訳解』本文の稿を了えた当時は右二訳書の出版準備も重なっておそらく昼寝どころではなく、したがって「神気疲困」の件もあながち猛暑のためばかりとはいえなかったようである。だが理由はともかく、徳富蘇峰をして「高渾樸実、其の傑作は、殆んど秦漢に逼る」[3]との賛辞を呈せしめた漢文をもって国家、政体を論ずる文脈の中でにわかに昼寝とは、いかに「飄逸奇突」[4]をもって鳴る兆民流の文体とはいえ、場ちがいの感を禁じえない。なにかそこにはわけがあるのではないか[5]……

「解」はこのあと第二巻第六章後段の論旨を受けて、立法権は本来人民にのみ帰属するものであるが、人民の無知を啓発して誤まりなく立法の大事業を達成させるには一人の立法者（兆民は「制作者」の訳を当てている）が必要であることを再説し、次章「立法者について」の要旨とその解とみなしうるものを附加している。『訳解』では第二巻第六章まで各章とも全訳されているから、第七章のみが要旨のかたちで「解」に収められたことは異例というべきであり、折からの猛暑、あるいは両訳書の出版準備等のため第七章を全訳するに十分な余裕がなかったにせよ――いやむしろ、そのような時間的制約の中であえて前例を破ってまで――なぜ立法者の問題にこだわらねばならなかったかが問われねばなるまい。以下にとりあえず問題の箇所を原文のまま掲げよう。

由レ此考レ之、欲下深究二利害之源一、詳悉靡レ遺、以制中一国之律例上、非乙得下一聡明睿智、抜二衆人之表一者上而托甲レ之、不可、是所謂制作者、而如二希臘之李煦爾屈《リキュルグ》、蘇崙《ソロン》、羅馬之紐瑪《ニユマー》一、即是也、此事詳二于下数章一、但前章既曰三建二立律例一、又曰三造二為律例一、建二立律例一者、民之事、而造二為律例一者、制作者之事也、蓋制作者、受二民托一、制二為律例一、授二之民一民従著為二邦典一、是知、律例雖レ成二制作者之手一、而採二用之一与レ否、独民之所レ任、他人不レ得レ与、熟復玩味、一論中絶無レ有二矛盾処一……

右の引用を原著と照合してみると、第七章「立法者（＝「制作者」）について」の要旨は第二行「即是也」までで、以下はもっぱら立法者の権限について敷衍したものである。

さて、ルソーは第七章冒頭に、あるべき立法者の姿を次のように描いている。

諸国民に適する、社会を律する最上の規律を発見するには非凡の知性を必要とするであろう。人間のあらゆる情熱を知りつくしながら、そのいずれにも動かされず、われわれの本性と何のつながりももたないのに、それを知りぬいており、自分の幸福がわれわれと無関係であるのに、しかもわれわれの幸福を念願し、さては、時が進みゆくにつれて、はるかな未来の光栄の日を期して、ある世紀に辛苦して、その収穫を他の世紀で楽しむことのできるような知性を必要とすることであろう。つまり、神々でもなければ、人間に法を与えることはできないであろう

ここに現われているのはルソーが立法者に対して抱く高い理想、それだけにまた、現実には求めてもこれを得られまいとの深いペシミズムなのであるが、文中立法者に「非凡な知性」une intelligence supérieure なる抽象名詞が当てられて一度も人間を意味することばが用いられていないことは一考に値しよう。試みに『アカデミー・フランセーズ辞書』Dictionnaire de l'Académie Française の一七一八年、一七六二年の両版で《Intelligence》(知性) に当って

みると、「純粋に霊的〔＝天上的〕な実体」Substance purement spirituelle という定義が見出され、「至高の知性」Intelligence souveraine といえば「神」を、複数で「純粋な知性」pures Intelligences または「天上の知性」Intelligences célestes といえば「天使」を意味したことが知られるから、ルソーのいわゆる「非凡な知性」にも、神とはいわぬまでも、天使に近いひびきがあったはずである。(6) 今日のルソー研究家の間でもなお、かれの立法者が神とか神秘的な人物でなくて人間〔＝賢人、技術者〕であることを力説しなければならないことは、(7) 換言すればこのテキストにそのような解釈ないし誤読を許す余地が残っていることを示すものといえよう。兆民が立法者を終始人間として論じていることは、『訳解』を民権運動の実践的理論書として提示する要請に迫られて、ルソーの歴史的ペシミズムに浸っている余裕がなかった事情を考えれば当然のことといえるが、それにしてもかれが挙げているリュクルゴス、ソロン、ヌマらの古代立法者は、(8) たとえこれを歴史上の人物とみなすにせよ、『ルソー政治論集』の編者ヴォーンが「社会契約の権化」(9) と呼んでいる完璧な例ばかりであり、にわかに実現を期しがたいものである。日本に君民共治憲法を実現しようとする兆民が、なぜこのように非現実的な立法者像をわざわざ『訳解』の末尾に掲げたのであろうか。またさらに、右のようにすぐれた立法者によって起草された法律であっても「採二用之一与レ否、独民之所レ任、他人不レ得レ与」と人民がこれに対して拒否権を行使しうることを示唆し、「律例を造為〔＝起草〕」するのはなるほど立法者の任であるが、これを「建立〔＝制定〕」するのはあくまでも人民であって、立法者はたんに受託者にすぎない点に読者の注意を喚起し、「再思」を促しているのはなぜであろうか。

　この「解」の投げかける右のいくつかの疑問は、それが『政理叢談』に掲載された——されるはずであった——時期を調べることによって解明の緒をつかめるように思われる。すなわちこの「解」は、もし兆民が第二巻第六章「律例」の本文を訳了したとき昼寝をしていなければ、本来、第四十三号に掲載されたはずのものであるが、その発刊期日（一六・八・五）は、前年三月渡欧してグナイスト、スタインらに就いて憲法調査に従事していた伊藤博文一行の帰朝復命（一六・八・四）と奇妙な一致を見せているのである。ちなみに『訳解』がはじめて掲載された『叢談』第二号（なぜ第二号からなのか）の発刊期日を調べると、これまたあたかも伊藤一行の横浜解纜（一五・三・一四）を目前にした十五年三月十日であり、『叢談』誌上における『訳解』の連載は伊藤の渡欧憲法調査と少なくとも時期的には完全に重なり合っているわけである。両者の間には果して直接的な因果関係があったのだろうか……

（1） ただし、第二十号（一五・一二・一〇）には「明治十五年秋九月」執筆の「民約論訳解叙並補訳」が載せられている。

（2） 復刻『兆民文集』（昭和四十年）、六二二―六二三頁。『全集』第一巻、一二八―一二九頁。

（3） 徳富蘇峰「妄言妄聴」『全集』別巻、二〇九頁。

（4） 幸徳秋水『兆民先生』、同右、四六四頁。

（5） そこにはたしかにわけがあった。出版会社の経営方針をめぐる板垣の発言に怒った兆民は、栗原亮一らとともに八月二日、急遽伊香保温泉へ発ってしまったのである（『全集』第一五巻『政理叢談』解題、三八七―三八八頁参照）。

（6） たとえばモンテスキューは『法の精神』の冒頭（第一篇第一章）に「あらゆる存在はその法をもつ」とし、「神は神の法を、物質界は物質界の法を、天使は天使の法を……」と述べているが、「天使」に当てられているのは「人間よりもすぐれた知性」*Intelligences supérieures* à l'homme という表現（ただし複数形）である。De l'Esprit des Lois, Liv. I, ch. 1, Ed. de R. Derathé, Garnier, T. I, p. 7.

（7） Raymond Polin : La Politique de la Solitude, p. 226.

（8） 原著第二巻第七章では具体的な立法者としてはリュクルゴスの名が挙げられ、予言者モーゼの名が暗示されているのみであるが、これらはいずれもルソーの讃美する古代立法者であり、兆民はその意を酌んで同第三章からここに引いたものであろう。

（9） C. E. Vaughan : The Political Writings of J.-J. Rousseau, T. I, Introduction, p. 29.

III

まず、『民約訳解』の連載がはじまり、伊藤一行がヨーロッパへ向けて出発した明治十五年三月の段階において官民抗争の争点がどこにあったかを、『自由党史』の記述によって概観しておこう。(1)

是歳春初以降、民間の政論専ら憲法問題に傾き、新聞に演説に、弁難攻撃の風頗る熾にして、国民の政体に関する観念は、明かに此時を以て暴露せられんとす。蓋し伊藤の欧行を決するに至りし所以の者、固より去年十月の詔勅あり、経画準備の重責を負へるに基くが為めなるべしと雖も、亦民論既に憲法討究の先駆を為し、時期を促発して以て当局の一日も怠慢に流るを許さざる形勢に達せしに由らずんば非ず。而して三月の交、伊藤発程の際は、恰も憲法問題の論戦酣《たけなわ》なるの時にして、其題目の要点たる、『憲法は欽定たるべき乎、将た国約たるべき乎』『国家の主権は果して何れに存在する乎』等の大体に存したり(傍点引用者)

明治十四年の政変は廟堂内における民間政論の代弁者と目された筆頭参議大隈重信を駆逐するために伊藤を中心として企てられたものであるが、政変と同時に公布された国会開設の詔勅によって、それまで集会条例等の弾圧法規に壅塞されていた民権論はにわかに息を吹返した。詔勅では二十三年を期して国会を開設するとともに憲法は欽定をもってする方針が明らかにされていたが、十五年一月、『東京日々新聞』が政府の意を体して、欽定憲法、君主主権を主張する「主権論」を社説に掲げたのを皮切りに、『東京横浜毎日』、『郵便報知』、『朝野』等民間の諸新聞が一斉にこれに反撥して国約憲法、主権在議会の論陣を張り、朝野を沸かせるに至った。世にいう主権論争である。このときの民権派の主張を要約して同じく『自由党史』は(2)

主権とは国家統治の大権たる、固より論を待たず。然れども国家は君主の謂に非ず、又人民の謂にあらず、帝権と民権と合一して始めて国家権を生ず。君主実に之を代表するの故を以て、独り君主のみ之を私有すと謂ふは不可なり。要は両大要素の抱合に由て保たれざるべからず。故に憲法は君主と人民の一致に基いて定むべく、国約憲法とは之を謂ふなり。[3] 故に苟くも憲法を制定せんには、先づ憲法制定議会を開くを要す

と要約し、欽定憲法の根拠が法理論にあるのに対し、国約憲法の根拠は政治論にありとしている。問題はこの政治論というのが具体的に何であり、それを唱えるのが主として誰かということになるが、まず欽定憲法論の側で駁撃の対象になっている政治論はなにかを調べると、論争のきっかけとなった『東京日々』(一五・一・一四)の「主権論」[4]は、世運転換期の人心を誤らせた新説としてルソーの人民主権論とこれに依拠するフランス革命思想を挙げ、

我邦ニ於テハ如何ニ理論ニ偏向スル徒タリトモ、第十八世紀ノ末仏ノ国民議会ガ布令セル、仏国ノ大権ハ独リ其民衆ノ手ニ在リ……只其民衆ノミ能ク憲法ヲ制定シ変更スルノ特権アリ、ト云フガ如キ荒誕無稽ノ妄念ヲ抱ク者ハ決シテコレ無カルベシト雖、其主権国民ニ在リト云ヘル説ヲ唱フル者ハ蓋シ我邦ノ論者ニ少カラザル所ニシテ、某記者ノ如キ已ニ公然之ヲ言ヘリ(傍点引用者)

と述べている。右の理論派と目される「某記者」がルソー流の人民主権論をストレートに主張するような「荒誕無稽ノ妄念」に捕われていたわけではなく、あくまでも日本という一君主国(=天皇制国家)に人民主権の原理を適用しようとしていたらしいことは注目されよう。すなわち民権派全体の集約的主張とされた国約憲法論の論拠は、具体的には兆民の唱えていた君民共治論に帰着するのではないかと想像されるゆえんであるが、前年六月、大隈重信の憲法建議(十五年をもって憲法を公布し、十六年をもって国会を開設すべしという急進論)によって廟議破裂の危機が訪れたとき、天皇の侍講元田永孚が諸参議の憲法建議にかんする下問を受けて作成した奉答書草稿には次のような一節がみ

られる[5]。

臣又国会論者ノ主義ヲ聞クニ我政体ヲ以テ君民共治ト為ント（削―伊藤）参議ノ論中ニモ亦国会ヲ起シテ以テ君民共治ノ大局ヲ成就スルハ甚ダ望ムベキノコトナリト云（削―雖ドモ事苟モ国体ノ変更ニ係ル実ニ曠古ノ大事決テ急燥《ママ》ヲ以テスベキ者ニ非ズト）此ノ如クンバ是遂ニ君民共治ヲ欲スルナリ国体ヲ変更スルニ至ルナリ（削―我国ヲ英国ニスルナリ）臣以テ甚不可ナリトス我国ハ万世君主仮令制度ハ英制ヲ取ルモ君主自ラ之ヲ定ルナリ言ハ輿論ニ求ムルモ万機一モ宸裁ニ決セザルナシ故ニ之ヲ君主立憲ト云ヘリ決シテ君民共治ト云ベカラザルナリ決シテ国体ヲ変更スルニ非ザルナリ孔子曰ク名ヲ正スヲ以テ先トス名ノ在ル所実之ニ従フ故ニ君民共治ノ名政府ノ当局者ノ決シテ云ベキ所ニ非ザルナリ

ここで元田が槍玉に挙げている「国会論者ノ主義」とは、奉答書前段では維新以来万事が洋風に流れたのちの「民権国会自由共和ノ説」、「洋風横議」とも呼ばれているから、明らかに洋学者の首唱する説であり、またこの奉答書の作成された時期が、『東洋自由新聞』が天皇の内勅による社長西園寺公望の辞任とそれにともなう弾圧のために第三十四号（一四・四・三〇）をもって廃刊のやむなきに至ってからまだまもないころであり、そこで使用されているのが君民共治の用語であることなどから、元田はやはり兆民の「君民共治之説」を念頭に置いて奉答書を認めたものと思われる。すなわち兆民が、共和政治の名称に惑わさるべきではないことを説いて「仲尼曰ク必ズヤ名ヲ正サン乎ト名ノ正シカラザル一日数千万ノ善男子ヲシテ長ク五里霧中ニ彷徨シテ出ル処ヲ知ラザラシムルニ至ラン、是レ乃チ我儕ノ「レスピユブリカ」ノ実ヲ主トシテ其名ヲ問ハズ共和政治ヲ改メテ君民共治ト称スル所以ナリ」と述べている箇所をとらえて、君民共治に名を藉りて共和政治の実を行おうとしている「国会論者」＝兆民の底意を暴いてみせ、その術中に陥らないよう「政府ノ当局者」に警告を発したものであろう（傍点ともに筆者）。

書中、伊藤が漸進主義の立場から国会尚早を唱えながらもなお「君民共治ノ大局ヲ成就スルハ甚ダ望ムベキノコト」と考えていた点に元田の批判が向けられていることは、やがてかれが担うべき役割を考えるときなかなか興味深いものがあり、裏を返せば民権派はこのころまで君民共治の実現にかなりの幻想を抱きえたことを意味するものといってよかろう。じじつ伊藤は、十三年十二月に提出した憲法建議[6]において、フランス革命以来百年の世界各国の趨勢を「皆専裁ノ風ヲ捨テ、人民ト政治ノ権ヲ分ツコトヲ免レ」ぬものとしてとらえ、日本の国体も国会を開設することによって必然的に君民共治に移行するものであるから、その時期を選ぶには慎重でなければならない、という比較的リベラルな見解を示していたのである。元田はこれをもって君民共治の名に惑わされたものとして当局者にあるまじき言辞と決めつけているわけであるが、この批判が伊藤に伝えられたか否かはともかく[7]、同じ十四年六月中かれに直接、君民共治論の脅威を説いた人物がまさしく当局者中にある。同月上旬以来岩倉具視のために憲法調査に従事していた太政官大書記官井上毅がその人である。

井上は六月下旬ごろ伊藤と密接な結び付きを持ったといわれるが、七月二日にははやくも伊藤に書を送って[8]、

> 時事漸く変局を現はし、安危の機、実に今日に在り、後日風雨震雷交々至るもの、今日に在りて、或は一挙手の間に運動転化すべきもの有之、仰ぎ願くば、明公繊芥の瑣事を放却せられ、進で自ら御負担有之、以て戊辰以来の九仞の大業を一簣に成就し給はん事を

と状況の切迫を訴えて伊藤が自ら憲法起草の任に当るよう奮起を促し、もし聴きいれられなければ官を辞して郷里熊本に帰るつもりであると決断を迫っている。

七月十二日付の有名な書簡[9]ではさらに一歩を進めて、

> 不肖現今ノ景況ヲ熟察仕候ニ、昨年国会請願ノ徒、今日音ヲ入レ候ハ、決シテ静粛ニ帰シ候ニ無之、即チ各地方

ノ報告ニ拠ルニ、皆憲法考究ト一変イタシ候ニ有之、其憲法考究ハ即チ福沢ノ私擬憲法ヲ根ニイタシ候外無之、故ニ福沢ノ交詢社ハ、即チ今日全国ノ多数ヲ牢絡シ、政党ヲ約束スル最大ノ器械ニ有之、其勢力ハ無形ノ間ニ行ハレ、冥々ノ中ニ人ノ脳漿ヲ泡醸セシム、其主唱者ハ十万ノ精兵ヲ引テ無人ノ野ニ行クニ均シ

と述べ、福沢派の説に従って「英国風ノ無名有実ノ民主政」を採用するつもりならば四、五年待っても遅きに失することはないが、プロイセン風の憲法を実施しようとならばもはや一日も猶予はならないと、強く欽定憲法の採択を迫っている。

以後の伊藤が井上の智謀に支えられて十月の政変を断行し、自ら創設した参事院の議長に任じて欽定憲法調査↓起草の主導権を握るに至る経緯については本章の枠を越えるので省略するが、右に井上が福沢の交詢社を民権派を代表する勢力とみなし、「其主唱者〔＝福沢〕ハ十万ノ精兵ヲ引テ無人ノ野ニ行クニ均シ」と述べているのは若干の検討を要する。福沢が維新以来の民論に絶大な影響力をもっていたことは事実としても、「明治辛巳記事」(十四年)(10)によれば、当の福沢がときの民権論者を「悉皆血気の少年に非ざれば即ち無知無識の愚民にして人の奇貨たる者に過ぎず」と断じ、茶飲み話に「駄民権論の愚を嘲」っているからである。しかもかれは「明治十三年十二月、大隈伊藤井上の三氏と会話、次で十四年一月井上の内話を聞き、其主義全く諭吉の宿意に合したる」ことをすでに確認しており、「兎に角に今の政府は人才の集る所、人望の属する所なれば」とて、次第に国権論への傾斜を強めていた時期なのである。井上が福沢を引き合いに出したのも主としてかれが伊藤の政敵となった大隈と近い関係にあったため、「一大眼目たる大隈を除くの口実には諭吉の名を媒介に用るの外なしと決断して、内実諭吉には気の毒ながら其悪名を作りて暫時これを借用したることならん」(11)と福沢がみずから推測しているような事情によったものと思われ、当時歩み寄りの動きをみせていた大隈を警戒すべきことを伊藤に説くためであったろう。交詢社私擬憲法もまた、どちらかといえば廟堂

内における伊藤－大隈の対立抗争の渦中で、前者の主張するプロイセン流憲法論に対する後者のイギリス流憲法論の論拠としてここに持ち出された観があるが、それでは伊藤の謀師たる井上が民権派の国約憲法論の論拠として真底警戒していた政治論が何であり、誰の首唱になるものであったかをふたたび問うてみることにしよう。

かれが十四年六月上旬、岩倉の嘱を受けて憲法調査を開始したことはさきに触れたが、その調査報告書（岩倉の憲法建議として翌七月上奏される）とともに提出された「欽定憲法考」[12]をみると、憲法はその公布様式によって「欽定憲法」、「国約憲法」の二種に分類されている。そのうち「国約憲法」については「立憲代議士ノ名ヲ以テ公布シ或ハ国君ト代議士ト合同シテ公布スル者」とされ、その例としてはフランス一七九一年憲法〔＝王政〕が挙げられている。さて、日本が立憲国として欽定、国約いずれの道を選ぶべきかということになると、井上は

所謂国約憲法ニ至テハ立君国ノ決シテ行フベキ所ニ非ザル也フランスノ千七百九十一年ノ国憲ノ如キハ即チルースー〔ママ〕氏ノ主権ハ国民ニ存ス及社会ハ約束ニ成ルノ主義ヲ実行セル者ニシテ近来日耳曼《ゼルマン》政学者ノ痛ク排撃スル所也

と、国約憲法はルソーの人民主権論に依拠するものであるとしてしりぞけている。この「欽定憲法考」はさきに引いた伊藤宛書簡（一四・七・一二）にも同封されたものであるから、岩倉、伊藤ら政府首脳は国約憲法論の論拠がルソーにあることを井上から知らされていたことになる。

さて十四年九月には井上の郷里熊本で、民権論の蔓延を憂い、これを抑止することを目的として紫溟会が結成されている。井上の起草になるといわれる「紫溟会主旨」[13]にもまた

……政論ノ詭激ナルモノ実ニ淵源ヲ欧州ニ発ス社会ハ民約ニ始ルト謂ヒ主権ハ国民ニ存スト謂ヒ法ハ衆庶ノ好欲ニ成ルト謂フ其言ノ神奇痛快ニシテ刺激煽動ノ勢ニ便ナルヲ以テノ故ニ一時人心ニ感漸シ潰裂奔盪抑遏ス可ラズ……

我国久シク東洋ニ孤立シ新ニ外交ヲ開ク而シテ欧州詭激ノ政論先ヅ防ヲ決シテ入リ数年ノ間非常ノ速力ヲ以テ都鄙ニ漫延シ寖クニ羽翼ヲナス……

として「詭激政論」が国家社会に及ぼす結果の憂うべきことが強調されているが、その論拠として挙げられているものが(右の傍点部分)ルソー『社会契約論』の――しかも兆民がすでに仮名まじり体「民約論」で訳していた第二巻第六章「国法」までの――要旨にほかならぬことはいうまでもなかろう。(14)

十四年十月の政変後、諸新聞紙上に主権論争がかまびすしくなるとともに、英仏流の民権論に対抗してドイツ流の国家学説を説いたシュルチェ『国権論』H. Schulze: Das preussische Staatsrecht(木下周一訳)が十五年一月から五月にかけて――『政理叢談』の発刊と相前後して――刊行されたが、その「国権論緒言」もまた井上の筆になるといわれるものである。(15)

今ヲ距ルコト百有余年仏国ニ盧騒《ルツソウ》氏ナル者アリテ起レリ世ヲ憤リ俗ヲ矯メ放言自ラ快クス著ス所ノ書巧ニ人心ヲ刺衝シ恭敬馴服ノ志ヲ去テ激昂不羈ノ意アラシム聞ク者臂ヲ攘ケテ起リ万口響ノ如クニ応ズ其説ク所ヲ要スルニ主権ハ民ニ在リテ君ニ在ラズト謂フ民意ノ同キ所以テ法ヲ作ルベク亦以テ法ヲ敗ルベシ以テ君ヲ奉ズベク亦以テ君ヲ廃スベシ顛覆ヲ天権トシ衆ニ違フヲ悖逆トス蓋シ古今立言ノ流未ダ盧騒氏ノ如ク強悍ニシテ且痛快ナル者ハアラザルナリ

ここでもほぼさきの「紫溟会主旨」と同じく、ルソーの人民主権論を人心を激昂させないではおかぬ危険思想とする論旨が展開され、一七九一年フランス憲法や一八三一年ベルギー憲法がこの説を実地に施した例として挙げられるのであるが、ちなみに右の両憲法はいずれも王政(=君主政)憲法である。ルソーの人民主権論に依拠した例としてなぜ井上はフランスの一七九三年革命憲法、一八四八年第二共和政憲法、一八七五年第三共和政憲法を挙げないのか……さらに引用を続けよう。

氏〔=ルソー〕ノ説一タビ仏国ニ試ミ人漸ク其禍ヲ厭フ政ヲ論ズル者且其理論ニ心酔シ且其説ノ大偏ニシテ治安ニ害アルヲ恐ル是ニ於テ歟稍ヤ両間ニ折衷シ理勢ヲ斟酌シ平和ノ説ヲ為シ以テ調停ヲ謀ル……若シ夫レ主権ヲ君民ノ間ニ分ツノ説ニ至テハ即チ調停居仲ニ出ル者ニシテ左視右顧両々系属スルノ意巧ニシテ且婉ナリ故ニ其説世ニ行ハル、コト尤モ広クシテ且ツ久シク数十年ノ間勝ヲ論壇ニ占ムルニ至レリ

結局井上がシュルチェの国家学説によって迎え撃たねばならぬと考えた危険な政治論とは、日本の国情から遊離したルソーの人民主権論、共和主義論そのものであるというよりは、むしろ、兆民によって天皇制日本にも適用可能なかたちに修正を施された人民主権論、その「巧ニシテ且婉」なる君民共治論だったというべきである。

思えばかつて井上が司法省調査団の一員としてリヨンに滞在していた六年六月、折からの留学生帰朝命令によって召還されようとしていた兆民をひきつづき司法省雇いとして残留させるため、真情溢れる推薦状を同僚に認めたことがあり(16)、爾来二人は、終生、人物識見ともに相許す間柄となったが、帰国後の運命はこの二人を駆ってそれぞれ欽定憲法論、国約憲法論の首唱者として朝野に相対峙させることになったのである。みずからは君民共治論の防遏に八方手を尽くしながら、その首唱者の名を挙げて攻撃した迹がたえて見られないのは右の友情のなせるわざであろうか。

さきの『自由党史』の記述に戻ると、主権論争の起った十五年春当時、欽定憲法起草の任が前年十月の政変以来参事院議長として法令制定権を握っていた伊藤に帰するであろうことは、民権派としてもすでに疑いえぬ事実であったろう。また民権派の国約憲法の主張が主として兆民の君民共治論を論拠とするものであることを学究派官僚井上毅が夙に見抜いて八方これが防遏につとめていたことも右に述べたとおりである。したがって兆民が二月二十日、『政理

叢談』を発刊して、人民が「国会ヲ設立シテ議政ノ権ヲ秉摂スル」ことを訴え、気鋭の青年たちに「議員ノ重任ニ堪ユルニ足ル」学術を提供することを約束した[17]のに対して、同二十四日、井上が三条以下三大臣の奉答書を草して「欧州過激ノ政論」[18]に切迫した危機感を洩らしているのは、あたかも響きの音に応ずるごとくであるといえよう。前年十一月元老院議長寺島宗則によって建議され、一月中には廟議の内定をみていた伊藤の派欧[19]もこのとき正式に決定され、翌二十五日にははやくも太政官から「御用有之欧州へ被差遣候事」という辞令が発せられるのである。天皇の勅書ならびに調査項目を列挙した訓条が伊藤に下されるのは三月三日であるが、同十日に刊行された『政理叢談』第二号巻頭に国約憲法論の論拠と目された「民約論」が堂々たる漢文の体裁をとって掲載されたことは、四日後に控えた伊藤一行の出発に対する挑戦――兆民一流の伊藤への餞け――でなくてなんであろう。『政理叢談』が「壮年血気の士」の尊崇を集めたといわれる[20]のは、国家の全権を帯びて渡欧する伊藤に、一介の貧書生の身をもって真向から対決する姿勢をかれらが壮とし快としたからにほかならないのではあるまいか。

(1) 『自由党史』、岩波文庫版、中巻、九二頁。
(2) 同右、九三頁。
(3) 板垣退助「我国憲政ノ由来」(『明治憲政経済史論』、二一二頁)にも同文が収められているが、このあと「即チ知ルベシ、国約憲法ハ君民同治ノ神髄ナルコトヲ」とある。
(4) 長東宗太郎編『民権家必読主権論纂』、新編「明治文化全集」第二巻『自由民権篇』、三一八頁。
(5) 稲田前掲書、上巻、四四五頁所引、「元田永孚文書」。
(6) 渡辺幾治郎編『日本憲政基礎資料』第四十四、二九四―三〇〇頁。
(7) 稲田氏は元田の奉答が岩倉を通じて伊藤に伝えられたのではないかと推定しておられる(前掲書、上巻、四四九頁)。

（8）『伊藤博文伝』中巻、二四五頁。
（9）同右、二四八—二五〇頁。
（10）『福沢諭吉全集』第二〇巻、二三三—二三四頁。
（11）同右、二三八頁。
（12）『井上毅伝』史料篇第一、二二三—二二五頁。
（13）稲田前掲書、上巻、五九九—六〇〇頁所引、『報知新聞』（一四・九・二四）。
（14）井上と同じく熊本県人で、「有名なる仏蘭西学者中江篤介氏等も」学んでいると聞いて漢学者岡松甕谷の門に入ったこともある徳富蘇峰によれば（『蘇峰自伝』、一三五頁）、当時熊本には「ルッソーの『民約論』を金科玉条と」する相愛社があったが（同一四三頁）、これに対抗すべく作られた紫溟会の「主意書は井上毅子の筆になつたるもので、……しかもその目的は専らルッソーの『民約論』を攻撃するにあつた」（同一五六頁）という。
（15）稲田氏は井上の遺稿集『梧陰存稿』に収められた漢文の「主権論序」が「緒言」と同文であることを指摘されている（前掲書、上巻、五三七頁）。
（16）『井上毅伝』史料篇第四、三九九—四〇〇頁。なお両者の交渉については第二章Ⅶを参照されたい。
（17）「叢談刊行之旨意」、『全集』第一四巻、七六頁。
（18）渡辺前掲書、三四八頁。
（19）稲田前掲書、上巻、五六五—五六六頁。
（20）陸羯南『近時政論考』、岩波文庫版、三九頁。

Ⅳ

伊藤の渡欧憲法調査についてはすでに諸家の詳細な研究もあり[1]、本章の範囲を逸脱するので再説を避ける。ただ一つだけ付説しておきたいのは、前節に引いた十四年七月十二日付書簡で井上毅がイギリス流憲法を廃してプロイセン流君主政憲法を採用すべきことを性急に迫ったとき、伊藤自身は「台閣衆論の所帰如何」にことの成否がかかっているのでにわかに結論は出しがたい旨を答えて判断を保留していることである。[2] 横浜解纜に際してもなお伊藤は、「憲法政治ト云フコトニドウシテモ勢ヒ『デモクラチック・エレメント』ト云フモノハ免レヌコト」と考え、国家のこの未曾有の変革を伴なう大事業を前にして、「其責ヲ果シテ塞ギ得ルヤ否ヤト云フコトニ就テハ殆ド茫乎トシテ自分ニモ分ラナイ」という心境であったらしいから、これはとりもなおさず、十五年三月、「伊藤発程の際」の「憲法問題の論戦」(『自由党史』)が謀師たる井上の懸命の奮闘にもかかわらず、まだそれだけ流動的だったことを意味しよう。[3] しかるに伊藤は、滞欧三ヶ月を出ない十五年八月十一日、はやくもウィーンから憲法起草担当に絶大な自信を得たことを窺わせる次のような書簡を岩倉に寄せているのである。

> 博文渡欧以来……独逸にて有名なるグナイスト、スタインの両師に就き、国家組織の大体を了解する事を得て、皇室の基礎を固定し、大権を不墜の大眼目は充分相立候間、追て御報道可申上候。実に英、米、仏の自由過激論者の著述而已を金科玉条の如く誤信し、殆んど国家を傾けんとするの勢は、今日我国の現状に御座候へ共、之を挽回するの道理と手段とを得候。報国の赤心を貫徹するの時期に於て、其効験を現はすの大切なる要具と奉存候て、心私に死処を得るの心地仕候。将来に向て相楽居候事に御座候[4]

出発時の心許なさにひきかえて「死処を得るの心地」するほどの自信を得たのは右の両師の説に、国家組織には大別して「君主立憲体」と「協和(=共和)体」の二種があるが、「君主立憲政体なれば、君位君権は立法の上に居らざる可からず」、したがって君主は「所謂邦国の元首なり。故に法以て之を束縛すべからず、刑以て之に加ふべからず、不可不犯の地位に立て邦国を統括す。是君主の位なり職なり……」という明快な君主政論のあるのを知って前日の迷いから醒めた心地がしたからである。

故に上に所謂二種の別は、縦令立君の国と雖も、君権完全ならざれば、其政体乃ち協和なり。邦国統治の権国会に偏倚して、宰相は国会の衆寡に依り進退せらるゝ者協和なり。……故に君主立憲にして君権を完全にし、立法行政両立平行の組織を固定せん事を期す。此真正の政体にして又真理の然らざるを得ざる者なりと(5)

すなわち、この論法にかかれば、民権派の国約憲法論、兆民の君民共治論のごときは、名を君主政に藉りながら、その実、共和主義を主張するにほかならないから、これを顧慮する必要はなく、伊藤としてはただ「君主立憲にして君権を完全に」することだけを考えればよいわけである。ここにいわば、欽定憲法起草者としての伊藤の回心をみるべきであり、かれはそれから二ヶ月後の十月二十二日には「憲法丈けの事は最早充分と奉存候得共云々」と井上馨に書き送っているほどであるが(6)、さて日本にある兆民はこのような伊藤の憲法調査の実態と進捗状況をどの程度把握していたであろうか。

まず伊藤の憲法調査についてわきまえておいてよいことは、三月三日の勅書に付せられた訓条第十一項に「欧州各立憲君主国ノ憲法ニ附キ其淵源ヲ尋ネ其沿革ヲ考ヘ其現行ノ実況ヲ視利害得失ノ在ル所ヲ研究スベキ事」とうたってあるのみで(7)、その具体的な調査内容は終始民間に秘匿されたということである。プロイセン流の君主政憲法が主な調査対象になるであろうことは最初から予想された事態であったにもせよ、当時の新聞論説にみるかぎり――政府の忌諱に触れることを恐れてか――伊藤派欧の目的については、

此事ノ世ニ伝播シテヨリ世説ハ例ノ如ク種々ノ臆想ヲ逞クシ、或ハ此行外債ノ為ナリト云ヒ、或ハ露帝即位ノ大礼ヲ賀スル為ナリト云ヒ、或ハ他ニ機密ノ外交アルガ為ナリト云ヒ、又或ハ欧州立憲政体ノ実際ドモヲ親シク観察セラルヽガ為ナリト様々ニ云ヒ噺セドモ、吾曹ガ窺ヒ知リ得タル所ヲ以テスレバ、此ノ最後ノ推測コソ蓋シ其

実ヲ得ルニ近カルベシト思ハル、也

とはなはだ婉曲な言いまわしで欧州立憲政体一般の視察を匂わしているにすぎないし[8]、また元老院権大書記官金子堅太郎は、伊藤がドイツ憲法を調査しているとの巷説を否定しながら、自分としてはブラジル帝国憲法が世界各国の憲法を斟酌折衷して善美を尽くしているのでこれに倣うつもりであると韜晦している[9]。いわんや伊藤がベルリンでグナイストの、ウィーンでスタインの憲法講義を聴いたというような具体的事実になると、かれの帰朝後『土陽新聞』社説が――おそらく植木枝盛の筆で――明るみに出すまで、一般には知られなかったのである[10]。ところが兆民の周囲を見まわすと、伊藤と時を同じうして渡欧し、その憲法調査をかなり近い距離から眺めていたに相違ない人物が何人かいる。しばらくこの人々の渡欧前後の動静を辿り、この人々を通じて兆民が伊藤の憲法調査についてどの程度の知識をもちえたかを探ってみよう。

まず伊藤の随員の顔ぶれをみると、立憲君主国における皇室、貴族制度取調べの命を受けた参事院議官補西園寺公望がいる。西園寺は前年、内勅によって『東洋自由新聞』社長を退いたのち、伊藤の推薦で参事院議官補に任ぜられたというから[11]――おそらく民権派から遠ざける目的で――実兄の宮内卿徳大寺実則から伊藤に預けられたかたちになっていたが、今度もまた徳大寺の命で伊藤に随行することになったものである。しかし一説によれば西園寺は、内勅による退社に兆民らがさかんに憤慨していたとき、ひそかに兆民を招いて「君等があまり騒ぐとまた岩倉、伊藤らの感情を害して、兄を苦しめることゝなるから、まぁ諦めてくれ」といってなだめたと伝えられ[12]、またすでに参事院議官補に任じていた十四年十月二十三日、海南から上京した板垣を囲んで東京の各政派が上野精養軒に招待会を催したときにも、その来会者四十余名の中に名を連ねているから[13]、兆民らと表向きには袂を分ったあともお互いの立場を認め合った上での交わりは続いていたのではあるまいか。少なくとも西園寺の渡欧によってにわかに音信が途絶えるような間柄ではなかったと考えられる。

また、十五年七月、自由党総理板垣退助が後藤象二郎と相携えて洋行することになり、その費用出所をめぐる疑惑から馬場辰猪、末広重恭ら党員との間に内訌が起ったが、そのとき随行する訳員に選ばれた今村和郎は兆民のフランス留学時代の親友、もう一人の栗原亮一も六月に興された自由新聞社の調局員として、同社説掛であった兆民の同僚であった。伊藤家文書中の差出人不明の書簡(14)は、九月十九日、馬場、大石らが板垣と激論の末、あわや暴力沙汰に及ぼうとした一件に触れて、馬場らが去ったあとの場面を、

板垣曰ク、中江篤介ヲシテ彼等二名ノ意中ヲ探ラセ、且ツ諭サシメントシ、依テ使ヲ馳セテ中江ヲ喚ビ、談示セシニ中江曰ク、斯ク混雑シタル上ハ、一朝ニハ解ケマジ、兎モ角モ高輪ノ後藤宅ニ行キ評議セントテ、板垣、後藤ヲ初メ中江……等高輪ヲ指シテ行キシガ、其連中ハ本日マデ未ダ一人も去ラズ、大評議中ナリ

と伝えている。そもそも洋行の計画は旅費については成算があるからとのことで、はじめ後藤から板垣にもち出されたものであるが、兆民は後藤とは、かつて長崎から江戸へ遊学するための旅費を用立ててもらったり、元老院にも後藤が副議長(議長欠員)をつとめた関係で推挙されるなど、因縁浅からぬものがある。今村は後藤のたっての願いで訳員に加えられたとのことであり(15)、右の書簡によれば馬場らは板垣に「過日高輪ノ後藤ガ宅ニ於テ、君並ニ今村後藤ノ三名ガ密談シ居ル所ヲ、我ガ同志ノ者、女粧シテ次ノ間ニテ金ノ出ル所ヨリ、惣テノ事マデ聞得タリ……」と詰ったといわれるから、最初から洋行問題には深く関与していたようである。これらの事情からして兆民もあらかじめなんらかの相談を受け(今村を後藤に推したのも兆民だったか)、したがって旅費調達等の内情もある程度は知らされていたか、少なくとも察知していたと想像されるのであるが(16)、馬場らが自由新聞社を去ったあともなおしばらく客員のか

たちでとどまったのは、情誼、正論のいずれをも立てなければならぬ調停者の立場上、やむをえぬ選択であったろう。だがその後まもなく十月十二日、客員を辞した上、『政理叢談』誌上の『訳解』をも休載して翌十六年四月まで四国、九州遊説の途に上っているのは、自由党首脳が伊藤らに買収されたことを知って重大な決意を迫られたためではなかろうか。

さて、板垣らの出帆は十一月十一日であるが、一行の渡欧後の動静を西園寺がパリから岩倉に報じた興味ある書簡(十六年五月十日付)があるので、少し長いが以下に引いてみよう。(17)

両人鞋を巴里に解候は昨年極月にて、小生は伯林に在り、小生今村和郎と心易き故、彼是相尋候処、兎角板垣は躊躇にて後藤と不合、只管理学に類せし事而已申居候趣也。其内後藤、今村伯林に来遊、度々面会仕候末、小生は巴里に来り後藤は維也納に行く(維也納でスタインの講義を聴候よし、是は伊藤参議の勧によると存候)。小生巴里にて伊藤内命も有之、板垣面会候処、同人は只々矮屋に籠居し、仏国形勢人情の兼て考たるに異なるを歎ずる位也。如此にては洋行も無益と存候て、小生紹介いたし候て有名の人などに為引合、議院見物など為致候。しかし何分頑固にて欧州英雄運用の妙などは決てわかり不申、只々理学に一偏する者の如し。蓋し当人心事は帰朝後は自由党総理を辞し、退穏の外策なしと考居候事と被察候。伊藤には白耳義国にて初て板垣と面会候得共、話も程よく熟する場に至らず、……要之に翻然改心は出来不申と存候(傍点引用者)

『自由党史』の板垣の帰国談と読みくらべると、洋行帰りの土産話が大方どの程度の信憑に値するかのよい見本を提供しているといってよいが、それはともかく、西園寺がパリ、ベルリン間を往復して、伊藤による板垣懐柔→自由党解党の工作に重要な仲立ちを果していることは注目に値しよう。板垣が伊藤との接触を渋るのに対して、後藤の方は気軽に伊藤の勧めに応じてウィーンまでスタインの講義を聴きに出向いているから、同伴した今村もむろん通訳を兼ねて講義に列したことと思われる。これよりさき、三月五日にも西園寺はロンドンの伊藤に書を送って、板垣から後藤に借金を申し込んだところはかばかしい返事がないと訴えているので、もう、二、三千フラン融通してさらに一、二ヶ月滞仏させるか、それともこのまま帰国させるべきかと指示を仰いだあと、

　後藤同息、今村等帰府昨夜面会仕候。今村の話ぶりにて察すれば、板垣に金を分ち暫時此地に在らしむる考は、後藤に在る事とも被存候。然る時は今朝板垣よりの話も水泡歟不可知也。……板垣等の事縷々申上候事は、今村などにも秘密になし被下度、況や他人をや[18]

と書き送っている。伊藤と板垣、後藤の間はもちろん、かつての留学生仲間であった西園寺と今村の間にもさまざまな思惑術策が複雑に入り組んでいるさまが窺われるが、末尾の「今村などにも秘密になし被下度、況や他人をや」という文言は、裏を返せば今村がかなりの程度伊藤に親近していたことを物語っている。板垣一行は伊藤に先立って十六年六月帰国するが、一行と伊藤との交渉の具体的経過、とりわけ帰国後の自由党解党の黙契などが、たとえ兆民には秘密にされたとしても、かれらの話しぶりから伊藤の憲法調査について察せられるところは少なくなかったであろう。

兆民の周辺には、じつはさらにもう一人、渡欧中の伊藤との間をつなぐかにみえる人物がいる。これまたかつての留学生仲間で、西園寺とはとくに親しい光妙寺三郎である。かれは八年間にわたる長い留学ののち、明治十一年、「パリ大学法律学士」の称号を携えて帰国し、太政官権少書記官に任じたが、十三年には外務権大書記官に転じた。その間の事情を、ある略伝[19]は、西学を修めて重用されるとばかり思って帰国したところ、かつての友人たちが枢要の地位を占めているのに、みずからは奏任官の末端に列せられたことを不満とし、機をみて海外に再遊しようとしたものだと説明したのち、さらに次のように述べている。

当時伊藤井上両伯の如き長州の先輩は彼の敬視する所なりといへども、嘗て共に膝を交て議論を上下したるの関係あり、一朝命運の窮通は地位の懸隔を来し、遂に彼等の為に属僚の待遇を受るに至る。平生自ら許す極て高く、才気を負ふこと熾なる彼が窃に不快を感ずる所なり

つまり伊藤らの先輩が今をときめいているのに学問を修めた自分だけが属僚視せられることに不満を抱き、再び海外脱出をはかったのである。かれは十五年十二月在仏公使館書記官に赴任したが、同じ略伝は、かれがのちに後藤の大同団結に投ずるに至るきっかけはこのとき作られたとして次のように述べている。

是れより先彼が在仏公使館に在るや、後藤伯適々彼地に遊び、互に相識る所あり、今日の投合其由来する所ありといへども、当時両者の間に立て旧盟を尋がしめたるは、一に中江兆民の周旋に係る

今村和郎を後藤の訳員に推したのがおそらく兆民であったように、かれは光妙寺の失意の再航に際して昵懇の後藤に紹介の労をとったのであろう。赴任後の光妙寺の動静を伝えるものとしてはかれが伊藤に宛てた書簡二通が残されているが、うち一通は事務連絡的な内容なので、十六年三月三日付のものを引用しておこう。(20)

西園寺公望氏昨夕帰巴面会、閣下之御伝言一々領承仕候。就中三郎身上之件に付御掛念被成下候儀不堪感謝之至、右は伯林にて御面会之節御談申上候通今般は三郎素志之伸縮に関し深く注意す可き儀、発程之頃井上君より懇切なる教諭を受け誓言して来巴候位に候得ば御安意奉祈候。柏村氏之事に関し三郎閣下に対し不都合之言を吐候哉の趣驚入候。右は何者か事実を誤り伝たるなる可し。三郎頑愚なりと雖豈閣下之愛顧に背かんや。右は御来巴之節詳細弁明可仕、独惟閣下度量江海之広大何小人之区々論弁するを信ずるや。書不尽意。……辱交三郎

光妙寺の渡仏が伊藤、井上ら長州の先輩への処遇上の不満によるものと一般に受け取られたためであろうか、こうして不満の対象たる当の人物から出処進退に注意するよう忠告を受け、かつ、同郷の元ベルギー留学生仲間柏村〔庸

之允」の件で中傷したといっては難詰される——光妙寺にとって伊藤との交渉は畢竟免れないところであり、文中「伯林にて御面会之節云々」というのはおそらく板垣一行とともに渡欧後の挨拶に出掛けたことを意味するものであろうし、さらに「御来巴之節詳細弁明可仕」ともいっているのである。かつての留学生仲間三人のうちでは、公使館詰めの光妙寺はさしずめ連絡係であり、かれらと旧交をあたためることが失意の日々の唯一の慰めであったかもしれない。

西園寺がまだフランス留学を続けていたころ、兆民がその帰国を促すために送った書簡(十二年一月三十日付)(21)に、今村、光妙寺らすでに帰国していた友人たちの近況を報じたのち、「我党三四名相会する毎に、談話未だ嘗て大兄に及ばずんばあらず」と認めているが、今度は主客ところを変えて、パリ、ベルリンに相会した上記三名の談話が兆民に及ばなかったはずはない。まして今村や光妙寺がかれの推薦、紹介を受けて渡仏したのだとすれば、一度はかならず渡航後の消息を伝えているであろうし、その中で伊藤、板垣らの動静の一端が洩らされていたことも考えられぬことではない。以上を要するに兆民は、政府当局者を別とすれば、民間において伊藤の憲法調査の意図と内容とをもっとも適確に把握しうる位置にいたといえるのである。『政理叢談』第三十五号(一六・五・一五)から『訳解』連載を再開するのは伝えられる伊藤の帰国に備えたものだろうか。

(1)　清水伸『明治憲法制定史』(上)「独墺における伊藤博文の憲法調査」、尾佐竹猛『日本憲政史大綱』や稲田前掲書でもこの問題の検討に数章を費やしている。
(2)　『伊藤博文伝』中巻、二五一頁、十四年七月十二日、伊藤の井上毅宛書簡。

(3) 尾佐竹前掲書、上巻、六七二頁所引、「本邦憲法制定之由来」。
(4) 『伊藤博文伝』中巻、二九六―二九七頁。
(5) 同右、二九八頁。
(6) 同右、三二〇頁。
(7) 同右、二五頁。
(8) 『新聞集成明治編年史』第五巻、四一頁、『東京日日』、十五年三月二日。
(9) 同右、一二二頁、『東京横浜毎日』、十五年八月三日、金子堅太郎談。なおブラジル帝国憲法については、『政理叢談』第三十六号以下にもラフェリエール『巴西《ブレジル》国憲』が(『英吉利国憲』とともに)紹介されているから、兆民らはこれらを国約憲法の手本と考えていたようである。
(10) 稲田前掲書、上巻、六九〇頁。だがその場合、立志社系にはどのようなソースからこの事実が洩れ伝わったのだろうか。
(11) 『伊藤博文伝』中巻、二六三頁。
(12) 『二十一大先覚記者伝』後篇三「中江兆民」、二九七頁。
(13) 『自由党史』中巻、六五頁。
(14) 『続伊藤博文秘録』一〇、「我国体及憲法論」、四九―五一頁。
(15) 『自由党史』中巻、二一一頁。
(16) 小島龍太郎宛兆民書簡(明治十五年七月)ならびに小島宛後藤象二郎書簡(明治十五年七月九日)によれば、兆民は早くから後藤・小島を通じて板垣洋行の件を洩れ聞いていたようである(『全集』第一六巻、一七頁および解題三三六―三三七頁)。
(17) 『伊藤博文伝』中巻、三四二頁。
(18) 同右、三四一頁。
(19) 前橋黒潮「光妙寺三郎」(『日本及日本人』、大正三年三月十五日)。
(20) 『伊藤博文関係文書』(四)、四六九頁。
(21) 『全集』第一六巻、一五頁。なお同書簡については平川・亀井・小堀編『文章の解釈』(東大出版会)所収の拙論「中江兆民の書簡――『洋学紳士』の原像――」を参照されたい。

V

さきの『民約訳解』末尾に附せられた問題の「解」に戻る。兆民があたかも伊藤の帰国に合わせるかのように立法者の問題をとり上げ、ことさらにリュクルゴス、ソロン、ヌマの如き叡智並みはずれた古代立法者の名を持ち出してくるのは、右にくだくだしく述べ立てた事情からみて、グナイスト、スタインらから欽定憲法起草への絶大な自信を鼓吹されて帰国した立法者伊藤博文への痛烈なイロニーではなかったか——もともと本章はこの疑問に想を得たものなのであるが、その方向で作業を進める過程でわたくしは、疑問に対する兆民自身の解答がこれまでなにげなく読みすごしてきた『国会論』(二十年十月)の一節に示されていることに思い当った。それはまた『訳解』中断の本質的理由とも深くかかわっているらしく思われるので、以下にやや長い引用をお許し願いたい。「漸進家」が欧州各国の事例を引いて制限選挙を主張するのを、普選論者の「急進家」が駁論するくだりである。[1]

急進家是に於て一喝して云ふ、我輩は唯正理公道に是れ従ふ者なり、我輩は泰西諸国の制度を講究するに於て唯其正理に合するの如何と公道に適するの如何を見るのみ、甲国は云々乙国は云々と唯他国に模倣することのみに専らにして変通することを知らざる者は真の制作家と称するに足らざる也、看ずや、夫のモイーズ、ニエマー姫〔ママ〕且リキユルグ、ソロン等の如きは皆自家の脳髄中に於て咀嚼醞熟し玆に以て彼の炳々烺々当代を照燭し後世に軒昂する一大典章を制作せしに非ずや、泰西諸国各々其国会の構造に於て制度を相異にする所以のものは他に非ず、彼れ皆自国特異の歴史有り習慣有り衣食住並びに職業より起因せる気風有り、是を以て其制度中公道に合するもの有り又公道に合せざるも已むを得ずして姑く循由するもの有り、一から十まで完良なりと謂ふに非ず、然るを某国の制度典章は殊に我邦に適当し我民に恰好なりと云ふて、鸚鵡《おうむ》の語を学ぶが如く獼猴《びこう》の態を擬するが如く所謂渾淪《こんろん》に箇の棗《なつめ》を呑み一にも某国の真似二にも某国の弐舞《にのまい》と唯模倣是れ務めて、害を異日に貽《のこ》すと否らざるとは絶へてこれを問ふこと無きに於ては、豈に眼孔ある制作家と謂ふ可けん哉

右の一節が「解」に要約されていた『社会契約論』第二巻第七章「立法者について」の論旨を踏まえた議論であることはいうまでもないが、「解」では古代立法者たちの名が「聡明睿智、抜二衆人之表一者」という普遍的規範として単独に挙げられていたのに対し、ここではもっぱら、おうむのごとく猿のごとく某国の模倣に汲々とする我邦の制作家の愚かさ、滑稽さを際立たせるために引き合いに出されている。ルソー自身、『ポーランド統治論』Considérations sur le Gouvernement de Pologne においてこれらの立法者と当代の立法者とを比較して後者を「法律屋」faiseurs de loix と蔑称しているが、[2] 兆民もまた帝国憲法発布を目前にして、これらの古典的モデルと憲法起草者伊藤博文との落差を示して伊藤が「眼孔ある制作家」とはいいがたいこと、したがってその起草するところの憲法も「当代を照燭し後世に軒昂する一大典章」たりえないことを、狂えるが如く奉祝気分にひたる人民大衆に[3]警告したのではあるまいか。伊藤の帰国直後に書かれた「解」が同じ意図に出たこともまた明らかであるが、「解」ではとくに伊藤を暗示する表現がなされていないのは、『政理叢談』の高級な読者にとってこの時期に立法者の問題を取り上げることがなにを意味するか、自明であったからであろう。

ともあれ、『訳解』最後の「解」が伊藤を念頭に置いて書き加えられたものであることにもはや異論はなかろうと思われる。厳粛なるべき立法者の問題を論ずるに先立ってことさらに昼寝の一件をもち出したのも、してみるとやはり、伊藤の帰国は寝そべってしか迎えられぬという、いかにも兆民流のイロニーの表出であったろうか。じじつ、こうした角度から改めて『訳解』を眺め渡してみると、十五年九月、板垣洋行問題をめぐる自由党内訌が酣であった

ところに執筆されながら、なぜか本文休載中の『叢談』第二十号(一五・一二・一〇)に掲載された「叙」が、すでに明らかに伊藤を諷する意図をもって書かれていることに思い到るのである。

すなわち兆民は、堯舜禹ら古代中国の聖人が「時と推移し、人情に逆わざる」ことをもって政道の極致としたことを冒頭に述べたのち、これに反して漢の宣帝の司隷校尉(=警視総監)蓋寛饒《がいかんじょう》が、あえて宣帝中興の治世を堯舜の昔に復そうとして身を滅ぼした故事を引いて、「節を砥《みが》き道を直くして行うと雖も、抑《そも》そも時を料《はか》り人情を揆《はか》らず、何ぞ狂戇《きょうとう》の甚きや」と断じている。[4] 古代中国の聖人がルソーの讃美する泰西の古代立法者を東洋に移したものであることはいうまでもないが、あえて中興の時勢に逆行しようとした愚か者蓋寛饒とは、まさしく明治中興の世に滔々たる国約憲法論に逆らって欽定憲法起草に固執する臣博文を諷するものでなくてなんであろう。

『一年有半』に兆民は、リシュリュー、コルベール以下、古今東西の「大政事家」の中に大久保利通を数えながら、

今や彼已《ひき》氏が徒らに準備多く触込み多くして、幽霊の足の如く輙ち消滅し去るが如くならず、而して聞く、彼已氏は則ち窃にビスマークを気取りカヴールを気取れりと、他日此二人に地下に逢はゞ、夫れ何の顔か之れに対せん、呵々[5]

と、誰にも見え透いた彼已氏(=かれ)の名のもとに伊藤を嘲笑し、「近代非凡人」三十一人を精選した中にも大久保を入れながら、わざわざ、「然り而して伊藤、山県、板垣、大隈は与からず」と伊藤を非凡人ならざる者の筆頭に掲げ、[6] 大久保が内務卿たるにすぎなかったにもかかわらず「其名よりは其実に於て尊ぶ可き」ものがあったのに対して、伊藤は総理大臣になってもなお「宰相者の資に非ず」と断じ、「内閣書記官長に止まらしめば、正に其所を得たらん也」と酷評するなど、[7] ことごとに大久保と伊藤とを対比しているかにみえる。前者が留学以来の大恩人であるのに対して、後者は「正に往年自由党をして抑鬱困頓流離艱難せしめたる所の張本にして、即ち当の敵たりしを思へば[8]」死

を目前にしてこれを罵倒しつくさずにはおかない心情も理解されようが、「非凡人」大久保と、立法者に要求される「非凡な知性」Intelligence *supérieure* との符合を考えるとき、ことによると兆民は今は亡き立法者大久保の原像に照らして目前の立法者伊藤を裁断していたのではないかと思われる。伊藤の人物評の中にはさらに、

> 伯実に雄才なり、然ども伯の他の伯爵諸大臣に於ける、其勲績資望大に相上下する有るに非ず……曩日大久保内務卿木戸顧問の今の諸公に於けるが如く、年歯資望の中隠然相談的命令を命令する底の魔力は未だ有らざる可し、治世の英雄には年歯の必要有り

と、伊藤の資望（＝威徳名望）はともかく年歯の不足を指摘したものがあるが、[9] 天保元（一八三〇）年生まれの大久保が兆民に十七歳の年長であったのに対して、同十二（一八四一）年生まれの伊藤はわずかに六歳である。前節に触れた光妙寺の伊藤への不満がある意味で年齢が近すぎたことに起因しているように、伊藤が立法者として若すぎたこと（十六年当時四十三歳）もまた兆民の反撥を買う一因となったであろうか。しかもかれは、かつて岩倉使節一行に随伴する留学生の一人としてサン・フランシスコに渡った際、日本人が船の便所を汚して困るという苦情を受けた伊藤副使から使節一行甲板上に呼び集められ、日本の体面を汚さぬようにとの「伊藤の糞演舌」というのを聞かされていた。[10] あのときの船中の立法者がいま、威儀を整えた帝国の立法者として立ち現われたのである、兆民としてはこれを片腹痛いと思わずにはいられなかったであろう――思うに『民約訳解』は、徹頭徹尾、立法者伊藤に対する兆民の異議申立ての意図をもって世に問われたものであり、それが伊藤の欽定憲法論に対抗する国約憲法論の論拠として提示されたものであってみれば、『政理叢談』誌上におけるその連載期間が伊藤の渡欧憲法調査と符節を合わせたごとくであるのも、けだし偶然の一致というべきではない。伊藤が「資本を買出すが為めに欧米の問屋へでも出掛けんと欲する」[11] 了簡ならば、その向こうを張って、年来蓄えた自前の資本を開陳して見せようというのが、『訳解』を世に問うた兆

民の真意であったろうか。

さて、さきに引用した『国会論』の一節に含まれる問題はこれだけにはとどまらない。立法者の定義が『社会契約論』第二巻第七章からとられたものであることはすでに述べたとおりであるが、この「急進家」の議論を気をつけて読んでみると、そこには第七章のみにとどまらず、これに続く第八章「人民について」以下、原著第二巻各章の理論がたくみに点綴されていることがわかる。以下にとりあえず、上段にさきの『国会論』の一節を、下段にはその原著における該当部分を併記してみよう(ただし第七章分は除外、ローマ数字は第二巻各章を示す)。

我輩は唯正理公道に是れ従ふ者なり、我輩は泰西諸国の制度を講究するに於て唯其正理に合するの如何と公道に適するの如何を見るのみ、	すべての人民に共通な格律のほかに、各個の人民はそれ自身の中に、これらの格律が個別的に適用されるように定め、その人民の立法をその人民だけに適したものとする何らかの原因をもっているのだ(XI)。
泰西諸国各々其国会の構造に於て制度を相異にする所以のものは他に非ず、	右に同じ(XI)。
彼れ皆自国特異の歴史有り	(VIII)の要旨。
習慣有り	〔根本法、市民法、刑法に次ぐ第四の法として〕習俗、慣習、とくに世論…(XII)。
衣食住並びに職業より起因せる気風有り、	住んでいる人間の気風の中に認められる差異(X)。〔各種職業と「住民の性格」との関係〕(XI)。
是を以て其制度中公道に合するもの有り又公道に合せざるも已むを得ずして姑く循由する	ところで、あらゆる良い制度のこれらの一般的目的も、地理的条件と住民の性格とから生ずる各種の関係によって、各国にお

もの有り、一から十まで完良なりと謂ふに非ず、

いて、修正を受けなければならない。そして…各人民にとって最善であるような、制度の特殊な体系を決定すべきである。最善といっても、おそらくそれ自体としてではなく、この体系をもちいるはずの国家にとってである(XI)。賢明な立法者はそれ自体として良い法律を始めから編もうとはしないで、これによって治められるはずの人民がはたしてこの法律を守ってゆけるかどうかを吟味するのである(Ⅷ)。

右の対比によって、兆民が伊藤を諷する最後の「解」に第七章「立法者について」の要旨に続けて「此事詳ニ于下数章ニ」と断わっていたことがいま想起されるが、ちなみにこれらの数章はヴォーンが「ルソーの議論の転回点」the turning-point of his argument と呼んでいるものにほかならない。すなわち、これまでは、「国制の法の諸原理」*Principes* du droit politique という原著の副題に示されるとおり、もっぱら理想的・抽象的な原理について論じ、時間・空間を超えた「天上界の模範《パターン》」を描いてきたルソーが、人民を理想から現実へと導く立法者の役割を媒介にして、一転して具体的・歴史的事実に目を向けるようになる、とヴォーンは指摘するのである。[12]

「ジュネーヴ原稿」Manuscrits de Genève と呼ばれる第一原稿でも立法者をめぐる諸章は「法の制定」Etablissement des Loix と題する第二巻に一括して収められており、[13] 議論が新局面を迎えたことを窺わせるが、とりわけその長い第三章「立法の対象となる人民について」Du peuple à instituer (決定稿では第八―十章、「人民について」Du peuple 及び「つづき」の三つの章に分けられる)の冒頭に「本書で論ずるのは権利 droit であって個々の適合関係 convenances でないとはいえ、すべての正しい立法制度に不可欠な諸関係にこの際多少は触れないわけにいかない[14]」と述

べた一節が決定稿では削除されている。つまりそうすることによってルソーは『社会契約論』の原理論としての一貫性を保とうとしたのかもしれぬが、それに続いて立法の対象たるにふさわしい各人民の歴史的(決定稿第八章)、地理的(同第九章)、経済的(同第十章)諸条件が論じられるなかで、ロシアのピョートル大帝の立法事業への言及(第八章)や、ヨーロッパで唯一立法可能なコルシカ人民への呼びかけ(第十章)など、原稿にない部分が書き加えられているのは、立法者の問題を論ずるに当って、ルソーがやはり歴史や現実に「多少は触れないわけにいかな」かったことを証するに足るものである。

さて、長年『社会契約論』を「嗜読」[15]し、「熟復玩味」[16]してきた兆民がその培った深い理解力で原著のこのような構造を看破しなかったはずはないと考える。『訳解』に収められた第二巻第六章までというのは、いわば原著の原理論に当る部分を摘出したものということができるが、伊藤に対抗してルソー流の立法理論を提示しようとする兆民は、第七章以下の現実論の中に、まさしくこの原理論を日本において実現するための具体的な方法を読み取ったのではあるまいか。『訳解』中断の本質的な理由もまたそこに求めらるべきであると思われるが、その間の事情を物語るらしいさきの『国会論』の一節を、さらにくわしく検討してみよう。

まず「急進家」が立法者たるものは「正理公道」に従いながら、同時にまた「自国特異の歴史」、「習慣」、「衣食住並びに職業より起因せる気風」等、立法の対象たる人民の具体的諸条件をも勘案して「変通」することを知らねばならぬと主張していることに注目しよう。これはそのままに、立法の「正理公道」によらず、日本の特殊事情をも弁えないでプロイセン憲法の模倣をこととする伊藤博文への原理的批判になっているのだが、じつはこのような議論はほかにも『東洋自由新聞』の未完の論説「国会問答」にもみられるところであり、欽定憲法論を唱える「持重子」と、ルソーの人民主権論をもってこれに対抗する「進取子」との間に次のような問答が交わされている。引用は「進取子」が「善キ哉乎婁騒《ルーソー》ノ言ヤ」とルソーに拠って長広舌を振るうのを(出典を調べると、『社会契約論』第一巻第四章「奴隷制について」の議論である)、「持重子」が憤然色をなして制止するくだりである。(17)

咄止メヨ吾子恐クハ一狂妄婁騒ノ論ニ迷惑シテ吾等ノ生レシ所ノ邦ノ何タルヲ忘レタリ抑々我邦ハ開闢ヨリ以来神聖相承ケ未ダ曾テ姓ヲ易ヘ命ヲ革メズ固ヨリ異邦殊域ノ君迭《たがい》ニ起リ更々《こもごも》興リ以テ大命ヲ相紹《つ》グガ如クナラザルナリ夫レ然リ故ニ我邦ハ我天子ノ邦ナリ……進取子曰ク吾レ豈此レヲ知ラザラン哉吾レ将サニ汎ク邦国ノ邦国タル所以ト憲法ノ憲法タル所以トヲ論ジテ一定ノ法制ヲ示メシ然後吾邦ニ及バントス……且ツ吾子之ヲ知ラズ乎天下ノ事皆正則ト変則ト有ラザル莫シ然レドモ先ヅ正則ノ理ヲ究ムルニ非ザレバ以テ変則ノ利ヲ解ス可ラズ吾レ且ツ邦国ノ正則ヲ論ゼン吾子其レ之ヲ安ンゼヨ

問答がちょうどこの箇所で中断されているので、右の「正則(ノ理)」、「変則(ノ利)」のなんたるかはこれ以上敷衍されないで終ったわけだが、さきの『国会論』の「急進家」といい、この「進取子」といい、いずれも兆民の分身ともいうべき熱心なルソー信奉者である。かれらの口にする「正理公道」ないし「正則」がルソーのいわゆる「すべての人民に共通な格律」les maximes communes à tous[les peuples]に、また「変通」ないし「変則」が「その人民の立法をその人民だけに適したものとする何らかの原因」quelque cause qui…rend sa législation propre à lui seul にもとづいた理念であることは明らかであろう。

「正則」については右の「進取子」の議論に「汎ク邦国ノ邦国タル所以ト憲法ノ憲法タル所以トヲ論ジテ一定ノ法制ヲ示メシ」といわれていることとほぼ照応するように思われ、かつ、これは『訳解』に収められた原著第二巻第六章「律例」までの原理論にほかならないから、「正則」すなわち『訳解』に示された立法理論、ととって大過なさそうである。「変則」(=その人民に特有の「原因」)については、ルソーは古くはヘブライ人、近くはアラビア人は宗教を主な目的とし、アテナイ人は文学を、カルタゴとティルスは通商を、ロードスは航海を、スパルタは戦争を、ローマは徳を主要目的としていた(傍点引用者)

と、『法の精神』De l'Esprit des Lois に拠って各種の実例を挙げているから、これはモンテスキューが「風土、宗教、法律、統治の格律、過去の事例、習俗、生活様式」に由来するとした「国民の一般精神」[18] l'esprit général de la nation――ときに「習俗」les mœurs ないし「国民性」le caractère d'une nation と言い換えられる[19]――にほぼ相当するものであり、結局第八―十章「人民について」に分析的に考察されていた諸要因を一言もって言い表わしたものということができる。問題は兆民がなにをもって、日本に立法を行なう場合に準拠せねばならぬ「変則」と考えていたかということになるが、さきの「国会問答」に戻ると、「持重子」が日本は開闢以来連綿と続く「我天子ノ邦」であることを主張したのに対して「進取子」はむろんこれを承知の上で、ものの順序としてまず「邦国ノ正則」を明らかにし、「然後吾邦ニ及バントス」と答えている。兆民において「正則」すなわち『訳解』そのものであったとすれば、「変則」とは天皇制のことだったのではあるまいか。「進取子」がこれ以上論じて「吾邦ニ及バントス」れば、天皇制の問題を正面から取り上げねばならぬことは必定であり、「国会問答」が未完のまま終っているのも、敢えてこのような危険を犯す事態を避けたからにほかなるまい。

ルソーは各個の人民に固有の原因(=「変則」)の実例を挙げたのに続いて、

国家の骨組を、真に堅固で永続的なものにするものは、自然の諸関係と人間の法とがいつもあらゆる点で調和し、後者は前者を、いわば保証し、同伴し、修正するだけであるというくらいに、事物の適合性が守られている結果である。ところが立法者がその目的を誤まり、事物の本性から生ずる原理と異なった原理を採用するならば……法はいつとはなしに力を失い、国家の骨組は腐敗するであろうと述べている。[20] 右の「自然の諸関係」les rapports naturels とは前段に「地理的条件と住民の性格から生ずる各種の関係」といわれているものなのであるが、〈「変則」＝天皇制〉という図式をこの文章に当てはめれば、「二千有余年」[21]以来、日本の風土に連綿として根をおろし、その国民性を馴致してきた天皇制こそ――これに具体的にどう対応するかの問題は別として――まさしく日本における「自然の諸関係」を代表するものとして受けとめざるをえないものであり、その場合「法」は天皇制を「いわば保証し、同伴し、修正するだけであるというくらいに」これと調和を保ったものでなければならない。「詭激ノ言」をしりぞけ、「精密ノ論」を立てようとするとき[22]、立法者兆民[23]は「事物の本性 la nature des choses〔＝天皇制〕から生ずる原理」を見誤ってはならなかったのである。

以上縷説したことを約言すれば、原著第二巻七章以下の諸章は立法者伊藤博文に対する原理的批判の根拠を兆民に提供したばかりでなく、『訳解』に収められた第二巻第六章までを立法の「正則」とすれば、これを日本に行なおうとする場合、「変則」として不可避的に天皇制の問題と取組まねばならぬことを教えていた。それゆえかれは、この結論を第二巻第六章のルソーの所論に盛り込んでおのれの君民共治論をつくり、国約憲法論の論拠としての『訳解』の原理的一貫性をまもるためにも、第七章以下の諸章を削除したといえないであろうか[24]。

民主政、共和政を理想〔＝「公道に合するもの」〕とする兆民にとって、君民共治はけっして満足な制度とはいえないが、にわかにそれ自体として最善なもの〔＝「一から十まで完良」なもの〕の実現を期待しえない以上、これが当時の日本にとって最善の制度〔＝「公道に合せざるも已むを得ずして姑く循由するもの」〕と考えられたのである。したがってかれの君民共治論を天皇制とのたんなる妥協とみなすことは当を得ていない。『国会論』の末尾でかれは暗に明治政府を指して、夫れ国会未だ設けざる前の政府は真の政府に非ざるなり、仮の事務所なり、国会未だ立たざる前の人民は真の人民に非ざるなり、仮の聚合物なり、政府の名義を正して真の政府と為し受托者と為し、人民の名義を正して真の人民と為し委托者と為し、政府をして人民をして並に自ら恥るところ無きを得せしむる者は、其れ唯だ国会乎

と述べ、こうして「政府たる者真の政府と為り人民たる者真の人民と為」ることがすなわち正理伸び公道張るゆえんだとしているのであるが、(25)右の「国会」を社会契約と置き換えるならば、これはルソーが社会契約以前の政府を「強者の権利」le droit du plus fort にもとづくものだとして、「力は権利をつくるものではない」から、「われわれは正当な権力 puissances légitimes にしか従う義務がない」と述べ(26)、「人民が人民となった」のは社会契約によるものであって、それ以前の人民は「群衆」multitude,「集合体」agrégation たるにすぎないとし(27)、「すべて正当な政府は共和的」であって、「政府は主権者と混同されてはならず、主権者の執行機関 ministre でなくてはならない(28)」としている箇所に拠った議論にほかならない。これをもって兆民が国会開設を事実上の社会契約、「結社行為」acte d'association と(29)考えていたことは明らかであるから、来たるべき国会の場で議定さるべき国約憲法(30)は、「名義の不明なる」天皇制政府をひとまず人民との契約関係にもち込むことによって、その「名義を明にする(31)」ことを企図したものといえよう。しかもルソーによれば、なるほど「法」は「自然の諸関係」〔＝日本では天皇制〕を「いわば保証し、同伴し」なければならないにしても、これを「修正する」可能性が残されていないわけではないし、極論すれば、「いかなる場合にも、人民は自分の法を、それが最良のものであっても、変えうる立場にいつでも立っているのだ(32)」……

『三酔人経綸問答』において陳腐きわまる立憲君主制を唱える「南海先生」が、「恩賜的の民権」、「恢復的の民権」を区別し

縦令ひ恩賜的民権の量如何に寡少なるも其本質は恢復的民権と少も異ならざるが故に、吾儕《わがせい》人民たる者善く護持

し善く珍重し道徳の元気と学術の滋液とを以て之を養ふときは、時勢益々進み世運益々移るに及び漸次に肥《ひ》腯《とつ》と成り長大と成りて、彼の恢復的の民権と肩を並ぶるに至るは正に進化の理なり

と述べているのは、(33) 兆民が「百歳の後」(34)、あるいは「幾百年の後」(35)に実現されるかもしれぬ民主政を理想として視野に収めながら、当面考えうる最良の政体として君民共治論を唱えていたことを証するものであろう。

(1) 『全集』第一〇巻、六二―六三頁。
(2) Œuvres Complètes, T. III, p. 956.
(3) 「憲法発布の盛典に就て人民の喜悦」、『東雲新聞』(二二・二・一〇)、『全集』第一五巻、四頁。
(4) 島田虔次氏による『民約訳解』よみ下し文(『全集』第一巻、一三一頁)による。
(5) 『全集』第一〇巻、一六六頁。
(6) 同右、二〇二頁。
(7) 同右、一五九頁。
(8) 同右、一六〇頁。
(9) 「伊藤伯に一言す」、同右、第一三巻、五四―五五頁。
(10) 『久米博士九十年回顧録』下巻、一八一頁。
(11) 「憲法の製造者兼守護者たる……」(『全集』第一二巻、四三頁)の表現。
(12) Vaughan, op. cit., T. I, p. 31.
(13) Œuvres Complètes, T. III, pp. 312 sqq.
(14) Ibid., p. 318.
(15) 「訳者緒言」、『全集』第一巻、六九頁。
(16) 本章でとり上げた『訳解』末尾の「解」(同右、一二九頁)。このあとさらに兆民は「但以二文義極糾纏一、麁心読レ之、或不

レ免レ為レ有下理不ニ相容一者上、読者請致ニ再思一焉」と読者に再思の必要を訴え、第一巻第二章「家族」に附した「解」(同右、八〇頁)にも「潜心玩味、然後作者旨得矣」と記している。『訳解』を漢訳したのもあるいは読者が——あたかも中国古典に対するときのように——韋編三たび絶つの気構えでこれに対することを期待したからではなかったか。

(17) 同右、第一四巻、三三—三四頁。

(18) De l'Esprit des Lois, Edition de R. Derathé, Garnier, Liv. XIX, chap. IV. T. I, p. 329.

(19) Ibid., Liv. XIX, chap. XII et suiv. qq. chap., pp. 334 sqq.

(20) 『社会契約論』第二巻第十一章。

(21) 『東洋自由新聞』第二十七号(一四・四・二二)、「宜シク朝廷ノ責ヲ軽クスベシ」(『全集』第一四巻、六二頁)。

(22) 同右、第二号(一四・三・二三)「吾輩今月十八日第一号ノ紙上ニ於テ……」(同右、四頁)。

(23) 巻頭に「立法者でないからこそ政治を論ずるのだ」と言明したルソーが、コルシカ人民の嘱を受けて、結局、「コルシカ憲法草案」Projet de Constitution pour la Corse を書いたように、伊藤に対抗して『訳解』を公刊したとき、兆民は立法者——反《アンチ》‐立法者——をもって任じていたとはいえまいか。なお、この辺の事情については本書第五章「はじめに」を参照されたい。

(24) ヴォーンによれば『社会契約論』の主要な議論は第三巻前半の各種政体論までで終り(政府、政体の問題は『訳解』では第二巻第六章の「解」に「則所謂帝者、所謂王者、皆不レ過為ニ一長吏之類一、而初無レ害ニ於我之自為レ治也、此事俟三巻之三第一章論ニ政府一益明白」と示唆されるにとどまるが、『政理叢談』の個々の論文に取り上げられたのち、『三酔人経綸問答』の専制→立憲君主制→民主政という進化論的発展段階説に一応の結論をみる)、以下の第三巻は「個々の観点からする基本原理の補足、ないしルソーがとくに心にかけるいくつかの実際的結果の叙述」、そして第四巻は最終章「国家宗教について」を除けば「附録のごときもの」であって、「ほとんどすべて、論文の主要部分で説かれた理念の歴史的例証に当てられている」とされている(Vaughan, op. cit., T. I, pp. 37-38)。

(25) 『全集』第一〇巻、七四—七五頁。

(26) 『社会契約論』第一巻第三章。

(27) 同右、同第五章。

(28) 同右、君民共治論の論拠となった第二巻第六章ならびに原注。
(29) 同右。
(30) 伊藤博文の欽定憲法構想に対して兆民は、『平民の目さまし』に「我日本の憲法は我　天子様と我々人民の名代たる代議士の集会即ち国会とにて取極る筈の物なり」と憲法制定議会構想を打ち出しているが(『全集』第一〇巻、二七頁)、『訳解』がこの国会に議員たるべき「勇鋭にして進取の気を負ふ者」に立法の「正則」を説くためのものであったことは、前述のとおりである。
(31) 『国会論』、『全集』第一〇巻、七三頁。
(32) 『社会契約論』第二巻第十二章。
(33) 『全集』第八巻、二六二頁。
(34) 同右、二六三頁。
(35) 同右、二六二頁。

おわりに

以上に述べたのは主として、『民約訳解』を国約憲法論の論拠として考えた場合、それがなぜ中断されねばならなかったかを、原著『社会契約論』そのものの論理的構造から考察したものであった。しかし、『訳解』から削除された第二巻第七章以下の諸章を読み進んでゆくと、兆民帰国前後の民撰議院論争、十五年前後の憲法論争等の背景を考えるとき、そのまま全訳することが憚られたのではないかと思われる箇所がときどき現われてくる。『訳解』の最後に追加された「解」に第七章「立法者について」がなぜ全訳されず、要旨として収められたのかという疑問が本章の構想を得るきっかけになったわけだが、この第七章でたとえば、立法者が私心によって事業の神聖を汚すのを避けるために、「大部分のギリシャ都市では自国の法の制定を外国人にゆだねるのが慣習であった」とし、これに倣った例として近代イタリアやジュネーヴの諸共和国の例を挙げているのは、グナイスト、スタインらからプロイセン流の欽定憲法理論を授けられて帰った伊藤に恰好の言質を与えることになりはしなかったか。賢明な立法者がその高邁な観念を人民に理解させうるためには「人々は、法ができる以前にすでに、かれらが法によってなるはずのものになっていなくてはなるまい」との一節も、国会開設、憲法制定に備えて人民を啓蒙してきた年来の努力を水泡に帰す底のものと思われたであろうし、またモーゼやマホメットなどのような予言者が頑迷な人民を説得するのに宗教の力に頼った例なども、天皇神格化の動きとの関連を考えればけっして好ましくはなかったはずである。

第八章「人民について」はとりわけ、立法を受けるにふさわしい人民の歴史的条件の検討に当てられているが、その中でルソーは、立法者がまず人民の政治的成熟度を見きわめる必要を説いて、第六章までに描かれた主権者＝人民の崇高なイメージとは裏腹に、『エミール』で子どもの生長を論ずるときのような慎重論を展開する。

国民にも人の一生と同じように成熟の時代があって、この時期まで待って、初めて国民を法に従わせなくてはならない。ところが、人民の成熟を見わけるということは、いつも容易とはかぎらない。そしてこの時期より先に仕事にかかると、仕事は失敗に終わってしまう

これまた、国会の早期開設、国約憲法の制定を主張してきた民権派にとってははなはだ不都合な議論で、むしろ政府側の国会開設尚早論、欽定憲法論の論拠そのものであるといってよいが、これに続いて、ロシアのピョートル大帝がその「模倣の天分」によって西欧流の立法化をいそぎすぎたのは失敗であるとして、

まずロシヤ人をつくりあげようとすべきときに、かれはいきなりドイツ人やイギリス人をつくりあげようとしたのだ。かれは臣民に、実際にはまだなってもいないものにすでになっているのだと信じこませることによって、

なりうるものにもなれないようにしてしまった

と断じている箇所は、伊藤のプロイセン憲法一辺倒に対する批判とはなりえても、八年四月の立憲政体樹立の詔勅を梃子として「吾朝廷ノ恩ヲ報ゼント欲スルトキハ進ミテ国会ヲ起ス有ルノミ」(1)という屈折した議論の進め方をしてきた兆民ならびに民権派にとっては、その立論の基礎を危うくするものであったろう。

「人民について」と題する三章続きの議論をしめくくる第十章に「それでは、どんな人民が立法の対象となるに適しているか」として数え上げられる条件も、いずれも抽象的、理想的にすぎて実際には無理難題を並べ立てたというにひとしいものばかりで、ルソー自身、

これらの条件がすべて備わっていることは真にむずかしい。だからよくできあがっている国家が少ないのはあたりまえである

と匙を投げているほどである。

結局、右に列挙した箇所は、第二巻第六章までの原理論でもっぱら理想の人民からなる国家の設計図を描いてきたルソーが立法の対象としての現実の人民を直視したときに洩らしたペシミズムというべきであり、あたかも『人間不平等起源論』における「自然状態」の描写の明るい理想主義と、「社会状態」の描写にみられる暗い歴史的ペシミズムの対比を思わせて興味ぶかいが、これらはみな、国約憲法論の論拠として伊藤、井上らの欽定憲法論と対峙すべき『訳解』の実践的使命を考えるとき、かえって民権陣営の足許をすくいかねない危うい議論として削除されたのではあるまいか。

(1)『東洋自由新聞』第二十七号(一四・四・二二)、「宜シク朝廷ノ責ヲ軽クスベシ」(『全集』第一四巻、六五頁)。

第四章　「東洋のルソー」中江兆民の誕生

——『三酔人経綸問答』における『社会契約論』読解——

I　はじめに

中江兆民の作品の中で、今日我々が比較的肩肘張らずに読めて、かつ多くのことを考えさせてくれるのは、やはり『三酔人経綸問答』であろう。最近、「山本安英の会」のゼミナール報告を纏めた『中江兆民の世界——「三酔人経綸問答」を読む』(木下順二・江藤文夫編、筑摩書房、一九七七年刊)が刊行されて、多くの分野を異にする論者によって「色々な角度からのスポットライト[1]」が当てられたことは、この作品がいかにさまざまな読みを許容するかをみごとに浮き彫りにしたものといえよう。そこで、ルソー没後二百年記念を機に年来抱いてきたきわめて素朴な疑問を敢えて披瀝させていただくと、それは、「東洋のルソー」の筆になるこの『三酔人』は果してルソー的なのだろうか、ということなのである。だが秋水が言うように、兆民の「人物、思想、本領を併せ得て、十二分に活躍せしむる、蓋し此書に如くは無[2]」いとしたら、これは同時にまた、「東洋のルソー」とはどんなルソーかを問うことにもなりかねないようである。

さて、一見したところ、『三酔人』はにわかにルソー的だと断定するにはいささか憚られる作品である。なるほど「民主の制」を理想とする「洋学紳士」の長広舌の最後には、アベ・ド・サン＝ピエール、ジャンジャック、カント、アコラースと続く永久平和論の系譜が紹介されており——だがなぜこの場合に限って、兆民は常用する「ルーソー」の姓を避けて一般読者には馴染みの薄い「ジャンジャック」の名だけを持ち出したのか(3)——、しかもアベ・ド・サン＝ピエールの冗長読むに耐えぬといわれる平和論——滅多にお目にかかれぬその原題は『ド・サン＝ピエール師の解説によるアンリ大王の永久平和論』Projet de Henri le Grand pour rendre la paix perpétuelle, éclairci par M. l'abbé de Saint-Pierre, 1713. という——は、ルソーが縦横に斧正を加えた同『平和論の抜粋』Extrait du projet de paix perpétuelle…, 1761 および『平和論に対する批判』Jugement sur le projet…, 1782 によってもっぱら知られているという特殊な事情があるから、『三酔人』に永久平和論が取り上げられたこと自体、すでにルソー的だといえないことはないのだが——それにしても、全集版でざっと数えてアベ・ド・サン＝ピエールが五行、アコラースが十七行、カントが三十行を占めているのに対して、「ジャンジャック」はわずかに二行である——、なにぶん『三酔人』の全篇は、「洋学紳士」が開口一番持ち出す「政事的進化の理」というスペンサー流の社会進化論にあまりに色濃く彩られており、その〈専制→立憲君主制→民主制〉という三政体理論にしても、かりに進化論という十九世紀的な外被を取り去ってみたところで、『社会契約論』の〈民主制、貴族制、君主制〉というオーソドックスな分類法とはまったく別箇のものである(4)。通常直接民主制の代名詞のように看做され、「主権は代表されえない」(III—15)として代議制を否定するかに見えるルソーの主張に、三人のうちではもっとも近そうな「洋学紳士」にしてすでにこの通りであるから、大陸侵伐を説く「豪傑君」はともかく、問答の最後をしめくくる「南海先生」に「唯立憲の制を設け、上は皇上の尊栄を張り下は万民の福祉を増し上下両議院を置き……」(二七〇—二七一頁)という陳腐きわまる立憲君主制の能書きを並べられると、「児童走卒も之を知れるのみ」と失笑を洩らした二客ならずとも、わが「東洋のルソー」と、ルイ十五世の専制下に身を置きながら民主制の理想を高唱した本物のルソーとのあまりの隔たりをいまさらながら認めざるをえない……

だが果して本当にそうなのだろうか。なにせ本書は、あの炯眼の井上毅をして「面白き趣向なり、併し素人には、解からぬ。とても『佳人の奇遇』程には売れざる可し」(5)との言を吐かしめた天下の奇書なのである――「夫れ然り豈其れ然らんや」(6)とたたみかけるような兆民の反問が聞こえてくるようだ。

「東洋のルソー」の名を揺るがぬものにした『民約訳解』の「訳者緒言」に兆民は、「余蚤歳より嗜みて此の書を読み、久々にして得るところあるを覚ゆ」と記している。(7)『訳解』そのものをみても、読者に「熟復玩味」「潜心玩味」を促がしている箇所が再三見受けられるから、かれが早くから原著『社会契約論』をただ読むだけではなく、「玩誦」(同「緒言」)していたことはたしかであり、こうして原著を十分に読み込んだ自信が、訳のみならず解というかたちに結晶したものであろう。明治二十一年に書かれた『国会論』でプロイセン流欽定憲法を起草中の伊藤博文を諷すると思われる次の一節は、かれがいかにルソーの原理を換骨奪胎し、自在にこれを平生の論説に活用していたかを示す好例である。(8)

急進家是に於て一喝して云ふ、我輩は唯正理公道に是れ従ふ者なり、我輩は泰西諸国の制度を講究するに於て唯其正理に合するの如何と公道に適するの如何を見るのみ、甲国は云々乙国は云々と唯他国に模倣することのみに専らにして変通することを知らざる者は真の制作家と称するに足らざる也、看ずや、夫のモイーズ、ニエマー[ママ]姫且リキユルグ、ソロン等の如きは皆自家の脳髄中に於て咀嚼醞熟し玆に以て彼の炳々烺々当代を照燭し後世に軒昂する一大典章を制作せしに非ずや、泰西諸国各々其国会の構造に於て制度を相異にする所以のものは他に非ず、彼れ皆自国特異の歴史有り習慣有り衣食住並びに職業より起因せる気風有り、是を以て其制度中公道に合するも有り又公道に合せざるも已むを得ずして姑《しばら》く循由するもの有り、一から十まで完良なりと謂ふに非ず、然るを某国の制度典章は殊に我邦に適当し我民に恰好なりと云ふて、鸚鵡の語を学ぶが如く獼猴《びこう》の態を擬するが如く所謂渾淪《こんろん》に箇の棗《なつめ》を呑み一にも某国の真似二にも某国の弐舞《にのまい》と唯模倣是れ務めて、害を異日に貽《のこ》すと否らざるとは絶へてこれを問ふこと無きに於ては、豈に眼孔ある制作家と謂ふ可けん哉(傍点引用者)

すでに本書第三章Vに詳述したので逐一引証をしないが、この一節は『民約訳解』(全四巻からなる原著の第二巻第六章「法について」までの抄訳)から削除された第七章「立法者について」以下、末尾第十二章まで、各国民における立法の具体的条件を検討する第二巻各章の議論をたくみに点綴してなったものである。引用中傍点部分と同趣旨の議論は、すでに明治十四年『東洋自由新聞』に発表された未完の論説「国会問答」[9]にも、

天下ノ事皆正則ト変則ト有ラザル莫シ然レドモ先ヅ正則ノ理ヲ究ムルニ非ザレバ以テ変則ノ利ヲ解ス可ラズ(傍点引用者)

として述べられており、第三章に掲げた理由によって、右の「正理公道」ないし「正則」――ルソーのいわゆる「すべての人民に共通な格律」les maximes communes à tous〔les peuples〕(II―11)――とは、とりもなおさず『訳解』に示される立法の原理論を、また「変通」ないし「変則」――同じくルソーの「その人民の立法をその人民だけに適したものとする何らかの原因」quelque cause qui…rend sa législation propre à lui seul(同上)――とは日本の特殊事情、とりわけ天皇制を指すものと考えられるから、かれはこうして原著そのものの論理に従って第二巻第六章「法について」の所論をもとにおのれの君民共治論をつくり、かつ『訳解』を中断したわけである。だがここでもっとも意義深く思われることは、兆民が日本における立法事業はあくまで『訳解』のルソー理論を「正則」として遵守し、天皇制の問題を「変則」として斟酌しながら行なわねばならぬという信念を明治十四年(『国会問答』)から二十一年(『国会論』)まで一貫して持ち続けたということであり、二十年に書かれた『三酔人』が同じ信念に貫かれていないはずはな

いということなのである。しかも、『訳解』最終章の有名な「解」を見ると、

民すでに自から律例を造為するの権を操《と》る、則ち所謂帝なるもの、所謂王なるもの、皆な一長吏の類たるに過ぎずして、初より我の自から治を為すに害なきなり。此の事、巻之三第一章に政府を論ずるを俟ちて益ます明白なり(傍点引用者)

と記されており[10]、将来国会が開設されて「名義の不明なる政府」が「真の政府[11]」になったあかつきには、帝も王も——そしてむろん天皇も——主権者＝人民の委任を受けた役人 officier たるにすぎないことが示唆されているから、兆民自身の原著読解の作業は、『訳解』とともに、第二巻までで終るわけではなく、さらに国会開設に向けて、統治全般の問題を論ずる第三巻(その第一章は総論)まで続行されていたのではなかろうか。原著の前二巻のみを読んでそこに開陳される人民主権原理を民主政理論ととりちがえてきた「世紀来の誤読[12]」が今日改めて問題にされることを思えば、兆民の読みの深さは、どうしてなかなかのものである。

思うに、朝野をあげて欽定か国約かの憲法論議に沸いた明治十五、六年、あたかも伊藤の渡欧憲法調査と符節を合わせるかのように発表された『訳解』では、来たるべき国会で憲法を議定する任を負うた有為な青年に「学術[13]」(＝立法の「正則」)を授けることが当面の課題とされたから、統治(＝政府、政体)の問題については君民共治論という抽象的な枠組を提示するにとどまったが、『三酔人』が書かれた明治二十年の段階では、情勢はすでに大きく立法の問題から統治の問題へと——『社会契約論』の内容に即していえば、第二巻から第三巻へと——転換を遂げていたのではなかったろうか。国会開設を三年後に控えて自由民権運動の退潮は覆うべくもなかったのにひきかえ、伊藤による欽定憲法起草の準備は着々と進行していたし、内政の面では同じく伊藤を首班とする内閣制度がすでに発足し、外交面では条約改正問題をめぐる論議がかまびすしくなろうとしていた。『訳解』が兆民の原著第二巻までの読解の成果で

あるとすれば、『三酔人』は当時日本が置かれていた現実に照らして、さらにこの作業を第三巻まで推し進めた上での当面の結論なのではあるまいか、というのが以下に検討したい問題である。

* 本章では『三酔人経綸問答』については『全集』第八巻の頁数をたとえば(二六〇頁)と、また『社会契約論』については平岡・根岸訳角川文庫版の巻・章数をたとえば(Ⅲ—9)と、それぞれ示す。

(1) 丸山真男「日本思想史における問答体の系譜」、『中江兆民の世界』、二〇一頁。ただし丸山氏は、「当時の日本が当面している問題の広さと深さ」を示すために『三酔人』では「複数の観点」からの照明が当てられているとして、この表現を作品の内面構造にかんして用いられているが、ここではこの作品がさまざまな角度からの解釈、アプローチを許すという意味で、作品の外面にかんして使用させていただいた。

(2) 幸徳秋水『兆民先生』、『全集』別巻、四六七頁。

(3) 兆民は通常、「ルーソー」ないし「蘆騒」などの姓を用いているが、「ジャンジャック」の名だけを用いた例は、気づいたかぎりでは『民約訳解』「訳者緒言」の「戎雅屈《ジャンジャック》」くらいである。

(4) アリストテレス以来の伝統的な三政体理論では君主政の堕落形態と考えられていた専制を正規の政体に繰り上げて〈共和《レピュブリ》政《ック》、君主政、専制〉という三政体理論を唱えたのはモンテスキューであるが、ルソーは伝統的な政体分類に復している。「洋学紳士」の分類は名辞的にはモンテスキューに近いが、三政体の変遷順序にかんしては、モンテスキュー、ルソーともにそれぞれ共和政、民主政を事実上、古代に位置づけ、専制、君主政を当代にもっとも普遍的な形態と考えているといってよいから、変遷、進化の順序は逆になっている。なお、ルソーの場合はとくに、〈民主政→貴族政→君主政〉という移行を「政府の自然的な傾向」であるとし(Ⅲ—10)、ローマ共和国の歴史がそれとは「反対の経過」を辿った、との異論を史実を引証してしりぞけた上で、「ローマの歴史は……わたしの原理を確証している」とまで言い切っている(同原注1)。

(5) 徳富蘇峰「妄言妄聴」、『全集』別巻、二一〇頁。

(6) 「外交論」、同右、第一一巻、二二一頁以下。

(7) 同右、第一巻所収の島田虔次氏によるよみくだし文、一三四頁。以下注記しないかぎりこれに従う。

（8）同右、第一〇巻、六二―六三頁。
（9）同右、第一四巻、三四頁。
（10）同右、第一巻、一九七頁。
（11）『国会論』、同右、第一〇巻、七三、七五頁。
（12）Raymond Polin : La politique de la solitude. Essai sur la philosophie politique de Jean-Jacques Rousseau, p. 192.
（13）「叢談刊行之旨意」、『全集』第一四巻、七六頁。

II 『三酔人』モデル考

『三酔人』について論ずるには、まず登場人物たる「洋学紳士」、「豪傑君」、「南海先生」の三人がそれぞれ兆民の分身なのか、それとも、とりわけ「南海先生」を兆民になぞらえる場合[1]、あとの二人のモデルは誰か、という問題について一応の見解を示すのが手順となっているかのごとくである。そこでわたくしは、右の両説にはいずれもそれなりの根拠があって、その一方だけに荷担するときは作品の重層的な構造を見失なうのではないかと考えるゆえんをひとまず述べておきたい。

三人がそれぞれ兆民の分身であるとする説については「洋学紳士」が「原理家ないし理想家」的側面を、「豪傑君」が「奇策家ないし権略家」的側面を、「南海先生」が「実際家」的側面を代表するとの植手通有氏の明快な定義[2]に従いたい。

しかし、『東洋自由新聞』や『政理叢談』を起こしてから明治二十年当時までの兆民の生活が概ね「南海先生」流のものだったとすれば、光妙寺三郎、今村和郎、飯塚納といった留学時代の友人たちが、「洋学紳士」並みのりゅうとした出立ちでフランス産「洋火酒」を手に兆民廬を訪ずれる機会はしばしばあったと考えられる。かれらはいずれもアコラースの急進主義思想に心酔した「理学士」で、光妙寺と今村は明治十五、六年、伊藤の渡欧憲法調査と時を同じうしてそれぞれパリ公使館書記官、板垣の通訳としてふたたびフランスの地を踏んでいるし(3)、ドイツ人女性ボーレンを娶って帰国し、のち漢詩人西湖を号した飯塚に至っては、その『西湖四十字詩集』序に、

状貌偉大。身着洋装。隆鼻深目。鬚髯如蝟毛。余駭其唐突。心窃以為是欧米人

とか、

観其状貌。白皙紅毛。酷肖欧米人。而其処心。亦頗有似欧米人者。蓋其議論。専主平等。不阿於富貴。不侮於貧賤(傍点、句点引用者)

と、初対面の人がぎょっとするほど(「余駭其唐突」)西洋人に似通った風貌、思想の持主だったことが伝えられており、あたかも「冠履被服並に洋装にて、鼻目俊爽に軀幹頎秀《きしゅう》に……思想の閨中に生活し理義の空気を呼吸し……」(一八〇―一八一頁)と形容される「洋学紳士」を絵に描いたような人物であったことが知られる。もっと若手で恰好な人物はといえば、仏学塾の経営や『政理叢談』の翻訳、刊行によく兆民を輔けた田中耕造(明治十二年、大警視川路利良に伴なって渡仏、アコラースに師事)や酒井雄三郎(後年の社会主義者で、一八八九年、フランス革命百年を記念するパリ万国博覧会に際して渡仏。一九〇〇年、再渡したフランスで客死)らを挙げることができよう。前者は『政理叢談』(4)に第七号以下シャール・ジュールダン「心理篇」(原著は Charles Jourdain : Notions de philosophie)、第二十二号以下バシュロー「兵制論」(原著は Etienne Vacherot : La Démocratie であるが、野村泰亭との共訳で明治十七年、『自治政論』として刊行された)、第七号以下、野村泰亭との共訳になるベンサム「司法組織論」(Jeremy Bentham : De l'organisation judiciaire et de la codification)など、もっぱら哲学者(=「理学士」)の著作を担当している。一方後者

は、明治十五年秋、兆民が折から連載中の『民約訳解』を休載して翌年春まで四国・九州遊説の旅に上った際に随伴させた愛弟子で、『政理叢談』では第二号以下ブラク「近世社会党ノ沿革」(原著はJ. Brac de la Perrière : Le Socialisme)、第十三号以下フォール「革命社会論」(Amédée Le Faure : Le Socialisme pendant la Révolution Française〔1789-1798〕)などの社会主義書を担当して、本邦における社会主義の理論的紹介に先鞭をつけたほか、明治十六年にはフイエー『泰西先哲政論』(Alfred Fouillée : Extraits des grands philosophes)を、翌十七年には白石時康との共訳になるアコラース『政理新論』(Emile Acollas : Philosophie de la science politique)などの政治哲学書を翻訳している。三十三年その訃報に接するや、兆民はただちに蘇峰の『国民新聞』に弔文掲載を乞い、

酒井之事……何様始終読書生之事とて何の履歴も無之唯と読書家と中外無之又読書家なれども文学家と申よりハ寧ろ哲学家にて哲学家としてハ同人の気象ハ殆ど希臘哲学者之如き性行を具へ居りたる様被察申候　しかし玄妙幽微の性理を談ずるよりハ政理の方嗜好致し居たる様被察申候　何様勢利ニハ深く淡泊にて今日之政党政派ニハ絶て意念無く……(傍点引用者)

と生前の面影を偲び、かつ酒井が大隈邸や兆民宅にいわば木戸御免だったことを伝えているが、[5] これまた「定《さだん》で是れ思想の闇中に生活し理義の空気を呼吸し、論理の直線に循ふて前往して実際迂曲の逕路に由ることを屑《いさぎよ》しとせざる一個の理学士」(一八一頁)の標本として申し分のない人物といえないであろうか。

「豪傑君」のモデルとしてはさしずめ、明治十五年以来兆民と親交を結び、『三酔人』そのものの執筆をも促したらしい徳富蘇峰が郷里熊本の大江義塾を解散して引き連れてきた「塾生上りの色黒々とした壮士」で「白絣の腕を捲」り上げた武骨な一党[6]——なかでもとりわけ、かつて「泣読盧騒《ルーソー》民約論」と詠じ、西南戦争で西郷方について戦死した民権家宮崎八郎の弟で、「世界一家の説」を奉ずるがゆえに「現今の国家的競争心」を憎み、これを打ち破るた

めに「腕力の必要」を認め、ついには「支那を選んで腕力の根拠地となさんと欲した」という宮崎滔天が、当時、蘇峰の寓居を出て早稲田専門学校に通っていた(7)——が考えられるが、わざわざ周囲を探すまでもなく、「一種政治的倶楽部」となり「偵吏物色の焼点(8)」となったといわれる仏学塾には福島事件のときに頼もしがられた壮士連中も大勢いたらしいから(9)、「洋学紳士」、「豪傑君」のタイプには事欠かなかったであろう。

要は三人の論客がそれぞれ兆民の分身であるか、特定のモデルにもとづいて創造された人物であるかということよりも、兆民がこれら「紳士」社会、「豪傑」社会の接点に位置し、いずれの側からも先生として仰がれていたということではなかろうか(10)。したがって三人の主張も、一度は『民約訳解』によって手の舞い足の踏むところを知らざる体の自由を味わったという共通体験で結ばれた——具体的には兆民を核として仏学塾とその周辺に蝟集した——青年たちの共有の思想ともいうべきものであろう。それはあたかも、『政理叢談』に訳載された諸論文が一旦は仏学塾生たちの討論の坩堝をくぐって世に現われたように、まさしく「洋火酒」の酔いとともに白熱する甲論乙駁の渦中で育くまれたかれらの思想の集大成《ツンマ》ではなかったのか(11)。明治二十年といえば、その仏学塾も事実上の廃校を余儀なくされ、兆民の身辺にはようやく落莫の感が迫っていた頃である。同年十一月——保安条例によって帝都三里外に逐われる直前ということになるが——合本成った『仏和辞林』に附せられた漢序をみると、それは、仏学塾全盛時代の熱い日々をともに過したかれら塾生のために、兆民が涙を揮って認めた文章であることが知られる(12)。

居頃弟子益進、谷井田中長坂平田等皆輔余視業、舎中咿唔之声晨夕無絶、於時以仏蘭西学知名者、不問可知其初為仏学塾生徒也、既而谷井田中長坂平田、前後相継病没、余亦急于述作、不能復視業如前、加之官益厳編兵之令、羅収国中壮丁靡遺、生徒稍々廃業帰郷、数年之間而仏学塾遂寂然矣(傍点引用者)

結核がかれらの生命を奪い、これに追い討ちをかけるように明治十六年に改訂された徴兵令もまたかれらを身辺から遠く拉し去った。往時の歓喜に替わる近時の寂寥――思えば「南海先生」のもとを二客が相携えて訪ずれたのは「近日霖雨濛々として連日開かず情意鬱陶として極て不快を覚へ」(一八〇頁)ていたある日のことであったが、「洋火酒」の酔いに陶然として「無何有の郷」に遊び、「隣鶏忽ち暁を報」ずるのに驚かされたときにはすでに「両三年を経過し」(二七一―二七二頁)ていた。二客とともに一夕の歓を尽したと思ったのもあるいは夢、幻ではなかったか。

二客竟に復た来らず、或は云ふ、洋学紳士は去りて北米に游び豪傑の客は上海に游べりと、而て南海先生は依然として唯酒を飲むのみ(二七二頁)

「南海先生」の愁いには旗亭「黄鶴楼」にまつわる仙人伝説に望郷の想いを托した崔顥《さいこう》の愁いに通ずるものがある。

昔人已乗㆓白雲㆒去、此地空余黄鶴楼、黄鶴一去不㆓復返㆒、白雲千載空悠悠、晴川歴歴漢陽樹、芳草萋萋鸚鵡洲、日暮郷関何処是、烟波江上使㆓人愁㆒

かれらが果して実際に北米や上海に去ったかどうかはさだかでない。いずれ「斯社会の地誌歴史と唯名称を同くするのみ」(一七九頁)の自由の別天地であるに相違ない。――『三酔人』はまた、自由民権運動がなだれを打って敗退するなかで、雲烟のかなたに去ったかれらのために兆民が捧げる鎮魂ないし惜別の賦、かれの「無限の悲み」、「無窮の恨み」[13]としても読みうるのではなかろうか。

本題をややはずれる長い前置きをしたのはほかでもない。『三酔人』は登場人物が各自勝手な長広舌を振るうだけで、問答が問答になっていない点がしばしば指摘されるが[14]、兆民の周辺で――仏学塾の講義や『政理叢談』の刊行を通じて――育くまれてきた三つの思考のタイプには、当然のことながら、かなりの共通点が見出されるからである。その最たるものが本書の全篇を貫くテーマ――「文明の運に於て後進なる一小邦」(一八二頁)たる日本の独立を西欧列強から守るには、その内政、外交はどうあらねばならないか、という問題である。三者間に共通のこの認識から出発して、「洋学紳士」は「政治的進化の理」と、この法則に律せられる〈専制→立憲君主制→民主制〉という三政体理論について滔々と弁じた後、日本が独立を守るための「一策」(二一一頁)として、ただちに自由平等の民主政を建立して一切の兵備を廃し、無形の「理義」をもって強国と交わるほかはない、という非武装立国論を打ち出すわけであるが、「豪傑君」からも「南海先生」からも、立論の前提とされる「進化の理」や民主政論そのものを非とする議論はまったくなされていない。ただ「豪傑君」は「洋学紳士」の策の非現実性を衝いて、危殆に瀕した小国の独立を守るには「一大邦」(＝中国)を攻伐して自ら大をなすほか「策」(二三四頁)はないとし、「南海先生」もまた「進化の理」ならびに三政体進化の理念を踏襲した上で、専制からにわかに民主政へ進入するのは「時と地」(二五九頁)を得た策ではないとして、立憲制への移行が「次序」だと説いているのである。「洋学紳士」の論が「未だ世に顕はれざる爛燦たる思想的の慶雲」であるとすれば、「豪傑君」の論はいわば「政事的の幻戯」、「過去の奇観」であって、「天子宰相が独断黙決するに非れば施す可らず」と評しているのは(二五六―二五七頁)、「豪傑君」が「進化の理」において「少く時に後れた」(二三四頁、眉批)専制の擁護者であることを暗示しており[15]、三人の登場人物がそれぞれに「洋学紳士」の唱える三政体理論のうちの一形態を担わされていることがわかる。政治家たるものは「時と地とを知らずして言為すること」は許されないとする「南海先生」の説(二五九頁)も、「政を為す者は時と地とに由り各々其手段を異にす」としてその一大邦攻伐策を「今日の亜細亜、亜弗利加に施す時は正に其機に合せり」という「豪傑君」の主張(二五〇頁)と「時と地」を勘考するという原則において共通しており、また「豪傑君」が人間を「恋旧好新の二元素」に区別する際にも「洋学紳士」は「純乎たる好新元素」(二四八頁)であるとされ、「理と術」の別においても「政理」は「洋学紳士」の分担であることが明らかにされる(二五一頁)。

さて、「洋学紳士」、「豪傑君」の論をそれぞれ「将来の祥瑞」、「過去の奇観」と評し、「倶に現在に益す可らざるなり」(二五七頁)としてしりぞけた「南海先生」は、「今の時に於て斯地に於て必ず行ふことを得可き所」(二五九頁)とは、いま与えられようとする「恩賜的の民権」を大切に護持して「恢復的の民権」と肩を並べられるまでに育て上げることだと説き、そのための具体的方策として、二客をして思わず失笑せしめたあの陳腐きわまる立憲君主政論を披露してその論を終えるのである。わたくしは、「洋学紳士」の絶対非武装策や「豪傑君」の一大邦攻伐策はともに兆民の思想・願望の両翼をよく示しながら、なおかつその通常の振幅を超える極論――まさしく「酔裡の奇論」(一八〇頁)――ないしは両者の主張の対比を際立たせるための文学的虚構を含むと考えるので[16]、三人の論客中の二人以上に共有され、あるいは「南海先生」による批判検討を経た基本理念には、かなり兆民自身が抱懐していたものと重なり合う部分があるのではないかとの想定のもとに、以下に主としてこれらの理念とルソーの理念とのかかわりについて若干の考察を試みたい。

(1) 秋水は「南海先生性酷だ酒を嗜み又酷だ政事を論ずることを好む」に始まる冒頭の一節を引いて「蓋し夫子自ら描き得て其真に逼る者」と評している(『兆民先生』、『全集』別巻、四五二頁)。
(2) 「兆民における民権と国権」、『中江兆民の世界』、七五―七六頁。
(3) 平川・亀井・小堀編『文章の解釈』所収の拙稿「中江兆民の一書簡――《洋学紳士》の原像」を参照されたい。
(4) 『政理叢談』に翻訳紹介された諸文献の原典、原著者等については、本書巻末「『政理叢談』原典目録ならびに原著者略伝」を参照されたい。
(5) 徳富猪一郎宛、明治三十三年十二月十五日付、『全集』第一六巻、一二六頁。
(6) 徳富健次郎(蘆花)『黒い眼と茶色の目』、二七九―二八五頁(『蘆花全集』第十巻、一四一頁)、杉井六郎「民友社の背景とその成立」、『民友社の研究』、三八頁所引。
(7) 『三十三年の夢』東洋文庫、一八、一九頁。なお滔天によれば、二兄弥蔵もまた「豪傑君」流の中国大陸経営の志を抱いていたらしく『三酔人』の書かれた二十年春頃には上京して「窃かに入清の準備を急」いでおり、『支那』てふ一点の印象を止めた」のも実は弥蔵との会話からだったという。以下にやや長いが、実在の「豪傑君」たる弥蔵の経綸を引いておく――「人の世に在る須らく一代の大方針なかるべからず。吾れ心を此事に労すること多年、近頃漸く自ら考定する所あり。以為《おもえら》く世界の現状は弱肉強食の一修羅場、強者暴威を逞うすること愈々甚しくして、弱者の権利自由日に月に蹂躙窘蹙《じゅうりんきんしゅく》せらる。是豈軽々看過すべきの現象ならんや。苟も人権を重じ自由を尊ぶものは、須らく之が恢復の策なかるべからず。今にして防拒する所なくんば、恐くは黄人将に長く白人の圧抑する処とならんとす。而して之が運命の岐路は懸つて支那の興亡盛衰如何にあり。支那や衰へたりと雖も、地広く人多し。能く弊政を一掃し、統一駕御して之れを善用すれば、以て黄人の権利を恢復するを得るのみならず、又以て宇内に号令して道を万邦に布くに足る。要は此大任に堪ふる英雄の士の蹶起して立つ有るに在るのみ……」(二二―二三頁)。

(8) 『兆民先生』、『全集』別巻、四五二頁。

(9) 「暴民反跡(丙)」、同右、四―五頁。

(10) 兆民は、「国民之友第十五号」で蘇峰が「士族の最後と題して豪傑を崇拝する士族と自由民権の旨義を信奉する士族と皆是れ同一『士族根性』にして今後の廃物たることを論じ」た文章(傍点引用者)が、「何と無く冷笑嘲諧の気を帯ぶるは何ぞや」と問い、「世の中に憤ふると泣くと程進歩に益するものは有らずかし」と説いて、「我邦政事世界」では当面右の二種類の士族の役割に期待せざるをえないゆえんを述べている(『国民之友』第一七号、明治二十一年二月八日、『全集』第一四巻、一六八頁)。

(11) 渋江保は、明治十五年十月――『政理叢談』に『民約訳解』連載中――ある蕎麦屋《そば》で書生を連れた兆民にはじめて出会ったときの情景を次のように回顧している。「見て居ると彼是十人ばかりの同勢が車座になつて飲む事、食ふ事、それに四辺《あたり》かまはぬ大きな声で議論を闘はすこと、実に凄まじい許りだ。私は其の気焔に呑まれてそこ〳〵に蕎麦屋を出たが、あとで聞くと其れが実に兆民居士と其の書生とであつたのだ。書生と言つても別に居士に対して敬称を用ひて居たのではない。やはり『君』とか『お前』とか対等の言葉を使つて居たのである」(「中江兆民居士」、『全集』別巻、五〇一―五〇二頁)。

(12) 同右、第一七巻、三五頁。

(13) 秋水は『兆民先生』の緒言(同右、別巻、四四七頁)に、「描く所何物ぞ。伝記乎、伝記に非ず、評論乎、評論に非ず、弔辞乎、弔辞に非ず。惟だ予が曾て見たる所の先生のみ、予が今見つゝある所の先生のみ。予が無窮の恨みのみ」と書いた。『三酔人』にもまた、問答乎、問答に非ず、ともいうべき情趣がただよっているのは、そこに兆民が「曾て見たる所の」かれら、「今見つゝある所の」かれらを活写しているからではあるまいか。この作品が「斯社会の地誌歴史と唯名称を同くするのみ」で、「瞬息の間を以て千歳の前に溯り千歳の後に跨」(一七九頁)る時間——一夕は「両三年」に当る——の支配する「無何有の郷」に舞台を設定して、「斯世界」とは《酒》で媒介されている、という重層構造をとっているのも、上述した伝記的事情と無関係ではないように思われる。なぜならば《酒》は、単に経綸問答を円滑ならしむるという文学的技巧としてのみならず、「其自ら世(=「斯世界」)と容れざる悶を排せんと試み」て(『兆民先生』、『全集』別巻、四七一頁。蘇峰の『一年有半』評)、兆民が日常愛用するところでもあったからである。

(14) 植手前掲論文、『中江兆民の世界』、七九頁。丸山前掲論文、同上、一九九頁。上に『三酔人』が仏学塾全盛時代の追憶によって書かれたのではないかという伝記的側面を指摘したが、同時にまた本書を、前年秋以来兆民自身が携っていた大同団結運動のマニフェストとして読むことも可能であろう。本書の執筆・刊行と併行して、二十年四月二日には旧改進党系が浅草に千名を集める大演説会を、五月十五日には旧自由党系が大阪中ノ島に板垣を迎えて全国有志懇親会を開いて互いに張り合っていた。「豪傑君」が「恋旧好新の二元素」は「在野人士中同一自由の義を唱へ同一革新の説を張るの徒」のあいだにも認められると述べるくだり(二四三頁)には「旧自由党と改進党との顔触れ」という眉批が打たれているから、『三酔人』の問答が問答になっていないといわれるのも、あるいは本書が、「洋学紳士」と「豪傑君」をそれぞれ旧民権勢力内の両元素に見立てて、この両元素が「交々力を角し互に捷利を競ひ、一旦或は大に相抵激して互に勝敗を一挙に決せんと欲する」(二四七頁)のを、「南海先生」(=兆民)が「邦家百年の大計を論ずるに至ては豈専ら奇を標し新を掲げて以て快と為すことを得んや」(二七一頁)といましめ大同団結を説く、という趣向になっているためかもしれない。

(15) 林茂「洋学紳士・豪傑君・南海先生」、『中江兆民の世界』、一〇九―一一〇頁。

(16) 丸山氏は「当時の民権論のなかに紳士君のように徹底した平和主義、むしろコスモポリタン的な軍備廃止論は現実にはほとんどありません」と語っておられ(前掲論文、同右、二〇〇頁)、堀田善衛氏も「知識人と大衆——兆民の文体——」に「洋学紳士の民主化徹底論は驚くことにすぐ軍備撤廃論にまでいってしまう。民主化徹底と軍備撤廃とが結びつくというのは、非常にユニークでおもしろいことで、これまでに世界の政治思想の中でもないと私は思います」(同右、一四七頁)と指摘されている。なお、この問題については後述する。

III 「洋学紳士」の三政体進化論とルソー

兆民が『社会契約論』第二巻第七章以下、末尾第十二章までの諸章を熟読して得た結論をもって『民約訳解』を同第六章で中断したとみられる事情についてはすでに述べた。そこで、『三酔人』がルソー読解の成果であるという本章の趣旨に沿って、かれが確実に読んだこれら諸章の議論を実際に応用している箇所はないかと当ってみると、たとえば「洋学紳士」が

夫《かの》政事的進化の理を推して之を考ふる時は自由の一義は未だ以て制度の美を尽せりと為す可らずして、必ず更に平等の義を獲て始て大成することを得る者なり、……是故に平等にして且つ自由なること是れ制度の極則なり（二〇五頁）

と断じ、「自ら其過ちを知りて僅に其半を改めたる」にすぎない「立憲の制」から、さらに「民主の制」に進むべきであると説く一節は、明らかに、「正則」と「変則」の理念が導き出された第二巻第十一章「種々の立法体系について」の冒頭、

あらゆる立法体系の目的であるべき、すべての人々の最大の福祉とは、まさに何からなりたっているかを考究してみると、それは自由と平等との二つの主要な対象に帰着することがわかる。なにゆえに自由か。個人の隷属はいずれも国家という政治体から、それだけの力が奪い取られることになるから。なにゆえに平等か。自由は平等なしには存続しえないから

にはじまる一節に拠ったものであり、しかも、前節Ⅰの『国会論』の引用中、

是を以て其制度中公道に合するもの有り又公道に合せざるも已むを得ずして姑く循由するもの有り、一から十まで完良なりと謂ふに非ず

のくだりは、そのすぐあとに続く議論からとったものなのである。もって兆民が、一度読みとったルソーの理念をいかに徹底的に自己の著作中に使い尽くしたかを証するに足る一例であるが、さらに『三酔人』がかれのルソー読解を原著第三巻まで推し進めた成果であることを証する手がかりとして、直接第三巻の所論を引いている例を探してみると、同じく「洋学紳士」が、「専擅の制」を出て「立憲の制」に入ると、人民に属する「立法の大権」は議院に托されるとし、

立法権即ち議院は民の為に事務を委托する主人にして、行政権即ち宰相大臣は此委托を受けて事務を処理する役徒たるに過ぎざるのみ(二〇一頁)

と述べるくだりは『訳解』最終章の「解」に予告されていたとおり、「所謂る帝なるもの、所謂る王なるもの〔=為政者 magistrats〕、皆な一長吏の類〔=たんなる役人 simples officiers〕たるに過ぎず」とする「巻之三第一章に政府を論ずる」箇所からの引用になっている。ところで同第一章「政府一般について」は、その題名のとおり、政府、政体を論ずる第三巻全体の序論、総見出しともいうべきものであるから、『国会論』の例からみて、ルソーと断らずとも、第三巻各章に拠った議論がほかにも随所にちりばめられている公算は大きいと考えられる。以下に試みようとするのは、したがって、『三酔人』が『社会契約論』第三巻読解の成果であるゆえんを明らかにするために、いわば後者によって前者を読むことなのであるが、「南海先生」が「邦国将来の経綸」を問われて、「〔内政の面では〕亦唯立憲の制を設け云々……、外交の旨趣に至りては云々……」(二七〇―二七一頁)と分けて答えているひそみにならって、論題を、

(1)内政―政体理論の検討、(2)外交―永久平和論の是非、に二分・整理して検討を進めることにしたい。

はじめに「洋学紳士」の提唱する〈専制→立憲君主制→民主制〉という三政体理論が――進化論を別としても――ルソーが『社会契約論』で行なっている〈民主制、貴族制、君主制〉という古典的分類法(Ⅲ―3、4、5、6)と政体の名辞も、変遷の順序も異なっていることを指摘したが、兆民は「立憲自由党の急務」(1)(明二四・一・二)に、自由、進歩の語を聞いただけで「亜細亜の一孤島中に俄然英仏の副本国を作り了はれるかの如くに思做」す「洋学紳士」流の「快男児」を登場させた後、

抑も我日本国は矢張り日本国なり漸く専制の境を出でゝ僅に立憲の域に進みつゝ有る過渡中の社会なり其英仏の副本国(=民主国)と成る可きは現今に在らずして将来に在り今日の立憲自由党は正に此過渡の社会を推して再変三変の形勢に進ましむるの任を有する一政党なり(傍点引用者)

と述べて「洋学紳士」とまったく同じ政体分類法を日本に適用しているから、それが兆民自身の政体理論でもあったとみて一応大過ないであろう。問題は、ルソーともモンテスキューとも明らかに異なる、この「政事的進化の理」と結びついた三政体理論の由来であるが、「洋学紳士」はヘラクレイトスにはじまり、ディドロ(2)、コンドルセを経てラマルク、ダーウィンに至る進歩・進化思想の系譜(一九四―一九五頁)を述べた後、英国政体に言及して「西士の学士政術を論ずるに於て、往々英国の政度を以て民主の制中に列し……」(二〇六頁)と、泰西の政体理論にも通じているらしいことを匂わせており、「南海先生」もその説については「欧州諸国に在ては或は陳腐なるも亜細亜諸邦に在ては猶ほ頗新鮮の気を帯る有り」(二〇〇頁)といっているから、それは兆民の独創にかかるというよりは、西欧起源の説に拠ったものであるらしい。となると当面考えられるのは、「洋学紳士」が師表と仰ぐ古今の学士・政論家の中に「プラトンや孟軻やスペンセルやマルブランシやアリストットやウィクトル、ユゴーや」(一八三頁)と名を挙げられているスペ

ンサーの社会進化論であろう。明治二十年頃というのは、末広鉄腸が「五六年前ニテハ書生ノ喜ビテ談ズル所ハボッ〔ベ〕クル、ギゾー、ミル氏ノ著書ナリシガ近来ハ一変シテスペンサアトナリ『スタチック』『スタデー・ヲフ・ソシオロジー』ノ如キハ家々ノ張裏ニ此ノ書アリ」と語っているスペンサー大流行の時代であり、[3] 兆民自身も『三酔人』の構想をすでに抱いていたかと思われる同年一月、徳富蘇峰の『将来之日本』に

蓋祖二述近時英国碩学斯弁施爾氏万物追世化成之説一。更創意。有レ所二発明一。因以論二吾邦制度文物。異日必当レ為

云云状一

という「再版序」[4]を寄せて末広の説を裏書きしているかにみえる。だが、仏学の泰斗をもって自ら任じ、こと翻訳書にかんしては、

世間洋書を訳する者、適当の熟語なきに苦しみ、妄りに疎卒の文字を製して紙上に相踵《つ》ぐ、拙悪見るに堪へざるのみならず、実に読《よん》で解するを得ざらしむ。是れ実は適当の熟語なきに非ずして、彼等の素養足らざるに坐するのみ、思はざる可けんや[5]

と、甚だ点の辛い兆民のことである。『理学鉤玄』巻之三「実質説《マテリヤリスム》」の出典欄には「法国ラマルク、オーギュストコントニ取ル有リ、英国ダルワン、ヱルベルト、スペンセルニ取ル有リ」[6]とスペンサーの名が挙がっており、「凡例」には「本書博ク諸家ヲ蒐採シテ、文ハ則チ別ニ結撰シテ初ヨリ原文ニ拘泥セズ、此レ其著ト称シテ訳ト称セザル所以ナリ」[7]と断ってあるから、かれは「家々ノ張裏ニ」まで流布していた邦訳書にはよらず、『政理叢談』に多く採択されたジェルメ・バイエール社 Germer-Baillière の「現代哲学叢書」Bibliothèque de Philosophie Contemporaine から、留学時代以来続々刊行されていた仏訳書――ショーペンハウエル『道徳学大原論』Le fondement de la morale の訳者ビュルドー A. Burdeau が『道徳・科学・美学論集』(全三巻) Essais de Morale, de Science et d'Esthétique を訳してい

る——によってスペンサーに親しんだのであろうと思われる。

さきに『三酔人』が兆民の周辺に蝟集した青年たちとの共有の思想のいわば集大成ではないかとの説をなしたが、かれらのあいだでとくにスペンサーの三政体進化論がとり上げられた例としては、『政理叢談』第十八号(明一五・一一・一〇)に載ったグュイヲ著、鳥洲生訳「スペンセル政治論略」を挙げることができる。原著は同じく右の「現代哲学叢書」に収められたギュイヨーの『現代英国倫理学』Jean-Marie Guyau : La Morale anglaise contemporaine, 1879 (pp. 181-183)であるが、スペンサーの政治論は「化醇《エボルユシヨン》ノ理説ヲ政治上ニ論及シ政治ノ自由ヲ望ムハミルベンサムノ輩ヨリモ切ナ」るものとして紹介されている。ギュイヨーの解説によれば、政府とは本来「一害物」であって社会の「道義」が進めば無用に帰すはずのものなのであるが、当面、その唯一・真正の職分というべきは「義ヲ執リ正ヲ守リ以テ斯民ヲ保護スル」ことであって、そうすることが「化醇自然ノ理」loi de l'évolution universelle にかなうとされている。さて、以下に掲げるのは、スペンサーの原著『社会静学』Social Statics, p. 467 からの引用である。

代議政府ハ今日ノ勢ニ於テ人民保護ノ任ヲ充タスニ恰当セシ者ナリ……畢竟代議政体ハ一ノ仮政体ニシテ夫ノ数百年来沿襲ノ弊風尚ホ存スル所ノ社会ニ用ユルハ適当スベキモ何ゾ之ヲ以テ至美良善ノ社会ニ莅ムコトヲ得ンヤ

〔中略〕

夫ノ化醇ヲ成就シ衆庶ニ最大幸福ヲ得セシムル所ノ政府ハ即チスペンセル氏ガ所謂極処ニ到リタル民主政体ナリ此レ真ノ議政体ニシテ民自ラ委員ヲ抜択シ之ヲシテ其ノ欲望ヲ行ハシムスペンセル氏曰ク夫レ斯ノ如クナレバ吾儕ハ此ニ向ツテ進行セン(傍点引用者)

ここにはすでに、専制〔=「数百年来沿襲ノ弊風尚ホ存スル所ノ社会」une société où les mœurs violentes et déprédatrices…n'ont pas encore fait place aux mœurs fondées sur la justice〕から、「仮政体」la forme transitoire de gouvernementたる代議政体を経て、「極処ニ到リタル民主政体」la démocratie finaleに進むのが「化醇自然ノ理」であるとする「洋学紳士」の政体進化論の原型が示されているのであるが、さらに『三酔人』との関連で黙過しえないのは、右の〔中略〕部分に挿まれた次の一節である。

代議政体ノ行ハルル社会ニ於テハ必ズ二種ノ精神在ルアリ曰ク保守ノ精神曰ク改進ノ精神此ノ二者相争ヒ相競ヒ而シテ……保守勝ヲ得ルハ即チ陋習ヲ艶借スル者其勢力ヲ得……改進勝ヲ得ルハ即チ権利ヲ貴重スル者其勢力ヲ得……(傍点引用者)

『三酔人』の骨子をなすともいえる「洋学紳士」の政体進化論がスペンサーに由来するのみならず、「豪傑君」が「他邦に後れて文明の途に上る」国に必ず発生するという「恋旧好新の二元素」(二四三頁以下)も、やはり、スペンサーの「保守ノ精神」l'esprit conservateur,「改新ノ精神」l'esprit réformateurを日本流に敷衍したものであることがわかる。したがって、「恋旧元素」を自認する「豪傑君」が「必ず二元素の一を除去るに非れば国家の事復た為す可らざるなり」(二四七頁)と、「恋旧元素」の除去を自ら買って出るのも、「極処ニ到リタル民主政体」へ向かう政体進化の第一歩として、スペンサー理論の要請に沿った提案なのである。

だが実を言うと、「洋学紳士」の政体進化論については、右のギュイヨーよりもさらに直接的な典拠と目すべきものが『三酔人』に近い時期にもう一つある。兆民自身が明治十九年、文部省の嘱――どこまでが嘱であり、かれ自身のイニシアティーヴなのかわからないが――によって翻訳したフイエーの『理学沿革史』Alfred Fouillée: L'Histoire de la philosophie, 2ᵉ éd., 1879.がそれである。フイエーはギュイヨーの母が再嫁した相手であり、ギュイヨーにとっては義父に当る人であるから、兆民が本書を知るに至ったのもあるいは自分より九歳も年下の少壮哲学者ギュイヨーに留学時代から嘱目していたためではないかと想像されるが[8]、ともかくフイエーは、スペンサーの原著からギュイヨ

ーと同一の箇所を引いたのち次のように付説している。(9)

スペンセル氏又以為ラク、東方諸国専制ノ政ハ是レ制度ノ最粗鄙ナル者ナリ、顧フニ此種ノ悪制ヨリ真ノ民主ノ制度ニ至ルノ間、一時仮定ノ制度ヲ経過シテ漸次ニ進歩ノ効ヲ見ハスハ是レ自然ノ勢ナリ、所謂真ノ民主ノ制度ニ到ルトキハ全国民現ニ親ラ其意欲ヲ発暢スルコトヲ得テ政ニ与カル有リ、是ニ於テ其施政ノ職ヲ設クルヤ明ニ其委托スル所ノ事項ヲ限画シテ恣ニ踰越スルコトヲ得ザラシメテ、乃チ属托者ト受托者ト並ニ其自由ヲ以テ相共ニ約ヲ為スニ足ラン云々（傍点引用者）

『三酔人』では「君相専擅の制」はとくにアジア諸国に通有のものとされるから（一九八頁）、「東方諸国専制ノ政」la monarchie absolue des despotes de l'Orient から「一時仮定ノ制度」des formes intermédiaires et passagères たる代議政体を経て「真ノ民主ノ制度」la démocratie finale に至る、という構図はまさしく「洋学紳士」のそれであり、フイエーはさらにルソーの項でも、「代議政体」について「彼ノ純正ノ政体ニ進入スルノ前仮リニ以テ一時ノ需求ニ応ズルト云フニ過ギズ」と否定的見解を述べているから、(10)『三酔人』の政体進化論の直接的典拠は、さきのギュイヨーよりもむしろフイエー『理学沿革史』であろうと思われる（本章付録《資料》Iの原文を参照されたい）。

ところで、スペンサーに拠ってなにが「東洋のルソー」か、という誰しも抱く当然の疑問に対して、右のフイエーの引用にすぐ続く次の一節は、解答とはいわぬまでもいくぶんかの示唆を含んでいるように思われる。

以上論ズル所ニ由レバ、英国ノ理学モ亦漸次ニ第十八紀法朗西ノ理学士ノ説ク所及ビ特ニジャンジャック、ルーソーノ垂示セシ所ノ政治ノ極致ニ近接スルヲ見ル（傍点引用者）

ミル、ベンサム、スペンサーらの英国学派がルソーの掲げた「政治ノ極致」l'idéal proposé…par J.-J. R. に近いというフイエーのこの指摘は、永久平和論の系譜から「ルーソー」の姓を伏せるなど、もっぱら「東洋のルソー」を喧伝されることを好まなかったらしい兆民が、ルソーを措いてスペンサーの三政体理論を採用するきっかけになったのではなかろうか。しかも両者の政体理論を比較、検討してみると、かれの選択はただそれだけの理由によったものではなく、あくまでもルソーの理論を「熟復玩味」し、その真意を読みとった上での結論ではなかったかとの感を強くするのである。

『三酔人』の直後に書かれた『平民の目さまし』(二十年八月)では「政府の体裁《すがた》」(=政体)が「専擅政府」と「自由政府」の二種に大別され[11]――これまたルソーが「自由な人民の国家と君主国家」les Etats libres et les monarchiques とを区別し、後者を「専制政治」le despotisme と言い換えた(III―8)のに近い分類である――「専擅政府はたとへ仁恵ある政事にもせよ我々人民に取りてはいかにも恥しき限」りであり、「二十三年に至れば一時に専擅政府の姿を改めて自由政府の形を取ることと成」るといわれている[12]。『国会論』(二十一年十一月)においてもまた「夫れ国会なる者は、名義の不明なる政府の名義を明にする者なり」、「夫れ国会未だ設けざる前の政府は真の政府に非ざるなり、仮の事務所なり」と述べられているから[13]、兆民が『三酔人』執筆当時、現下の天皇制政府を――「仁恵」のあるなしにかかわらず――ルソーが「社会契約」(I―6)を定義するに先立ってあらかじめ「正当な権力」puissances légitimes (I―3)から除外した「専制政体」un gouvernement arbitraire (I―4)とみなし、事実上の社会契約たる国会開設を俟ってはじめて名義の明らかな政府、「真の政府」になりうるものと考えていたことがわかる。しかるにルソーが定義する三種の政府は――民主政、貴族政はもちろんのこと、かれがほとんど本能的といってよい敵意を隠そうとしない君主政も含めて――いずれも主権者たる人民から行政権の「委托を受けて事務を処理する役徒たるに過ぎざる」(二〇一頁、およびIII―1)ものであり、「行政権の正当な行使」l'exercice *légitime* de la puissance exécutive (III―1)と呼ばれるものなのである。思うに、兆民が「洋学紳士」にルソーの三政体理論を語らせることを肯んじないのは、「憲法未ダ立タズ国会未ダ設ケザル[14]」現下の日本にあっては、原理的にまだその君主制論を適用しうる機が熟していないと判断したためであり、スペンサー理論にいわゆる「君相専擅の制」から「立憲の制」に移行する二十三年を俟ってはじめて、「君主国もまた共和国《レピュブリック》といえる」(II―6、原注)というルソーの君主制論を天皇制日本に適用しうる素地が生ずると考えたからであろう。したがってかれがスペンサーの政体進化論を採用したのは、決してルソーから逸脱するゆえんではなく、むしろあくまでもルソーに沿って「精密ノ論ヲ立テ[15]」ようとした結果にほかならないといえる。さきに引いた「立憲自由党の急務」(明二四・一・二)にもみられるとおり、かれは国会開設後の文章の中ではじめて[16]天皇制日本を「漸く専制の境を出でゝ僅に立憲の域に進みつゝ有る過渡中の社会」と呼ぶことに、ともかくも同意したのである。

(1)『全集』第一二巻、一六二頁。

(2) 通常コンドルセとともに進歩思想の系譜に登場するのはディドロよりもむしろ、『世界史講義』Discours sur l'histoire universelle(1750)を書いたチュルゴー Turgot である――「進歩思想の形成にそれと知らずして寄与する労働者、職人となったのはヴォルテール、モンテスキュー、ルソー、ディドロであり、進歩の意味を解し、その法則を発見しえたと信じたのはチュルゴーとコンドルセであった」(Paul Janet: Histoire de la science politique dans ses rapports avec la morale, IIIe éd, 1887, T. II, p. 680)。なお、兆民訳フィエー『理学沿革史』でも「チュルゴー及ヒコンドルセー」に一章を設け、「政術進歩ノ理ト人類ノ漸次ニ完備ノ地ニ進ム所以ヲ論ズルニ於テ、此両人ノ説最モ明白ニシテ前人ノ未ダ発セザル所有リ」としている(『全集』第六巻、七〇頁)。

(3)『二十三年未来記』(明治十九年六月)、八六―八七頁。

(4)『全集』第一七巻、二七頁。

(5)『兆民先生』、同右、別巻、四六五頁。

(6) 同右、第七巻、二七六頁。
(7) 同右、三頁。
(8) ギュイヨーは『政理叢談』に紹介された明治十五(一八八二)年現在でまだ二十七歳、『叢談』原著者の中では例外的に無名の高校哲学教師であったが、兆民が留学中の一八七三(明治六)年、十九歳の若さで功利主義哲学にかんする論文——さきに掲げた原著はその第二部を公刊したもの——で「倫理・政治学アカデミー」賞を受賞している。当時哲学を研鑽中だった兆民にとってこの受賞は、奇しくも同年、同じく十九歳の少年詩人アルチュール・ランボーの書いた『地獄の季節』などとは比較にならぬ大事件であったろう。くわしくは本書巻末「『政理叢談』原典目録……」を参照されたい。
(9) フイエー『理学沿革史』、『全集』第六巻、三八五—三八六頁。A. Fouillée: Histoire de la philosophie, 2e éd., p. 489.
(10) 『全集』第六巻、六八頁。
(11) 同右、第一〇巻、六頁。
(12) 同右、九、一〇頁。
(13) 同右、七三、七四頁。
(14) 「吾儕時事ヲ論ズルコトヲ欲セズ」(『東洋自由新聞』第十二号、明一四・四・三)、同右、第一四巻、二三頁。
(15) 「社説」(同右、第二号、明一四・三・二三)、同右、四頁。
(16) 実は憲法発布(明治二十二年二月)に際して兆民は、従来の日本は「近時の欧米流義にて言へば専制の年代」、「黧黒の日本」であったが、「今後の日本は皓白の日本なり」と述べている(『東雲新聞』明二二・二・九、「憲法の発布は吾邦古今未曽有……」、『全集』第一一巻、三五四頁)。かれはルソーにしたがって国会開設を事実上の「社会契約」と考え、「速ニ国会ヲ徴シテ其レヲシテ憲法ヲ造定セシメ……」(『東洋自由新聞』第二六号、明一四・四・二一、「防禍于未萌」、同、第一四巻、六一頁)と、年来、国会を先にすべきことを主張してきたが、政府側から欽定憲法の方が先に発布されたので、とりあえずその時点で専制の理論的な終焉を宣したのであろう。

Ⅳ「時と地」

だが兆民が『三酔人』においてルソーの三政体理論から読みとったものはこれだけにはとどまらないようである。本書の議論は「文明の運に於て後進なる一小邦」(一八二頁)たる日本の進路をめぐって、あくまで小国に徹して「民主の制」に進むべきだとする「洋学紳士」と、天皇制(→専制)国家として大国化すべきだとする「豪傑君」の意見とがたがいに譲らずに対立し、最後に「南海先生」が「時と地」にかんがみて「立憲の制を設け」るべきことを説いて幕になるわけだが、ルソーは国土の大小と政体との適合関係を次のような図式に還元している。

さまざまの国家において、最高為政者の数は市民の数に反比例すべきであるならば、一般論としては、民主政は小国に適し、貴族政は中位の国家に、君主政は大国に適するという結論になる。この規則は一般原理からただちにひきだされる。しかし、いかにして、例外を生ぜしめうる無数の事情を数えあげることができようか(Ⅲ—3、傍点引用者)

すなわち、「洋学紳士」が小国ゆえに民主化すべきだとし、「豪傑君」が天皇制国家ゆえに大国化すべきだとするのは、それぞれ右の一般原理から引き出される相対立する要請に従ったものであり、「南海先生」が「時と地」を知って立憲君主政に進むべきだとするのは、日本における例外的事情(たとえば、小国にして同時に天皇制)を代弁するものとはいえまいか。ところで、スペンサーは道徳的進化に主眼を置いており、とくに国土の大小と政体との関係には触れていないから、『三酔人』がとくに三人の登場人物による政体問答という特殊な体裁をとっているのは、後述する理由と合わせて、ルソーの図式に想を得たためであろうと思われる。[1]

さて、「南海先生」は「洋学紳士」の民主政論、「豪傑君」の大陸攻伐論〔→専制主義論〕を要約して、前者を「醇乎として正なる者」、将来の「思想的の慶雲」、後者を「瑰然として奇なる者」、過去の「政事的の幻戯」と評し、「倶に現在に益す可らざるなり」(二五六―二五七頁)としてしりぞけたのち、当面、「専制より出でゝ立憲に入」るのが「政治社会行旅の次序」(二六一頁)だと説くわけであるが、ルソーが三政体のそれぞれについて抱く「個人的感情《フィーリング》」[2]ないし好悪の度合をおしはかってみると、両者の思考のパターンにはかなりの親近性が認められる。ルソーが理想の政体、最良の政府とみなしていたのは民主政であったとしばしばいわれており、たしかに「理論的規範」[3]としてはそうであったろうと思われる。だがもともとかれの政体理論は為政者の数と国土の大小という数量関係の上に立ったものであるから、したがって「政府の形態は唯一絶対ではありえないし」(Ⅲ―1)、「どの形態もある情況 cas のもとには最良であるが、他の情況のもとでは最悪」(Ⅲ―3)でもありうるわけで、じつはきわめて相対主義的な色彩の濃いものなのである。民主政の定義(Ⅲ―4)そのものをみても、「これほど完全」なるべき政体が、じつは「元来区別されているべき」執行権と立法権――この区別なくしてかれの「政府は……実は主権者の使用人」、「首長は主権者のたんなる役人」(Ⅲ―1)というテーゼは成り立たない――が区別されていないために「ある点で不完全」だとさえいわれ、「内乱、内紛」が起こりやすいばかりか、その他実際的観点からいっても「市民が公共の仕事を処理するためにつねに会議を開いていることは、想像もつかない」から、結局民主政は「人間には適しない」し、過去に存在しなかったものは「今後も存在することはなかろう」という、極端な言い方をすれば「民主国家への暗い告発」[4]になっているのである。

君主政(Ⅲ―6)についてはどうかといえば、他の政体と異なり、一人の国王が「執行権の受託者」となるわけだから、「個別的意志がこれほど支配力をもち、他の意志――「為政者の共同意志」および「人民の意志」(Ⅲ―2)――を制圧する政府もない」とされる。「あるがままの人間としてとらえる」とき(I—序章)、「国王たちが絶対的でありたいと望んで」おり、「最善の王者といえども、自分の欲する場合には……悪王となりうるように望んでいる」ことは明らかであり、「統治する人の能力」——いわんや「代理の者たち」〔＝大臣〕の能力——や、「正義感」、「良識」に期待するのは、きわめてまれな「偶然」を当てにするに等しいから、「君主政の本質を理解するためには、凡庸なまたは悪虐な君主のもとにおけるこの政体を考察する必要がある。」——ルソーはたしかに、一旦はその「知的誠実さ」(5)から、「法律によって統治される国」ならば「君主国もまた共和国といえる」(II—6、および原注)として、君主政を理論的には正当な政体と認めたものの、実際的観点からは、それがさまざまな内部的欠陥によって「共和政よりもつねに劣った位置に」とどまり、ついには専制に陥らざるをえない宿命を負ったもの、として断罪せざるをえないのである。それではかれが「実際的妥協案として」(6)なにをもって「あらゆる政府の中で……最も良い政府」と考えるかといえば、それは——民主政主唱者ルソーへのわれわれの偏見にとってはまことに意外なことに——選挙的貴族政であり、この選択の理由をかれは『山からの手紙』Lettres de la Montagne に次のように述べている。

それら〔三つの主要政体〕の利害得失を比較して、わたしは、両極端の中間にあって、貴族政《アリストクラシー》と呼ばれるものを選ぶことにする。国家の構造と政府の構造とはそれぞれ別箇の事柄であって、わたしが両者を混同しなかったことをここで想起すべきである。政府のうち最良のものは貴族政であり、主権のうち最悪のものは貴族政である(7)。

(傍点引用者)

兆民が『社会契約論』以後のルソーの政治論文を読んでいたかどうかは明らかでないが——わたくしはその可能性は少ないと考えている——少なくとも『民約訳解』に示される周到な読解から推して、ルソーが理論的には民主政をもってそれ自体として最良の政体としながらも、実際的には「両極端の中間」たる貴族政を最良の政体と考えていたことを読みとるには、「貴族政について」の一章（Ⅲ—5）を「熟復玩味」すれば足りたであろうと思われる。(8) したがって「南海先生」が、「二君が各々積消両極の論を固執し、一は未だ生ぜざる新思想を望みて妄に進まんと欲し一は既に去りたる旧観戯を顧みて妄に退かんと欲して其主趣たる冰炭《ひょうたん》相容れざるが如きも、僕の察する所に由れば其病源は実は一なり、一とは何ぞや、過慮なり」（二六四頁）と、この「両極の論」（＝両極端）をしりぞけて、スペンサー流政体進化論の中間項を選ぶのも、兆民がルソーの三政体理論によって、ある一つの政体（＝民主政）を唯一絶対のものとは考えない相対主義的な思考法に馴染んでいたことと無関係でないかもしれない。

最後にもう一つ、天皇制下日本における統治の問題を考えていた兆民にとって、ルソーの三政体理論の中で右に述べた諸々の細部にもまして強く訴えかけたと思われるのは、君主政弾劾をもって終るこの理論の結びの一句（Ⅲ—6）である。

奇跡を約束するが、患者に忍耐を説く以外に芸のない医者のことを何といおうか。悪い政府を持っているときには、それをたえしのばなければならないということぐらいはだれでも知っている。問題はどうしたら良い政府を見いだすことができるかということなのだ（傍点引用者）

これまではもっぱら「政府の一般的・抽象的分析」に向けられてきたルソーの関心は——あたかも第二巻第七章「立法者について」を境にそれまでの原理論（『民約訳解』に収められた部分）から事実論に移行したように——いわばこの問題提起を媒介として、「政府と、政府に形態を与え、もしくはこれを変更する具体的現実との関係」(9) へと向けられてゆくわけであるが、『三酔人』において「洋学紳士」がスペンサー流の政体進化論を三人を代表して——他の二人から異論が出ないのはそのためであろう——一般論として提出しおえたのち、まず民主政実現のための「一策」（二一一頁）を出し、「豪傑君」また一大邦攻伐の「策」（二三四頁）を出し、最後に「南海先生」が「恩賜的民権」の培養策を出すのは、「どうしたら良い政府を見いだすことができるか」というルソーの問題が三人に共通の最大関心事であり、とりもなおさず本書の主題でもあることを示しているようである。その意味で、「洋学紳士」の主張する「理義」に対して「事の実際を奈何《いかん》せん」(二二九頁)と反問する「豪傑君」が、「政を為す者は時と地とに由り各々其手段を異にす」(二五〇頁)と、また現実主義者たる「南海先生」も「進化神の悪《にく》む所は何ぞや、時と地とを知らずして言為すること即ち是れのみ……」(二五九頁)と、異口同音にことをなすに当って「時と地」を知る必要を力説していることはたいへん興味深い。「豪傑君」がその一大邦攻伐策を「今日の泰西諸国に施す時は直《ただち》に狂人の行為」となり、これを「今日の亜細亜、亜弗利加に施す時は正に其機に合せり」(二五〇頁)というのは、ヨーロッパ諸国がすでに十七、八世紀以来「立憲の制」に進んでいるのに対して、「亜細亜諸国の民は一たび此境界〔=君相専擅の制〕に入りたる以来淹留して未だ進むこと能はざる」(一九八頁)からであり、「南海先生」もまた「洋学紳士」に「君の言ふ所は今の時に於て斯地に於て必ず行ふことを得可き所と為さん乎……」(二五九頁)と問うたのち、さらに、「専制より出でゝ一蹴して民主に入るが如きは決て次序に非ざるなり」(二六一頁)と批判しているから、政体を具体的に決定する場合には、国土の大小〔=一般原理〕のみならず「時と地」〔=例外的事情〕をも斟酌せねばならぬとされていることが明らかになるが、ルソーの議論がふたたび抽象から具体へと転ずる第三巻後半——とりわけその第八章、第九章——において、ローネーの言葉を借りれば、まさしく「政体を時と地とに具体的に適応させるための原理」(10) principes d'application concrète des formes de gouvernement *aux temps et aux lieux* が検討されることになるのである。

(1) 丸山氏は前掲論文において、『三酔人』が『三教指帰』など日本古来の「法論」の問答体とも、キリシタンの「カテキズム」とも、「ソクラテス=プラトン的なディアレクティケ」ともあきらかにちがっていることを例証されたのち、その問答体としての「ユニークな性格」を、「この三人の対話を通じて複数の観点、色々な角度からのスポットライトが投入されている」点に見ておられる(とくに二〇〇―二〇一頁)。なお、「国会問答」『平民の目さまし』等の啓蒙的作品に多用される問答体の原型ともいうべきものを兆民周辺に探ると、『政理叢談』第九号以下に連載されたジャン＝バチスト・セー著、矢代生訳『経済問答』Jean-Baptiste Say : *Catéchisme* d'Economie Politique および、第二十八号、ピコー著『仏国租税法一斑』〔＝『問答体フランス法要説』〕J.-B.-C. Picot : Petits éléments des codes français *exposés par demandes et par réponses*…を挙げることができる。

(2) C. E. Vaughan : Du Contrat Social,《Notes》, p. 145.

(3) Michel Launay : Jean-Jacques Rousseau écrivain politique, p. 435.

(4) Polin, op. cit., p. 194.

(5) Vaughan, op. cit., p. 146.

(6) Launay, op. cit., p. 435.

(7) Sixième Lettre. Œuvres Complètes de J.-J. R., Bibliothèque de la Pléiade, T. III, pp. 808–809(citée par R. Derathé, pp. 1478–1479).

(8) ルソーは貴族政に「自然的」、「選挙的」、「世襲的」の三種類を区別し、「第二のものが最も良い政府である」と述べている。

(9) Launay, op. cit., p. 433.

(10) Ibid., p. 437.

V　『三酔人』の構成と『社会契約論』

前節に「洋学紳士」と「豪傑君」とがそれぞれルソーの三政体理論から引き出される一般原理――〔小国→民主政〕、

〔天皇制→大国〕——を代表し、「南海先生」は日本における例外的事情——〔小国にして天皇制〕——を代表しているのではないかと述べた。兆民がすでに原著第二巻第十一章の所論から立法の「正則」と、「正則」を行なう場合に準拠せねばならない「変則」という理念を読みとっていたこともまた上述のとおりであるが、ルソーは政体を決定する場合にもその政体理論から引き出される一般的原理と、各国民における具体的諸条件とがたがいに適合しあうよう配慮すべきことを、繰り返し説いている。

一つの国家にもまた、良い政府は一つしかありえない。しかし、無数の事件が一国内の諸関係の均衡を変えることがあるから、いろいろ違った政府が、異なる人民に(à divers peuples)たいして適当でありうるばかりでなく、同一の人民にたいしても時代を異にすれば(en différents temps)適当でありうるのだ(Ⅲ—1)

それ自体としては最良の政府も、〔国家にたいする〕その諸関係が、その属する政治体の欠陥に適するように変改されないならば、ときとしては(souvent)最悪の政府ともなるであろう(同)

最良の統治形態とはいかなるものであるかについては、あらゆる時代におおいに論議されたが、〔それらの議論には〕どの形態もある情況のもとには(en certains cas)最良であるが、他の情況のもとでは(en d'autres)最悪であるということが考慮されていない(Ⅲ—3)

右に傍点を施した部分の語——異なる人民、時代、ときとして、情況——を無造作に拾い出せば、「豪傑君」や「南海先生」のいわゆる「時と地」との類縁関係は一目瞭然であろう。三人が三人とも「どうしたらよい政府を見いだすことができるか」(Ⅲ—6)という共通の関心で結ばれながら、「洋学紳士」は民主政を、「豪傑君」は一大邦攻伐〔→専制」を「それ自体として最良の政府」le gouvernement le meilleur en soi と考え、「南海先生」は「今の時に於て、斯地に於て」可能なかぎり最良の政府を模索するわけだが、「南海先生」の批判がもっぱら「洋学紳士」に向けられているのは、議論の前提とされている進化の方向が民主政を目指しているからにほかなるまい。これに反して「豪傑君」の策は、ようやく「立憲の制」に移行しようとする日本に適用するというならともかくも、いまだに「君相専擅の制」に「淹留」(一九八頁)するとされる「今日の亜細亜、亜弗利加に施す時は正に其機に合」(二五〇頁)する(=「時と地」を得る)と考えられているのであろう。

ともあれルソーが「良い政府を見出す」ために、その三政体理論と個々の国々の特殊事情とを適合させる方法を探ったのが、モンテスキューの風土論に拠った第三巻第八章「あらゆる統治形態はどんな国にも通用するわけでないこと」である。

この章でもまたかれは、その三政体理論の公式を繰り返して、租税負担の多寡、土地の沃瘠を例にとって

> 君主政は富裕な国民にしか適しない。貴族政は富においても、面積においても中位の国民に適し、民主政は小さな貧しい国家に適する

と述べている。「自由な人民の国家」と「君主国家」が対比され、後者の本質が「専制政治」であることが示唆されるのもこの項であるが、右の公式があくまで政府を作る場合にまず則るべき一般原理であって、実際には同時に例外的事情をも考え合わさねばならぬことは、すぐ続いて

> おのおのの風土には、それぞれ自然的な原因があって、それを考慮に入れれば、風土の力が要求するような統治形態を定めたり、どんな種類の住民がその風土に適するかをいうことさえできるのである(傍点引用者)

といわれていることから明らかになる。第二巻第十一章のいわゆる「正則」と「変則」以来繰り返し行なわれてきた

抽象と具体、普遍と特殊との対比はこの章ではさらに「一般法則」lois générales と「特殊原因」causes particulières の区別、「一般原則」principe とその「適用」application の問題という図式によって表現され、原理、原則を適用する場合にはかならず「問題をあらゆる角度から検討」することが求められるのである。

ここに至って「南海先生」が「洋学紳士」、「豪傑君」に「時と地」を説く意味はもはや明白になったと考える。この二人はいわば、ルソー－スペンサー流政体理論(と呼ぶことが許されよう)の権化として原理、原則の世界で「言為」(二五八頁)しており、国会開設が三年後に迫った明治二十年の天皇制＝小国たる日本の「時と地」の中で暮らしていないからこそ、かれらの論はそれぞれ「思想的な慶雲」、「政事的な幻戯」(ともに実体をともなわない空虚なものであるのは単なる比喩であろうか)として「倶に現在に益す可らざるなり」(二五七頁)と評されるのである。第三巻第九章「よい政府の特徴について」の冒頭の一節にはこのように「時と地」をしっかりと見据えた「南海先生」の政体論の妙諦が示されているといえよう。

そこで、絶対的意味において最も良い政府とは何であるかと問う人があれば、その人は漠然としているばかりでなく解決しえない問題を出していることになるか、あるいは、いってみれば、この問題は、それぞれの人民のおかれた絶対的な状況と相対的な状況において、可能な組み合わせの数だけの、正しい解答をもっていることになるであろう(傍点引用者)

「南海先生」の論はそれゆえ、無原則な日和見主義ではないし、いわんや「胡麻化」し(二七〇頁、眉批)ではない。ルソーの表現を借りればさまざまな「可能な組み合せ」の中から選びとられた「正しい解答」というべきであり、「奇論」を期待していた「洋学紳士」と「豪傑君」――かれらの論こそ「積消両極の論」、「奇論」だったのだ――から「南海先生胡麻化せり」とひやかされるや、にわかに「容を改めて」(二七一頁)、平時閑話の題目に在ては或は奇を闘はし怪を競ふて一時の笑柄と為すも固より妨無きも、邦家百年の大計を論ずるに至ては豈専ら奇を標し新を掲げて以て快と為すことを得んや

と逆に二人を説諭しているのは、自論に対して抱く確信のほどを窺わせるに足る。さきの——スペンサー流の政体進化論を開陳する——「立憲自由党の急務」に兆民自身が「南海先生」と同じ言葉を吐いていることからもそれは明らかである(1)。

人或は云はん、吾子の説く所ろは陳腐なり、誰れも知らざる莫しと、実に然り、正理は陳腐なる者なり、若し陳腐を厭ふて奇怪を喜ぶならば政党に従事することを止めて、亜非利加内地に旅行す可し、否らざれば探偵と為る可し、盗賊と為る可し、若し為し得可き事を為し、出来可き事を行はんと欲せば、陳腐なる正理を履行するの外他に名方有る莫し、チヱールも之を以てし、ピールも之を以てし、グラツトストンも之を以てし、ガンベツターも之を以てし……(傍点引用者)

さて、第三巻第九章はその標題からしてさきの「どうしたら良い政府を見いだすことができるか」(III—6)という設問へのルソー自身の解答になっているわけだが、本章の構成そのものが、同じく「良い政府を見いだす」ための問答ともいうべき『三酔人』の筋立て——二人の論客がたがいに正反対の説を主張して相譲らず、裁定者と思われる第三の論客が二客の説をともに批判して独自の説を述べる——と非常に似通っている事実を指摘しておきたい。

冒頭ルソーは「絶対的意味において最も良い政府とは何であるか」という問いが解決不可能であることを示したわけだが、それでは具体的に、特定の政府が良いか悪いかという事実問題ならば解答がでるかというと、

ところが、これがまったく解答を与えられていないのだ。それは各人が自分勝手に解答しようとしているからである(傍点引用者)

と述べている。『三酔人』の場合にも各人――とくに「洋学紳士」と「豪傑君」――が「自分勝手」な長広舌を振るっていることは諸家の指摘するとおりだが、このあとルソーは「臣民」sujets と「市民」citoyens(ともに複数)という二種類の人物群を登場させて「自分勝手」な意見を具体的に述べさせている。ルソーが「臣民」、「市民」というときは、「社会契約」の定義(I―6)に、結合行為によってつくられた政治体 corps politique を受動的には国家 Etat, 能動的には主権者 souverain と呼んだ場合、その構成員を、集団的には人民 peuple, 個別的には「主権に参与するものとしては市民」、「国家の法に服するものとしては臣民」といって区別しているものに照応するのであろうか。人民を構成する同一の個々人を能動的な主権者の一員としての市民と、受動的な国家の一員としての臣民に分けて考える独自の用語法であるが、とくに市民について、

> わたしは市民(Cives――ラテン語)の称号がいかなる君主 Prince であろうと、その臣民に与えられたことを読んだことがない。古代においては、マケドニヤ人、現代では、イギリス人が、他のすべての臣民よりも、より自由に近いのだが、いずれにも、この称号は与えられなかった。フランス人だけはこの市民という名前を、気軽に使っている。……この名称はフランスではある徳 vertu を表わすだけで、権利 droit を表わすものではない(I―6、原注、傍点引用者)

と注記しているところをみると、共和国や、ルソーの定義する人民主権国家の一員として自由、権利を享受する市民と、伝統的な君主国の臣民、というもう一つ別の区別がかれの意識に上っていたことはたしかなようである(2)。

ともあれ、「臣民」と「市民」との逐条的に対比される言い分を整理してみると、前者はとくに「国家の安穏」、「財産の安全」を重んじ、「一番厳格な政府こそ最も良い政府」であり、「犯罪を罰すべきだ」と主張し、「隣邦に畏怖されることをよろこばしい」とする、いわば大国論に立っているのに対して、後者(=「市民」)は、「個人の自由」、

「生命の安全」を重んじ、「一番寛大な政府」こそ最良であり、犯罪は「予防すべきだ」と主張し、「隣国の注意をひき寄せぬことこそまさっている」とする小国論に立っている。「臣民」と「市民」がそれぞれ「君主政」と「民主政」――あるいは前章(Ⅲ―8)にいわゆる「君主国家」(→専制政治)と「自由な人民の国家」――を支持しているらしいことは容易に察せられるところだが、両者の意見が完全に乖離したものではなく、「洋学紳士」と「豪傑君」の場合のように、若干は共通した認識をもちうることは

> たとえこれらの諸点、それから、その他これに類した点で意見が一致しようとも、解答に一歩でも近づいたことになるであろうか(傍点引用者)

という反問から逆に窺われるのだが、『三酔人』における問答の要《かなめ》に位置する「南海先生」をいかにも髣髴させるのは、両者の説が問題の実際的解決に役立たないとするルソー自身の議論への介入の仕方である。

> わたしとしては、だれにもわかりきった次のような特徴を人々が認めようとしないか、あるいは、それについて一致して認めたくないという悪意をいだいているのを見て、いつも不思議に思っている。いったい、政治的結合の目的は何であるか。それは、その構成員の保全と繁栄である。それでは、構成員が身を保ち、繁栄しているという最も確実な特徴は何か。かれらの人数、人口である(傍点引用者)

「南海先生」は「洋学紳士」に「今の時に於て斯地に於て必ず行ふことを得可き所」(二五九頁)を行なうべきだと説いたのち、右のルソーを思わせる口吻でいう。

> 紳士君は専ら民主の制を主張するも恐くは政事の本旨に於て未だ達せざる所有るに似たり、政事の本旨(=「政治的結合の目的」?)とは何ぞや、国民の意嚮《いこう》に循由し国民の智識に適当し其れをして安靖の楽(=「繁栄」?)を保ちて福祉の利(=「構成員の保全」?)を獲《え》せしむる是なり、若し俄に国民の意嚮に循はず智識に適せざる制度を

用うるときは、安靖の楽と福祉の利とは何に由て之を得可けん哉(二六〇―二六一頁)

このあと「南海先生」は「此一段の文章は少く自慢なり」との眉批を打った有名な一節に、「恩賜的の民権」を「恢復的の民権」にまで養ない育てるのが「進化の理」にかなったことだと説き、その長広舌のあまりに「辞気諄々トシテ老人ノ談話ニ類スル[3]」のにしびれを切らした二客に詰めよられて――「是時二客辞を合して曰く……」(二六六頁)、「洋学紳士曰く……先生願くは高旨の要を摘みて之を示めせ、豪傑の客曰く……請ふ邦家将来の経綸に於て先生の所見を述べて之を教へよ」(二七〇頁)――陳腐きわまる立憲君主制論を述べ、二客から「南海先生胡麻化せり[4]」とひやかされたり、「児童走卒も之を知れるのみ」(二七一頁)と失笑を買ったりするわけであるが、ルソーのさきの引用に続く第九章末尾は次のように結ばれている。

だから、議論のまととなるこの特徴をよそに求める必要はない。他の条件がひとしいとすれば、帰化、植民などの対外的方策によらずに、市民がいっそう増加し、繁殖するような政府が、間違いなく最も良い政府である。同様に、人民が減少し、衰微してゆくような政府は、最も悪い政府である。数字に明るい方々よ。計算し、測定し、比較する仕事は、あなた方におまかせする(傍点引用者)

これだけ読むと、ルソーの政体論も所詮は、人口が増える政府は良い政府、減る政府は悪い政府、という、それこそ「児童走卒も之を知れる」たわいもない結論を出すためであったのかと考えたくなる。しかも最後は「計算に明るい方々」Calculateurs におまかせときては、なんのことはない、「ルソー先生胡麻化せり」ではないか――だがすでにわれわれはルソーが社会契約を説き、立法を説き、政府を説き、政体を説き、「理の密なるは毫芒を分か[5]」つ体の議論を展開してここに至った過程を知っている。かれはなにも人口が増えさえすれば良い政府だなどといっているわけではあるまい。原理に則り、応用に移る前に、もう一度「政治的結合の目的」に立ち帰ってよくよく考えよと説いているのではなかろうか。「南海先生」も、むろん兆民も、それ以外のことを言っているのではないように思われる。

前節に『三酔人』がとくに三人の登場人物による政体問答になっている理由として、ルソーの三政体理論の原理的要請(Ⅲ—3)によって、「洋学紳士」と「豪傑君」がそれぞれ民主政、君主政(→専制)の一般的原理を、「南海先生」が日本における例外的事情を代表する趣向になっていることを指摘したが、この第三巻第九章「よい政府の特徴について」は、いわば『三酔人』全体のプロット——三人の人物の議論の仕方とその発言内容、筋の展開等——を提供しているとはいえないであろうか。もしもスペンサーがルソーの示した「政治ノ極致ニ近接」(フィエー)した結果、第三巻第九章の「市民」、「臣民」にならって「改進ノ精神」(→「好新元素」)、「保守ノ精神」(→「恋旧元素」)を区別したのだとしたら、「好新元素」、「恋旧元素」をそれぞれ代表する「洋学紳士」、「豪傑君」は、さしずめルソーの「市民」、「臣民」の直系の孫に当るといえそうである。

(1) 『全集』第一二巻、一七一—一七二頁。

(2) ルソーが自著に「ジュネーヴ市民J・J・ルソー」J.-J. Rousseau, citoyen de Genève と誇り高く——国王の臣民たるフランス人に対しては当てつけがましく——署名するようになったのは『人間不平等起源論』(一七五四)からであるが、その「ジュネーヴ共和国にささげる」献辞では、ジュネーヴ市民を理想化して「高邁にして、きわめて尊敬すべく、並ぶ者なき方々」Magnifiques, très, honorés, et souverains seigneurs と呼びかけている。

(3) 兆民自身が「詭激ノ言」、「矯妄ノ行」を戒めて、「精密ノ論」、「堅確ノ志」を持すべきことを説いている『東洋自由新聞』第二号(明一四・三・二三)「社説」の表現。『全集』第一四巻、五頁。

(4) この眉批についても前節Ⅱに述べた本書成立の伝記的背景から解釈することがある程度可能ではなかろうか。前注(3)に引いた『東洋自由新聞』「社説」にはすぐ続いて「世ノ矯激ノ徒或ハ吾輩ヲ誚訕シテ太寛ナリト為サン」とあるが、この種の矯激の徒は世間にばかりではなく、気骨があるといわれた仏学塾生のなかにこそ多かったのではなかろうか。兆民は明治

十六、七年の〝諸激化事件〟にほとんど口を緘しているが、仏学塾はこの動乱時代をくぐり抜けているわけだから、そのような状況下にあって「精密ノ論」を説き、「矯妄ノ行」を戒める兆民は——まだ兆民を号してはいなかったが——「中江先生胡麻化せり」との批判やひやかしを始終浴びていたのではなかろうか。しかし、かれの思想はこの時期にはすでにこの種のひやかしに十分耐える強靱さを備えており、この眉批から窺われるようなある種の余裕をもって対応しえたものと思われる。

(5)『民約訳解』「叙」、『全集』第一巻、一三二頁。

VI 「此一段の文章は少く自慢なり」の解釈

以上を要するに、『民約訳解』が兆民の原著第二巻末尾までの読解の成果であるとすれば、『三酔人』は、それ以後の政治情況の推移を見きわめながら、さらにこの作業を続行して、同第三巻第一章から第九章まで、政体の原理とその応用を論じ、全体としては「政治体の生成にかんする考察」(1)に当てられた諸章を、舐ぶるがごとくに読み込んだみごとな成果をなしているといえよう。原著では第十章「政府の悪弊とその堕落の傾向について」以下、第三巻後半の諸章は「政治体を規制し、その正当性を維持し、その永続化をはかる手段の形成」(2)、一言もっていえば政府の専制化防止の方策を論じたものであるから、今度もまた兆民は、とにもかくにも名義の明らかな政府が実現されようという二十三年を期して、原著の読みを「どうしたら良い政府を見いだすことができるか」(Ⅲ—6)の一点に集中し、第九章「良い政府の特徴について」で中断したものと思われる。『三酔人』では国際情勢についてはかなり詳しく論じられているにもかかわらず、国内事情——「民権運動が解体し、天皇制国家が形成されていく過程については、一言も触れられていないといって過言でない」といわれるのも(3)、右に述べた読解によって成ったものとすればあらかじめ意図されたものではなかったろうか。『平民の目さまし』、『国会論』等、この時期のものは、いずれも国会開設に照準を合わせた原理的な論考でないものはないから、二十三年にどんな政府ができるかを見とどけるまでは、薩長藩閥政府において具体的に「専擅制度を掊撃《ほうげき》」[4]することをひとまず控えたのであろうと思われる。

さて、「南海先生」の立憲君主制論が、ルソーの三政体理論の原則を明治二十年代初頭の天皇制日本という「時と地」に応用した結果導き出されたひとつの解答といってもよいものであることは、すでに繰り返し述べたとおりだが、その細目に立入るに先立って、「南海先生」が英仏流の「恢復的の民権」に対して「恩賜的の民権」を提起し、

恢復的の民権は下より進取するが故に其分量の多寡は我れの随意に定むる所なり、恩賜的の民権は上より恵与するが故に其分量の多寡は我れの得て定むる所に非ざるなり、若し恩賜的の民権を得て直に変じて恢復的の民権と為さんと欲するが如きは豈事理の序ならん哉(二六一頁)

と「専制より出で丶一蹴して民主に入」ろうとする「洋学紳士」をたしなめる一節に、兆民は、「此一段の文章は少く自慢なり」との有名な眉批を打っている。「南海先生」はこのあとさらに、「社会の事業は過去思想の発出」であるから、「洋学紳士」がその理想とする社会(これをルーベンス、プッサンを凌ぐ名画にたとえる)を実現しようとすれば、「百歳の後」を期して日頃からその思想(絵具にたとえる)を練り上げておかねばならぬと説くのであるが、ここにもまた兆民は「ウィクトルユゴーの集中にも未だ見ずロールドビロンの集中にも未だ見ず」(二六三頁)と欄外に書きつけている。さきの「南海先生胡麻化せり」と合わせて本書を読み解く鍵であるといってよいこの二つの眉批は、兆民の自慢の質をいかに見るか――これを反語とみるか、字義どおりに解するか――によって解釈が大きく分かれてくると思われるが、まず兆民の人物について秋水が語っているところに耳を傾けよう。[5]

先生の多血多感なる、直情径行を喜びて、紆余曲折を悪《にく》むこと甚し、義理明白を喜びて曖昧模稜《あいまいもりょう》を悪むこと甚し。

果決を喜びて因循を悪み、簡易を喜びて繁褥《はんじょく》を悪み、澹泊《たんぱく》を喜びて執拗を悪み、直言忌むなく、敢為憚るなく、

云々

蘇峰もまた兆民を評して「腹黒きが如くにして、極めて初心、面皮《めんぴ》硬きに似て頗る薄く……」(6)と語っているが、よく引かれる

迂潤に迄理想を守ること、是小生が自慢の処に御座候、然に誰も此処を覰破《しょは》し呉れず、夫れ奇才の、夫れ学者のと、予何の人に出る才あらん、唯自慢する所は理想の一点のみ(傍点引用者)

という言葉にしても、黒岩涙香から「操守ある理想家」の異名を呈せられて死の床に臥しながら「真に愉快を感じ」(7)たとき、口を衝いて出たものなのである。

——直情径行、義理明白をよろこぶ兆民が口にする自慢は、文字どおりの自慢、初心の自慢と解したい。それではその自慢の種はなにか。

まずこの二つの眉批が、ユゴーやバイロンら「英仏の民権」家の集中にもない「恩賜的の民権」を変じて「恢復的の民権となす」という説を唱え出したから→「自慢なり」、という論脈でつながっていることに注目しよう。ユゴーについては、「洋学紳士」が師表と仰ぐらしい政論家の中にすでに挙げられており(一八三頁)、『政理叢談』末期、『民約訳解』の連載終了後設けられた「欧米近世名家列伝」にもガンベッタやクレマンソーとともに紹介されているから(8)、ここに出てきても不思議はない。問題はバイロンだが、ともに『国民之友』に寄稿した文章のうち、「未来は如何」に「英国にはシェクスピール有りウィレム、ピット有りミルトン有りバイロン有り」(9)と、また「婦人改良の一策」に、女だてらに「男子と共にギョートバイロンの文章を品評し……」(10)と、せいぜい文学者の雄とされているにすぎない。なぜここに英国民権家を代表してとくに登場しなければならないのか、やや唐突の観をまぬがれないが、

『革命前法朗西二世紀事』(明治十九年十二月)の「ルーソーノ小伝」には次のような注目すべき一節がある。(11)

ルーソーノ政論ニ在リテ心ノ自由ト権理ノ平等トヲ主張セショリ、後来日耳曼《ゼルマン》カント、フィクテノ徒益々其説ヲ拡充シテ其精粋ヲ極メ、又法朗西《フランス》ニ在リテハベルナルダン、シャトーブリヤン及ビスタヱル婦人、英吉利ニ在リテハロールドビロン、皆ルーソーノ詞藻ヲ祖述シ咀嚼脱化シテ別ニ一家ヲ成スコトヲ得タリ(傍点引用者)

つまり「ロールドビロン」(=バイロン卿)は、「ルーソーノ詞藻ヲ祖述シ」たのみならず、さらにこれを「咀嚼脱化シテ別ニ一家ヲ成スコトヲ得タ」英国の代表的民権家として、前年暮以来兆民の意識に定着しており、それがごく自然にフランスのユゴーと並んで眉批に現われたのではあるまいか。とすれば、二つの眉批のいわんとするところは、ことによると、ユゴーやバイロン、すなわち英仏のルソー主義者の集中にもまだない「恩賜的の民権」を英仏の「恢復的の民権」に対して定立しえたから→「自慢なり」、ということになりそうだが、英仏の「恢復的の民権」とは――英がすでにルソー的の同義であるとしたら――兆民においてルソーの人民主権論そのものを指すといってよいのではなかろうか。その場合、端的に言えば、「上より(=君主、天皇より)恵与」される「恩賜的の民権」とは、「社会契約」pacte social(I―6)を定義するに先立って、ルソーがあらかじめ「正当な権力」puissances légitimes(I―3)から排除した「専制政府」(I―4)によって約束される民権――専制君主がその臣民のために確保してくれる「国家的平和」、「キュクロープスの洞窟に閉じこめられたギリシャ人たちが、食い殺される順番が回ってくるまで」むさぼった束の間の偸安(I―4)――たるにほかならないことになる。兆民はルソーが原理的に捨て去ったこの哀れむべき「恩賜的の民権」を、まさしくルソーを「熟復玩味」し、その原理を日本の「時と地」に応用した結論として敢えて選びとって、なおかつ「自慢なり」と称したのである。そこにはすでにルソーを明治二十年代の日本に蘇生させてもこれ以外の結論は出しえないことを確信し、さらにルソーのみか、ユゴー、バイロンら英仏民権家の域をも蟬脱して、独立独歩をはじめた「東洋のルソー」の姿がある。『三酔人』の表面からルソーの名が消されたのも、恐らくそのためであったろう。ともあれ、かれが兆民を号するようになるのはこれからまもない時期からなのである。

（1） Launay, op. cit., p. 433.
（2） Ibid.
（3） 植手前掲論文、七四頁。
（4） 『兆民先生』、『全集』別巻、四五二頁。
（5） 同右、四七〇頁。
（6） 同右、四七一頁。
（7） 幸徳秋水宛書簡、明治三十四年十月付、同右、第一六巻、二〇八―二〇九頁。
（8） 『政理叢談』第五十三号（明一六・一一・一九）。
（9） 『全集』第一一巻、三八頁。
（10） 同右、一九六頁。
（11） 同右、第八巻、一四〇頁。

Ⅶ　永久平和論の出典

『三酔人』を兆民の『社会契約論』読解という観点からとり上げる本章では、外交問題――とくに「洋学紳士」の唱える永久平和論については簡単に触れるにとどめたい。「洋学紳士」の説く永久平和論の中ではルソーが「ジャン・ジャック」と、多くの読者にとってはかならずしも耳慣れない名のみで記され、しかもその主張に、他のアベ・ド・

サン＝ピエールやアコラースに較べてごく僅かなスペースしか割かれていないことをはじめに指摘したが――前節に述べたように、兆民がルソーを「咀嚼脱化シテ別ニ一家ヲ成スコト」をはかり、ルーソー氏曰く式の直接的憑依を避けた結果であるとみれば、それも首肯されよう――アベ・ド・サン＝ピエールの平和論はもっぱらルソーによる『抜粋』および『批判』によって後世に知られるという特殊事情があるから、少なくともアベ・ド・サン＝ピエールにかんするかぎり、兆民の紹介はルソーに拠ったものであろうことが当然予想される。だが「東洋のルソー」に対してわれわれが抱く、正当ともいえるこの期待は、『政理叢談』の原典を調査する過程で、意外なかたちでくつがえされたことを報告しなければならない。

『叢談』末期、ちょうど『民約訳解』の最後の「解」が載った第四十六号(明一六・九・五)から三回にわたってジュルバルニ(ジュール・バルニ)「外交上ノ道義」が連載されている。バルニは『叢談』原著者の中では論文四点を計十二回にわたって紹介される重要な思想家であるが[1]、右の「外交上ノ道義」の原典――バルニがジュネーヴの夜間市民講座で行なった講演をまとめた原著『民主政における道徳《モラール》』Jules Barni : La Morale dans la démocratie, 1868. の第十三講「国家相互間における道徳」La morale dans les rapports des Etats entre eux, pp. 218-232.――に当ってみると、『叢談』には紹介されないつづく第十四講、「承前――戦争と平和」*Suite*――La guerre et la paix, pp. 233-258. に、「洋学紳士」がアベ・ド・サン＝ピエール、ルソー、カント……と滔々と述べ立てる永久平和論の系譜がそっくりそのまま見出される。つまり兆民はルソーにはよらず、バルニの第十四講を自在に分断、点綴し、これにアコラースの『民法提要』第一巻「序論」Emile Acollas : Manuel de droit civil, T. I, Introduction, pp. VII, VIII. の主張を挿入して「洋学紳士」の永久平和論を組立てたのである。バルニ原著が『民政道徳論』として仏学塾の教課書リストに挙がっているとはいえ[2]、仏学塾生の共同編輯になる『政理叢談』に紹介されたかぎりでは、兆民が原著を所蔵ないし閲読したと断定することはできないわけであるが、(3) こうしてかれが蜒々と(二一五—二二一頁)バルニを引用している事実は、かれ以外の訳者による——もしくは訳者不明の——『叢談』論文の原著をかれ自身が読み、自己の著作中に換骨奪胎して使用している例がほかにもありうることを示唆するものであり、従来の兆民研究では「単なる紹介雑誌」としてとかく継子扱いされてきた『政理叢談』を——むろん「そのまま兆民の主張なりと解する」(4) ことはできないにしても——かれの主張に深くかかわり、おそらくはその外延を示すものとして、いわば正式認知する道をひらくものといえよう。(5)

さきに『三酔人』に盛られた思想を、兆民を核として仏学塾周辺に蝟集した青年たちの共有の思想と呼んだのは、『叢談』論文を選定、訳出する過程で、これらの青年たちと——ときに「洋火酒」を傾けながら——交わした議論が、かれ自身の思想をも育くんでゆき、この特殊な問答体という形に結晶したのではないかと考えられるからである。なお、永久平和論の引用箇所については、兆民の著述方法の一端を垣間見る意味で本章末の《資料》IIに原文との比較・対照を試みたので参照されたい。

さて、永久平和論の系譜を紹介するのにルソーを措いてなぜバルニか、というさきのスペンサーの政体進化論の場合と同じ疑問が生ずるが、『社会契約論』をみるとルソーは、

どうすれば大国の対外的な力と小国の容易な統治と良い秩序とをかねあわせることができるか(III—15)

という問題を提起したのち、さらに注を施して、

これは、わたしがこの書物の続篇において、対外関係を論じて、連邦制度に論及するときに、取り扱おうともくろんでいたことなのである。これはまったく新しい問題であって、その原理は今後うち立てられなければならないものである(同、原注2)

と述べている。右にいう「この書物の続篇」とは、ついに〃幻の大著〃たるにおわった『政治制度論』Institutions

Politiques のことなのであるが、『社会契約論』の「結論」(IV—9)をみると、ルソーは、そのような企ては「わたしにとって、あまりに広大な新しい題目である。わたしは、いつももっと身近に目をそそぐべきであったかもしれない」と、大著の完成にはやくも弱気を示している。アベ・ド・サン＝ピエールの『抜粋』や『批判』をみても、そこには結局、永久平和実現への懐疑のみが述べられて、その具体案は示されていないから、(6)要するに『社会契約論』を「金科玉条」(7)にしていたといわれる兆民にとって、ルソーは急場のまにあわなかったといえよう。バルニとアコラースに拠って永久平和論を紹介することになったのは、とりわけ前者が、当時フランスにおけるカント哲学紹介の第一人者であったことと、兆民留学中の哲学研鑽とが無関係でなかったことを思わせるが――「洋学紳士」の平和論でカント曰くがいちばん長くなっているのはそのためである――じつはアコラースが一八六七年、ナポレオン三世によるパリ万国博覧会に対抗してジュネーヴに自由平和同盟第一回大会開催を呼びかけたとき、その中央委員長として「開会の辞」を述べたのがジュネーヴに事実上亡命したかたちになっていたバルニだったのである。兆民がこの大会に少なからざる関心を寄せていたことは、「土著兵論」(8)に、

> 近時一千八百六十七年には諸国の学士瑞西《スイス》に相集まり万国平和会と号する一大会を開き三箇の問題を設けて反覆討議し遂に力を竭して相共に此説を主張することに決せり而して是平和会に於て始めに衆会員の驚訝《きょうが》を起し終りに衆会員の感激を起したる一事は彼の一呼して万象を粛し再呼して王侯を慴れしむる伊太利の老将軍ガリバルヂーの列席して尤も熱心に平和の説に同意を表せしこと是れなり

と述べていることから明らかであるが、かれはバルニ原著の「附録」(pp. 259-265)に収められる同大会「開会の辞」、「綱領」および「決議録」のほかにも、ガリバルディーがジュネーヴ市民に歓呼をもって迎えられた消息に通じているらしいから、『三酔人』に二度登場するヴィクトル・ユゴー(一八三、二六三頁)が、ガリバルディー、バクーニン、

エドガル・キネら「ヨーロッパ民主主義の精鋭《エリート》」(9)の一人として亡命先から同大会に列席していたことをも知っていたのではなかろうか。

最後に、本章をおえるに臨んで、前節Ⅴに「洋学紳士」をいわばルソー流民主政理論の権化、その絶対非武装論を文学的虚構と呼んだことにかんして一言すれば、兆民はたしかに「洋学紳士」の永久平和論の論拠をバルニに仰いでいるが、だからといってバルニが「洋学紳士」流の絶対非武装論者だったわけではけっしてない。以下に『三酔人』に引かれないバルニの一節(10)を引いてみよう。

残念ながら平和愛好者たちは、ときとして自らの極論《エグザジエラシオン》によって自分たちが護っている大義に傷をつけた。それゆえかれらの中には、攻撃戦争と防衛戦争とのいかなる区別をも認めようとせず、後者もまた前者と同様に不当だと唱える輩がいるわけである。たしかにカントがいみじくも提示した理由によって、戦争状態は、それ自体不当な、法に反する《アンチ・ジュリディック》状態である。しかし、だからといって、今日もなお支配的な秩序、いやむしろ無秩序にあっては、自国の独立を守り、もしくは強国から不当な攻撃を受けた他の弱国の独立を守る唯一の手段として、戦争がときとして正当である場合がないとはいえない。すなわち正当防衛の場合であって、それは国民にも個人と同様に適用されうるのである。この区別に対しては、侵略者はかならず正当防衛の必要を言い立てずにはおかないから、かれらに口実を与えるという異論をなす向きもあるが、ある事柄が濫用されるからといってその事柄が正当な権利をもちえないという証拠にはけっしてならない。……それゆえ、たとえ侵略者に口実を与える危険はあっても――それでもまだ、かれらの攻撃から身を守る権利が自分にはないと思う、などと言質を与えて敵を優位に立たせるよりはましである――カントもはっきり認めているように、世界共通の最高機関が設けられて各国民の権利を保証してくれるまでは、場合によっては戦争の正当性を認めなければならない。しかしまた同時に、諸国民は、その相互関係の現状においては、この非常手段に訴えることを許されるとしても、各国相互の関係をこの手段が無用になるように変革してゆく努力をなすべきであり、必要とあらば、戦争そのものをも用いるべきであることを、銘記しなければならない

つまりバルニは、攻撃戦争のみならず防衛戦争をも不当だとする一部の「平和愛好者」——丸山氏が当時の日本の民権論者の中には現実にはほとんどいないと指摘される(前節Ⅱ)「洋学紳士」の現実のモデルは、ヨーロッパの無政府主義者、社会主義者ということになろうか——の主張を「極論《エグザジェラシオン》」と断じ、友好的な国際関係の樹立に努力すべきだとしながらも、まさしく「正当防衛」を理由に、世界の現状では自国もしくは弱小国の独立を守るためには戦争手段に訴えることもときとして正当であると主張しているわけである。これはとりもなおさず「南海先生」の「外交の良策は、世界孰《いず》れの国を論ぜず与に和好を敦《あつ》くし万已《や》むことを得ざるに及ては防禦の戦略を守り、云々」(二七〇頁)という現実主義的な外交路線であり、兆民自身、「土著兵論」[11]に、

此暗黒なる文明時代に際して此紫髯黄瞳の虎狼国に交はりて兵備を撤し銃砲を銷《せう》し専ら道徳経済を事とせんと欲するが如きは正は則ち正なり抑も智と謂ふを得ざるなり

されば兵備は未だ解く可らず而して兵備を保存して而して平民平等の義に務めて隣接し経済の旨に務めて近比せんとせば如何す可きやと論じ来るときは常備軍を廃して土著兵を置くの外吾等必ず他に方案無きを信ずるなり

と述べ、また「論外交」[12]に、

顧フニ小国ノ自ラ恃ミテ其独立ヲ保ツ所以ノ者ハ他策無シ信義ヲ堅守シテ動カズ道義ノ在ル所ハ大国ト雖モ之ヲ畏レズ小国ト雖モ之ヲ侮ラズ彼レ若シ不義ノ師ヲ以テ我レニ加フル有ル乎挙国焦土ト為ルモ戦フ可クシテ降ル可ラズ

と説く、「士著兵」(=民兵)による正当防衛論において——アコラースとともに[13]——論拠としたところのものである。結局兆民は、同じくバルニの原著から、バルニが原理的、法的には正当な主張と認めながらも、諸国民相互間に無秩序の支配する現状においては「極論」であるとしてしりぞけている絶対非武装論を「洋学紳士」に唱えさせて、ルソー＝スペンサーによる民主政理論を代表させ、当面やむをえぬ対応策であるとする専守防衛論を「南海先生」に説かせてその応用の道を示し、かつ自己の兵制論としてこれを主張したわけである。ゆえに民主政の権化たる「洋学紳士」の唱える絶対非武装論は、「唯理義を是れ視る」場合(二二四頁)の議論の極北を示し、かつ、天皇制国家としての大国化を主張する「豪傑君」との原理的対立を際立たせるために用いられた文学的虚構ということができよう。

(1) 詳細については本書巻末「『政理叢談』原典目録……」を参照されたい。
(2) 「仏学塾開陳書(二)」(明治十七年二月)、『全集』第一七巻、一四八頁。
(3) その後兆民が『三酔人』執筆と平行して(明治二十年一月—五月)バルニ原著を節訳し、「民主国ノ道徳」と題して『欧米政典集誌』に連載していたことが判明した。『全集』第八巻所収「民主国ノ道徳」とその解題(三四六頁以下)を参照されたい。
(4) 小島祐馬『中江兆民』アテネ文庫版、三九—四〇頁。また林茂編『中江兆民集』、四三〇頁。
(5) 本書第一章ならびに巻末「『政理叢談』原典目録……」を参照されたい。
(6) 本章ではルソーの連邦国家論に触れる余裕はないが、樋口謹一「ルソーの平和思想」(同氏著『ルソーの政治思想』所収)に要を得た紹介がある。
(7) 徳富蘇峰「妄言妄聴」(『国民新聞』第千七百七十二号、明二八・一二・一五)、『全集』別巻、二一一頁。
(8) 同右、第一一巻、一四四—一四五頁。
(9) James Guillaume : L'Internationale, documents et souvenirs (1864–1878), T. I, p. 29.
(10) Barni, op. cit., 14^{e} leçon, pp. 251–252.

(11) 『全集』第一一巻、一四六頁。

(12) 同右、第一四巻、一三六頁。

(13) アコラースは『三酔人』の引用箇所にすぐ続いて、「諸国民間で、一方が他方の権利を侵す場合、人類全体を拘束し、権利を侵された国民のために全体の力を使用させるような契約は存在しないから、その国民は自力に頼るほかはない」と述べ、また「権利を侵された国民が、この侵害行為に対して武力を行使することは正当である」としている (Acollas : op. cit., T. I, p. VII)。なお前述の自由平和同盟大会もその決議文に「常備軍制度にかえるに民兵制度をもってすること」という一項を盛り込んでいる (Barni, op. cit., p. 266)。

《資料》

I――スペンサーの三政体進化論

A. Fouillée : Histoire de la philosophie, 2e éd., 1878, pp. 488–489. (『全集』第六巻、三八五―三八六頁)

Le gouvernement est donc, dit M. Spencer, un mal nécessaire et une fonction provisoire : il doit restreindre de plus en plus ses attributions.

《En divers pays et en divers temps, l'Etat a rempli cent fonctions diverses. Il n'y a peut-être pas deux gouvernements qui se soient ressemblés par le nombre et la nature des fonctions qu'ils se croyaient obligés de remplir ; mais une seule n'a jamais été tout à fait négligée par aucun, la fonction de protection : ce qui prouve que c'est là la fonction essentielle…Le devoir de l'Etat est de protéger, de maintenir les droits des hommes, c'est-à-dire d'administrer la justice…Le gouvernement représentatif, tel qu'il existe de nos jours dans les pays où il est le mieux établi et où il produit ses meilleurs fruits, n'est encore qu'une forme transitoire du gouvernement. C'est celle qui convient à une société où les mœurs violentes et déprédatrices qui caractérisaient les âges passés n'ont pas encore fait place aux mœurs fondées sur la justice. Le mécanisme de la représentation nationale est celui où se balancent le mieux les deux forces antagonistes, l'esprit conservateur et l'esprit réformateur. …La force des sentiments conservateurs et celle des sentiments réformateurs expriment [sic] ; par leur lutte et la résultante de leurs tendances, le degré de moralité des sociétés. Le triomphe des premiers indique une prédominance des habitudes violentes ; le triomphe des seconds prouve que les habitudes morales du respect des droits ont acquis la prépondérance.

Une société peut être jugée d'après la proportion entre la contrainte exercée sur les citoyens au nom de la loi humaine, et l'obéissance volontaire à la loi de l'égalité dans la liberté. Où l'une fait défaut, l'autre la remplace. Si la loi morale n'a pas un pouvoir suffisant sur les cœurs, la contrainte la supplée ; mais aussi, quand la loi morale devient assez forte, la contrainte doit disparaître ; alors tout gouvernement devient inutile, un mal même ; et les hommes ressentent une telle aversion pour les entraves de l'autorité, ils se montrent si jaloux de leurs droits, que tout gouvernement devient impossible. Admirable exemple de la simplicité de la nature : le même sentiment qui nous rend propres à la liberté, nous rend libres…Nous marchons vers une forme où l'autorité sera réduite au minimum, et la liberté portée au maximum. La nature humaine sera si bien façonnée par la discipline sociale, si propre à la vie en société, qu'elle n'aura plus besoin de contrainte extérieure et qu'elle se contraindra elle-même. Le citoyen ne tolérera d'autre empiétement sur sa liberté que celui qui assure à tous une égale liberté. L'autorité suprême n'aura pas d'autre fonction que d'assurer les conditions sous lesquelles les individus peuvent, par des associations libres, développer l'industrie, et s'acquitter de toutes les autres fonctions sociales. Enfin la vie de l'individu sera portée au plus haut degré de compatibilité avec la vie sociale, et celle-ci n'aura pas d'autre but que d'assurer contre toute atteinte la vie individuelle…Au lieu d'une uniformité artificielle d'après un moule officiel, l'humanité nous présentera, comme la nature, une ressemblance générale variée par les différences infinitésimales. L'être social se défait de ses enveloppes par une sorte de desquamation, tout en gardant le bien qu'il a acquis sous leur protection. De siècle en siècle, on a aboli des lois tyranniques, et l'administration de la justice n'en a pas été atteinte ; au contraire, elle s'est épurée. De même, les croyances mortes et enterrées n'ont pas emporté avec elles le fonds de moralité qu'elles renfermaient ; ce fond existe encore, mais purifié des souillures de la superstition. (1).》

Des formes intermédiaires et passagères se succèderont, dit M. Spencer, entre la monarchie absolue des despotes de l'Orient et la démocratie finale, où la nation, ajoute-t-il, sera le vrai corps délibérant, faisant exécuter ses volontés par des délégués chargés de mandats déterminés et formels, librement consentis de part et d'autre.

En résumé, l'école anglaise tend à se rapprocher de l'idéal proposé déjà par la philosophie française du XVIIIe siècle, et en particulier par J.-J. Rousseau : mais nous retrouvons toujours cette essentielle différence entre les deux philosophies, que l'une repose sur l'intérêt, l'autre sur l'idéal du droit. La première attend la réalisation de ses espérances des nécessités mécaniques ou intellectuelles qui entraînent le monde ; la seconde demande cette réalisation à la volonté morale de l'homme, qui seule peut s'imprimer à elle-même le mouvement vers la justice.

(1) *Social Statics*, 467, 476 ; *Essay on representative government*, 112, et suiv.

II――「洋学紳士」の永久平和論

(1)ジュール・バルニ『民主政における道徳』Jules Barni : La Morale dans la démocratie, 1ère éd., 1868.

「洋学紳士更に言を発して云ひけるは、且つ民主の制度は、兵を戢《おさ》め、和を敦《あつ》くして……又甚き者は或はサンピエールを譏弄して空論家と為すに至れり」(『全集』第八巻、二一五―二一六頁)

Substituer à l'état de guerre où les peuples vivent à l'égard les uns des autres, ou aux traités de paix et d'alliance qui ne présentent aucune garantie de durée et n'établissent en réalité que des *trèves*, un véritable état de paix, en établissant entre eux un lien analogue à celui qui existe déjà entre les individus ou les familles, c'est-à-dire en les unissant en une association permanente qui garantisse à chacun ses droits et force chacun à l'exécution de ses engagements, et les arracher ainsi à l'*état de nature* pour les faire entrer dans un *état juridique* : voilà la pensée que conçoit l'abbé de Saint-Pierre au commencement du XVIIIe siècle et à laquelle on a pu dire qu'il a eu la gloire d'attacher son nom, en dépit de toutes les railleries dont il a été et dont il est encore l'objet de la part des hommes d'État et de beaucoup d'esprits superficiels, qui se croient profonds. (p. 234)

「即ちウォルテールの高朗にして尤も意を社会進歩の運に留めしも、サンピエールの説を聞き猶は一二嘲謔《ちょうぎゃく》の言辞を放ちて自ら慧とし自ら聡とせり」(二一六頁)

Voltaire, tout en décochant quelques légères épigrammes contre la paix perpétuelle de l'abbé de Saint-Pierre et l'exposition qu'en fit Jean-Jacques Rousseau, tout en la déclarant à regret *impraticable* et tout en tenant la guerre pour un fléau inévitable… (p. 238)

「独りジャンジャツクは酷《はなは》だサンピエールの説を賛称し其雄偉の筆を振ふてサンピエールの著書を褒揚して、乃《すなわ》ち言へり、『此れ必ず世に存せざる可らざる一書なり』と」(二一六頁)

Malgré les vices que je viens de relever dans le projet de l'abbé de Saint-Pierre, cet écrivain n'en a pas moins rendu un immense service à l'humanité en mettant en lumière le principe qui doit ici servir de guide aux États ; et Rousseau a eu bien raison de dire de son livre : 《Il est très important qu'il existe.》 (p. 237)

「其後独乙人カントも亦サンピエールの旨趣を祖述し……是れ正に人類の責任なればなり云々と」(二一六頁)

Transportons-nous maintenant vers la fin de ce siècle dont l'abbé de Saint-Pierre fut l'un des promoteurs, et nous allons voir son idée adoptée, épurée et élevée en quelque sorte à sa plus haute puissance par le plus grand philosophe du XVIIIe siècle, par le plus grand moraliste des temps modernes, par Kant. Formulée par ce vigoureux esprit, elle devient une théorie d'une admirable précision et d'une vérité philosophique incontestable… (p. 238)

「凡そ古今諸国の兵を挙げて相ひ攻撃するに至る所以の者……豈に復た其桀驁《けつごう》の志を尼《とど》むるに足らん哉」(二一六—二一七頁)

Les articles que je viens de rapporter ne font que traduire sous la forme d'une constitution internationale le grand principe si bien posé par l'abbé de Saint-Pierre ; mais, en voulant appliquer son projet aux États tels qu'ils étaient alors constitués et gouvernés, il commit un double oubli et par suite une double erreur. D'une part, en prenant l'Europe telle qu'il la trouvait constituée par le traité d'Utrecht, il négligea de se demander si elle était bien ou mal organisée, si son état était conforme ou contraire aux droits des peuples, s'il était juste et bon qu'elle restât éternellement comme elle était, si cet état enfin comportait l'alliance qu'il proposait en vue de la paix perpétuelle ; et, d'autre part, il ne songea pas non plus à se demander si la constitution intérieure des peuples, tels qu'ils étaient alors gouvernés, n'était pas elle-même incompatible avec l'état de paix qu'il voulait fonder : ici encore il ne vit pas qu'en donnant pour base à son projet l'état présent des choses, la constitution despotique des peuples, il le frappait par là même de nullité. C'est ce que son éloquent commentateur Jean-Jacques Rousseau a très bien montré. (p. 237)

「サンピエール一たび万国平和の説を唱へしより……カントに至り益々此説を拡充して理学精粋の体裁に合せしむることを得たり」(二一八頁)

La paix, ce fut là en quelque sorte son premier mot, jeté dans le monde dès 1712 par l'abbé de Saint-Pierre, et ce fut aussi son dernier, prononcé en 1795 par le génie qui la couronne, par Kant, et élevé cette fois à la hauteur d'une doctrine morale.

lumineuse et irrésistible. (p. 245)

「カントの言に曰く、万国兵を寝《や》め和を敦《あつ》くするの好結果を得んと欲する時……所謂戦は帝王に在りて畢竟戯楽の一種たるに過ぎざるのみ」(二一八―二一九頁)

《Lorsque, dit-il,—il faut le citer ici textuellement,—lorsque, comme cela doit être nécessairement dans une constitution républicaine, la question de savoir si la guerre aura lieu ou non ne peut être décidée que par le suffrage des citoyens, il n'y a rien de plus naturel qu'ayant à décréter contre eux-mêmes toutes les calamités de la guerre, ils hésitent beaucoup à s'engager dans un jeu si périlleux ; car il s'agit pour eux de combattre en personne, de payer de leur propre avoir les frais de la guerre, de réparer péniblement les dévastations qu'elle laisse après elle ; enfin, pour comble de maux, de contracter une dette nationale, qui rendra amère la paix même et ne pourra jamais être acquittée, parce qu'il y aura toujours de nouvelles guerres. Au lieu que, dans une constitution où les sujets ne sont pas citoyens et qui, par conséquent, n'est pas républicaine, une déclaration de guerre est la chose la plus aisée du monde, puisque le souverain, propriétaire et non pas membre de l'État, n'a rien à craindre pour sa table, sa chasse, ses maisons de plaisance, ses fêtes de cour, etc., et qu'il peut la décider comme une partie de plaisir, pour les raisons les plus frivoles, et en abandonner avec indifférence la justification, exigée par la bienséance, au corps diplomatique, qui sera toujours prêt à la fournir.》 (p. 242)

「是故に近時欧洲諸国の学士中……考察する時は未だ必ずしも然らざるを見る」(二二〇頁)

Voilà les fléaux qu'il faut attaquer pour attaquer la guerre elle-même et rendre possible ce que Kant demandait à la fin du dernier siècle, et ce que n'ont cessé de demander depuis tous les philosophes et tous les économistes qui ne sont point égarés dans une fausse métaphysique ou dans une fausse politique : une fédération d'États libres destinée à garantir à chaque nation ses droits et à régler les différends qui peuvent survenir entre elles au moyen d'un arbitrage suprême.

Si l'on objecte que c'est là une *utopie*, je réponds avec Kant que c'est un *idéal* que la raison nous fait un devoir de poursuivre, quand même nous ne pourrions espérer de le réaliser jamais complètement. (p. 255)

La première chose à faire pour ètablir la paix parmi les hommes serait donc de donner à chaque État une constitution républicaine, ou, en d'autres termes, un libre gouvernement(1).

La seconde condition, c'est de former de tous ces libres États une fédération. Ici encore je ne puis mieux faire que de reprendre mon analyse :

《Cela ne veut pas dire, ce qui serait contradictoire, qu'il faudrait les fondre tous en un seul et même État, mais les unir par une libre alliance qui, sans détruire le lien de la société civile, lui servît de supplément…》 (pp. 242–243)

(1) Kant repousse, il est vrai, la démocratie comme contraire au gouvernement républicain ; mais cela vient de ce qu'il définit la démocratie d'une manière beaucoup trop étroite : il l'identifie avec cette espèce de souveraineté populaire qui confond le pouvoir législatif et le pouvoir exécutif, et engendre ainsi le despotisme. Voyez mon *Analyse critique de la doctrine du droit*, p. CXVIII.

「嗚呼欧洲幾億数自由の人民よ、汝等各々汝の国に在りては……明文に拠り処断して汝をして償を取らしむ」(二二〇頁)

Les familles qui vivent dans les sociétés permanentes et qui ont le bonheur d'avoir des lois et des juges armés tant pour régler leurs prétentions que pour leur faire exécuter mutuellement, par une crainte salutaire, ou les lois de l'État ou leurs conventions réciproques, ou les jugements de leurs juges, ont sûreté entière que leurs prétentions futures seront réglées sans qu'elles soient obligées de prendre jamais les armes les unes contre les autres. Elles ont sûreté entière de l'exécution de leurs traités, et que l'exécution de leurs conventions durera autant que l'État même dont elles font partie. Elles ont sûreté que, pour terminer leurs différends entre elles, elles ne seront jamais exposées aux terribles malheurs de la guerre entre familles et familles. (p. 234)

「是は則ち汝の生たる、蛮野交闘の危難を出でて……家族の集合なる国と国とは蛮野の危なり」(二二〇―二二一頁)

En effet, tant que cette alliance n'existera point entre les divers peuples, ils ne sortiront point, dans leurs relations réciproques, de l'état de nature, c'est-à-dire que chacun restera juge en sa propre cause et que ce sera toujours la force au lieu du droit qui décidera entre eux. Or c'est là le règne de l'injustice. Sans doute, dans l'état actuel des choses, la guerre est l'unique ressource des États qui veulent défendre leur droit, puisqu'il n'y a point de juridiction internationale où ils puissent porter leurs plaintes ; mais, comme c'est toujours en définitive la force qui décide, cet état de choses est souverainement injuste. Aussi paraît-il étonnant que l'état des sauvages vivant en dehors de toute loi inspire aux nations civilisées tant de mépris et d'horreur, et qu'elles ne voient pas qu'elles-mêmes vivent entre elles dans un état aussi triste ; car, dans leurs relations, reconnaissent-elles quelque contrainte légale, et les princes qui les gouvernent ne mettent-ils pas leur gloire à entretenir, sur le pied de guerre, des milliers d'hommes, dont ils disposent comme de machines et qui leur deviennent au besoin des instruments de conquête? (p. 243)

(2) エミール・アコラース『民法提要』Emile Acollas : Manuel de droit civil, 1ère édition, 1869. T. I,《Introduction》.

「是故に近時仏蘭西の理学士エミール、アコラースは……是れ固より法律と為すことを得ずと」(二一七頁)

Le Droit international est l'expression des rapports nécessaires des nations entre elles.

Comme nous l'avons dit, le Droit international est une morale internationale et non pas un droit ; le signe propre et caractéristique du Droit, *la sanction de l'action*, lui fait défaut. (p. VII)

「アコラース又諸国戦争の種類を論じて曰く……無形の旨趣に頼りて隣国に勝ることを求むる是れなり」(二一七—二一八頁)

Dans le monde, qui se dit *civilisé*, les guerres procèdent presque exclusivement de causes dynastiques.

Les guerres de races ont disparu, et, malgré l'ombre de réalité qu'un incident contemporain a prêtée à la résurrection des guerres religieuses, il n'y a pas lieu de tenir compte d'une pareille cause.

Pour que cette cause ait encore semblé possible, il n'a rien moins fallu que l'état d'abandon de soi-même dans lequel est tombé l'esprit public européen, et la lâcheté d'une époque qui tremble devant des fantômes.

Lors donc que la suppression des intérêts dynastiques aura rendu les nations maîtresses d'elles-mêmes, lorsque la production et l'échange se seront organisés sous une loi générale de liberté, lorsqu'une nouvelle conscience, à vrai dire la plus ancienne de toutes, la seule permanente, la seule dont les progrès soient constants malgré ses obscurcissements séculaires et ses engourdissements accidentels, lorsque la conscience humaine aura vaincu, la solidarité des individus et des peuples passera de l'ordre de la foi dans celui des faits et deviendra le fondement de l'harmonie universelle. (p. VIII)

第五章　「立法者」中江兆民

——元老院の〝豆喰ひ書記官〟と国憲案編纂事業——

はじめに

兆民中江篤介の伝記にはいくつかの容易ならぬ欠落部分があるが、そのフランス留学時代（明治五―七年）にも増して資料の不足しているのが、帰国後八年五月、創立後まもない元老院の権少書記官に任じ、西南の雲行きがにわかに険しくなった十年一月、官を擲つに至る、元老院時代の動静であろう。しかるに在来この時期については、先立つ八年二月校長に就任したばかりの東京外国語学校を倉卒として辞して、なぜ元老院に入ったのかという動機がとりたてて論ぜられたことはなかったかに思われる。むしろ幸徳秋水の唯一・決定的ともいうべき証言にもとづいて、同院幹事陸奥宗光と「善からずして罷め」たという否定的な側面がとかく強調され、以後かれが再び官途に就かなかった事情と相俟って、この時期を契機に兆民が役人生活に見切りをつけ、官に背を向けるに至ったという、きわめて明快ながら図式的といわざるをえない解釈が形成されてきはしなかったろうか。それはまた、かつては藩閥政府打倒を標榜する民権派陣営内部において、また近くは民権派の運動家・理論家を研究対象とする人々のあいだで、概して官を辞すという行為そのものが共通の大義に対する忠誠の証しとして歓迎され、称賛される傾向が認められることとも無関係ではあるまい。

なるほど後年の兆民は「腹中に百か千かの書物が有ればセクレテールとかセクレタリー〔＝書記官〕とかは先づ御免を蒙りたる方が宜しからん邪(1)」と青年子弟に説き、あるいは国家財政を節減する方策を述べて、

九時に出省し、三時に退出し、其間新聞を読み、雑話を為し、灰吹を叩き、時に或は名を署し、印を捺し、祭辰曜日馬車を駆り、手車を馳せ、以て租税の奉に衣食し来れる人種の員数を減ずるに過ぎざるのみ(2)

と、おそらくはみずからの経験、見聞に照らして人民の寄食者たる官吏に痛棒を加えている。だが、同じく役人にはなるなとの説でも、別の機会にはまた、

大丈夫学を修め術を講じ官海に乗出さゞれば已む苟くも官海に乗出す以上は大臣宰相と成らんのみ一生涯大臣宰相と成るの見込無くして姑く下僚に身を納るゝ者は志業には非ざるなり商法なり苟くも商法的の仕事なる時は其強笑媚諛するも畢竟商法の一術なるが故に咎む可きに非ず我れ其気根の強き忍耐の盛んなるに感服するなり(3)

ともいっている。つまり、おしなべて役人にはなるなというわけではなくて、「苟くも官海に乗出す以上は――「セクレテールとかセクレタリーとかは先づ御免を蒙り」て――大臣宰相と成らんのみ」と説いているようにも受け取られるわけである。兆民は、大臣宰相の志業を抱いて元老院に入り、その「下僚」として「商法的の仕事」に甘んずるだけの「気根」「忍耐」が尽きたとき、ついにみずから官を擲つに至ったのだろうか。

ところで『中江兆民奇行談(4)』には元老院時代の逸話、もしくはそれとおぼしきものが二、三収められている。なにぶん幸徳秋水が「嘘八百」と一笑に付している書物ではあり、眉に唾してかかるに越したことはないが、いかに「嘘八百」とはいえ、火のないところに煙は立たない道理もあろうから(5)、他に依るべき資料がほとんどない現状では、これをもって元老院時代のおおよその雰囲気を窺うことはさしあたり許されるものと考える。

その一。「豆喰ひ書記官の評」は、書記官時代の兆民が汚れた単物《ひとえもの》の上に小倉袴をはき、袂いっぱい煎豆を入れて登

院するのを常として

先生暇さへあれば袂から例の豆を出してはポツリ〳〵と喰つて居る、驚いたのは属官でいや今度の書記官殿は豆を嚙みながら事務を取つて居ると異口同音に騒いだので忽ち院内の評判となり遂には豆喰ひ書記官と綽名されたさうだ

という話である。(6) この逸話において見るべきは、それが元老院における書記官中江篤介の平常の生活ぶりを髣髴させる点であるが、ここに描かれているのはけっして兆民自身の筆になる無為、無気力な役人像ではない。徂堂は、元老院という厳めしい場所で豆を喰う、という取合わせにおかしみを覚え、「何処《どこ》迄も中江の素行は尋常《あたりまえ》でない」と感じたからこそ、この話をとり上げたのであろう。だが「暇さへあれば」の一句は、豆を喰ったといってもそのために執務を怠っていたわけではないといわんとするかのようであり、院内の評判になったのも、豆を喰いながらとはいえ、ともかく「事務を取つて居る」姿だったのである。似たような話は明治六年末イギリス留学から帰って太政官七等出仕(兆民と同じ官等)に任じた尾崎三良——在英留学生総代として、留学生召還反対運動のため訪英した兆民とはなんらかの交渉があったと思われる(7)——の『自叙略伝』にも出ており、尾崎が任官した当初は午前九時に登庁して午後三時に退庁する規程であったが、

午時に至つて弁当を吃《きつ》することを知らず、空腹を感ずるも之を耐忍して三時まで居りしが、是はたまらぬと考へ、次の日には朝飯には昼の分の大半、例へば平常三椀づつの所、朝飯に四、五椀を尽し、官衙での空腹を予防することとせり(8)

とあるから、兆民が袂に煎豆を忍ばせたといっても、とくに奇行というほどのことはなくて、まだ役人生活に馴れぬ元老院時代のはじめ、尾崎と同様空腹をしのぐために一計を案じただけであったかもしれない。ともあれ、かれに

「豆喰ひ書記官」の異名を奉った属官にしても、また院内全体の雰囲気にしても、この「書記官殿」らしからぬ振舞いに一驚を喫しこそすれ、その飾らぬ態度をむしろ好感をもって迎えた様子であるから、任官後まもない兆民にとって元老院は快適な職場だったといえるのではなかろうか。

その二。「前には無礼後には最敬礼」は、かれが書記官に任命されたときのことで、その日に限ってわざと穢ないなりをして辞令を受け取りに出頭したところ、受附の者たちは大いにその風采を怪しんで取り次ぎを渋ったが、やがて下がってきた辞令に、属官とは思いきや、権少書記官(原文に権大書記官とあるのは誤り)とあるのを見て大いに驚き、「軈《や》がて兆民が辞令書を受取つて帰へろうとした時、並んで居た彼等は、ヌツクと立ち最敬礼をしたと云ふ話」である(9)。任官時の似たような話はやはり尾崎の自伝にもあり、尾崎は「袴を穿ち羽織なしに一介の書生然として」太政官に出頭し、玄関脇の判任官以下普通人用の出入口に付添いの属官を残して中へ入ったが、辞令を受け取ると「もはや高等官になりたる故、小舎人《ことねり》の案内に依り正面の大玄関より大手を振つて出」てきたので、最前の属官には半日も待ち呆けを喰わせてしまったという(10)。いずれの場合も他に目撃者のいない無名時代の逸話であるから、それが後世に伝わるには、本人が平生好んで周囲の者に語るとか、尾崎のようにわざわざ子々孫々のために書き残すということがなければなるまいから、『奇行談』の話も「嘘八百」とばかりはかぎらず、受附の者たちが最敬礼するのを見て「兆民は嘸《さぞ》御可笑《おかし》く感じたに相違ない」という徂堂の感想も、あながち見当はずれとはいえまい。要するに兆民も尾崎同様、「高等官」に任じたからこそわざと穢ないなりをして出かけたのであり(蛮カラはハイカラの対語、書生のダンディズムである)、顔見合わせる受附の者たちを尻目に悠然「大手を振つて」退出したのであろう。かれがしばしばこの逸話を口にしたのだとすれば、そのたびにこれを「御可笑《おかし》く感じた」からであろうし、やはり元老院時代の、少なくとも当初は、兆民にとって得意の時代だったといえるのではなかろうか。

その三。「政府の嘱托と仏語の翻訳」は、兆民が帰国した当時、政府部内にはフランス語を翻訳できる役人が二、三人しかなく、「其二三人がオマケに知つて居《お》ると云ふ名義だけ、辞書と首牽《くびひき》て一週間も掛《かか》つてやつと一二頁も翻訳が出来たと云ふ極《ごく》情ない姿で」、外交文書の翻訳に大いに難渋していたが、折よくかれが帰ってきたとの知らせに諸大臣が一致賛成して仏文の翻訳を頼んでみたところ、「辞書を作ろうとも辞書の厄介に成る程の浅学者で無いから政府の役人も之れには驚かざるを得ない、忽ち兆民の名が政府部内に知れ渉つた」という話で、(11) これはあるいは帰国後まもない文部省報告課雇(12)時代のものかもしれないが、数ヶ月後の元老院時代でも事情は変らなかったであろう。徂堂はこのあとさらに、一躍名の上がった兆民のもとには各方面の大臣や役人からの翻訳依頼が殺到し、「此くの如して兆民は当時の政府を助けた、言ひ換へれば、国家の為めに尽した、思へば其功労や決して少しとせないのである」と述べ、「政府が外交に関する仏文の翻訳若くは記稿は殆んど兆民の手に依つて成らぬものは無かつた」という知友の直話を伝えているが、今村和郎、光妙寺三郎らフランス語に特別堪能な兆民の友人たちが相次いで帰国、任官するのは明治十一年以降に属するから、それ以前の政府の内情を伝えるこの逸話には、多少の誇張はあっても、総じてかなりの信憑を置いてよさそうに思われる。いずれにせよ兆民は元老院でただ漫然と豆を喰っていたわけではなく、その「翻訳若くは記稿」をもって「国家の為めに尽した」功労を、今日なお遅ればせながら顕彰されてしかるべき、きわめて有能な書記官ではなかったのだろうか。

以上『奇行談』の二、三の逸話からだけでも元老院書記官時代の兆民がかならずしもかれみずから描くところの無気力、怠惰な官吏像には当てはまらないらしいというおおよその見当はつくのであるが、『奇行談』よりもかなり信頼度の高い資料として、兆民の口から直接元老院時代の話を聞き出した渋江保の談話があるのでこれを引いてみよう。

居士は壮時元老院権少書記官を勤めたことがあるので、正七位の肩書を持つて居た。初めて居士に逢ふた時に其の話をして、正七位中江篤介はなか〳〵面白いと言つて私がひやかすと、居士は真顔になつて、其頃の元老院はなかなか進歩したものだつた、ルソーものなども元老が僕らに翻訳させ、元老院蔵版の名を以て出版したものだつたと語つた。なんでも元老院出仕時代の居士は、後の如き粗豪磊落でなく、寧ろ甚だ謹厚の人であつたといふことだ[13]

右に「ルソーもの」の翻訳が元老院の依嘱によって行なわれ、元老院の名で出版されたと述べられていることは——仮名まじり体「民約論」の訳稿が元老院の創立に先立つ七年十月上旬にはでき上っていたことが確認され[14]、しかもその訳稿については、「何カ政府ヨリ談ジラレ為ニ鼻ヲ拭テ捨タ」[15]といわれていることとは別箇に——兆民とルソーとのかかわりを元老院という場に結びつけて考えることを可能にするという意味で、それ自体はなはだ興味ぶかいのであるが、ここではとくに、かれがおのれの在官時代を語るときには「真顔にな」り、「其頃の元老院はなかなか進歩したものだつた」と積極的に評価している点に着目するとしよう。兆民のようになにごとにつけても注文の多い人物、「明治の社会に於て常に甚だ不満」[16]であったこの人物が、いわばあの頃は面白かったと表白している以上、そこにはなにかよほど面白いことがあったとみてよいのではなかろうか。元老院の進歩性がルソーによって象徴されているのは、留学以来ルソーによって培った経綸を行ないうる可能性が創立当初の元老院にはあったことを示すかのごとくであり、当時のかれが——満腔の不満を奇行に紛らすことを余儀なくされた後年とはうらはらに——「甚だ謹厚の人」であったとの指摘もまた、かれをして「甚だ謹厚」ならしむるに足る任務、職掌が用意されていたことを意味するかにみえて、右の推測を裏づける一根拠となろう。

　さて、従来の資料の範囲内で推測しうる兆民の元老院時代は以上述べた域を大きく出るものではないと思われるが、この時期の伝記研究に近年もたらされた最大の朗報は、なんといっても「天下ノ大事ヲ論ズル草稿元老院権少書記官中江篤介校合本」と題する兆民自筆の小冊子が松永昌三氏によって発掘、公表されたことであろう。(17) 解説によればこれは、帰国後まもない兆民がときの左大臣島津久光に会見し、西郷を上京させて太政官を包囲すべきことを説いた際に前もって献じておいたといわれる「策論一篇」(18)の草稿にほぼまちがいないようであるが、「策論」(以下こう呼ぶ)の執筆時期、意図、内容等については機会を改めて検討したいと思うので、ここではとりあえず、立憲制の確立を提唱する、眼目の末尾第七策を引いて検討することにしよう。(19)

仏蘭西ノ碩儒孟得士瓜《モンテスキュー》曰ク、国ノ草創ニ在テハ英傑制度ヲ造リ、既ニ開クルニ及ンデハ制度英傑ヲ造クルト、善キ哉言ヤ、我邦教化ノ行ハル、已ニ久シク車夫皁隷《そうれい》ト雖ドモ皆礼節ヲ知ル、洵ニ草創ヲ以テ之ヲ目シ難キニ似タリト雖モ、而レドモ源平以還武人権ヲ弄シ漸ク覇政封建ノ制ニ赴キ専濫束縛至ラザル所無シ、今朝ニ至ルニ及ンデ始テ数百世ノ汚習ヲ滌蕩《てきとう》シテ而テ一定ノ憲制猶未立タザレバ、則チ之ヲ草創ト謂ハザル可ラズ、然リ而テ一定ノ憲制ヲ立テント欲セバ一人ノ理勢ニ達シテ且守ル所有ル者ヲ得ルニ非ザレバ能ハズ、何トナレバ理勢ニ達スル者ニシテ而後能ク本流ニ溯リ支流ヲ掬《く》ミ変通スルヲ知テ、而テ因循模擬ノ病無シ、守ル所有ル者ニシテ而後能ク決行シテ惑ハズ確執シテ移ラズ、乃チ能ク遂ニ一定ノ憲制ヲ立テン……

冒頭、モンテスキューの引用は出典を調べると『ローマ盛衰原因論』第一章であるが、同じ箇所が『社会契約論』第二篇第七章「立法者について」にも引用されており、かつ、第七章の議論は、「民約論」(明治七年)のみならず『民約訳解』(同十五、六年)をも、第六章「法について」で中断する兆民が、後年も自己の論説に援用するところであるから、(20) かれは右の一節を直接モンテスキューからではなく、年来「嗜読」し、「熟復玩味」(21)してきた『社会契約論』から孫引きしたものであろう。あるいは、ルソー紹介者としてルソー一点張りのそしりを避けるために、要路に採用されることを旨として書かれた「策論」では、政府有力者に受けのよいモンテスキューをことさら前面に押し出した、と解するのがむしろ順当なところであろうか。ところで、『ルソーの政治学著作』の編著者ヴォーンによれば、立法者の章は「国制の法の諸原理《プランシップ・デュ・ドロワ・ポリティック》」と副題される原著の原理論（＝「民約論」訳出部分）から――いわばモンテスキュー流の――事実論へと移行する「ルソーの議論の転回点《ターニング・ポイント》」であるといわれる。(22)『東洋自由新聞』（明治十四年）以降の兆民が前者を立法の「正則」、後者を「変則」と定式化し、「民約論」に紹介されるルソー流人民主権論（＝「正則」）を天皇制日本に応用（→「変則」）した結果として「君民共治論」を唱え、『政理叢談』の巻頭に『民約訳解』（同十五、六年）を掲げて立法者伊藤博文に異議申立てを行なった経緯については第三章に詳述したとおりだが、してみると右の引用文中段、源平以来数百年にわたる「覇政封建ノ制」はもちろん、「今朝」（＝明治政府）に及んでその「汚習ヲ滌蕩シテ」も、なおかつ「一定ノ憲制猶未立タザレバ、則チ之ヲ草創ト謂ハザル可ラズ」という議論は、ルソーの原理論にもとづいて、「社会契約」→「立法」（これを日本的風土に移せば、「国会開設」→「憲法制定」の図式がえられよう）という正当な手続きを踏んでいない明治天皇制政府は「強者の権利」、「奴隷権」ないしは「征服権」によって支えられる「専制《グヴェルヌマン・》政体《アルビトレール》」にすぎないと断じたものであり、「一人ノ理勢ニ達シテ且守ル所有ル者」以下は、公衆と個々人とにそれぞれ、「福祉《ビアン》」を求める「悟性《アンタンドマン》」（→「理勢…」）と「意志《ヴォロンテ》」（→「守ル所…」）とを授ける「一人の立法者の必要」を説いたものであることがわかる。第七策はこのあと「立法者」の定義をそのままに、「憲制ヲ立ツルハ才識有ル者（＝「非《アンテリジ》凡な知性《ヤンス・シュペリウール》」。『訳解』では「一の聡明睿智、衆人の表に抜《ぬきんず》る者」）ニ非レバ不可ナリ」とし、さらに、

> 偉大な君主がまれにしかいないというのが真実ならば、偉大な立法者は何と呼んだらいいのか。前者は後者が提出すべき模範に従いさえすればよいのだ。立法者は機械を発明する技師であるが、君主はこれを組立てて、運転する職工にすぎない（平岡・根岸訳）

という原著の一節――モンテスキューの引用がすぐあとにくる――にもとづいて、

縦令《たと》ヒ一旦才識超絶スル者ヲ得ルモ一人ノ宏度堅確且威望有ル者有テ之ヲ翼蔽シテ其智ヲ施スヲ得セ令メズンバ、必ズ中道ニシテ退敗スルニ至ラン、故ニ臣ガ所謂第七策トハ此二人ヲ得テ而テ一定ノ憲制ヲ立テ令ムルニ在リ

と結んでいる。

右をもって兆民が『社会契約論』のとくに第二篇第七章に拠って「策論」第七策を書いたことを論証しえたものとすれば、「一定ノ憲制ヲ立テ」るのに必要とされる「二人」のあいだには、ルソーの論脈からして「才識超絶スル者」〔＝「偉大な立法者」〕が見出されてはじめてこれを「翼蔽」する「宏度堅確且威望有ル者」〔＝「偉大な君主」〕が必要になる、という順序が前提されていると考えることができようか。ところで、さきの「一人の立法者の必要」を述べた第二篇第六章末尾の一節は、「民約論巻之二」の原文によれば、

……是レ等ノ硬難ヲ顧念スルトキハ、必ズ一人ノ立法家ヲ得テ、之ニ托スルニ前ニ言フ所ノ条列〔ママ〕〔＝「国法」〕ヲ制スルノ事ヲ以テセザル可カラズ(23)

となっている。兆民がこの時期からすでに「民約論」を立法の「正則」と考えていたことはまちがいないから、「必ズ一人ノ立法家ヲ得テ云々」の末尾の一節をもって訳筆を擱いたとき、かれはひそかにみずからこの「立法家」たることをもって任じていたのではあるまいか。したがって、「民約論」脱稿から程遠からぬ時期――ことによると脱稿と同時――に執筆を開始されたとみられる「策論」において、かれが「才識超絶スル者」〔＝「立法家」〕の役割をみずから買って出るのは、日頃の性情からも充分理解できることであり(24)、「策論」は結局、「一定ノ憲制ヲ立テ」るのに必要とされる「二人」のうちの一人から、残る一人の「宏度堅確且威望有ル者」――その候補の筆頭に、さしあたりわたくしは大久保利通を考えている――に、「之ヲ翼蔽シテ其智ヲ施スヲ得セ令メ」ることを求めて書かれたものなのではあるまいか。それはまた、兆民が元老院書記官に任官するに際してその抱負を披瀝した一種の信条告白《プロフェッシオン・ド・フォア》と解する

ことも可能と思われるが、果してこの〝豆喰ひ書記官〟は、同時に謹厚なる「立法家」でもあったのだろうか。

ところで兆民在勤中の元老院において特筆すべき立法事業はといえば、明治九年九月七日、議長有栖川宮熾仁《たるひと》親王に

朕爰ニ我建国ノ体ニ基キ広ク海外各国ノ成法ヲ斟酌シ以テ国憲ヲ定メントス汝等ソレ宜シク之ガ草按ヲ起創シ以テ聞セヨ朕将ニ撰バントス

との国憲起草の詔勅が下って、翌八日早速、柳原前光、福羽美静、中島信行、細川潤次郎の四議官が国憲取調委員に、また河津祐之、横山由清、安居修蔵の三書記官が国憲取調局掛兼務に任命され、一月余にして「日本国憲案」が起草されたことであろう。(25) 右の取調委員ならびに担当書記官の顔ぶれについては、尾佐竹猛博士以来諸家の踏襲するところとなって今日に至っているが、立法者をもってみずから任じて元老院入りしたと目される兆民が、その在勤中に企てられた国憲案編纂事業に無関心だったはずはありえないとの観点から、なにかの手がかりもやと同時期の『元老院日誌』(26)を繰ってみたところ、他の書記官たちに一人だけ三日遅れて九月十一日、まぎれもなく「国憲取調局掛兼務」を命ぜられている「権少書記官中江篤介」の名に遭遇した。かれだけがなぜ朋輩に遅れて追加任命されたのかという理由はしばらく措き、ここではともかくも、元老院時代の兆民が国憲案編纂という国家的大事業に正規の取調局掛として参画している事実に着目し、かれが在官した明治八年五月から同十年一月までの『元老院日誌』を検討することによって、九年九月に国憲起草の詔勅が下り、かつ元老院内にこれに応じて国憲取調局が設置されたことの意義を問い、あわせて、国憲取調局掛として、ひいては権少書記官としてのかれの役割を探ってみたい。この試みはまた、『元老院日誌』をもとに、創設後まもない同院の機構・規約等の相次ぐ改廃の跡を辿ることによって、「日本国憲案」第

一次草案がいかにして準備され、起草されたかという問題にもいささかの光を当てうるのではないかと思われる。一石もって果して二鳥を落とすことはできるであろうか。

(1) 「欧羅巴や天竺では…」、『東雲新聞』第一八号(明二一・二・九)放言、『全集』第一一巻、六二―六三頁。
(2) 「啖人鬼を減ず、吸血魔を減ず」、『立憲自由新聞』第一八五号(明二四・一・二四)、同右、第一二巻、二二一―二二二頁。
(3) 「世の中には上品なる卑屈者とも云ふ可き…」、『東雲新聞』第七号(明二一・一・二六)放言、同右、第一一巻、五七頁。
(4) 「兆民先生其ノ一」、同右、別巻、四一八頁。
(5) 松永昌三氏から直接得た御教示によれば、『中江兆民奇行談』にはたいてい新聞記事等の裏付けがある由である。
(6) 岩崎徂堂『中江兆民奇行談』、『全集』別巻、三五一頁。
(7) 兆民と留学生召還反対運動については本書第二章を参照されたい。
(8) 『尾崎三良自叙略伝』(中公文庫)、上、一五七頁。
(9) 岩崎前掲書、『全集』別巻、三六七頁。
(10) 尾崎前掲書、上、一五三―一五五頁。
(11) 岩崎前掲書、『全集』別巻、三七一頁。
(12) 「勅奏任官履歴原書」に十二月二十四日付で「文部省報告課御雇」とある。同右、五三六頁「年譜」を参照。
(13) 「中江兆民居士」、『独立評論』再興第八号(大二・九)、『全集』別巻、五〇五頁。傍点は引用者。以下これに従う。
(14) 稲田正次『明治憲法成立史』、上、六三五頁、および同『明治憲法成立史の研究』一三頁。『全集』第一巻、一八頁。
(15) 河野広中「南遊日誌」明治十二年十月十六日、『全集』別巻、三頁。
(16) 『一年有半』、『全集』第一〇巻、一九五頁。
(17) 松永昌三「中江篤介の『策論』一篇について」、『思想』昭和五十三年八月号、『全集』第一巻に『策論』として収録。
(18) 幸徳秋水『兆民先生』、『全集』別巻、四五二頁。
(19) 以下の『策論』第七策にかんする議論は、白水社刊『ルソー全集』月報第一号(第四巻附録、昭和五十三年十一月)に発表した拙論「ルソーの〝立法者〟と〝立法者〟兆民」に加筆したものである。引用は『全集』第一巻、三二―三三頁。

(20) 『民約訳解』に附せられた最後の「解」(『全集』第一巻、一二八―一二九頁)は「立法者について」の章を要約、敷衍したものであり、『国会論』(明治二十一年)の一節で立法者伊藤博文をモーゼ、ヌマ、リュクルゴス、ソロンらルソー好みの古代立法者と対比して「真の制作家〔=立法者〕」「眼孔ある制作家」とはいいがたいとする一節も、また同章以下原著第二篇の各章をたくみに点綴して成ったものである。詳しくは本書第三章Ｖを参照されたい。

(21) 『民約訳解』「訳者緒言」ならびに「解」、『全集』第一巻、六九、一二九頁。

(22) Vaughan: Political Writings of J.-J. Rousseau, T. I, p. 29.

(23) 『全集』第一巻、一八頁。

(24) 凡俗の目から見て自信過剰とも高慢ともとれる兆民の言動は枚挙にいとまがないが、渡仏前だけに限っても、長崎から江戸へ遊学するための船賃二十五両を岩崎弥太郎に乞うて断わられたとき、「然れども僕の一身果して二十五両を値ひせざるや否や、之を他日に見よ」といって、怫然「袂を払ふて去」ったこと(『兆民先生』、『全集』別巻、四四九頁)、箕作麟祥の塾に在学中、哲学の訳語を仏典中に求めることを企てて、「其健康の堪へざらんことを虞《おそ》れ、一日突如」、蓬頭垢衣の身をもってときの軍医総監石黒忠悳《ただのり》を訪ずれて診察を乞うたこと(同、四六三頁)、とりわけ、大久保利通の馬車を道に要してフランス留学のための選抜を乞うた際に、「自ら其学術の優等にして、内国に在て、就くべきの師なく読むべきの書なきを説」いたこと(同、四五〇頁)、などを挙げることができよう。

(25) 元老院における国憲案編纂事業にかんしては、主として尾佐竹猛『日本憲政史大綱』下巻(第二編第二章「立憲政体樹立の聖詔」ならびに同第四章「国憲制定」)、浅井清編『元老院の憲法編纂顛末』、稲田正次『明治憲法成立史』上巻(第六章「明治八年(一八七五)の改革」)に拠り、金子堅太郎「明治憲法制定の由来」(『明治憲政経済史論』所収)、尾佐竹猛「伊藤案以前の憲法諸案」(『日本憲政史論集』第五章)、宮沢俊義「元老院の憲法草案について」(『国家学会雑誌』第五十五巻第四号)等をも参照した。

(26) 国立公文書館蔵『元老院日誌』明治八年四月―同十年三月(2A. 31-7. 誌 180–205)。同日誌は毎年一月から十二月までを一月一巻ごとに分冊され、年ごとに目録一巻を冠するかたちに整理されているが、本章では引用に際して逐一注記する煩を避けるため、当該事項が別の日付に一括記載されている場合を除いて、本文中の日付をもって注記に代えることにした。なおその後、『元老院日誌』第一巻(明治八年―十一年、我部・大日方解説、三一書房)の写真版が刊行されたことを申し添える。

Ⅰ　国憲取調局設置にいたる元老院機構の変遷
——調査課を中心として

由来兆民伝ないし兆民研究において、かれが同じく元老院ながら「翻訳課」(1)に入ったとも、「法律調査局」(2)に入ったともいわれて表記に統一がないのは、かれの在勤中、外部情勢の変化に即応して同院の機構そのものがしばしば改編され、同一の任務にあってもその都度名称を異にしたからである。はじめかれが八年五月二十四日の宣旨で権少書記官に任ぜられ、翌二十五日の辞令で勤務を命ぜられたのは、本課調査掛であった。同時に任官した書記官仲間では、司馬盈之が同じ調査掛、大井憲太郎が本局掛、横山由清が編修掛で、いずれも一格上の少書記官であり、ちなみにさきの国憲取調掛に名を列ねる河津祐之は一足遅れて六月十日権大書記官に、安居修蔵は八月二十三日に大書記生にそれぞれ任官している。これらの書記官中、兆民と大井、河津は当時すでに有数のフランス学者、司馬は人名辞典(3)によれば「和漢蘭英仏露清希羅の諸語に通じた」といわれる語学通で、経歴からみるととくにドイツ語をよくしたらしいが、元老院がこれら気鋭の洋学者を集めたのは、当時同院では四月二十五日に下付された職制章程を立法府としての同院の権限を拡張する方向で増改することが企てられており、その改正案が五月二十九日同院議定、同三十一日上奏という運びになっているから、章程改正のために西洋各国の元老院規程を急遽取調べる必要が生じた結果なのではあるまいか。当時の兆民の消息をわずかに伝える『東雲新聞』の論説「大阪大会議の始末」(4)に

元老院の規制は之を西洋に取り立法権を独立せしむるに在るが故に其章程を議定するに於ては西洋政法の学に通ずるの士を用ひざる可らざるに由り調査局を置きたり

とあるのは、兆民任官の直接的動機をかなり適確に言いえているように思われる。『諸官進退』には兆民を司馬とともに書記官に任命されたい旨の五月十八日付、後藤副議長名の太政大臣宛て上申書(5)が残されており、また先立つ十三日同じく副議長名で提出された「本院議事条例及ビ院中課目ヲ進ムルノ儀」と題する上奏文には

明治八年五月三日本院会議規則取調ノ准允ヲ蒙リ即臣象二郎之ヲ衆議官ノ内議事ニ付シ欧米諸国ノ成規ニ拠テ更ニ之ヲ斟酌折衷シ明治八年五月八日ヲ以衆議官ノ決定スル所ナリ(6)

とあるが、この時期にはまだ「欧米諸国ノ成規」を取調べて規則案を起草する任に当る書記官としては、四月二十九日大書記官に任ぜられた細川潤次郎ただ一人いるのみであるから、兆民らはことによると五月二十四日の正式任官を待たずして、四月末、五月初めごろから事実上「欧米諸国ノ成規ニ拠テ更ニ之ヲ斟酌折衷」する作業にたずさわっていたのではあるまいか。わたくしがこのような推測をあえてするゆえんのものは、元老院が創設された明治八年四月から兆民が在勤した同十年一月までのあいだに、副議長後藤象二郎名儀で提出された上奏文七通、後藤の辞職後議長に就任した有栖川宮熾仁親王名儀のもの一通、その他太政大臣宛て申請書、伺書等のうち、右に引いた五月十三日付の最初の上奏文と、とりわけ兆民の任官前日に当る五月二十三日付「地方官会議ノ決議ハ必ズ先ヅ本院ノ議ニ付シ然ル後允裁ヲ請フノ上奏」――地方官会議に対して立法府としての元老院の優位を主張するこの上奏文を尾佐竹博士は同院が「気焔を吐いて居る」と評しておられる(7)――が、兆民任官後の五月三十一日付上奏文「元老院議官増スコトヲ請フノ議」を明らかにラフェリエール『欧米各国憲法集』に依拠して起稿した(8)フランス語をよくする書記官(9)の手になるように見受けられ、その後の上奏文等についても兆民と同郷の先輩後藤象二郎との特別親密な関係、とくに後年前者が「三大事件に関する後藤象二郎の封事」を代筆する事情等を考慮すると、むしろ後藤のために「封事」を書いたこと自体が、元老院時代に上奏文等の案文を起稿した名残りなのではないかと思われてくるからである。

さて四月二十九日元老院から上申された章程改正の伺に対しては五月二日、「伺之趣聞届候条政体取調掛へ打合増補更正ノ上可伺出事」との指令が太政官から発せられ、同日、政体取調掛から板垣、伊藤の両参議が元老院に出向いて議官らの質疑に答えているが、この問題にかんする「内議事」はおそらく、五月十五日職制章程増補更生委員に任命された津田出、加藤弘之、陸奥宗光の三議官を中心として行なわれ、同二十九日議定、三十一日上奏の運びとなった。だがここで注目されるのは、章程改正案が上奏されるのと同じ三十一日付で陸奥宗光、河野敏鎌の両議官が「臨時課」委員に任命され、この頃にはすでに任官していた兆民、大井憲太郎、司馬盈之の三書記官が六月二十五日、同じく臨時課兼務を命ぜられていることである(兆民はここではじめて正式に陸奥の属僚として直接の交渉をもつに至った)。兼務を命ぜられたのは、おそらく直前の二十二日、さきの章程改正案に対して

五月三十一日上奏スル所ノ職制章程増補更正ノ条款中或ハ之ヲ憲法ニ明掲スベキ者アリ朕将ニ憲法ノ制立ヲ待テ幷テ之ヲ欽定セントス……以テ朕ガ本院ヲ設ケ立法ノ源ヲ広ムル所以ノ意ヲ体セヨ

との勅語が下されているからである。そもそも八年四月の漸次立憲政体の詔勅中「元老院ヲ設ケ以テ立法ノ源ヲ広メ」という文言は元老院で憲法を起草することを自明のこととして前提していたように思われるのだが(10)、ここで立法府としての同院の位置づけは「憲法ノ制立ヲ待テ」行なうとの方針が打ち出され、「憲法」の起草が具体的日程に上ったということになると、さきの臨時課はおそらく、来たるべき「憲法」を視野に収めながら章程問題を検討することを臨時の任務とするものであり、兆民らの書記官が同課に兼務を命ぜられたのは、元老院が勅語に即応して「憲法」起草に備えた態勢をとったことを意味するのではあるまいか。

さてその間、兆民がはじめ配属された本課調査掛は「本局書記官ノ分課何掛ト称セシヲ課ト改ム」との六月十九日付の決裁によって調査課に名を改めているが、これは七月二十日、さらに河津、大井の両書記官を加えて調査局とな

り、同二十四日には大書記生島田三郎を、八月十二日には同じく大書記生田中耕造を迎え入れてその陣容を強化している。前月臨時課兼務を命ぜられた兆民以下三書記官の名がそっくり調査局に見出されることも、また、調査課を調査局に編成替えした意図を物語っているかに見えて興味ぶかいが、さきの「大阪大会議の始末」が「此局に従事したるは主として中江篤介、大井憲太郎、河津祐之の三氏にして……」と述べているのは(11)、この段階に照応するものと思われ、こうして「憲法」起草の任を負うた調査局に当代きってのフランス学者が一斉に揃い踏みするさまはなかなかの壮観である。

一方、調査局がその陣容を整えるのと同じ七月二十日付で、陸奥宗光、津田出、河野敏鎌、加藤弘之の四議官が議長官房委員に任命され、二十五日には河津、大井の両調査局員が議長官房兼務を命ぜられているのは、「議長官房職制」(12)前文によれば、七月十九日に同職制が議定された結果と思われるが、職制第一条には「議長官房ハ本院中最上等ノ一局ニシテ本院会議ノ開閉ヲ論ゼズ常設シテ其職務ヲ執行スル所トス」とあるから、これはさしずめ元老院の執行部といったところだろうか。河津らの異動と対照的に、兆民が終始一貫、司馬とともに調査局を守っていることの意味もまた深長というべきであり、さらに陸奥が七月二十九日、議長官房委員としてとくに調査局掛を分任していることとは、問題の深まりとともに、兆民との個人的紐帯をいっそう緊密ならしむるものであったろう。

だがこうした元老院機構の整備、執行部体制の強化が何を意味するかを如実に物語っているのは、『日誌』七月二十八日の項に見える「司法省雇仏人ボアソナート氏へ質問ノ儀同省へ照会」との記事であろう。元老院からのこの照会に対して同三十日、折り返し司法省から回答が寄せられたことは、八月二日付官房書記官名の回達によって知られるが、別紙に掲げられるその回答を見ると、

当省雇入仏人ボアソナード氏へ御用取調ノ事件有之節御院議官書記官等質問ノ為当省へ御差出相成度ニ付差支有

無御問合ノ趣致承知候右ハ当省ニ於テ何等差支ノ儀無之候依テ此段及御報候也

八年七月三十日　大木司法卿

後藤副議長殿

となっている。ところで官房書記官はさらに「各課局各員中ヨリ同人ヘ質問致シ度儀モ候節ハ一応議長官房ヘ御申出有之度、云々」と回達しているから、ボアソナードに対する元老院内の質問を取り纏めるのはかれらの任であり、質問のため司法省へ派遣されるはずの「議官書記官等」というのも、具体的には議長官房委員たる陸奥以下四名の議官、河津、大井の両書記官を指すものといってよかろう。

ボアソナードが前年八月、征台の役以後の対清関係を処理するため全権弁理大臣として北京へ派遣されることになった大久保利通に随行し、外交交渉にその博大な万国公法知識を駆使して遺憾なく自己の真価を政府有力者に認識せしめた次第については、大久保泰甫氏がその著『日本近代法の父ボワソナアド』(岩波新書)に詳しく紹介されているが、八年九月、元老院に次いで同じく「質問」のためボアソナードを顧問として雇傭したい旨の正院法制局の申入れを司法省がにべもなく断っているのは[13]、両者の「質問」の重要性によるものであろうか。それとも、当時の司法省がボアソナードに同省事務のほかさらに元老院の「質問」にかんする調査をも命じた結果、「帰宅後モ諸事取調ヲ委託致、現今省中ニテ常務外ニ相勤メ、更ニ常務ノ余暇迚《とて》ハ無之次第[14]」となって、法制局の要請を峻拒せざるをえなかったのだろうか。ともあれ元老院が正院法制局に先んじてボアソナードへの「質問」をとりつけたのは、諸官庁から引く手あまたの「法律界の団十郎[15]」に対して、法制局のようにいきなり雇傭云々の高飛車な条件を持ち出さず、当方から「議官書記官等」を差出すとして相手官庁の強烈な縄張り意識を刺激しなかったことによるのかもしれない。なお司法省の回答には「同人儀即今ハ賜休中ニ付此段御承知迄申進置候也」という追て書が附せられているから、実際にボアソナードが元老院側の「質問」に応じるのは八年の夏休み明け——太政官達には各官庁の夏休みは七月十一日から九月十日までとあるから[16]——折しも法制局からの雇傭要請が出される頃からであろう。ところでボアソナードが後年司法省に提出した履歴書中には

千八百七十五〔明治八〕年司法卿ヨリ日本憲法草案ノ起草ヲ命ゼラル[17]

とあり、この件については十四年十一月十四日付の答議でも「曩ニ千八百七拾五年、請ニ依リ起草シタル所ノ憲法草案云々」[18]に触れている由であるから、かれが明治八年、司法卿の命ないし請に応じて「憲法草案」を起草したことは事実と思われるが、折しも司法省では九月十五日、大木司法卿みずから総裁となって、同省の総力を結集するかたちで刑法草案取調掛が発足しており、到底同省が独自に「憲法」調査にまで手を拡げる余裕があったとは考えられないし、「憲法」がおそらく当初から元老院で起草される予定であったことはすでに述べたとおりである。以上を要するに、八年七月に元老院から出されたボアソナードへの「質問」要請は、十中八九、「憲法」にかかわるものだったと思われ、司法省の回答が大木司法卿から後藤副議長に宛てられているということは、とりもなおさず、元老院からの要請が、直接司法省雇いのボアソナードにではなくて、雇い主たる司法卿宛てに発せられたものであることを意味する。すなわちボアソナードが「千八百七拾五年司法卿ヨリ日本憲法草案ノ起草ヲ命ゼラル」と記しているのは、元老院の要請を受けた司法卿から命ぜられたことだったのであろう。

ところで大久保氏によれば、ボアソナードの起草した「憲法草案」というのは今までのところ見つかっていないようであるが、かれの手になる「憲法」関係の史料として、東大法学部附属明治新聞雑誌文庫の吉野〔作造〕文庫と、国立国会図書館の憲政資料室に同一内容の『憲法備考』(和文)なるものが所蔵されている由である。御教示にしたがって早速これを憲政資料室本によって検討してみると、『憲法備考』は「国法及憲法ニ関スルボアソナード氏ノ意見」(未

完」と題する主文書と目すべきものと、「仏国チェル氏革命ノ際憲法制定委員局ノ具申」、「婆登備《バトビ》国法政法論公法私法ノ区別抄訳」とそれぞれ題する二つの附属文書との、計三点から成り立っている。ボアソナードと「憲法」との関連については稿を改めて考察したいと考えるので、ここではその内容には立ち入らないが、バトビー原著(A. Batbie : Précis du Cours de Droit Public et Administratif) の抄訳と銘打った第三文書に

権大書記官　河津祐之　校閲
少書記官　大井憲太郎　訳述

と頭書されているのは注目に値する。すなわち、「司法省雇仏人ボアソナード」の「憲法」意見を訳述する作業に、河津、大井というお門違いの元老院書記官が関与していたということであり、この両者がボアソナードへの「質問」のため司法省へ差遣わされたはずの議長官房書記官にほかならぬことは前述したとおりであるから、用語等からおおむね両者の訳述にかかると推定される第一、第二文書[19]をも含めて、ボアソナードの『憲法備考』は、元老院の「質問」に対するかれの回答にほかならず、明治八年、かれが司法卿の命によって起草したといわれる「日本憲法草案」そのものであったと考えられる。[20]『備考』がまさしく備考であって、「憲法草案」から想像される編別・条文の整然とした体裁をとっていないことが奇異に感ぜられるとすれば、それはむしろ、「草案」の原語(ébauche? avant-projet?)こそ本来備考と訳さるべきであったかもしれぬという、訳語の問題に帰着するのではなかろうか。

　さてこうして八年九月、夏休み明けとともに元老院がボアソナードの「憲法意見」を叩いていたことはほぼ確実と考えられるが、休み明け早々の十二日、同院に対して「其院章程更正可相成ニ付夫迄ノ処開議見合可申此旨相達候事」との太政官達が発せられている。六月二十二日の勅語に「憲法ノ制立ヲ待テ幷テ之ヲ欽定セントス」といわれていた元老院章程の改正案は、同院をめぐる木戸‐板垣の対立激化など外部情勢の変化もあってか、七月三日新設の法制局

長官を兼任した伊藤博文の手で八月中に起草されたようである。(21) 元老院の立法権をいちじるしく削減しようとすることの改正案に対しては、三条が九月一日、木戸宛書簡に、「元老院章程事ハ余程ニ六ヶ敷被相考候口気ニ御坐候迚《とて》モ伊藤取調候章程ハ被行申間敷被相察候」と懸念を表明しているように、(22) 板垣と、当然のことながら元老院内部の板垣派ないし急進派——通常陸奥がその張本とされるが、これを下から理論的に支えていたのが、調査局に拠る兆民、河津、大井の面々であったろう——が強く反撥したので、当分の間元老院会議を停止する措置がとられたものと思われる。またこの頃法制局が司法省にボアソナード雇傭を申し出て元老院と争うかたちとなったのも、直接的には同じくボアソナードの威光によって元老院の主張を押さえ込もうとの意図からであったろう。ともあれ、九月二十日には、ほかならぬ調査局の書記官たちが一斉に叙任を受けており(河津が正六位、司馬、大井が従六位、兆民は正七位にそれぞれ叙せられた。局外ではひとり明法局長沼間守一が従六位に叙せられているが、後述するとおり、沼間もやがて編成替えした調査課に転ずる)、議官、書記官を問わず、元老院関係者が新規の叙任を受けた例は、兆民在勤中の『日誌』にかんするかぎり、他に類を見ないから、これは章程改正に異を唱える書記官たちを慰撫するとともに、かれらを折から日程に上っていた憲法起草の任に邁進すべく鼓舞する効果を狙ったもの、とでも解すべきであろうか。

九月二十三日には

雇仏人ジブスケ氏、米人フュルベッキ氏両名本院へ雇入相成候ニ付質問等ノ儀都テ其局ニ於テ可取計事

との副議長達が調査局に下って、同局がこの二人の雇外人への「質問」の窓口と定められているが、十月四日に決裁の下った「フュルベッキ氏出院日割」によれば、フルベッキは毎月三、八の日に出院して「質問」に応じ、日曜と月の一日のほかは「日々翻訳宅調」と取決められ、当面は「米国議事院規則」(一八六七年合衆国憲法第一編「議会」のことか)の翻訳に従事させるとあるから、当時調査局では欧米各国憲法の翻訳が急ピッチで進められており、毎月三、

八のフルベッキ出院日は、同じく各国憲法翻訳に従事する書記官らの「質問」に当てられていたのではなかろうか。十月十三日、議長官房委員として建白課掛に任じていた議官津田出を調査局掛に転じて、そのあとを河野敏鎌の兼任とする辞令が発せられていることは、官房委員四名中の二名（陸奥とともに）が調査局掛に当てられたことを意味し、もって同局の繁忙ぶりを察するに足るが、十一月二日には

各国元老院幷本院ニ致関渉候諸規則等至急取調候ニ付テハ……当分ノ間右取調ノ官員ニ限リ時宜ニヨリ自宅ニテ取調候儀モ可有之此段御聞置被下度尤書記官ノ内一人ハ日々出勤可仕筈ニ御座候云々

という津田議官名の調査局伺に決裁が下りているから、兆民を含めて同局書記官たちは元老院章程改正の最終案を準備していた正院法制局とは別途に――元老院の立法権を拡張する方向で――各国元老院の諸規則を調査していたものと思われる。(23)

法制局起草の元老院章程改正がいよいよ八年十一月二十五日、同院の会議を経ぬまま一方的に下附されると、これにともなって、同二十八日、陸奥、河野の両官房議官が幹事に就任しているが、その背後には元老院権限の削減をめぐる以下のような取引きがあったといわれる。すなわち、元老院章程問題と並んでとくに八年九月以降、木戸－板垣対立の焦点となった内閣省卿分離問題（内閣を構成する参議と各省卿との兼任を分離せよとの論）が十月末、板垣、島津〔久光〕の連携辞職というかたちで結着を見るに際して、それまでもっぱら元老院権限の拡張を唱えてきた後藤、陸奥ら元老院幹部が伊藤の籠絡するところとなり、後藤から伊藤に権限削減の見返りとして、「是レ迄陸奥河野両人モ官房議官ト申スヲ始メタル事故幹事ニハ右両人ヲ是非共被任度」と逆にもちかける一幕があったらしい。(24)『自由党史』もまた、板垣が政府による元老院の弾劾権削減を阻止すべきことを切論したのに対して、「当時後藤、陸奥二人は人物だに網羅し得ば権限は之を譲歩すべしとの軟説を唱へた」と述べているが、(25)これに関連して思い起こされるのは、

陸奥と「善からずして罷め」たといわれる兆民の辞職が、そもそも調査局担当の議長官房委員として直接の上司たる陸奥が、元老院章程問題において見せた右のような変節に端を発しているのではないか、ということである。

さて、「憲法ノ制立ヲ待テ」欽定されるはずであった元老院章程改正が、「憲法」に先立って下附されたとなると、元老院としてはいよいよ「憲法」(=国憲)編纂作業に本腰を入れて取り組まざるをえない立場に立たされたといえよう。このような情勢を反映してか、十二月九日、調査局は新設の議長事務局中、議事課、庶務課、会計課と並ぶ一課としての調査課に改編され、「議長及幹事ニ隷シ凡ソ既定ノ法令規則ヲ詳明ニシ旧典古記中ノ法律ニ関スル者ヲ編纂シ各国ノ法律ヲ研精シ且ツ洋書ヲ翻訳スルコトヲ掌ル」[26]こととなった。同じ調査課の中に調査掛、編纂掛、翻訳掛の分任が設けられた[27]のもこの時からであり、辞令によれば沼間守一、安居修蔵が調査掛、横山由清が編纂掛、兆民、河津、大井のいわば〝フランス学三羽烏〟が翻訳掛に任ぜられているのであるが、同じ十二月九日付で兆民と同時任官して以来一貫してかれとともに調査課を守ってきたドイツ語担当の司馬盈之が「免本官」の宣旨を蒙っているのは、元老院の国憲案編纂事業を通観する上できわめて示唆的である。司馬が主にドイツ語文献の調査、翻訳に従事していたことを示す痕跡は、八年六月十三日、文部丞宛てに出された「御省御備置ノ独乙書フリュンチュリ著『アルゲマイネス』『スタートレケト』弐冊至急致借覧度云々」という書記官名の照会[28]にとどめられているが、元老院は職制章程の改正とともに国憲案編纂事業に本格的に着手するに当って、フランス語系書記官を中心とし、フランス人教師ボアソナードの意見を参考に、フランス語文献(とくにラフェリエール-バトビー共編『欧米各国憲法集』や、ブロックの政治、行政両大辞典等)に依拠しつつ作業を行なう方針を固めたといえるのではないだろうか。十二月十日、調査課に書記生以下補助要員の大増員が行なわれて、調査掛に斎藤利敬、湯川貫一ほか二名、翻訳掛に島田三郎、田中耕造、八戸欽三郎ほか三名、編纂掛に黒川真頼、正木昇之助、熊沢有義ほか一名、写字生二名が配属され、従来は二名だったフルベッキ附属掛が光増重健ほか四名に増強されていることは、欧米各国憲法の調査、翻訳がにわかに本格化したことを如実に物語っている。後年島田三郎が、沼間守一と親交を結ぶ契機となったその調査課時代を回想して、

元老院に法律調査局あり〔ママ〕、局内に二課を置きて、一は我国の法律及典故を調査せしめ、一は外国の法律制度を審案翻訳せしむ。河津祐之氏外国部を統べ君〔=沼間〕内国部を統ぶ。大井憲太郎、司馬盈之、中江篤介、横山由清、黒川真頼、田中耕造、佐藤誠美等諸氏皆局中に居る。予亦此局員となり、初めて君と相識るを得たり。事明治八年に在り(29)

と述べているのは――罷めたはずの司馬の名も見えるが――まさしく八年十二月の機構改編以後の段階に相当する。また、かれがここで「内国部」、「外国部」と呼んでいるものは、九年二月十九日、調査課に「編纂掛ヲ廃シ編纂事務ノ儀ハ一切調査掛ニ於テ任掌可致」旨の副議長達が下って、横山由清以下七名の編纂掛員を吸収した調査掛と、兆民らを擁する翻訳掛にそれぞれ照応するものであり、この区別はいずれ国憲取調局掛の構成を吟味する際に想起されねばならないだろう。

だがこの時期の調査課において特筆すべき事件は、なんといっても、九年二月二十七日、本来ならば当然兆民、河津らとともに国憲取調局掛に名を列ねたであろうと思われる大井憲太郎が、突如「免本官　但位記返上ノ事」との宣旨を蒙って元老院を逐われていることである。その間の事情を『馬城大井憲太郎伝』は、

当時元老院幹事には陸奥宗光、法律調査局〔ママ〕の外国部主任には河津祐之、内国部主任には沼間守一……が居り、同僚には中江兆民・田中耕造・司馬盈之・島田三郎等がゐた。然し、先生は到底このやうな地位と職務に跼蹐する能はず、兆民と共に早くも辞意を有つてゐたが翌九年になり「事を事とせざる理由」の下に本官を免ぜられ、加ふるに位記の返上を命ぜられた(30)

と説明しているが、かれが平生から翻訳掛書記官としての「地位と職務に跼蹐する能は」なかったこと、とりわけ「兆民と共に早くも辞意を有つてゐた」ことなど——しかし兆民にかんしては本章の趣旨からしてかならずしも同日に談じられないと思うので、ここでは判断を保留したい——主観的な理由はともかく、かれの辞職に「位記の返上を命ぜられ」るほどの苛烈なかたちをとらせるに至った「事を事とせざる理由」とは、果して漠然とした不満からくるたんなる職務怠慢、ないしは放棄にすぎなかったのだろうか。章程問題における後藤、陸奥ら元老院幹部の変節こそ、折から欧米各国憲法の調査、翻訳に取組んでいた大井に「事を事とせざる」態度をとらしめた理由の最たるものではなかったのだろうか。

その後は九年三月二十八日、副議長後藤象二郎が辞職すると、議官有栖川宮熾仁《たるひと》親王が副議長職を襲い、五月二十六日には議長に就任しているが、大井罷免後の調査課翻訳掛では事務の凝滞を来たしたためであろうか、六月十九日、栗本貞次郎(日仏交渉史上有名な栗本鋤雲の養子でフランス学者)を、折からの財政難もあって御用掛の資格で雇い入れている。九月七日の国憲起草の詔勅は、六月二十一日、議長事務局条例の課名改正にともなって、調査課が第四課となったほかは、おおむねこのような態勢で迎えることになるわけだが、国憲取調委員ならびに同取調局掛に任命された議官、書記官の面々とその役割については、次節に述べることにする。

(1) 小島祐馬『中江兆民』、林茂編『中江兆民集』、四二五頁。
(2) 『二十一大先覚記者伝』後篇三「中江兆民」、二九三頁。
(3) 大植四郎編『明治過去帳』。
(4) 『東雲新聞』第一二〇号(明二一・六・一〇)。
(5) 国立公文書館蔵『諸官進退』明治八年五月(史官本局)、2A 18 (任) A 34.

(6) 『元老院日誌』八年五月三十一日の項に記載。

(7) 尾佐竹前掲書、下、四二九頁。

(8) 同上奏文では欧米各国における元老院議官の定数を列挙しているが、その国別順序は、英国を筆頭に置くほかは、スペイン、ポルトガル、イタリア……フランス、ベルギー、スイス、ドイツ諸邦、オランダ……アメリカ、ブラジルと、ラフェリエール原著の順序をそっくり踏襲している。ラフェリエール原著については、巻末「『政理叢談』原典目録」を参照。

(9) 八年五月三十一日、元老院章程改正案と同時に上奏された同職制改正案は「一等書記官一員」(勅任官)を置き、その任務の一つとして「上奏文按ヲ作」ることを挙げているが、実際には「一等書記官」なる官等は置かれなかったし、創設後まもない元老院で果して本局掛大書記官細川潤次郎、あるいは同権大書記官本田親雄が機械的にその任に当ったものか、どうか。なお本田は八年十二月九日、議長事務局条例の施行とともに大書記官に昇格し、「……議場ノ事務ニ関シ決議上奏案ヲ作」ることを任とする議事課長に就任している。

(10) 稲田正次氏は、元老院の開設当初から国憲起草が予定されていたらしい証拠として、同院が左院の後身として外国憲法の翻訳などその国憲調査事務を引き継いだらしいこと、「明治八(一八七五)年五月〔六月カ〕の……後藤元老院副議長への勅答にもその片鱗が窺われること」などを指摘しておられるが(『成立史』上、二八六頁)、『熾仁親王行実』は、元老院における国憲起草事業に触れて、後藤象二郎が左院議長兼事務総裁時代に憲法制定を企てながら朝鮮事件のため果さず、「越えて八年、立憲の大詔、煥発せらるるや、愈よ憲法制定の必要を生じ、遂に此に及ばれしなり」と述べている(巻上、三〇三頁)。

(11) 既引『東雲新聞』第一二〇号(明二一・六・一〇)。

(12) 八年八月九日上奏。

(13) 大久保泰甫『日本近代法の父ボワソナアド』、八八頁。

(14) 同右、八八頁所引、『太政類典』二篇六五巻二二。

(15) 同右、八九―九〇頁所引、磯部四郎回顧談。

(16) 『元老院日誌』八年六月八日の項に記載、太政官達第九十九号。

(17) 大久保前掲書、九一頁所引、堀内節「御雇法律教師のブスケとボアソナード」(『比較法雑誌』八巻一号、二二〇―二二四頁)。

(18) 同右、九二頁所引、「ボアソナード氏答議(2)」(『梧陰文庫』所収)。

(19) もしそうでなければ、第一、第二文書の双方またはいずれかは、河津、大井の両書記官が元老院へ持ち帰ったものを、調査局に残っていた兆民が訳述したことになろうか。
(20) 「憲法」という訳語がまだ定着していないこの時期に、さきの六月二十二日の勅語と『憲法備考』とにこの用語が共通して使われていることも、また、『備考』が、勅語を受けた元老院の「質問」に対するボアソナードの回答であったことを暗示するかに見える。
(21) 稲田『成立史』上、二六〇頁以下。
(22) 同右、上、二六五頁所引、『木戸孝允文書』。
(23) じっさい兆民はこの頃川口羽高宛書簡(明治八年十一月四日付)に、「……扨は迂生仏国元老院内制翻訳被命急々卒業仕度依而大兄を労し口授筆記奉願度云々」と書き送っている(『全集』第一六巻、一一頁)。
(24) 稲田前掲書、上、二七三―二七四頁所引、『佐佐木高行日記』八年十一月三十日。
(25) 同右、上、二七三頁所引、『自由党史』。
(26) 「議長事務局条例」第四十六条。
(27) 同右、第四十八条。
(28) 『元老院日誌』八年六月十九日の項。
(29) 高橋昌郎『島田三郎』、一五頁所引、石川安次郎『沼間守一』の序、島田三郎記。
(30) 平野義太郎『馬城大井憲太郎伝』、一六―一七頁。

II　元老院諸規約から見た国憲取調局の機能

前節においてはもっぱら国憲取調局設置に至る元老院機構の変遷を辿ることによって、同院調査課(以後統一的にこの呼称を用いる)がおそらく創立の当初から国憲案編纂を予定し、着々その準備を進めていたらしいことを論証しようと努めた。本節ではひきつづき、九年九月七日の国憲起草の詔勅によって国憲取調委員ならびに同取調局掛が任命されたことの意義を、創立以来の元老院諸規約、条例等の面から探ってみたいが、これに先立ってひとまず、国憲案編纂の基礎となる各国憲法翻訳作業の分担ならびに進捗状況を、『日誌』に現われる人員の動きなどからできるかぎり跡づけておくとしよう。

さて、欧米各国憲法のうちもっとも早い時期に翻訳が完了していたのは、雇仏人ジブスケが左院時代に口訳したといわれるフランス歴代憲法であろう。この翻訳については、九年四月二十一日、元老院書記官からの史官宛て照会に、「本院雇入ジブスケ先般旧左院被雇中口訳ノ仏蘭西憲法博聞社ニ於テ発行第一回刻成ノ旨報知新聞第九百六十五号ニ掲載有之云々」と見えるところから、刊行とともに調査課に備え付けられたとみてまずさしつかえないが、これに対する史官の回答には、「右ハ生田精元左院奉職中担当ノモノニテ昨年九月廃官ノ節右草稿同人へ下賜候ニ付今般同人ニ於テ印刻致候事ニテ可有之ト存候」との内情が伝えられている(1)。ジブスケ口訳とはつまり、本人の口訳を生田精が筆記し、文章化したもののことであり、今日では考えられない雇外人による翻訳とは、一般にこうして日本人補助者との共同作業によって成ったものであることがわかる。しかし右の草稿には当然のことながら生田精に「下賜」されたもののほかにもコピーが作られているであろうから(たとえばジブスケ本人の手許に残った一部)、元老院には遅くとも八年六月二十五日、フルベッキとともにジブスケを正院から雇替えしたい旨の申請が認可された段階で、ジブスケ訳のフランス歴代憲法稿本が備えられたのではあるまいか。同六月二日付の太政大臣宛て上申書(2)では、右の両雇外人は、「広ク各国ノ律法ヲ取調置参照ニ供スベキノミナラズ臨時調査スベキ事件モ頗ル許多ニシテ其時々顧問ノ為必要ノ人物」であるとされ、時節がら当座は臨時課に配属されて、予定されていた職制章程改正のため兆民ら同課兼任書記官の「顧問」に任じたものと推察される。ところが七月九日、後藤副議長との間に取り交わされた「雇替条約書」

をみると、ジブスケの任務は「諸取調物」であるのに対して、フルベッキは「翻訳質問」に従事すべきものとされ、それぞれの「条約」内容は異なっている。かれらに附属された書記生以下の人員にしても八年七月二日にはジブスケ附四名、フルベッキ附二名であったのに対して、職制章程改正後の十二月十日に発せられた辞令では、ジブスケ附一名、フルベッキ附五名に逆転している。「条約書」にいわゆるジブスケの「諸取調物」に対して、フルベッキの「翻訳質問」の比重が増したことを端的に物語るといえようが、ジブスケ附属人員が削減された理由については、先立つ十二月三日、副議長名で提出された太政大臣宛て上申書に、

仏蘭西人ジブスケ氏儀政府取調物ノ為メニ正院ヘ御雇尓後本院ヘ雇替候処本院定額金御決定ニ付テハ官員ノ俸給全院ノ経費等殆ンド不足ニ及候次第ニ付万緒省減中ノ都合モ有之且同人取調物漸次相済候就テハ未ダ雇条約期限中ノ事ニモ有之候故正院ヘ御雇替相成候様致度此段上申候也

とあることから明らかになる。つまりジブスケは、八月末に俄然決定された八年上半期の元老院定額金が大幅縮減を蒙ったうえ[3](通常、元老院権限は八年十一月の職制章程改正によって削減されたといわれるが、伊藤ら政府首脳が同年八月中、改正案作成に着手するに当って、元老院にまず搦手から兵糧攻めをかけていることは注目に値しよう)、折しも「同人取調物漸次相済」という個人的事情も加わって、同院予算節減の対象第一号に挙げられたわけである。正院への雇替え要請はその後も九年四月まで再三にわたって繰り返されながらその都度却下され、結局ジブスケは十年一月二十七日、任終えたフルベッキとともに解約が決定するまで元老院の禄を食むことになる。思うにかれが八年中はやくも同院の厄介者になってしまったのは、皮肉なことに元老院に雇替えになったときすでにフランス歴代憲法を訳了していたという事情によると思われるが、とりわけ同年九月以降、元老院書記官が調査事項を直接ボアソナードに「質問」しうる態勢が整ったため、法律の専門的知識をもたない元軍事教官ジブスケは、自然御用済みになって

しまったのであろうか。

一方フルベッキの任務が「米国議事院規則」を「翻訳宅調」中の八年十月ごろから繁劇の度を加えて、同年十二月には附属人員を二名から五名に増強された次第についてはすでに述べた。十年三月元老院から出版された『欧州各国憲法』に見られるかぎりでは、ドイツ、デンマーク、イタリアの諸憲法が「ヴヘルベッキ氏口訳、斎藤利敬筆記、細川潤次郎校正」となっているが、右の諸憲法については、九年四月にジブスケ訳『仏蘭西憲法』が刊行されたのに続いて同月二十九日、折から脱稿した澳蘭両国憲法「合本一冊」を印刷に付したい旨の会計調査両課伺に決裁が下った前後にも記載がないし、そもそも筆記者斎藤利敬が第四課(九年六月二十一日以降調査課改め)フルベッキ掛に任命されるのは、国憲起草の詔勅を二ヶ月後に控えた七月一日付の辞令によるものであるから、フルベッキ訳諸憲法の脱稿は九年夏から詔勅直前の時期にかかっていたのかもしれない。ただし澳蘭両国憲法の印刷が認可される前日の四月二十八日には、「詔命ノ議案及議事ニ関スル書類」の印刷を依托する件で前月活版局との間に結ばれた定約が、「他ノ印刷書類依托」の場合を想定して改正されているから、諸他の憲法についても九年五月以降追々脱稿次第、澳蘭両国憲法同様「五百部程」ずつ分冊刊行されて、「議長幹事並各議官ニ一部ヅ、頒布」される準備が整っていたと考えてよかろう。

さて、『欧州各国憲法』によってそれぞれの翻訳者の分担状況を調べると、すでに触れたフルベッキ分を除けば、澳蘭両国憲法については「田中耕造訳述、河津祐之校閲」、スペイン、ポルトガル、スイスの各国憲法については「田中耕造訳述、細川潤次郎校閲」となっているが、田中に校閲者がつけられているのは、かれの身分が大書記生であったため、正規の訳述者としての資格を欠いていたからであろう。そのほかの憲法ではプロイセン、ベルギー両国憲法については八年三月に刊行された井上毅の既訳(『王国建国法』所収)を用いたことが知られている[4]が、イギリス、アメリカ、スウェーデン、ロシアの諸国憲法については訳者不明である。[5] そこではなはだ気懸りなのは、元老院入り以来一貫して調査課に勤務し、かつ翻訳掛に任じた兆民が——とくに訳者不明の諸国憲法を担当したのでないかぎり——憲法翻訳にいっさい関知していないとすれば、その間翻訳をしない翻訳掛はなにをしていたのかということなのであるが、各国憲法の翻訳が追々出揃い、国憲案起草の準備が大詰めを迎えていたと思われる九年七、八月頃の各人の動静を調べると、田中は七月十四日「賜暇熱海温泉へ発」して八月十日「出仕帰京」、河津についても七月二十一日「賜暇箱根温泉へ発」して、同三十一日「帰京」となっているから、両者は七月初旬から中旬ごろまで、おそらくはスウェーデン、ロシア両国憲法をも含めて各国憲法の翻訳に従事し、その労をねぎらうための「賜暇」をえてそれぞれの温泉地へ向かったのではないかと想像される。この時期御用済みの体のジブスケが七月十三日、「病気療養ノ為メ」中山道経由、京阪神方面へ向かい、「八月九日迄ニ帰京」を予定しているのは、前年八月を箱根での湯治に過ごしたのと同様であるが、各国憲法を口訳中と推察されるフルベッキについては、移動の記載はない。陸奥は幹事として調査課を督励する立場にあり、元老院創設以来章程改正問題に精力的に取り組んで、その延長上に企てられた国憲案編纂事業には特別の関心を抱いていたはずであるが、天皇の名代として北海道巡視の旅に上ることになった三条実美の随行を命ぜられて、八月六日、調査課大書記生島田三郎を伴って横浜を発艦しており、帰院するのは十月一日であるから、国憲起草の詔勅が発せられる前後から、国憲案の起草作業がいよいよ大詰めを迎える時期まで元老院を明けていたことになる。肝腎の兆民については『元老院日誌』はなんの消息も伝えていないが、明治十五年一月に今日見られるかたちに整理された同日誌の「凡例」を見ると、

一、凡宣旨及ビ辞令ハ議長ヨリ等外吏ニ至ルマデ皆之ヲ載ス

一、議長以下公事私事ヲ論ゼズ東京ノ地ヲ離ル、トキハ之ヲ載ス其帰ルモ亦然リ

との編輯方針が掲げられているから、かれは詔勅前後の時期は夏休み中も東京の地を離れず、朋輩の留守の間も常に変らず調査課を守っていたことになろうか。さきに元老院時代の兆民が「甚だ謹厚の人であつた」という渋江保の証言を引いたが、調査課に居残ったこの「謹厚の人」は、いったいなにをしていたのであろうか。

＊

以上本節においてあらかじめ論証に努めてきたのは、調査課翻訳掛の面々、ならびにジブスケ、フルベッキの両雇外人によって担われた欧米各国憲法の翻訳が、稲田正次氏の指摘されたように、「国憲起草勅令が下る前に訳を完結し元老院で準備されていたことは間違いない(6)」こと、しかしながらその翻訳作業にどうやら兆民は直接関与していないらしいことであった。それゆえ以下に、右の事情を念頭に置いた上で、国憲第一次草案が、九年九月七日の起草詔勅とこれに伴う国憲取調委員ならびに同取調局掛書記官の任命から、一月余を経た十月十四日には早くも「繕写校読」を終えるまでにはどのようなプロセスを経たものなのかを考えてみたいが、これまで草案がこれほどの短時日のうちに稿成った理由がとりたてて問われた例はあまりなかったかに見受けられ、気づいたかぎりではわずかに稲田氏が、

国憲第一次草案は、起案勅命があってから僅か月余ででき上っているが、どうしてかように早く脱稿できたのであろうか。いくら速かに竣功を奏せよとの勅語が下ったにしても余りに脱稿が早すぎる気がする。むろん前述のように外国憲法の翻訳など起草の参考資料は起草の勅命が下った時にすでに整っていたのであろう。なおそればかりでなく起草そのものも勅命が下る前からひそかにはじめられていたという想像もなし得るであろう(7)。

との疑問ならびに想像を呈しておられるのみである。

ところで、詔勅前すでに各国憲法の翻訳が出揃っていたであろうことはすでに述べたとおりであるから、草案が

「かように早く脱稿できた」のは「起草そのものも勅命が下る前からひそかにはじめられていた」からではないかとする稲田氏の説は常識的にも首肯できるものであるといえよう。だがこの説は果して元老院における議案審議の手続きを定める諸々の規約、条例等に照らしても、なおかつ有効でありうるだろうか。また、もしそうだとすれば、当然のことながら国憲取調委員、同取調局掛書記官の任命以前から起草の任に当っていた――おそらく調査課の――人物(複数?)がいたと考えなければならないが、それはいったい誰(々?)なのだろうか。

元老院機構、とくに調査課が職制章程改正問題の政治的展開に即して国憲起草の詔勅にうたわれる「我建国ノ体ニ基キ広ク海外各国ノ成法ヲ斟酌シ」うる態勢を次第に整えていった過程についてはすでに概観したとおりだが、ところで九年九月七日に発せられた詔勅は、起草作業のどのような段階に照応するものなのだろうか。より端的にいえば、詔勅は起草の白紙からのスタートを意味するのか、それともある程度起草の準備が整った段階――ことによると草案の大綱ができ上った段階――を意味するのか、ということである。

手はじめに、そもそも詔勅そのものが元老院諸規約に照らしてどのように位置づけられるかを検討してみると、八年四月二十五日に下附された章程第七条には

議按ハ総テ天皇陛下ヨリ附与セラルベシ縦令ヒ本院ノ起草ニ出ルト雖ドモ直ニ之ヲ会議ニ付ス可カラズ

とあり、同年五月三十一日元老院から上奏された章程改正案ではさらに詳細に

第九条　議按ハ総テ天皇陛下ヨリ附与セラルベシ但シ本院中ノ起草ニ出ル者ハ必ズ先ヅ陛下ニ上奏シ准許ヲ得テ而シテ後会議ニ附ス

第十条　本院ノ会議ニ於テ可トスル所ノ議按ハ天皇陛下准許ノ後始テ法章ト為ス

となっており、両者を考え合わせると、国憲第一次草案は章程第七条の「本院ノ起草ニ出ル」場合に当るから、改正案第九条から類推すれば、稿成るとともに「必ズ先ヅ陛下ニ上奏シ准許ヲ得テ而シテ後会議ニ附ス」べきものと考えられる。したがって、「草按ヲ起創シ以テ聞セヨ」と命ずる詔勅そのものは、天皇から附与された「議按」とはいえず、字義どおりに解するかぎり、起草の白紙からのスタートを意味するといわざるをえないが、「草按ヲ起創シ以テ聞セヨ〔→〕朕将ニ撰バントス」とつながる文脈からはまた、草案はすでにこの段階で大綱が成っており、元老院で可決されれば、天皇の「准許」をもって「法章」となしうる(改正案第十条)体裁を整えていたと考えられなくもない。詔勅は結局、天皇から附与された「議按」と解しうるものだったのだろうか、否か。

それでは角度を替えて、詔勅にともなって翌九月八日、議長有栖川宮から柳原前光以下四名の議官が国憲取調委員に、また河津祐之以下三名の書記官(と、三日遅れて兆民)が同取調局掛に任命されたことが、起草のどの段階に照応するのかを検討してみよう。

まず「委員」の用語が文書にはじめて現われるのは、八年五月十三日の「議事条例」上奏中、「発言ノ方法」第二条に

凡ソ議案ヲ会議ニ附スルニ当リ其意旨ノ説明ヲ要スル時ハ先ヅ其分課又ハ起草セシ者ヨリ発言セシム可シ

とあるうち「分課又ハ起草セシ者」の表現が、同年七月二十四日、「欽定議事条例改正」で、「其委員又ハ起草セシ議官」に改められたときであるが——すなわち、議案の趣旨説明が、事実上の起草者たる当該分課の書記官ではなくて、名目上の起草者としての議官委員によって行なわれることとなったのである——七月三十一日の「議案取扱順序」を見ると

凡テ議案ハ下附ヲ受ルトキハ議長先ヅ之ヲ各議官ニ頒布シ且ツ委員ヲ設クベシ委員ハ其旨趣文義ヲ討究シ若シ明

瞭ナラザルトキハ之ヲ起草者ニ質問シ了スルトキハ之ヲ議長ニ申告スベシ議長ハ更ニ其旨ヲ各議官ニ報告シ三日以外〔ママ〕ノ日数ヲ経テ……内議事ヲ開キ本案ノ取捨ヲ論議シ取ル可キト決スルトキハ直チニ会議ヲ開クノ手順ヲ為シ云々

とあって、「委員」の設けられるのが「議案ノ下附ヲ受ルトキ」だとすれば、国憲取調委員が設けられている以上、詔勅は「議案」だったということになり、元老院諸規則にいわゆる「議案」があらかじめ起草済みのものを指すことは前述したとおりである。

ところで右の引用中、「委員」が「議案」の旨趣文義を了得しえない場合にその「質問」を受ける「起草者」とは、前引「議事条例」上奏にいわゆる「分課又ハ起草セシ者」(＝担当書記官)におそらく該当するが、こころみにこれを国憲第一次草案起草の場合にあてはめてみると、取調局掛兼務を命ぜられた兆民、河津ら調査課書記官の面々こそ、まさしくその「起草者」に当るのではあるまいか。同草案もまた「委員」、「起草者」間で討議を重ねたのち、いずれ「内議事」にはかり、「会議」にかけ……という手続きを踏む予定になっていたことが想像されるゆえんであるが、じじつ九年も押しつまった十二月四日、国憲取調委員から議長に提出された伺には

本年九月中本院国憲起草上諭ヲ奉ジ下官ラ取調委員ノ命ヲ承ケ既ニ草稿案略成閣下ヘモ内呈致置候儀ニ付此上委員会議相開可申処方今国憲制定ニ属スル諸件書類取調候上年内余日モ少ナク候間来年一月開院後取懸可申哉右緩急ハ前途御上奏ノ順序ニモ関係候間云々

とあり、これに対して議長は翌五日、「伺ノ趣本年余日モ無之候ニ付来年開院後可相開候事」との指令を発しているのである。すなわち伺によれば、国憲取調委員は「草稿案略成」後、議長にこれを「内呈」しており、さらに「上奏」の時期を配慮して十年一月の開院後には「委員会議」を開きたいというのであるから、これは起草詔勅を「議案」と

みなすかぎり、「議案取扱順序」の「議案」下附→「委員」設置→「起草者」への質問→議長への「申告」→〔議長の各議官への報告〕→「内議事」開催→「会議」→「上奏」という手続きに完全にのっとっていることになる。問題はふたたび詔勅そのものが「議案」として下附されたものかどうか、の点に帰着するわけだが、「草案ヲ起創シ……」の文言を字義どおり白紙からの起創と解すれば――「国家ノ重典千載ノ偉業」(8)とうたわれた国憲案編纂事業が月余にして成ったとは常識的に信じがたいことはともかく――翌日はやくも「委員」が任命されているのは、「議案取扱順序」に照らして変則的であり、逆に、「委員」任命以降の実際の起草作業がほぼ「取扱手続」どおりに進められている点に着目して、詔勅すなわち「議案」の下附とみなすならば、国憲第一次草案には詔勅の発せられた九年九月七日以前すでにその素案というべきものが――当該「分課」たる調査課において――用意されていたと考えざるをえない。むろん国憲起草という事業の重大性にかんがみて、「取扱順序」とは別に入念な手続きがとられた可能性もあり、岩倉は九月二十日、木戸宛て書簡に取調委員柳原前光の内談として

素リ軽易ニ議ニ渉リ候様之事ハ更ニ無之懸リ之者丈ニ而内調致シ其上政府江内伺其上総テ之順序可相立トノ見込之由ニ候(9)

と書き送り、また、有栖川宮が九月二十八日岩倉に宛てた書簡にも

……然リト雖モ、起草モ亦タ用意深切ナラザルベカラズ。若シ成ラバ、先ヅ之ヲ閣下ニ密送シ、其理趣ヲ詳明シ、斟酌スル所アツテ、然ル後ニ、奏聞シテ更ニ本院ノ会議ニ附セラレンコトヲ希望ス(10)

と、稿成った草案の岩倉個人への「密送」が諮られている。すなわち、取調局の「内調」によって成った草案を、「順序」――当然「議案取扱順序」を指すものと思われる――に従って元老院の「内議事」、次いで「会議」に諮る前に岩倉に「密送」し、「政府江内伺」しておこうというわけであるが、この種の「内調」あるいは「内伺」が詔勅以前にも

行なわれたことはなかったのだろうか。いったい国憲第一次草案は実際どのようにして準備され、そして起草されたのであろうか。

とりあえず参考までに元老院における国憲草案と同時平行的に――あるいは官庁間の縄張り意識を考慮すればこれと競合しつつ――司法省で準備されていた刑法草案の編纂過程を概観してみると[11]、同省では八年九月十五日刑法草案取調掛が設けられ（ボアソナードがこの時期に元老院の「質問」に応じて『憲法備考』を書いたらしいことは前述した）、司法卿大木喬任が総裁、司法大輔山田顕義が委員長に、鶴田皓以下十一名が掛員に任命されている。同二十日決定された編纂方針は「欧州大陸諸国ノ刑法ヲ以テ骨子ト為シ、本邦ノ時勢人情ニ参酌」[12]するというものであり――これが国憲起草の詔勅の「我建国ノ体ニ基キ広ク海外各国ノ成法ヲ斟酌」するという方針と軌を一にすることはいうまでもない――箕作麟祥訳『仏蘭西法律書』によって夙に親しいフランス刑法を基礎として各国刑法をも参照することとなった。大久保泰甫氏によれば、まずボアソナードに「討論のたたき台として試案を提出させ[13]」、編纂のイニシアティーヴは日本側が握るというかたちで作業が開始され、翌九年四月、「日本帝国刑法初案」（第一篇八十二条のみ）がまとめられたが、国憲第一次草案の「篇タル八条タル八十又六」にほとんど相等しい分量の「刑法初案」が脱稿されるまでに、取調掛の任命から約七ヶ月を費やしている。同案が一旦正院から元老院に送付されながら、不完全を理由に審議されぬまま返却されると、司法省では今度は最初からボアソナードに草案を起草させ、これに何度も討論を重ねた上で最終案を練り上げるという、方針の大転換を行なったが、こうして成った「日本刑法草案第一稿」にしても、四編五二四条という大部なものながら、九年十二月に脱稿するまでにボアソナードの練達をもってして八ヶ月近い日数を要しているのである。いずれの例をとってみても、取調掛の任命（「初案」）、ないし実質上の起稿（「第一稿」）から脱稿までに七、八ヶ月は閲しており、元老院国憲案が取調委員の任命から一ヶ月余にして稿成ったということが、いかに異例の迅速さに属するかが理解されよう。ということはとりもなおさず、元老院では——やはり稲田氏が想像されたように——九年九月七日の詔勅以前からひそかに編纂（＝「内調」）を行なっていたのではないかということであり、だとすればそれはいつごろからだったかが問題になるが、司法省における「刑法初案」がボアソナードの試案を「たたき台」として起草された例から類推すれば、元老院国憲案の事実上の編纂が開始されたのは、同案の試案と目されるボアソナードの『憲法備考』が書かれた八年九月ごろからではなかったろうか。すなわち、同年六月二十二日、職制章程を「憲法ノ制立ヲ待テ」欽定するとの勅語が発せられたのを機会に、それまでの調査課を新設の議長官房に直属する調査局に改めて拡充強化し、ボアソナードに起草さるべき「憲法」の試案として『憲法備考』の提示を求めて編纂態勢を整えたのであろう。もっとも元老院は詔勅後の九年九月十九日、司法卿宛て照会に

御省御雇仏人ボアソナード氏出頭ノ儀ニ付本年四月中及御問合候儀モ有之候然処今般本院ニ於テ国憲起草ノ儀被仰出候ニ付テハ尚以同氏へ質問致シ度儀モ有之候ニ付御省御用間ノ節御差支無之候ハヾ一週間ニ一度宛本院へ出頭致シ候様致度……

と、国憲起草の件でボアソナードに「質問」したい意向を伝える中で、どうやら九年四月にも同じ件で（「尚以同氏へ質問致シ度儀モ有之候ニ付」）ボアソナードの意見を叩いたらしいことを匂わせているから、前述のように各国憲法の翻訳が追々出揃いつつあった四月ごろ、いよいよ素案の作成にとりかかったことも考えられよう。ときあたかも九年四月、司法省の「日本帝国刑法初案」が脱稿したことによって、元老院の国憲案編纂事業がいくぶんか加速されたことはないであろうか。

さて以下は、おおむね如上の推論どおりにことが運んだとしての議論になるが、兆民は後年『東雲新聞』の論説に、おそらくは自己の元老院時代の体験ないし見聞を混じえながら、一般に法令が準備、起草される過程を次のように描

き出している。

在朝政治家ハ……其時宜ヲ揆《はか》リ必要ヲ感ジテ為メニ一法令ヲ造リ出サント欲スルニ方リテハ其使役ニ供スル官僚ニ命ジ或ハ本朝ノ故典ヲ討究シ或ハ外国ノ条例を蒐輯シ一編ノ稿ヲ艸セシメ已レハ則チ其中ニ就テ比較シ撰択シ参酌シ考察シ然後適宜ノ点ヲ求メテ徐ロニ之ヲ定メテ足ル……(14)

これをこころみに八年九月以降の元老院機構に当てはめてみると、議長官房委員として調査局を担当する議官（のち幹事）の陸奥宗光をさしずめ「在朝政治家」に、兆民、河津、大井らの調査局書記官を「其使役ニ供スル官僚」に擬することができそうに思われる。当時ボアソナードは政府当局者の間で神様のような(15)威信を誇ったといわれるから、その筆になる『憲法備考』が後藤、陸奥ら元老院幹部に金科玉条とされなかったとは考えられないから、調査局における国憲案の「内調」はむろんこれを「たたき台」にして、兆民らの書記官が「或ハ本朝ノ故典ヲ討究シ或ハ外国ノ条例ヲ蒐輯シ一編の稿ヲ艸」すると、陸奥らの幹部が「其中ニ就テ比較シ撰択シ……徐ロニ之ヲ定メ」るという手順で進められていったのではなかろうか。『陸奥宗光文書』に「日本国憲案」とその附属書類が収められているのは、たまたまかれが「当時元老院幹事の要職にあった(16)」からばかりではなくて、八年十一月幹事に就任する以前から、元老院章程問題、およびその延長上に企てられた国憲案編纂事業に深くかかわっていたからこそではなかったのか。兆民が陸奥と「善からずして罷め」たというのもまた、在勤中ただ一人、一貫して調査課に踏みとどまった書記官と、終始これを督励する立場にあった議長官房委員ないし幹事との密接な交渉を逆に証するものなのであろう。したがって陸奥が九年八月六日、三条の北海道巡視に随行して横浜を発艦し、肝腎の国憲起草の詔勅が発せられる九月七日の時点で元老院を明けているのも、かれがかならずしも国憲案起草の局外に立っていたということではなくて、逆に調査課における「内調」がほぼ終了するのを見届けて随行に出発し、十月一日に帰院して起草の最終段階に立ち会ったと解することも可能なのである。

それでは、詔勅に先立って右のような「内調」が行なわれていたと一応仮定して、九月八日、柳原前光、福羽美静、中島信行、細川潤次郎の四議官が国憲取調委員に、また同日、河津祐之、横山由清、安居修蔵の三書記官、次いで十一日には兆民自身が国憲取調局掛に任ぜられているのはなにを意味するだろうか。

ちなみに各議官の委員任命に至る履歴に簡単に触れておけば、柳原前光は八年七月二日、清国駐剳特命全権公使から議官として元老院入りし、委員任命以前には九年七月十一日、細川潤次郎とともに売薬規則修正委員に任じている。任命後の九月二十日、岩倉が木戸に宛てた書簡には「扨憲法云々ノ事段々御懸念之処小生ニモ彼是深ク心痛早速柳原内談得ト々申入置候[17]」とあるから、その憲法論も岩倉の意を体して保守的であったとみてよかろう。福羽美静は柳原に一歩遅れて八年七月二十日、二等侍講から兼任で議官に任命されているが、『佐佐木高行日記』は「福羽ハ国学者ナレ共開化論盛ナリト云フ[18]」とその世評を伝えている。中島信行は九年四月八日神奈川県令から議官に任命され、同二十七日「雇人家長盗財物、云々」の議案の修正委員に選ばれているが、九年の夏休みは七月十四日から三十一日まで箱根温泉で賜暇を過ごしている。さきの岩倉書簡に「中島意外固守論ノ由夫ヨリハ福羽進歩論ノ方ト内々承リ候」といわれているのは、前年六月に召集された地方官会議の席上、「独リ中島信行は、断じて公撰民会を設けざるべからずと唱へ、群牧の間、頗る異采を放てり[19]」と『自由党史』にうたわれる活躍が想起されたためであろう。細川潤次郎は八年四月二十九日、元老院書記官第一号として大書記官に任じ、五月二十四日、本局掛を命ぜられているが、七月二十日――あたかも議長官房の新設にともなって改組された調査局に兆民、河津、大井の〝フランス学三羽鳥〟が集められて、事実上の国憲案編纂態勢が整えられたとみられるときに――権大内史に転出しており、九年四月八日、中島信行と同日付で一等法制官から元老院議官に返り咲き、七月十一日には柳原前光とともに売薬規則修正委員に選ばれている。細川潤次郎は兆民にとっては土佐文武館時代の蘭学の師であり、委員中唯一の洋学者であるが、傾向としては「欽定憲法論者」[20]だったらしい。右の四議官に共通していえることは、元老院章程問題から国憲案編纂に至る全過程を通じて在院した者も、また委員任命以前に調査課に直接関与した者もなく、とりわけ中島、細川の両議官は「内調」が起草段階に入ったと推定される九年四月になって元老院入りした新参の議官だったということである。『熾仁親王行実』によれば、元老院では九年三月十五日以来「仏国憲法の会読」(後に民法を加える)が同親王臨席のもとに続けられており、夙に法律研究に希望のあった親王は、議長就任後、これとは別箇に毎週金曜日、私邸において「司法省雇仏人ボアソナードをして刑法を講ぜしめ、七月四日、開筵、幹事陸奥宗光・河野敏鎌・議官柳原前光・中島信行・細川潤次郎・津田真道等をして陪聴せしめ」たといわれるが、[21]九年四月に元老院が「国憲起草」の件であらためてボアソナードの意見を叩いたらしいことは前述のとおりであるから、調査課における「内調」の進捗に合わせてゆくゆく国憲取調委員たるべき議官の側にもフランス憲法「会読」その他の学習活動が開始されていたことが窺われ、熾仁親王邸におけるボアソナードの講筵に、調査課を統轄する陸奥、河野の両幹事のほか国憲取調委員四名中三名の顔ぶれが見出されることも、また、同講筵が刑法のみにかぎらず、時節柄おそらくは国憲案起草問題をも論議して国憲取調委員の母体を形づくったであろうこと、ひるがえって中島、細川両議官の九年四月同時元老院入りというのも国憲取調委員たるべく予定された任官であったかもしれないことを想像させるのである。九月七日に詔勅が発せられるや、翌朝ただちに取調委員の四議官が熾仁親王から任命されるのは、数ヶ月来このような準備が積み重ねられていたからこそではなかったろうか。

さて、国憲第一次草案の具体的な起草作業についていえば、「議案取扱順序」の規定から、右の取調委員の面々が「議案」(「内調」によって成った素案か)の「旨趣文義ヲ討究シ若シ明瞭ナラザルトキハ之ヲ起草者ニ質問」する、というかたちをとったものと想像されるが、取調局掛兼務を命ぜられたいずれも調査課の書記官〔=「起草者」〕四名のうち、横山と安居は調査掛〔=「日本部」〕、兆民と河津は翻訳掛〔=「西洋部」〕からの選任である。兆民が追加任命されたのも、かれ自身の主体的な理由はともかく、「我建国ノ体ニ基キ広ク海外各国ノ成法ヲ斟酌」するという詔勅の基本方針に沿って、「日本部」、「西洋部」の人員上の均衡を考慮した結果であったろうか。しかし、のちに伊藤博文らによって翻訳憲法の名の下に廃棄されることになる国憲案の運命を暗示するかに思われて興味深いのは、九月八日国憲取調局掛に任ぜられたばかりの横山、安居の両調査掛書記官が同十九日には早くも訴訟法取調局掛兼務を命ぜられ、国憲取調局掛については横山は引き続きこれを兼務したのに対して、安居は兼務を免ぜられていることである。横山が国憲取調局にかたちだけ残ったのは、「我建国ノ体ニ基キ……」という詔勅の体面を保つためであったかに見え、元老院国憲案が——「欧州大陸諸国ノ刑法ヲ以テ骨子ト為」すことを率直に認める司法省の刑法草案と同じく——「我建国ノ体」よりもむしろ「海外各国ノ成法」を骨子として編纂されたものであることを端的に物語っているが、そのことはとりもなおさず、取調委員の「質問」に答えるのが主として、兆民、河津の両翻訳掛書記官の任であったことを意味するものであり、調査課における「内調」に中心的役割を果したのもまた、この両者に前半期の大井を加えた〝フランス学三羽烏〟であったことを裏書きするといえよう。ところで、取調委員に任命された四議官と、実質的な「起草者」と目せられる兆民ら両書記官との間で交わされた「議案」をめぐる「討究」ないし「質問」は、実際どのようにして行なわれたのだろうか。

これは国憲案の起草作業に直接言及したものではなく、一般に兆民ら調査課書記官と議官との関係に触れたものにすぎないが、すでに再三引いた「大阪大会議の始末」[22]は、「……新任の議官は未だ其規制に慣はざるより人或は此の調査局を呼んで議事伝授所と名くるに至れりと云ふ」と述べている。国憲取調局における討議の実態については拠るべき資料が残っていないが、明治十三年四月、民法典編纂が企てられた際には元老院内に民法編纂局が設置されており、同じく元老院の管掌になる法典編纂事業として、当時もなお存続した国憲取調局の前例は当然踏襲されたものと思われる。よって以下にとりあえずこの方面からの類推を試みるとすれば(23)、民法編纂局にはまず「分任員」と「討議員」とが置かれ、「編纂ノ本案ヲ起草シ、及ビ翻訳庶務ノコト」に任ずる「分任員」にはボアソナード、箕作麟祥、黒川誠一郎、磯部四郎(箕作は元老院議官、黒川、磯部は同書記官)が、また、稿成った草案を「議席ニ於テ討議論説スル」ことを任とする「討議員」には、玉乃世履、楠田英世、水本成美、津田真道、西成度、池田弥一の元老院議官がそれぞれ任命されている。右の「分任員」が国憲取調局掛書記官に、また「討議員」が同取調委員にそれぞれ相当するものであることは論を俟たないが、「分任員」と「討議員」とからなる「委員総会」を回想して磯部四郎は、

委員総会トハ名義ノミニシテ、其実ハ、唯其処カラ起草委員即チ翻訳主任書記官(=分任員)ガ草案ノ各条講義ヲ為スノヲ、委員方ガ黙ツテ聞イテ居テ、ソレデ会議ガ終ツテ仕舞フ様ナ始末デアリマシタ(24)

と語っている。この「委員総会」にしてなお兆民時代の調査課と同じく、書記官が議官に向かって一方的に講義するという「議事伝授所」たるにほかならなかったとすれば、国憲取調局の討議においてもまた、兆民、河津の両取調掛書記官が「草案ノ各条講義ヲ為スノヲ、委員方ガ黙ツテ聞イテ居」るという場面はしばしば繰り返されたのではあるまいか。

さて本節ではこれまで、ボアソナードの『憲法備考』が執筆されたとみられる八年九月ごろから本格的に着手された「内調」によって、詔勅時にはすでに国憲案の素案が用意されていたとの想定のもとに論を進めてきたが、「内調」の主体となった調査課の書記官中、司馬、大井の両名が八年末から九年春にかけて相次いで元老院を免ぜられているから、以後もっぱらこの任に当ったのは、兆民、河津の両者だったということになろうか。しかるに、前述したとお

り、河津が八年七月以降、元老院の執行部ともいうべき議長官房の書記官を兼任し、あるいは田中耕造とともに欧州各国憲法の翻訳に従事して、とりわけ「内調」が大詰めを迎えていたはずの九年七月下旬、「賜暇」を得て箱根温泉に逗留していたとなると、国憲第一次草案の事実上の「起草者」は残るただ一人の人物――「民約論」を「一人ノ立法家」の必要を説いた第二篇第六章末尾で擱筆し、『策論』にルソー流の「立法者」たらんとする抱負を披瀝し（第七策）、自説どおり終始一貫調査課の「一職ニ任ジテ」他に「転移」せず（第二策）、詔勅に先立つ九年夏には朋輩の休暇をよそに東京の地を離れた形跡のない――兆民その人だったということになりはすまいか。かれは元老院の国憲案編纂事業にみずから関与したことを生涯絶えて語らなかったが、『国会論』で「万国並の国会」の資格を論ずる一節に

　所謂国会相当の権理の何物たるを知らんと欲せば一部の万国憲法類編を閲せば一誦の間に瞭然たるを得可ければ、云々[25]

と述べている。理想の――といわんよりは、明治二十年代の日本において可能なかぎり最良の――国会が「一誦の間に瞭然たることを得可」きだという「万国憲法類編」への信頼には並々ならぬものが感ぜられるが、これが元老院から明治十四年に刊行された『各国憲法類纂』を指すとすることにもはや異論はあるまい。題名の表記が不正確なのは退官後の刊行物を記憶によって引用したためであろうが、この『類纂』を見ると、欧米各国の憲法を元老院国憲案と同じ篇別に従って整理しなおし、国憲第三次草案（十三年）に附せられた「国憲草按引証」と同じ各国別順序（仏、英、独、普、墺…）に配列して合本したものであることがわかる。元老院では十三年十二月、国憲第三次草案が実際的には不採択の方針で上奏されるのにともなって、翌十四年三月には国憲取調局も閉鎖されているから[26]、同年八月の『類纂』の刊行にはいわば同院における国憲案編纂事業の記念碑といった意味が籠められているように思われるが、刊本にして千頁を超える本書の原資料（一旦金子堅太郎の所有に帰した後、関東大震災で焼失した六冊の書類というのが

それであろう(27)は、すでに兆民の在官当時から調査課にうずたかく積まれていたものではなかったろうか。というよりむしろ、各国憲法の翻訳を「随テ得随テ纂メ」(『類纂』凡例)、これを篇別ごと、各国別に配列して右の原資料を作成し、さらにこの原資料にもとづいて国憲第一次草案の素案を起稿した者こそ、翻訳掛にして各国憲法翻訳に関与した形跡のない兆民その人ではなかったろうか。とすれば、「日本国憲按」の附属書類として提出された「日本国憲按準拠書目」(九年十月)もまた、主として兆民の作成にかかることが考えられるが、これは「国憲按」の各条が各国憲法の第何条に拠ったかを欄外に略記しただけの、あくまでも提出資料として作られたものである。いかに国憲取調局が一の「議事伝授所」たるにすぎなかったとしても、これをもとにして同局の「討議」が行なわれたとは信じられないから、討議資料としてはやはり、「国憲按」の各条に該当する各国憲法の訳文を逐一列挙した――「国憲草按引証」に近い――ものがすでにあって(28)、みずから各国憲法の調査、翻訳にたずさわったわけではない取調委員の議官たち――田中耕造の訳述にかかるスペイン、ポルトガル、スイスの各国憲法を「校閲」している細川潤次郎については、その校閲の度合はともかくとして、ここでは一応除外しておこう(29)――は、そこに掲げられる各国憲法の訳文とにらみ合わせながら「国憲按」の各条を撰定していったのではあるまいか。「日本国憲按準拠書目」と「国憲草按引証」における各国憲法の配列順序を調べると、提出資料と考えられる「準拠書目」では、普、墺を冒頭に、以下おおむね白、伊、蘭……と続け、フランス歴代憲法と「英　大条約書」(=マグナ・カルタ)を末尾に配しているのに対して、内部の討議資料と目される「引証」では、『類纂』と同じ順序に従って冒頭にフランス歴代憲法を掲げたのち、英、独、普、墺の欧州列強憲法を、次いで『欧州各国憲法』(十年三月刊)と同じ順序で西、瑞《スイス》、葡、荷《オランダ》、丁《デンマーク》、伊……と、その他小国の憲法を配列する体裁をとっている。『類纂』が時期的には十四年八月の刊行ながら、兆民ら翻訳掛書記官が各国憲法の翻訳を「随テ得随テ纂メ」ていった「内調」の成果であろうことは前述のとおりであるから、これと同じ順序で各国憲法を配列する「引証」は、「準拠書目」よりもむしろ「内調」の生の姿に近いということができよう。しかもそれが十年三月刊行の『欧州各国憲法』と一部同じ配列法をとっているということは、「十三年八月編成」の小田切本「引証」と同じか、もしくはこれに非常に近い資料が兆民在勤中の調査課で――ことによるとかれ自身の手で――準備されていて、「日本国憲按」起草の討議資料として使用されたというさきの推測を裏づけるのではなかろうか。『類纂』ならびに「引証」の冒頭にフランス歴代憲法が掲げられているのは、各国憲法翻訳の底本として使用されたラフェリエール『欧米各国憲法集』の体裁にならったものと思われ、それはまた「雇仏人」ボアソナードの筆になる『憲法備考』を下敷きに、フランス語系書記官を中心として準備された起草資料であってみれば当然至極であったともいえるが、提出資料たる「日本国憲按準拠書目」においてにわかに「内調」段階の配列順序を崩して、普、墺を冒頭に、仏、英を末尾に配する順序がとられているのはなぜであろう――そこには、普、墺を先にすることによって、起草されつつある「国憲按」の内容にいたく「懸念」し、「心痛」していた岩倉、木戸ら政府首脳の警戒心を緩めるとともに、稿成った同按に対するフランス流のそしりを極力回避しようとする、「起草者」――兆民か――の苦心の跡が窺われはすまいか。[30]

以上を要するに、[31]元老院で九年九月八日から十月中旬にかけて一月余りで起草されたと通常いわれている「日本国憲按」は、兆民を中心とする調査課で、田中耕造や島田三郎ら書記生の協力をも得ながら起稿したものに、幹事として調査課を統轄する任にあった陸奥宗光が意見を述べ、ときに加筆し、ときに激論をまじえる、というプロセスを経て、詔勅の出る九年九月頃までにほぼ素案ができ上っていたものであろうと推察される。しかし、国憲案をめぐる元老院内の議論は十月段階で決着がついたわけではなさそうである。さきにボアソナードの『憲法備考』が、元老院の質問に対するかれの回答として、八年九月、十月頃に書かれたのではないかと推定した。しかるにその『備考』をみると、「五　元老院」[32]と題する重要な一節に、日本には当面民撰議院の設けがないが、元老院の権限を確定して皇帝といえどもみだりにこれを奪えないようにしておけば、国民は憲法上の保護を受けるという利益にあずかることができる、という趣旨のことが述べられている。それがボアソナード本来の持論というよりは、むしろ、岩倉、木戸ら政府首脳の意向に副ったものであることは、かれがこれより先、八年四月に書いた『憲法論』[33]で民撰議院を――これに諮問権しか与えていないにせよ――「憲法ノ眼目」と呼んでいることから明らかである。つまり『憲法備考』は、政府の意向をボアソナードの権威によって補強したものとして、兆民らの起草作業に課せられたものと考えられ、事実、十月十四日に稿成ったとされる「日本国憲按」には、第四篇に立法権として元老院の規定のみあって、民撰議院の規定が欠けており、国憲案に添付して提出された「日本国憲ヲ進ムル復命書」にも民撰議院を置かない理由を釈明している。[34]しかるに、どのような事情があったのか理解に苦しむところなのであるが、「九年十一月以後、十年一月以前」[35]という――兆民が元老院にギリギリ在勤する――時期に、稿成ってまもない国憲案に「代議士院及其権利」、「両院通則」の二章を含む加筆修正が施こされているのである。ちなみに『元老院日誌』に当ってみると、十二月四日、国憲取調委員から議長有栖川宮宛の「伺」に、すでに「草稿案」を略成して内呈したとしながらも、目下「国憲制定ニ属スル諸件書類取調候上云々」との記載があり、[36]さらに『熾仁親王行実』をみると、[37]「十二月五日、委員は稿を畢へて親王に内呈せり」と述べた後、「該稿は……全編凡そ九十一条より成り、外に国憲に関する取調書類を附載す」としている。十月十四日に成ったといわれる第一次草案は、「復命書」にもあるように「篇タル八条タル八十又六」の構成になっているから、ここに「凡そ九十一条」とあるのは明治十一年に提出された第二次草案とまったく同じ「代議士院及其権利」以下を加えた数字(ただし「附録」二条を数えていない)と思われ、そうなると「日本国憲按」は、草稿略成後二ヶ月に満たない十二月五日には早くも「代議士院」規定を加筆するという重大な修正を施こされていたことになる。(38) しかし民撰議院を時期尚早とし、起草中の国憲案から民撰議院規定を削除させるため強力に働きかけていた岩倉、木戸ら政府首脳が、わずか二ヶ月足らずのうちに、既定の方針を覆すこれほど重大な修正にそうやすやすと応じるであろうか。政府の意向を代弁する陸奥ら元老院幹部とて同様であろうから、このような修正が短時日のうちに加えられたのは、既定方針に対してよほど強硬な異議がどこからか申し立てられた結果とでも解するほかはない。兆民は起草者側の一人として民撰議院規定が削られたことに対してこの強硬な異議を唱え、調査課を統轄する元老院幹事として国憲案起草の実質的な責任者たる陸奥と激烈な意見の衝突を来たしたのち、これと「善からずして罷め」たのではなかったろうか。国憲案起草の基礎資料を刊行したと考えられる『各国憲法類纂』が千頁を超える大冊のうち五百頁余を民撰議院関係に割いているのをみるとき、兆民が『類纂』に全幅の信頼を寄せたのもなるほどと思われる一方、元老院国憲案がその後第二次草案(明治十一年。ただし実質的には九年十二月段階で出来ていたと思われる)、第三次草案(明治十三年)と修正を繰り返しながら、結局伊藤博文らによって翻訳憲法、欧米焼直し憲法の名の下に葬り去られるに至る原因も、まさしくここに胚胎したといえよう。翌十年一月十九日、河津を除く兆民、横山、安居ら、国憲取調局に兼務した書記官が袂を連ねて依願退官しているのは、予算緊縮もさることながら、やはり、草稿略成後あわただしく「代議士院」規定が加筆されたこの不可解な事情と無関係ではなかったと思われる。元老院時代の兆民が、漫然と調査課に席を暖めていただけのただの〝豆喰ひ書記官〟でなかったことだけはたしかなようである。

(1)『元老院日誌』九年四月二十五日の項。
(2) 同右、八年六月二十五日の項。
(3) 九年一月二十五日付、太政大臣宛幹事名上申書(『元老院日誌』九年四月二十一日の項に記載)。

（4） 稲田『成立史』上、二九一頁。

（5） ただし『各国憲法類纂』の訳文を検討してみると、英米両国憲法には英語ルビ、固有名詞の英語読みが認められるから、島田三郎の担当であろうか（フルベッキは通常フランス語ルビをふっているが、上述のとおり「米国議事院規則」を「翻訳宅調」しており、かつ米国籍であるから、米国憲法についてはフルベッキ訳の可能性もある）。ロシア憲法はフランス語ルビ、スウェーデン憲法にも若干フランス語的な読み（ストックホルム→「ストクトン」、ウプサラ→「ユフサラ」、アウグスブルク→「オーグスブルク」）が認められるが、訳者を特定しがたい。

（6） 稲田『成立史』上、二九二頁。

（7） 同右、上、三〇二頁。

（8） 同右、上、二八八頁所引、九年九月七日別殿における有栖川宮への勅語。

（9） 同右、上、二八九頁所引、『木戸孝允文書』。

（10） 『熾仁親王行実』巻上、三〇四頁。稲田『成立史』上、二八九頁にも『岩倉公実記』所引の異文があるが、日付をもたない。『行実』は有栖川宮家に残された下書によったものか。

（11） 司法省の刑法草案編纂事業については、大久保前掲書、第3章6「刑法典と治罪法典の編纂」、一一二頁以下による。

（12） 同右、一一三頁。

（13） 同右、一一四頁。

（14） 「在野政治家」、『東雲新聞』第二四一号（明二一・一一・一）、『全集』第一一巻、二七五頁。

（15） 大槻文彦『箕作麟祥君伝』、一二五頁、津田真道談話。

（16） 稲田『成立史』上、三〇一頁。

（17） 同右、上、二八九頁所引、『木戸孝允文書』（一部既引）。

（18） 同右、上、二四八頁所引、『佐佐木高行日記』（明八・四・一）。

（19） 『自由党史』（岩波文庫）、上、一七五頁。

（20） 尾佐竹前掲書、下、四八五頁所引、『明治聖上と臣高行』。

（21） 『熾仁親王行実』巻上、二八八、二八九頁。

(22) 既引『東雲新聞』第一二〇号(明二一・六・一〇)。
(23) 大久保前掲書、第4章2「民法典の編纂開始」、一三四頁以下による。
(24) 同右、一三八頁所引、明治三十四年六月十四日磯部四郎談話(憲政資料室所蔵「大木文書」中、『談話筆記・中』所収)。
(25) 『全集』第一〇巻、六五頁。
(26) 稲田『成立史』上、三三七頁。
(27) 金子前掲論文、五三頁、および尾佐竹前掲論文、三七三頁。
(28) 「国憲草按引証」は慶応大学図書館所蔵の小田切本には「明治十三年八月編成」と朱書されている由であるが(尾佐竹前掲論文、三七八頁)、内閣文庫本は「国憲取調書類」と題されているとのことである(浅井前掲書、六六頁)。しかるに、さきに引いた九年十二月四日付、国憲取調委員の議長宛て伺に「方今国憲制定ニ属スル諸件書類取調候云々」とあるのは、『熾仁親王行実』の「十二月五日、委員は稿を畢へて親王に内呈せり。該稿は、日本国憲案と題して、九編に分ち……全編凡そ九十一条より成り、外に国憲に関する取調書類を附載す」(巻上、三〇五頁)という記事によって確かめられるから、要は、九年十二月に作成され、熾仁親王に国憲案とともに「内呈」された「国憲に関する取調書類」というのが、「国憲草按引証」と同内容の「国憲取調書類」を指すのか、それともたんに「日本国憲按準拠書目」の謂にすぎないのかということになるが、いずれにせよ各国憲法翻訳の束(=『類纂』の原資料)を「引証」に近い体裁に整理したもの(=討議資料)がすでにできていて、これをさらに整頓ないし浄書して「国憲に関する取調書類」としたか、あるいはこれを抜粋して「準拠書目」を作成したと考えるのが順当ではあるまいか。
(29) 『熾仁親王行実』は国憲取調委員の分担に触れて、「委員中、〔福羽〕美静は、元老院に日勤し、〔細川〕潤次郎は、日本国憲案及び国憲案準拠書目を編して、親王に呈上し、拮据精励、毫も怠らず」(巻上、三〇四—三〇五頁)としているが、細川は委員中唯一の洋学者、憲法翻訳校閲者として、稿成った「日本国憲按」ならびにその附属書類を委員の代表として「親王に呈上」する役をになったものであろう。
(30) 稲田『成立史』上、二八九頁所引、岩倉の木戸宛書簡、九年九月二十日(『木戸孝允文書』所収)。
(31) 以下本章末尾までは、旧稿では後藤象二郎名上奏文、国憲取調委員による「復命書」等の執筆者の検討に当てられていたが、兆民全集編纂の過程で開発された「無署名論説認定の方法と基準」(『全集』第一四巻巻末、松永昌三氏筆)に照らして単独の筆者による執筆とすることに無理のあることが判明したので、その作業は後日改ためて別の角度から行なうこととし、かわりに、一九八二年十月四日から一週間にわたり「十九世紀後半における日仏交流」を主題として東京で開かれた第二回日本研究日仏会議 Lé IIe Colloque Franco-Japonais—Etudes japonaises の席上口頭発表したもの(日仏美術協会編『ジャポニスムの時代』L'Age du Japonisme 所収「中江兆民——『民約論』から〈立法者〉へ」)を該当部分の文体を改めた上で再録したものである。

(32) 川口羽高宛書簡によれば、兆民は「仏国元老院内制」を翻訳したようであるが(前節I注(23)参照)、「大井憲太郎訳述」とされる『憲法備要』の「五　元老院」の訳文を検討すると、兆民特有の筆癖が見出される(『思想』一九八九年二月号の拙論「兆民は『日本国憲按』を書いたか」を参照)。

(33) 向井健「明治八年・ボアソナード『憲法論』小考」、『一橋論叢』、一九七八年四月、九二頁。

(34) 稲田『成立史』上、三〇〇頁。

(35) 同右、三〇五頁。

(36) 注(28)を参照。

(37) 同右。

(38) それが証拠、急遽書き加えられたらしい「準拠書目」の第四篇第三章「代議士院及其権利」および同第四章「両院通則」では、該当する「書目」欄が空白になっている。

第六章　中江兆民の翻訳・訳語について

はじめに(1)

中江兆民といいますと、わたくしどもが習った高等学校の教科書では、ルソーの『民約論』を翻訳し云々……と、『社会契約論』に対する明治以来の通称にしたがった紹介がなされていたものでしたが、最近では兆民研究の深まり、広がりを反映してでしょうか、『民約訳解』を著わし……という表現に変わってきているようです。それでは以前の『民約論』云々……という紹介がまちがっているかといえば、かならずしもそうともいえません。兆民はフランス留学から帰ってまもない明治七年十月初旬にはすでに仮名まじり体『民約論』の訳稿を作っていますから、本邦初訳の栄はまさしく『民約論』のになうところですけれども、それが手写本で流布しただけでついに陽の目を見ずに、刊行されたのは、雑誌『政理叢談』に連載された漢文体『民約訳解』のうち「巻之一」分だけを一本に纏めたもの(明治十五年)のほうだった、という経緯があるからです。後者が前者にくらべて流布の程度、翻訳の完成度、後世への伝達度等の点において数等まさっていることは申すまでもありませんが、兆民の名が近年まで『民約論』の訳者として人口に膾炙してきた事実に、かえって歴史の重みというものを感じますし、『民約論』が刊行されなかったのは、これを見ただけで筆写しなかったという河野広中によりますと、「何カ政府ヨリ談ジラレ」たためのようですから(2)、これまたこの片々たる訳稿がときの政府を脅やかすに足る影響力を誇った一証左であるといえましょう。さてこの『民約論』の本文につきましては、「巻之一」は惜しくも失われましたが、さいわい稲田正次氏のご所蔵になる「巻之二」稿本の全文(第六章「国法」まで)が百年の星霜を隔てて最近公刊され、〝新帰朝〟早々の息吹きを伝える兆民の訳しぶりにじかに接することができるようになりました。(3) 明治以来世に問われた翻訳書の数は、それこそ浜の真砂か星屑かといったところでしょうし、同一訳者の手になる改訳の例も珍しくありませんが、『民約論』から『民約訳解』への場合のように、仮名まじり体から漢文体へと改訳ないし改稿された例というのは――少なくとも思想史上・文学史上ある程度重要な作品のうちには――ほかになかったのではないでしょうか。その意味で、今後の兆民研究、なかんずく翻訳・訳語の研究にとって、「巻之二」だけとはいえ『民約論』が公刊された意義は大きく、あたかもルソー研究者が『社会契約論』の決定稿と、「ジュネーヴ原稿」と呼ばれるその第一原稿とを、たえずつきくらべながら議論を進めるように、『民約論』から『民約訳解』への訳文・訳語の推移、変更等をつぶさに検討することによって、研究にまた新たな局面がきりひらかれることが期待されます。

さて、『民約論』、『民約訳解』のことばかり申しましたが、兆民の訳業としては他に司法省委嘱によるボニエー『仏国訴訟法原論』その他の法律書、ルソーの『非開化論』(=『学問芸術論』)上冊、文部省委嘱によるウージェーヌ・ヴェロン『維氏美学』(上下冊)、フイエー『理学沿革史』(上下冊)、ショーペンハウエル『倫理学参考書 道徳学大原論』(前後編)が知られており、幸徳秋水によりますと、その上さらに「尽《ことごと》く公行するに至ら」なかった政府委嘱の政法書類が「甚多」かったそうです。(4)『仏国訴訟法原論』その他はわずかにその公行するに至ったものということになりそうですが、そうなりますと、今後もなお兆民訳になる未刊行稿本が各省庁関係の公文書中から発掘される可能性も予想されるわけですから、それらを確認するためにも、かれの訳文・訳語ならびに書体の特徴をつかんでおく必要がありましょう。またこれら既刊、未刊の政法書の翻訳が兆民の訳語形成に影響を及ぼしていないはずはありませんから――端的にいえば法律翻訳は『民約訳解』のための筆ならしになっているわけです——まずは既刊の法律書の訳語を、『民約論』、『民約訳解』、『非開化論』等の訳語と合わせて検討する作業からとりかかるのが近道でしょう。

その他、兆民自身が直接どこまで関与したかは今後の解明に俟たねばなりませんが、かれの薫陶のもとに育った仏学塾一門による訳業として、雑誌『政理叢談』の記事、リトレ中辞典を訳出した『仏和辞林』(中江篤介校閲)、およびこれを増補した『仏和字彙』(中江篤介、野村泰亨共訳)も、かれ自身の訳書、著書とたがいに補完関係にあるものとして無視するわけにはいかないでしょう。わたくしは『政理叢談』に翻訳紹介された原典の大部分が兆民の蔵書——おそらくはこれに「仏学塾図書章」の印が捺されたのではないでしょうか(5)——の中から選ばれ、かれ自身の読書範囲とかなり重なり合うものと考えておりますが、『三酔人経綸問答』の大きなテーマになっている「洋学紳士」の永久平和論が、同じくバルニの『民主政における道徳』Jules Barni: La Morale dans la Démocratie, 1868. の中で、雑誌には紹介されない部分からとられているように(6)、『政理叢談』の刊行を通じて兆民思想の核心が形成されていったことを示す例は、原典研究の進展とともに、ほかにも明らかになるものと思われます。『仏和辞林』の刊行は、仏学塾解散を目前にしてその有終の美を飾る記念碑的事業で、『仏和字彙』とともに長くフランス学の発展を支えたその功績は、もっと正当に評価されてしかるべきですが、この両辞典にはまた、十年余にわたる仏学塾の講義、論議の中で育まれた兆民一門共通の訳語・語彙集として、

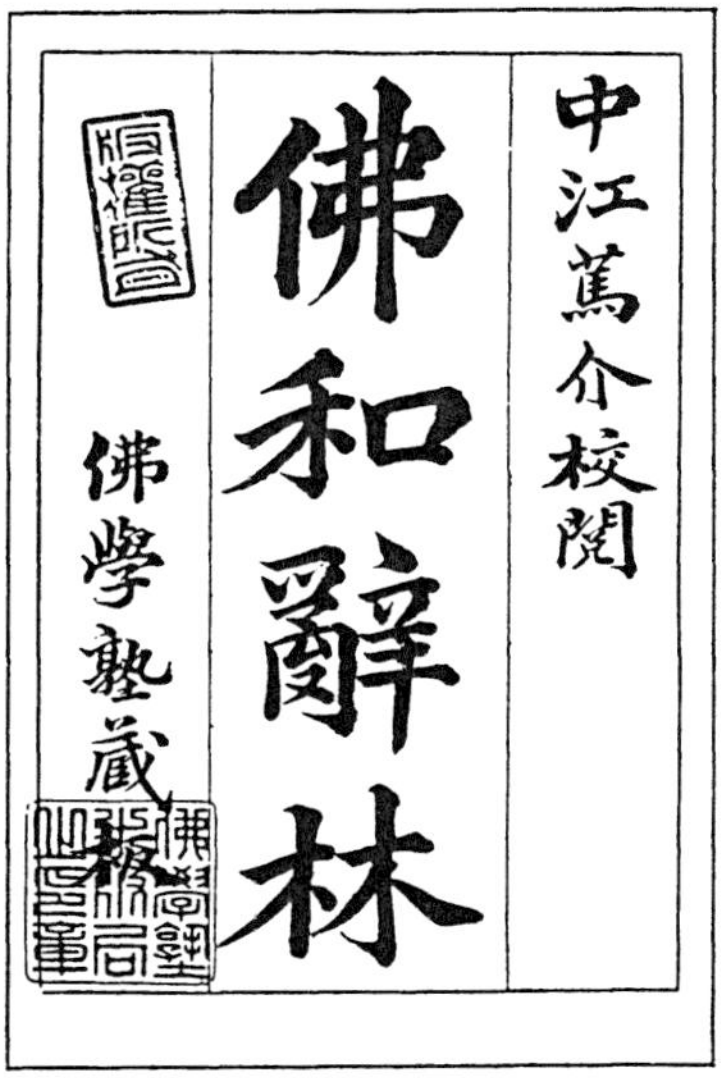

仏学塾経営十余年の記念碑ともいうべき『仏和辞林』(明治20年)

さきに申しました兆民の未公刊訳稿などがみつかった場合には、その認定作業に再度のご奉公を願わなければならないでしょう。とにかく仏学塾の金字塔として遺されたこの思想史上の産物を、百年のほこりに埋もれさせておくというのは、残念なことだと思います。

兆民が直接、間接関与する訳業について当面解決を迫られる問題は、わたくしの思い及ぶかぎりでは、おおよそ以上のとおりですが、兆民と翻訳という観点から、あらためてかれの著作全体を眺め渡してみますと、著作と翻訳の境界線上に位する『理学鉤玄』、『革命前法朗西二世紀事』の二著が浮かび上ってきます。

『理学鉤玄』の「凡例」に、次のような一節があります。

泰西ノ文丁寧反覆ニシテ毫髪ヲ遺スコト無シ、故ニ直ニ之ヲ翻訳スルトキハ往々冗漫ヲ免レズ、本書博ク諸家ヲ蒐採シテ、文ハ則チ別ニ結撰シテ初ヨリ原文ニ拘泥セズ、此レ其著ト称シテ訳ト称セザル所以ナリ[7]（傍点は引用者、以下同じ）

明治以来外国文献を「蒐採」してこれをもとに著作を行なった思想家は、福沢諭吉、加藤弘之、徳富蘇峰はじめ枚挙にいとまがありませんが、本文を「原文ニ拘泥セズ」に書いたものであるから、これは著であって訳ではない、とわざわざ著作の冒頭に断っている例がほかにあるでしょうか。とかく著を尊んで訳を卑しむ傾向のある日本人の性情からすれば、本文を原文とは「別ニ結撰」したものは、それ自体すでに立派な著であって、たとえ訳に近いものであっても、その辺は黙って「訳ト称」さないのが普通でしょう。それをあえて「訳ト称セザル所以ナリ」とやるところが、いかにも「義理明白を喜びて曖昧模稜を悪む[8]」兆民先生の面目躍如といったところです。

さてここで、せっかくの大胆かつ率直な表白に水をさすわけではありませんが、かりにこの『理学鉤玄』を「初ヨリ原文ニ拘泥」しない、非常に大胆かつ自由な訳として考えたらどうなるでしょう。作者がどのように「諸家ヲ蒐採シ」、本文をこれとはどの程度「別ニ結撰」したかを調べれば、留学時代の哲学研鑽以来兆民が辿った思想形成の軌跡が浮かび上がってくるのではないでしょうか。かれが博く蒐採したとみずから断っている哲学「諸家」を一々突き止めるのはかなり手間のかかる作業になりそうですが、『理学鉤玄』(明治十九年六月刊)の執筆は、ことによるとフイエー『理学沿革史』(下冊が同年四月刊)の翻訳中に溯り、おそらくはその脱稿後ただちに書き下ろされたものでしょうから、フイエーが「諸家」の一人に入ることはまちがいないとみてよいでしょう。そのほか、『政理叢談』に翻訳紹介された原典の大部分が兆民自身の所蔵本だったと仮定しますと、その中には純然たる哲学書としてはシァール・ジュールダン『哲学概論』Charles Jourdain : Notions de philosophie と、フランク『哲学辞典』Ad. Franck : Dictionnaire des sciences philosophiques を、また当代の哲学者としてはジュール・バルニ Jules Barni, ギュイヨー(「グュイヲ」) J.-M. Guyau, ジュール・シモン Jules Simon, ヴァシュロ(「バシュロー」) Et. Vacherot らの名を挙げることができます。(9)

『理学鉤玄』巻之一第二章の「虚霊派《スピリチュアリスム》」の項をみますと、

法国一種学官ニ立ツル所ノ虚霊説有リテ、其論ズル所極テ平易ニシテ初学ニ在リテ最モ解シ易シ、故ニ初学先ヅ此説ニ得ル有ルトキハ、多ク理学家習用スル所ノ言辞ニ通ズルコトヲ得ルヲ以テ他ノ高遠玄妙ノ説ヲ講求スルニ於テ思半《おもいなかば》ニ過ギン(10)

と、講壇哲学としての「虚霊説」(＝唯心論)が平易にして初学者向きであるとして推奨されていますが、シァール・ジュールダン「理学又哲学ト訳スノ旨」に附せられた解説——筆者は高弟の田中耕造と思われます——では、理学の諸説を「虚霊派《スピリチュアリスム》」、「実質派《マテリアリスム》」の二派に大別して、

……其説互ニ長短アリ然レドモ理学ノ大体ヲ講明セント欲セバ何ゾ彼ト此トヲ撰バン寧ロ其義理明晰ニシテ秩序整然タル者ヲ採ランノミ(11)

と、「虚霊派」に属するシァール・ジュールダンの著を紹介するゆえんが述べられていますから、ことによるとこの平易なシァール・ジュールダンの書物は、初学の兆民の哲学研鑽に貢献した一冊だったかもしれません。かつて使用した入門書ということになれば、これを『政理叢談』に紹介し、かつまたみずから著わすところの入門書にも参考書として使用する、というのは十分考えられる筋道ですし、原著はかれのフランス滞在中一八七三年には、すでに十四版を重ねていますから、入門書としての定評は固まっていたといってよいでしょう。

フランクの『哲学辞典』は他の政治、行政、人名の各辞典とともに、『政理叢談』第四十六号「自殺論」にその記事が紹介されておりまして、兆民とその一門が日頃から各種辞典類を愛用していたことが窺われるのですが、『理学鉤玄』巻之一第一章の、理学に一定の目的はないとするジューフロアーと、ありとするフランクとの論争は、本辞典《Philosophie》の項に拠ったものと思われますから、ほかにも精査してみれば、まだこのような引用箇所がみつかるのかもしれません。

翻訳・訳語というテーマからはややそれるかもしれませんが、『政理叢談』に紹介された哲学者たちが、兆民がフランスで師事した——確証がありませんので、かもしれぬをつけ加えるべきでしょうか——民法学者・政論家エミール・アコラース Emile Acollas となんらかのかかわりをもっていたことを指摘しておくことは、かれの哲学研鑽の跡を辿り、ひいては『理学鉤玄』の執筆に参照されたその他の「諸家」を特定するにあたって、なにかの手がかりになろうかと思います。ジュール・バルニはさきほどもちょっと触れましたが、兆民にとっては非常に重要な思想家の一人で、一八六七年、ジュネーヴで自由平和同盟第一回大会が開催されたとき、バルニが委員長、アコラースが書記長というコンビを組んだ間柄です。今日もなお十八世紀研究の名著として復刻版で読み継がれている『十八世紀フランス倫理・政治思想史』Histoire des Idées morales et politiques en France au XVIIIe siècle, 1866, 2 vol. のルソーを論ずる大部な諸章は、兆民にとってもっとも手近なルソー研究書だったはずですし、またバルニの訳になるカント著作集は、その浩瀚な解説とともに、かれの関心をカントへと向かわせ、おそらくは『理学鉤玄』巻之二第四章「カントノ法式」に直接、間接なんらかの痕跡をとどめているものと思われます。ギュイヨーははじめアコラースの主宰した『政治学《シアンス・ポリテイック》』誌の書評欄にとり上げられ、次いでこれに寄稿している人ですが、同誌には兆民の親友今村和郎、光妙寺三郎も同人に名を連ねていますし、なにしろ滞仏中の一八七三年、弱冠十九歳で倫理・政治学アカデミー賞を受賞した天才肌の哲学者ときていますから、いやが上にも嘱目せざるをえない相手だったでしょう。しかし、とりわけギュイヨーが高等師範学校《エコール・ノルマール》で師事したフイエーの養子となったため——母親がフイエーに再嫁したわけです——受賞の際にギュイヨーの著作にはフイエーの筆が入っているのではないかと陰口をきかれたほどの緊密な関係は、兆民がギュイヨーを通じてフイエーを知るに至った経路を暗示してはいないでしょうか。ジュール・シモンとヴァシュロはともに第二帝政時代、アコラースの提唱になる「民法改訂を目的とする研究会」に参加した、かつての盟友ですが、この二人はともに、永く講壇哲学界に君臨したヴィクトル・クーザン Victor Cousin の忠実な弟子として、それぞれ秘書や代講をつとめたくらいですから、かれらを介してクーザン(『哲学史講義』Cours de l'Histoire de la Philosophie や『哲学通史』Histoire générale de la Philosophie 等の著書があります)もまた、『理学鉤玄』のために蒐採された「諸家」の一人に数えなければならないかもしれません。

『理学鉤玄』とおそらく同じ理由で兆民が「著ト称シテ訳ト称」さなかったものに『革命前法朗西二世紀事』があります。本書にはそのような事情を「凡例」で断わる代りに、兆民の著作には珍しく「引用書目」が掲げられておりまして、アンリ・マルタン Henri Martin, ヴィクトル・デュリュイ(「ウイトルチュルイー」)Victor Duruy の両フランス史、ヴォルテールの『手簡鈔』、ルソーの『懺悔録』、フーイエー『歴史字典』の五点が挙がっています。ところで、ここにフーイエーというのは、調べてみますとどうやら例のフイエーではなくて、これまた兆民一門の愛用した辞典類の一つ、ブイエの『歴史・地理大辞典』M.-N. Bouillet: Dictionnaire universel d'Histoire et de Géographie[12]のことのようです。これらの書目をどのように引用しながら『革命前……』を著わしたかという経緯が究明されれば、『理学鉤玄』の場合と同じく、フランス留学以来の兆民が、どのように史学を研鑽してきたかを推測する一助になるものと思われますが、以前「ルーソーノ小伝」あたりを中心に、マルタン、デュリュイの両フランス史との校合を試みた際の印象を申しますと、その編別構成については主として簡略なデュリュイに拠り、記述内容については浩瀚なマルタンを適宜抜粋、点綴したもののようでした。[13]同じフランス史とはいっても、マルタンは八折判全十七巻、一万頁という大著で、『革命前……』のような小著に縮約するには不向きですけれども、これに対して十二折判二巻のデュリュイのほうは、各章を簡潔な小節に分かってそれぞれに小見出しをつけ、『革命前……』に似た体裁になっています。というよりむしろ、『革命前……』のほうがデュリュイの体裁に倣ったというべきでしょうか。『政理叢談』第三十四号以下に掲載されたビュセー「仏王十六世路易の獄を記す」でも、兆民一門は「革命の沿遷」を辿るのにデュリュイを要約しているように見受けられますが、シァール・ジュールダンの『哲学概論』同様、リセーの生徒の学習参考用に書かれたこのフランス史は、もしかすると兆民の史学研鑽に用いられたテキストだったのかもしれません。

さてそれでは、『理学鉤玄』、『革命前法朗西二世紀事』が著作と翻訳との境界線上にある、いわば翻案的な作品だとしますと、これまで純然たる兆民の著作として扱われてきたその他の作品についてはどうでしょうか。たとえば明治二十三年、いよいよ国会開設を目前にして刊行された『選挙人目ざまし』という作品があります。冒頭にアジアではじめて開設されるわが国会の意義を述べ、総選挙にのぞむ選挙人の心構えを説いたあと、

抑々国会は我邦の生産物に非ずして外国の輸入品なり、然れば国会に就ての外国学士の所論を聞き置くことは閑

事業に非ざるに似たり[14]

と、どうやらなにかフランス書から引用をするらしい気配で前置しておいて、「有限委任」、「無限委任」の論が展開されているわけですけれども、フランスにおける「有限委任」の事例を挙げる中に「ヱヅワールヒリポン氏曰く」[15]として引用されるエドゥアール・フィリポンの原著『フランスおよび外国における強制委任』Edouard Philipon: Le Mandat impératif en France et à l'étranger, 1882. に当ってみますと、『選挙人目ざまし』はどうやら、フィリポン原著をもとに、これをたくみに分断、点綴して成ったもののようです。[16] 当然そこに「エドワードフリーマン氏の言に曰く」[17]として引証される英国の例も、前後の文章から、当時すでに仏訳もあり、杉本清胤による邦訳もあった『英国憲法沿革論』Edward Freeman: Développement de la Constitution anglaise (Delahaye による仏訳の題名)からの直接の引用というよりは、端的にフィリポン原著からの孫引き[18]とみてさしつかえないように思われます。さきほどは「義理明白を喜」んだはずの兆民先生が今度はいささか「曖昧模稜」のようで具合がわるいのですが……ただ一つだけ、本書の訳しぶりで面白いと思ったことをご紹介しますと、兆民は選挙人に一片の投票用紙の重みを説いて、これを「日本帝国を揺がし亜細亜大洲を揺がし五大洲を揺がすの力有る一大槓杆」になぞらえ、「一時体温の増加を割出しとして政友の声価を上下するが如きは公等握中の槓杆を振回はすに於て適当なる心意気に非ず」と述べていますが[19]、これはフィリポン原著に、「投票用紙はまさしく

フランス以来の“哲学研鑽”の成果
『理学鉤玄』(明治19年)

銃とバリケードにとって代わり、革命の時代は永久に閉ざされるだろう」[20]といっているのに対応するようです。かれはつまり、フランス歴代革命必須の道具立てとしての「銃とバリケード」を、ぐっと砕いて、一心太助が喧嘩のときに振回わす商売道具の天秤棒と言い換えているわけです。同様にして、『平民の目さまし——一名国会の心得』(明治二十年)のように、時局の要請によって、おそらくは短時日のうちに草された啓蒙書も、辞典類、もしくは当時フランスでいくらも出ていた議会や選挙制度にかんする解説書を下敷きにしているのではないかと想像されるわけですが、『選挙人目ざまし』と同じように引用箇所を示すかに思われる表現は、『三酔人経綸問答』のような主要作品の中にも指摘することができるようです。さきほども「洋学紳士」の滔々と述べ立てる永久平和論がバルニの引用から成ることに触れましたが、問答の冒頭、「洋学紳士」がひとくさり自説を弁じたあと、「南海先生」から、

紳士君の言は頗る奇なるに似たるも零々砕々《れいれいさいさい》にして前後連絡無きを奈何《いかん》せん

と批判され、さらに、

……論理の規則に循《したが》ひ次序を逐ふて論述せよ、吾れ異日将に綴りて一小冊子と為さんとす[21]

と促されて、「君主専擅の制」から「立憲の制」に進み、最後に「民主の制」に至る、「政事的進化の理」を開陳するくだりがそれです。これなどもあるいは、『理学沿革史』に紹介されるスペンサーの社会進化論あたりがもとになっているのかもしれませんが[22]、どうやら兆民先生、息の長い論理展開はあまり得意でなかったように見受けられますから——そのよい例を前後連絡無き短文を綴り合わせた『一年有半』に見ることができます——ある一つのテーマについての議論が延々と続くような箇所は、仏英の書になんらかの典拠をもつ可能性を一応は考えてみてよいのではないでしょうか。一旦は兆民先生の「義理明白」を持ち上げておいて、今度はあら捜しかと、お叱りを蒙りそうですけれども、夫子自身、ピロンの懐疑説を弁ずる明治十一年の文章の中で、「疑えば則ち思い、思えば則ち専、専なれば則ち

得」(原漢文)と、疑いの効用を説いていることでもあります。かれの全作品をひとまず翻訳・訳語の観点から疑いなおすことによって、あるいは「一旦豁然、中道に得るあらん[23]」(同)ことが期待されるゆえんです。

以上思いつくままに、翻訳・訳語の観点からみた今後の兆民研究の問題点と思われることを列挙してみましたが、主要訳書そのものの研究がまだほんの数えるほどしか行なわれていない現状では、[24]疑うこともまた容易でないことを覚悟しなければならないでしょう。これらの大冊を原著と対照しながら読むという気骨の折れる作業が同時に進められねばならないことも、またいうまでもありません。[25]そこで、まずは手はじめに兆民自身が翻訳ならびに訳語についてどのような考えを抱いていたかを、主として『一年有半』と幸徳秋水の『兆民先生』に材料を仰いで、いくつかの論点に整理してみたいと思います。

(1) 本章は、昭和五十三年十一月二十四日、大谷女子大学で開催された日本比較文学会関西支部第十四回大会での座談会「外来文化の受容の問題II――翻訳特に訳語の問題について(西周、中江兆民を中心に)――」に発議者の一人としてお招きを受け、十五分の口頭発表を行なった際の原稿に加筆したI～IVをもとに、席上時間の都合で発表できなかった部分に同じく加筆してVとし、雑誌に発表する際にあらためて「はじめに」を書き加えたものである。

(2) 河野広中「南遊日誌」(明治十二年十月十六日)、『全集』別巻、三頁。

(3) 稲田正次『明治憲法成立史の研究』(有斐閣、昭和五十四年)、第一章。『全集』第一巻に原本の写真版から翻刻。

(4) 『兆民先生』、『全集』別巻、四六六頁。

(5) 稲田正次氏は「仏学塾図書章」の朱印を捺され、「第二百四十二号」と墨書されたナケー『急進共和政論』A. Naquet: La République radicale, Paris, 1873(『政理叢談』第四号以下、ナケー原著)を入手された由であるが(前掲書、四五頁)、一八七三年刊行の本書は兆民がフランスから持ち帰ったものではあるまいか。

(6) くわしくは本書第四章Ⅶを参照されたい。
(7) 『全集』第七巻、三頁。
(8) 『兆民先生』、同右、別巻、四七〇頁。
(9) 『理学鉤玄』「巻之三」「実質説《マテリアリスム》」の典拠はA. Lefèvre : *La Philosophie* (1876) であることが判明した(宮村治雄『理学者兆民』)。
(10) 『全集』第七巻、二三頁。
(11) 『政理叢談』第三号(明治一五・三・二五)。
(12) 中江篤介、野村泰亨共訳『仏和字彙』(明治二十六年)の「引用書目」に、リトレ、ラルースと並んで挙げられている「ブイエー」(『科学・文学・芸術大辞典』Dictionnaire universel des Sciences, des Lettres et des Arts)はその姉妹篇。
(13) 『全集』第八巻巻末に「『革命前法朗西二世紀事』引用・加筆一覧」を附したので参照されたい。
(14) 『全集』第一〇巻、八七―八八頁。
(15) 同右、一一五頁。
(16) フィリポン原著引用の次第については、同右、巻末「『選挙人目ざまし』のフィリポン原著引用個所一覧」を参照されたい。
(17) 同右、一〇三頁。
(18) Philipon, op. cit., p. 251.
(19) 『全集』第一〇巻、八二、八四頁。
(20) Philipon, op. cit., Introduction, p. XXXXII.
(21) 『全集』第八巻、一九〇―一九一頁。
(22) 本書第四章Ⅲを参照されたい。
(23) 「疑学弁」、『奎運鳴盛録』第四号(明治一一・一〇・二〇)、『全集』第一一巻、一四頁。溝口雄三氏による「よみくだし文」。
(24) 島本晴雄「『維氏美学』と中江篤介――比較文学研究ノート」(新編『明治文化全集』補巻一、『維氏美学』附録)、中村雄二郎「中江兆民『民約訳解』にみられるルソー思想のうけとり方について――明治十四年前後における「フランス学派」の一断面――」(『近代日本における制度と思想』所収)、岡和田常忠「兆民・ルソー――『民約一名原政』訳解」(『日本政治学会年報」一九七五年版『日本における西欧政治思想』所収、一九七六年刊）。なお、加藤・丸山編『翻訳の思想』（「日本近代思想大系」15）に『非開化論』（宮村治雄）、『維氏美学』（井田進也）の対訳注解が収められた。

(25)　翻訳作品を原著と対照して読んだ結果については、『全集』別巻所収「翻訳作品加筆箇所総覧」を参照されたい。

Ⅰ　何のための翻訳か

さて三題噺めきますけれども、兆民の翻訳・訳語についての考え方をよく表わしていると思われる言葉をはじめに三つ引いておきます。

その一は、幸徳秋水が『兆民先生』に伝える明治三年ごろの話で、当時かれは箕作麟祥に就いてフランス語を学んでいたわけですが、「哲学の訳語を討査せんが為めに仏典を講ずるの意有り」(1)といわれていることです。

その二はかれが『一年有半』に、「我日本古より今に至る迄哲学無し」として、哲学無き人民のなすことは何事も浅薄で、「政治に於て主義無く、党争に於て継続無」く、それで日本人はいたずらに「小怜悧、小巧智」なばかりで偉業を達成できないのだと述べていることです。(2)

その三は翻訳・訳語とは直接関係ないようですが、かれが死の一月前、秋水に形見として与えた「文章経国大業不朽盛事」という書です。(3) これは魏文帝『典論』からとった言葉だそうですが、かれは『一年有半』を生前の遺稿として出版し、「是れ即ち余の真我也」(4)と呼んでいますから、その出版の件を委ねた秋水に与えたこの書は、『一年有半』の意図を一言もって言い表わしたものといえましょうし、ひいては自己の生涯をその最期に臨んで要約する言葉でもあったでしょう。

以上の三つを関連づけて考えてみますと、兆民が生涯企図していた「経国大業」を実現するには、まず古来我が国に無い「哲学」[5]を移入しなければならないわけですが、それには厳密、的確な訳語を討査、選定しなければなりませんし、そうして彫心鏤骨の結果でき上った訳文もまた「文章」であって、すなわち「経国大業」にほかならないといえるのではないでしょうか。

かれの翻訳が、あるいは学問が、まず「哲学」の紹介を志すところから始まって、『理学沿革史』、『理学鉤玄』と、ひとまず具体的な成果を挙げたのち、「無神無霊魂」と副題する『続一年有半』の末尾で「ナカエニスム」という哲学体系の構築を後世に托して終っているのは象徴的ですが——ところでこの象徴という語は、新村出博士の考証によりますと、兆民が『維氏美学』で《symbolisme》《サンボリスム》に当てた訳語に由来するものだそうです[6]——特に「哲学」がなければ政治に主義がないといっているのは注目に値すると思われます。

シァール・ジュールダン「理学ノ旨」に付された解説[7]でも筆者——田中耕造でしょうか——は「政法倫理」を究めるには「理学ノ大体」を修める必要があるとし、

> 理学ノ旨遂ニ明カナラザレバ斯ノ政理叢談ヲ世ニ公ニスルモ将タ何ノ益カ之レアラン空ク廃紙ニ属センノミ

とまで言い切っているくらいですから、もって政論家兆民の議論、文章がいかに「哲学」〔=「理学」〕に裏打ちされているかを傍証するものといえましょうし、また逆にかれが、新進の仏学者としてまず「哲学」の翻訳を思い立った意図が推しはかれるように思います。

（1）『全集』別巻、四六三頁。
（2）同右、第一〇巻、一五五—一五六頁。

(3) 同右、第一六巻、二八三頁に写真版復製を収める。
(4) 同右、第一〇巻、一九六頁。
(5) 今日《philosophie《フィロソフィー》》の訳語として定着したこの表現が出て来るのは、当時「哲学家」をもって自他共に許した加藤弘之、井上哲次郎らを揶揄する箇所だからかもしれないが、壮時の兆民は『理学沿革史』、『理学鉤玄』のように「理学」の訳語を当てている。弟子の秋水も「哲学」を用いているから、あるいは明治三十年代にはすでに「哲学」が主流だったのだろうか。
(6) 島本前掲論文、四二〇頁。
(7) 『政理叢談』第三号(明治一五・三・二五)。

II　いかにして訳語を討査したか

また秋水になりますけれども、『兆民先生』では、「文士としての先生は、真に明治の当代の第一人なりき。夫れ先生の才や天才也、其文や神品也」と絶讃し[1]、その素地として、「先生の学和漢洋を該《か》ね、諸子百家窺はざる」はない点を挙げたのち、さらに、「先生の文、独り其字々軒昂せるのみならず、飄逸奇突、常に一種の異彩を放つて、尋常に異なる」ゆえんを説明して、「其多く仏典語録の類に得る所ありしを信ず[2]」と述べています。

これは兆民の文章一般を評した言葉で、かならずしも特にその訳文をとり上げたものではありませんけれども、先に申した訳文もまた文章であるという観点から、かれがいかにして「和漢洋の学を該ね」、とくに「仏典語録」の中に訳語を討査するに至ったかを考えてみると、和漢洋の間に次のような三通りの対応関係が成立しうるように思われます。

(1) 和⇅漢

『兆民先生』に「先生幼にして穎悟、夙に経史に通じ、詩文を善くせる者の如し(3)」とあるのは、伝記物の書き出しの常套句といってもよく、当時の風習としてはとりたてていうほどのことはないかもしれません。しかし秋水はさらに、「後ち仏蘭西の書を学ぶの間、常に漢学を修むるを休《や》めず、作る所の漢詩数百首ありき(4)」と述べ、「先生の文章大に進めるは、其欧洲より帰る後、故岡松甕谷先生の塾に学べるの時(5)」だといっております。「先生の文章大に進」んだというのは、とくにこの漢学塾に在学中、『訳常山紀談』の事業に参画するなどして甕谷の叙事文を学んだ結果と思われますが、『民約訳解』の漢訳を思い立ったのは、そのとき「子《し》の法に循《したが》えば、東西言語同じからずと雖《いえど》も、未だ漢文を以て写す可からざる者有らざる也」(原漢文)(6)という自信をつけたからでしょう。漢文の素読くらいなら誰にも心得のあった時代としましても、多くの洋学青年が漢学を廃したときにこれを廃さなかったばかりか、進んで漢文を書くことを学んだ――これが兆民をして兆民たらしめたゆえんではないでしょうか(7)。後年かれは「邦人の漢文、支那人をして之を読ましめば、恐らくは解する能はざる者多し(8)」と当代の漢文を評していたようですが、この例はかれが漢文を書くことにかけて並々ならぬ自信を抱いていたことをよく示していますし、事実かれの『民約訳解』は一八九八年(康有為らの戊戌変法の年)ごろ、中国で『民約通義』と題して翻刻されています(9)。

ついでにいいますと、かれが「仏典語録」中とくに愛読したのは禅の『碧巌録』だそうですが(10)、中国古典では『史記』の文章を、「神気一往、其行く可き処に行き、止まる可き処に止まる、雄渾蒼勁、真に天下の至文也(11)」とまで推賞しています。

『一年有半』中の難解な表現について秋水が問い合わせたときにも、

〇『城を背にして一を借る』左伝の語にて、即ち城を背にして一戦せんの義、一を借るとは、洒落て『一つ御見舞ひ申さん』と云ふも同じ〇『崑崙《こんろん》に箇《こ》の棗《なつめ》を呑む』は、甘艸丸呑《かんぞうまるのみ》と同じ、崑崙とは正に『丸るで』、『嚙まずに』の義、『論語読みの論語知らず』も同義也、御推察の如く禅語なるも、唐宋の俗語に御座候(12)

と返答して、唐宋の古典のみか俗語にまでも及ぶ蘊蓄のほどを窺わせているのも、かれの中国古典ないし「仏典語録」の討査が並み一通りでなかった証左といえるでしょう。

(2) 和⇅洋

仏学者兆民がフランス書を読んだのは当然のことで、かれ自身の訳業として残されたもの、『理学鉤玄』や『革命前法朗西二世紀事』のような翻案的な著作、ひいてはかれの著作のかなりの部分が、仏学塾で講義され、おそらくは講義をもとに『政理叢談』に紹介された書目にその一斑が露われている厖大な読書の成果であったとわたくしは想像するのですけれども、死の直前に発行された岩崎徂徠の『中江兆民奇行談』という書物には、ある人がかれの留守中、書斎の仏書を開いてみると余白が細密な書込みで真黒になっており、先生よく勉強したなと思って、さらに三、四枚頁をはぐってみてもやはり真黒、ほかの書物はどうかと調べてみると、書斎中の書物がすべて真黒だったという逸話が載っています(13)。この『奇行談』は秋水にかかれば「嘘八百(14)」とまるで形なしで、これも誇張されたはなしにちがいありませんが、わたくしとしてはむしろ、兆民周辺でこのような伝説が生じたという事実にリアリティーを覚えます(15)。かれの主要訳書――『維氏美学』、『理学沿革史』――はいずれも文部省の委嘱によるものですが、美学、哲学の各分野における基本的な参考書を、というところまでは、おそらく文部省のイニシアティーヴだったとしましても、個々の翻訳書目の選定という段になりますと、かれがフランス以来博捜し、研鑽したものの中からそれぞれにこれぞと思うものが選ばれたのではないでしょうか[16]。

『奇行談』にはこのほか、帰国後まもなくちょっと勤めた文部省報告課時代（明治七年十二月「御雇」[17]）の逸話かと思われますが、明治初年の政府にはフランス語のできる役人が少なくて外交文書の翻訳等に難渋していたところ、ちょうど兆民が留学から帰ってきたので、

　サア頼んで見ると兆民は昔日の翻訳官でない、辞書を作ろうとも辞書の厄介に成る程の浅学者で無いから政府の役人も之れには驚かざるを得ない、忽ち兆民の名が政府部内に知れ渉つた

という話が載っています[18]。ところでこの逸話で特に興味をひかれるのは、徂堂がしめくくりに、

　之を知る君の知友が曰《い》ふのに政府が外交に関する仏文の翻訳若くは記稿は殆んど兆民の手に依つて成らぬものは無かつた、と親しく著者に向つて打ち語られたことがある

と逸話の出所を明らかにしていることです。つまり兆民は、漢文を読むだけでなく書くことをも学んだように、フランス語の外交文書を訳すばかりでなく、みずから綴る能力をもって、ときの国家、政府に尽力したから「其功労や決して少しとせないのである」、というわけです。「常に時の政府即ち薩長政府を攻撃して余力を遺さず、為めに誤りて我国体に加害する者と認めらるゝに至れり[19]」と、死を目前にして表白せざるをえない当の人物を、百年の歳月を隔てて顕彰できるというのは、なかなか愉快なことです

(3)　漢⇅洋

兆民がフランスから帰国してまもない明治七年十月には、はやくも仮名まじり体「民約論」を翻訳していたことは、さきほど申しましたが、その後、西南戦争をはさんで、岡松甕谷に就いて漢文を修めたのちに、漢訳『民約訳解』を

世に問うたわけです。ちなみに「民約論」も『民約訳解』も、いずれも全四篇からなる原著『社会契約論』から、分量にして三分の一ほど、第二篇第六章までのいわば原理論を摘訳したものです。[20]

兆民が一旦平易な仮名まじり体で訳出した「民約論」をなぜ改めて漢訳したのかという問いに明快な答えを出すことは当面望み薄ですけれども――ただし、当時の慷慨青年には漢学塾の生徒が多かったことが指摘されています[21]――これに関連して思い起こされるのは、かれがフランス留学中、「専心欧文を作ることを学び、其仏訳する所の孟子、外史、文章軌範の類尨然大冊を成せり」[22]と伝えられていることです。秋水は兆民がこれほどまでに欧文を書くこと〔＝漢文仏訳〕に執心した理由に触れて、かれが決して漢文のみにあき足らず、

　学士書を著す、宜しく読者を世界に求む可きのみ、区々小嶋国中の人民と議論を上下す、能く何の為す所ぞ[23]

と日頃語っていたと伝えていますし、秋水に英語の学習を勧めた際にも、「汝先づ英書を講じ、英文を作るを習へ、庶幾くば以て世界の人たるを得ん[24]」と説いたそうです。

兆民において漢文を習い、仏文を習うということは、単にこれを読み、あるいは訳すという一方通行の作業にとどまらず、「読者を世界に求めて」漢文、仏文をもって書くことでもあったようですし、秋水に「英文を作るを習へ」と説いたのも、やはり同じ信念にもとづくものでしょう。訳文もまた文章であり、訳すことと書くことがほとんど等価であったとすれば――ちなみに兆民の全著作を集めると、翻訳ものはその半ばを占めます――漢文にしても、仏文、英文にしても、これをよりよく訳すには、まずそれぞれの言語をよりよく書くことを学ぶことによって、その真髄を体得すべきだと考えたのではないでしょうか。『民約訳解』を漢文で世に問うたのも、あるいは――前年（明治十四年）『東洋自由新聞』発刊の趣旨を「我日本国民自由ノ権ヲ亢張シ延キテ東方諸国ニ及バント欲ス」[25]と説明していた事情から類推しますと――読者を「区々小嶋国中の人民」のみに限らず、広く「東方諸国」に求めた結果であったかもし

れませんし、門弟のあいだで「先生の筆を以てエミールの漢訳を作り、之を清国に輸出して、四百余州の文明を化導せんこと」[26]が待望されたのは、とりもなおさず、兆民自身がこの遠大な企てを年来の宿願とし、口にしていたからにほかならないでしょう。[27]訳文もまた立派に「経国大業」たりえたわけです。また、兆民が帰国後師事した漢学の師高谷龍洲は、半年で「日本一の文章家」にしてくれるという申し出を福沢が謝絶した当の人物であった。

(1) 『兆民先生』、『全集』別巻、四六二頁。
(2) 同右、四六四頁。
(3) 同右、四四七頁。
(4) 同右、四六二―四六三頁。
(5) 同右、四六三頁。
(6) 同右。
(7) 福沢が旧三田藩主九鬼隆義に『学問のすゝめ』五十部を送ったことを報ずる明治五年二月十五日付書簡に、「学問は追々流行の様に御座候　併し漢学は殆ど廃止同様の体なり　御蔵書に漢本御座候はゞ早く御売払の方と奉存候」と、その実学的立場から漢本売払を勧めているのは、兆民とはいかにも対照的である(中谷一正『三田幕末人物史』、「男爵九鬼隆一」の項、五四頁所引)。
(8) 『兆民先生』、『全集』別巻、四六四頁。
(9) 島田虔次「中国での兆民受容」、『全集』第一巻、月報2。
(10) 『兆民先生』、『全集』別巻、四六四頁。
(11) 同右、四六五頁。
(12) 幸徳秋水宛て明治三十四年八月十三日付書簡。同右、第一六巻、二〇〇頁。
(13) 『中江兆民奇行談』「書斎中の仏書は真黒」、同右、別巻、三六〇―三六一頁。
(14) 「兆民先生其ノ一」、同右、四一八頁。

(15) 松永昌三氏の御教示によれば、『中江兆民奇行談』の記事は、ほとんど当時の新聞報道によって裏付けられる由である。
(16) 『維氏美学』についてはつとに飛鳥井雅道氏が、当時の文部省の人的構成と同書の内容の両面から、「選択における兆民のイニシアティブ」を推定しておられる(「民権運動と『維氏美学』」、桑原武夫編『中江兆民の研究』、一二一頁)。
(17) 「勅奏任官履歴原書」。『全集』別巻、五三六頁にも。
(18) 『中江兆民奇行談』「政府の嘱托と仏語の翻訳」、『全集』別巻、三七一頁。
(19) 『一年有半』、同右、第一〇巻、一九五頁。
(20) 本書第三章、とくにそのVを参照されたい。
(21) 福島正夫「三島中洲と中江兆民――兆民の新発見資料をめぐって――」、『思想』一九七七年十一月号、八七頁。
(22) 『兆民先生』、『全集』別巻、四六六頁。
(23) 同右。
(24) 同右。
(25) 「祝詞」、『東洋自由新聞』第一号(明治一四・三・一八)、同右、第一一巻、二八頁。
(26) 半山生「兆民先生を訪ふ」、『毎日新聞』明治三四・九・一三、同右、別巻、二七五頁。
(27) 兆民は明治十七年、杉田定一らとの渡清に際して、「乃公《おれ》は支那に行って、文章を書いて四百余州を筆の先で取ってやる積りだ」とか、「文章で以って、支那四億の人民を、またたく間に文明人にして見せる」と語ったと伝えられる(雑賀博愛『杉田鶉山翁』、五六五―五六六頁)。

III　いかにして翻訳したか

「翻訳」とはいうまでもなく、まず読むことです。兆民がいかに読んだかということになりますと、蔵書の余白が書込みで真黒だったというさきの逸話とともに、『民約訳解』の解に、かれが再三、読者に向かって――ルソーの逆説的論理を正しく伝えるためでしょうか——テキストを「潜心玩味」、「細嚼玩味」あるいは「熟復玩味」(1)せよと説いているのが思い起こされます。わたくしは兆民が翻訳底本として使用した『社会契約論』Du Contrat Social の版を割り出すのに解が手がかりになりはしまいかと考えて、十八、九世紀の各種の版に当ってみたことがありますが、今日の「プレイアド叢書」Bibliothèque de la Pléiade 全集版にみられる詳細きわまる注解から安易に抱いた期待は、みごとに打ち砕かれました。今世紀に入ってルソー生誕二百年祭(一九一二年)を機に、ルソーが折から興隆してきたランソン Lanson 学派の実証主義的文学研究の対象になるまでの『社会契約論』の諸版は、十八世紀以来のごく簡単な注を踏襲するばかりで、どれもこれも似たり寄ったりの没個性的なものでした(2)。兆民の『民約訳解』はその意味で——少し買い被り気味にいえば——当時世界に冠絶した、独創的なものだったということもできそうですが、それは帰するところ、かれがこの「文章」を「蚤(=早)歳より嗜《この》みて」読み(3)、「熟復玩味」して得た結論を書きつけたものだったからと思われます。

『理学沿革史』、『理学鉤玄』(複数の原書に拠っているらしいこの本は自由編訳書とでも名づけるべきでしょうか)など、他の訳書類の「凡例」をみても、泰西理学の「論ズル所ノ事本《もと》ト極テ幽微縝密ナルヲ以テ、熟復思考スルニ非レバ恐クハ終ニ茫洋タルヲ免レザランノミ」(4)とありますから、これらの訳書においても『民約訳解』の場合と同じく、テキストを「熟復玩味」する方針は貫かれていることがわかります。『維氏美学』の訳文を検討された島本晴雄氏は、兆民流の訳し振りについて、

> これは忠実な逐語訳ではなく、自由な意訳であり説明的に敷衍し往々雄弁冗長に陥っているが、彼は単語や行を追うのでなく一節ないし数節の意味を伝えようとするのである。啓蒙学者としての彼の苦心は、西欧の精密な思考、抽象観念を国語の許されるかぎりの枠内で正確に伝え理解せしめることであった(5)

と評しておられます。わたくしが『理学沿革史』のとくにルソーの項を原文と読み較べた経験によりましても、兆民はときとして自由に原文を変改し、フイエーがルソーの社会契約説を「各人一タビ邦国ノ中ニ消融セラル、トキハ何ニ由リテ復タ其失フ所ヲ獲ルコトヲ得ンヤ」と批判するときは、早速、

然リト雖モルーソーノ高亮ナル、初ヨリ人ヲ欺キ自ラ欺クコトヲ為スニ非ズ(6)

と原文にない弁護論を展開しておりますし、またフイエーがルソーの説を敷衍して法律改正の可能性を指摘すると、すかさず、

唯此一説実ニルーソーノ所見ノ千古ニ度越スル所以ナリ(7)

と、折から伊藤博文らによって起草されつつあった帝国憲法に対して、ルソー流の法律論からする「点閲」の可能性を強調するかに思われます。

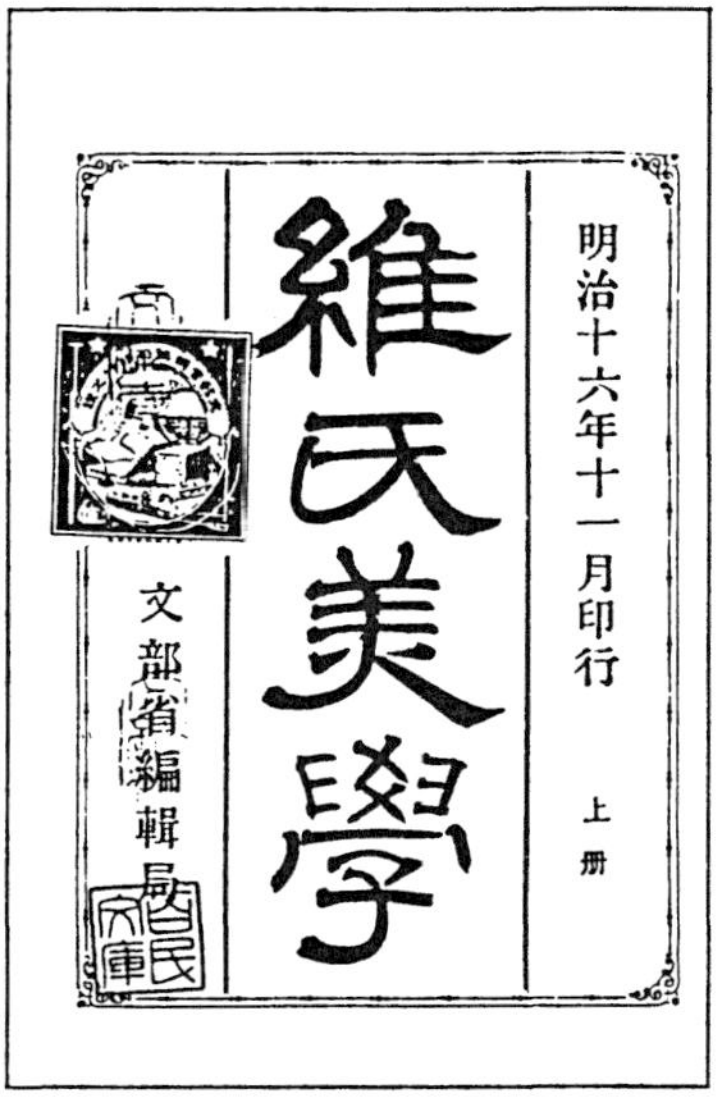

「美学」の訳語を定着させたウージェーヌ・ヴェロン原著『維氏美学』

翻訳における意訳の功罪はしばらく措くとしまして、ともかくもこのような「自由な意訳」が――とくに論理を重んずる哲学書の場合――まずはテキストを「熟復玩味」し、次いでこれに精密な読解を施す、という手続きを経て成ったものであることはいうまでもないでしょう。日頃の兆民の健筆ぶりについては秋水が、

先生の翰《かん》を運《めぐ》らすや飛ぶが如く、多く改竄《かいざん》する所なし。其新聞雑誌に掲ぐる者の如きは、一気呵成《かせい》曾て一回の復誦するなく、筆を投じて直ちに植字

工の手に附せり

と、これまた躍如たる筆で伝えるところですが、

但だ訳書及び碑銘其他の金石文字に至りては、数回の刪正《さんせい》を経ること有り、理学鉤玄の文の如きは、頗る推敲を費せりと云ふ(8)

と、「訳書」だけは百世の後に伝わる「碑銘其他の金石文字」同様の扱いだったと断っています。つまり「訳書」が「数回の刪正を経る」というのは、とりもなおさず、回を重ねるごとに読解が深められることを意味しますし、『理学鉤玄』のような編訳書というべきものになりますと、数種類のテキストの読解にもとづいた編訳ということになるでしょうから、これに「頗る推敲を費」したというのは、単に字句、表現上の「推敲」にとどまらず、全編の構成、各部の按配にもかかわるものではなかったかと想像されます。

『理学沿革史』の叙論でフイエーは、「哲学者の思考にはそれが最も高度の純粋な型態に達する瞬間があり、それはときとして数頁しか続かないことがあるから、歴史家はその瞬間を捉えねばならない(9)」と説き、哲学体系はその原理にのっとって応用の誤まりを匡し、それを再構成し、補完してゆかねばならないとしておりますが、このような意味で読解→翻訳という作業を大胆に実践してみせたのが、原著の第二篇第六章で中断された『民約論』、とりわけ『民約訳解』だったということができるでしょうし、それが原著を「蚤歳より嗜みて」読み、仏学塾で繰り返し講読し、さらには仮名まじり体から漢文体に移し替えるなど、何度となく読解を重ね、かつ深めてきた兆民にして、はじめて可能な作業であったことは、先程来、再三述べてきたとおりです。

(1)『全集』第一巻、八〇、八二、一二九頁。

（2）『民約訳解』翻訳の底本が、『全集』の刊行によって偶然判明した。むかし図書館で一度見たきりの白柳秀湖『西園寺公望伝』に写真版で収載された「出版々権願」に、「千七百七十二年仏国人J. J. Rousseau《ルーソー》著ニシテContrat Social《コントラソシアール》ト題スル民約ノ事ヲ記載シタル原書」を翻訳したとあった（『全集』第一七巻、一五二頁）。

（3）『民約訳解』「訳者緒言」、『全集』第一巻、六九頁。本書巻末「原典目録」参照。

（4）『理学鉤玄』「凡例」、同右、第七巻、三頁。

（5）島本前掲論文、四一八―四一九頁。

（6）『理学沿革史』、『全集』第六巻、一三一頁。

（7）同右、一三八頁。

（8）『兆民先生』、同右、別巻、四六四頁。

（9）『理学沿革史』、同右、第四巻、一三頁。ただし兆民はこの箇所も以下のように意訳している。

理学ノ沿革ヲ論ズル者ハ、独リ論者ノ文章字句ニ於テ意ヲ致スノミナラズ、当《まさ》ニ務メテ其意嚮《いこう》ノ在ル所ト其思念ノ到ル所トヲ窮究ス可シ、又其説中自ラ両部有リテ、一ハ高遠ノ旨義ヲ論ジ、一ハ卑近ノ旨義ヲ論ズルトキハ、尤モ当ニ意ヲ高遠ノ部ニ着ク可シ

Ⅳ　望ましい翻訳と望ましからざる翻訳

それでは兆民が具体的にどのような翻訳を望ましいとしていたかといいますと、まず『十五少年』の訳者として知られる森田思軒を「最も佳なり」と推賞して、「学漢洋を兼て、而して殊に漢学の根底有る者、之人《この》一人也、故に善く文字を駆使して左右皆宜し」(1)と評しています。これに次ぐのが黒岩涙香の小説で――『噫無情』、『巌窟王』、『鉄仮面』あたりでしょうか――

余涙香の訳せし所の原書、一も曾て読みたること無し、思ふに是れ痛く節略を加へたるものなる可し、而して絶

て痕迹を見《あら》はさず、其裁輯の巧は又恐らくは他人の及ぶ所に非ず(2)

といってますから、涙香においてはとくに「裁輯の巧」を買ったものと見えます。

なにごとにもとかく注文の多い兆民らしく、翻訳(洋→和)の好例として挙げているのは、ただこの二人だけですが、かれの漢学の恩師岡松甕谷を評する中に、

其常山紀談を訳する　原文の一字をも放過せず、乃ち馬の綿嚙《わたがみ》、鎧の緘《おどし》等の微と雖も、皆訳定を経て、而して字面一々出処無きは莫し、山陽履軒と云はず、徂徠と雖も恐くは筆を投じて膝前に平伏せざる能はざる可し(3)

といっていることも参考になるでしょうか。

さてこれらを要約してみますと、兆民において望ましい翻訳とは、「漢学の素養」を基礎とし、「字面一々出処無きは莫」く、大胆な「節略」によって「裁輯」のよろしきを得たもの、ということになるかと思いますが、徳富蘇峰が「当今洋学者にして、漢文に精通するもの」として森田思軒とともに兆民を推し、とくにその翻訳について、

翻訳は創作よりも、或る意味に於ては困難なり。若しそれ原作者に対して、赧顔《たんがん》せざる訳者幾人かある、余は兆民君を以て、その重なる一人たるを断言す。蓋し学東西に渉り、文字に於て、特に謹直精苦なれば也(4)

と称讃しているところをみますと、兆民は思軒、涙香に仮託して、夫子自身の翻訳作法を述べたとはいえないでしょうか。またそのような翻訳観がみごとに結実した例として、やはり『民約訳解』を挙げておくべきでしょう。

さて、このようなものが望ましい翻訳だとしますと、望ましからざる翻訳というのは、さしずめその反対ということになります。秋水はつねづね兆民から、文章に長じようとする者は漢文を読まねばならぬと諭されていたようですが、翻訳についても、今日のわれわれにとってはいよいよ耳の痛い次のような師の訓戒を伝えています。

世間洋書を訳する者、適当の熟語なきに苦しみ、妄りに踈卒《そそつ》の文字を製して紙上に相踵《つ》ぐ、拙悪見るに堪へざる

のみならず、実に読《よん》で解するを得ざらしむ。是れ実は適当の熟語なきに非ずして、彼等の素養足らざるに坐するのみ、思はざる可けんや[5]

兆民はまた、一般に西洋の文章を、

泰西の文は丁寧反覆毫髪を遺さゞらんとす。故に漢文に熟する者より之を見る、往々冗漫に失して厭気を生じ易し。ルーソーの『エミール』の妙を以てするも、猶ほ予をして之を訳せしめば、其紙数三分の二に減ずるを得ん[6]

と評していますから、さきほどの涙香評の表現をもってすれば、ルソー『エミール』の大冊を「其紙数三分の二」(異本では「三分の一」[7]!)にまで「節略」してみせようという、「裁輯の巧」を誇っているかに見えますが、この伝でいきますと、「丁寧反覆」する「泰西の文」をそのままなぞっただけという翻訳では冗漫に失していけないことになります。たとえば自他共に哲学者をもって任ずる加藤某〔弘之〕、井上某〔哲次郎〕が「己れが学習せし所の泰西某々の論説を其儘に輸入し、所謂崑崙《こんろん》に箇《こ》の棗《なつめ》を呑めるもの[8]」のごとき、いいかえれば直輸入・丸呑み込み型の翻訳もまた失格でしょう。

『一年有半』に「議論時文の最なる者」として福沢、福地以下五人を挙げる中に、「〔徳富〕蘇峰直訳体蓋し殆ど其創立する所にして、一時天下を擅にせり」とあるのは、それにすぐ続いて「〔朝比奈〕碌堂、〔陸〕羯南、倶に漢文崩しにして、時に措語不消化の弊有り、或は急普請の漢学者たるに因るもの耶《か》、非か[9]」と、碌堂、羯南に対する批判的、ないし諧謔的評価が述べられているところをみますと、「一時天下を擅に」した蘇峰流の「直訳体」を、兆民が手放しで賞讃していたわけではないように思われます。おそらく今日流儀に、原文に忠実だから良心的な翻訳である、などといってみたところで、兆民先生には通じないでしょう。

最後に——またもや、『民約訳解』がなぜ漢訳されたのかという問題とも関連しますが——翻訳における文体について一言しますと、岡松甕谷の塾でとくにその「叙事文」に親しんだ兆民が、「漢文の簡潔にして気力ある、其妙世界に冠絶す[10]」という信念を抱いたことは確かであろうと思われます。ほかに文体一般につきましては、『一年有半』に「文学の戦国時代」と題して、

今や我邦の文学は、殆ど戦国の時英雄割拠の有様に似たる有り、漢文崩しの体有り、翻訳《洋文》体有り言文一致体有り、侍《はべ》り梟《け》りの体有り、各種雑用の体有り、惟《おも》ふに是等の諸体 各《おのおの》 短長有り、崇重典雅の様を見《あら》はし、若くは悲壮慷慨の状を写すには、漢文崩し最適当なるを覚ふ、委曲詳密透得十二分なるを求むるは、翻訳体若くは言文一致体に如《し》くは莫し、優美の色彩を発するは、侍梟《はべりけり》の体を長と為す[11]

と、各種文体とその特徴について述べております。

さて、『理学沿革史』その他の、「言論極テ縝密ニシテ」「熟復思考[12]」の要ありとされる哲学書類の翻訳に、「委曲詳密透得十二分」の「翻訳体」もしくは「洋文体」が用いられたのは当然でしょう(もっとも兆民の訳文は今日のわれわれの目からすればおしなべて「漢文崩し体」とも見えるわけですが、かれ自身の書く文章は「漢文崩し体」であっても、こと訳文にかんするかぎり、やはり「翻訳体」の範疇に入れるべきでしょう)。問題は、一旦仮名まじりの「翻訳体」で訳された「民約論」が、あらためて『民約訳解』として漢訳されたのはなぜか、ということになりますが、「漢文崩し体」の「崇重典雅」、あるいは「悲壮慷慨」の風を写すにふさわしいという特質は、「簡潔にして気力ある」といわれる漢文にも、ほぼそのまま当てはまるとみてよいでしょうから、「翻訳体」の「民約論」を漢文の『民約訳解』に訳し替えたとき兆民は、自己の訳文に——分量的には両者とも同じ原著第二篇第六章までの摘訳ですから——漢文の「簡潔」さもさることながら、その「気力」と、とりわけ「崇重典雅」ないし「悲壮慷慨」の趣きを与える効果をねらったとは考えられないでしょうか。秋水によれば兆民は、「十八九の時には支那の経書や歴史は大抵目を透して

居た[13]」もののようですが、かれとしては非常に珍しく、少年時代の読書体験を語った記事がありますので、ご紹介しておきます。

吾人幼時諸葛武侯の出師の表を読みて、「今南方既定、兵甲既足、当㆛奨㆑率三軍㆒北定㆚中原㆙」〔今南方既に定まり、兵甲既に足る、当に三軍を奨率し、北のかた中原を定むべし」の一句に至り、躬自《みずか》ら豪傑と為りたるが如く、武侯其人と為りたるが如く、神旺し、気揚り、脊骨熱汁を淋《そそい》だり、幾度び読むも紙墨の新鮮なる様に覚へたり、箇は是れ二三十年前の昔なり[14]

つまり兆民は悲壮をもって知られる諸葛亮の「出師の表」を読んで、「神旺し、気揚り、脊骨熱汁を淋」いだという往時の体験を語っているわけですが、『民約訳解』の訳筆をとるに当って、漢文の人を感奮せしめるこの効果を、果たして計算に入れなかったでしょうか。かれの仮名まじり体「民約論」を読んで、

天下朦朧皆夢魂　危言独欲貫乾坤
誰知凄月悲風底　泣読盧騒民約論[15]

と詠じた慷慨民権家宮崎八郎が、西郷軍に身を投じて陣没した記憶はまだ生々しかったはずです。やはり漢訳の『民約訳解』は、当時の民権派青年の〈ロゴス〉のみならず――それだけでしたら「翻訳体」でも十二分に委曲を尽くせたでしょう――〈パトス〉にも訴えかける使命を帯びていたのではないでしょうか。文字どおり「経国大業不朽盛事」たるべきものと考える大文章には、みずから深く任ずるところの漢文を、という気持もむろん強く働いたことと思われます。

さて、兆民の生涯を貫くものが、ある意味で、「哲学の訳語を討査」することに始まって、「ナカエニスム」とみずから命名する哲学体系の構築を企図するところで終っていることは、はじめに申したとおりですが、かれの訳したル

ソーの作品にしても、広義の哲学――政治・道徳哲学――に分類できるのではないでしょうか。しかし、哲学以外のジャンルになりますと、

> 彼ウォルテールの『シャル、十二世』の如きは、文気殆ど漢文を凌駕す、ユーゴーの諸作の如き、亦実に神品の文也(16)

と、愛読してやまなかった『史記』に対すると同じ最大級の讃辞を呈しながら、これを翻訳することにははなはだ消極的で、

> 而も之が真趣味は、唯だ原文に就て始めて解するを得べくして、決して尋常訳述の能く写し得る所に非ざるや論なし。我れ曾て仏訳の『パラダイスロスト』を読みて深く其妙を感ぜるも、未だ其心に飽かざる者あり、謂《おもえ》らく若し原文に就て之を読まば其快幾何《いくばく》ぞや(17)

と、これらの傑作が「尋常訳述」のよく及ぶところではないとしています。文学作品の訳者として森田思軒、黒岩涙香の二人しか挙げていないのもおそらくこの辺の事情と無関係ではなく、この二人をとくに称揚するということは、『一年有半』の辛辣きわまる人物批評の例からみて、その他「筆を汚《けが》すに足」らない(18)「尋常訳述」を、日頃から兆民が十把一からげに罵倒していたことをも意味するのではないでしょうか。それゆえ、翻訳をめぐるこの議論のしめくくりに、

> 故を以て多く学術理義の書を訳せるも、曾て文学の書を訳せることなし。凡そ文学の書を訳する、原著者以上の筆力有るに非ずんば、徒らに其妙趣を戕残《しょうざん》するに了《おわ》らんのみ(19)

といってますのは、「理学者」、「哲学者」の任としてもっぱら「学術理義の書」を訳したということでしょうけれども、「文学の書」を訳さなかったのは、かならずしも「原著者以上の筆力」がなかったためばかりではなく――なにしろ

相手はヴォルテール、ユゴー、ミルトンという大天才ときていますから、かれら以上の筆力がないとする兆民の意気をこそむしろ壮とすべきでしょうし、一方かれ自身が、文士として「明治の当代の第一人」とうたわれたことはさきに述べたとおりです――こと文学にかんしては、訳者としてよりも、その「妙趣」をたっとぶ鑑賞者、愛好者の立場を選んだからではなかったでしょうか。秋水が『兆民先生』執筆に先立って行なった演説に、

……ユーゴーの文章は実に神韻の文章であれを訳するなどゝいふのが実に無礼な話しである、又ミルトンのパラダイスロストを英文で読で見たい、訳すれば其意味だけは訳せるだらうが文章の趣味はまるでなくなる[20]

という兆民の言葉が引かれていますが、あるいはこちらの方が「趣味」として文学を愛した生前のかれの口調を忠実に伝えているのかもしれません。『一年有半』の文楽・義太夫にかんする評言からも、かれがいかにも『維氏美学』の訳者たるの名に恥じない、みごとな審美眼・鑑賞眼の持主だったことが窺われますから、文学を訳さなかったというのは、得手、不得手の問題というより、一つの識見であり、態度であったというべきではないでしょうか。ただそれにしても、「文章」を「経国大業」と考える士大夫の学に親しんだ兆民が、往々にして男女の機微にわたる「文学の書」をみずから翻訳することにある種の気恥ずかしさを覚え、おのれをその柄でないと考えたことは、大いにありうるような気がします。

（1）『一年有半』、『全集』第一〇巻、一八三頁。
（2）同右、一八三―一八四頁。
（3）同右、一九九頁。
（4）徳富蘇峰「妄言妄聴」、同右、別巻、二〇九、二一〇頁。
（5）『兆民先生』、同右、四六五頁。

(6) 同右。
(7) 草稿「兆民先生」、同右、四二一頁。
(8) 『一年有半』、同右、第一〇巻、一五五頁。
(9) 同右、一八五頁。
(10) 『兆民先生』、同右、別巻、四六五頁。
(11) 『一年有半』、同右、第一〇巻、一六八頁。
(12) 『理学沿革史』および『理学鉤玄』の「凡例」。
(13) 草稿「兆民先生」、『全集』別巻、四二一頁。
(14) 「立憲自由党の急務」、『立憲自由新聞』第百六十八号(明治二四・一・五)、同右、第一二巻、一六四頁。
(15) 雑賀博愛『杉田鶉山翁』、一八七頁。
(16) 『兆民先生』、『全集』別巻、四六五―四六六頁。
(17) 同右、四六六頁。
(18) 『一年有半』で伊藤以下の元老を罵倒する表現。同右、第一〇巻、一六〇頁。
(19) 『兆民先生』、同右、別巻、四六六頁。
(20) 草稿「兆民先生」、同右、四二二頁。

V 訳語の一例――「理義」もしくは「理と利」

以上、兆民の翻訳観、ないし翻訳作法といったところを簡単に整理してみた次第ですが、死を目前にして「迂濶に迄理想を守ること、是小生が自慢の処に御座候」(1)と語ったこの人物についてきわめて特徴的と思われる「理義」という語をとり上げて、若干の検討を加えておきたいと思います。この語については、すでに島田虔次氏が、「兆民の愛用語について」と題する、短いながら非常に示唆に富んだ文章の中で、「兆民思想の根本に関する、いわばキイワードで……」と説明しておられますが、(2) 島田氏によりますと、この語は、「民権是れ至理也、自由平等是れ大義也」(3) という『一年有半』の有名な言葉から「理」と「義」をとってつなぎ合わせた兆民自身の造語ではなく、『孟子』告子篇上の、

理義の我が心を悦ばすは、猶お芻豢《すうけん》〔牛、豚の類〕の我が口を悦ばすがごとし

という言葉に拠ったもので、兆民の文章にはほかにも『孟子』からの引用が多いことから、氏はこの「理義」の語もかれの孟子的儒教主義の証しであるとされています。(4)

さて、この「理義」という語が、実際に兆民の文章の中でどのように使われているかを調べてみますと、しばしば「道義」、「正理」などの同義語、同類語とともに、「利益」、「利害」等の対として用いられています。たとえば、

我邦人は利害に明にして理義に暗らし、事に従ふことを好みて考ふることを好まず(5)

若し根本より恐外病を痊《いや》さんと欲せば、教化を盛にし、物質の美と理義の善との別を明にするに如《し》くは莫し(6)（◎点は原文）

今日より各階級の人皆少く自ら修明して、理義の正に適合するを求むるに至る可し、且つ利益の点より考へて、爾《し》か為すに如かざることを省視するに至る可し(7)

正理先づ立ちて利益これに従ふは事勢の然らしむる所なり(8)

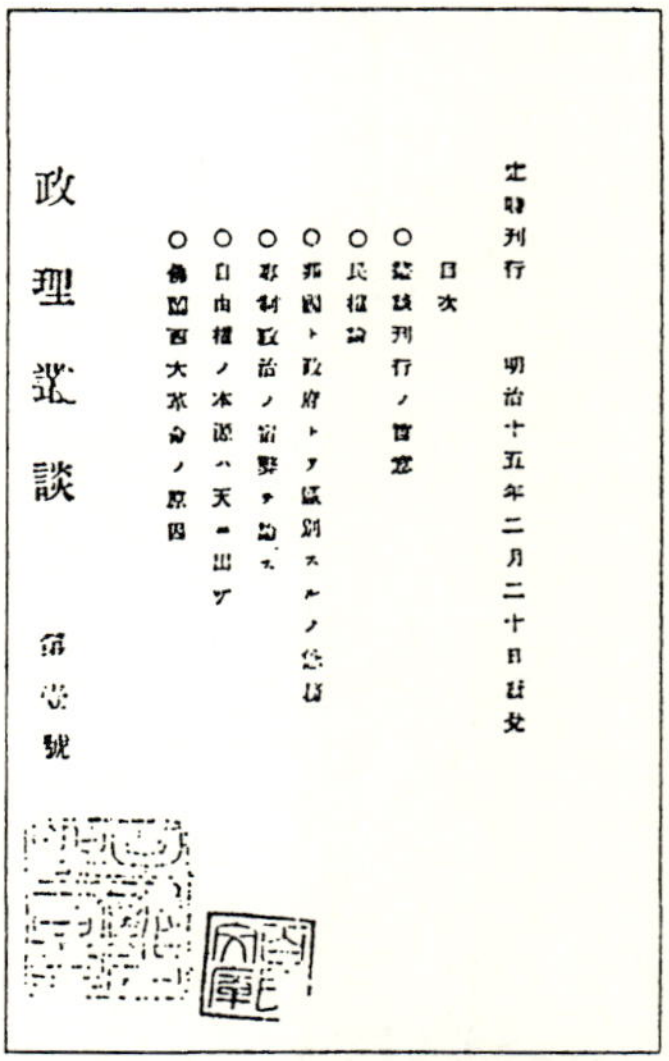
政理叢談

明治十五年二月二十日發兌

目次

○叢談刊行ノ旨意

○民權論

○自由權ノ本源ハ天ニ出ヅ

第壹號

『政理叢談』第一号目次．『民約訳解』の連載が始まるのは伊藤博文の渡欧憲法調査を目前にした第二号(明治 15. 3. 10)から．

と、ときには「理義」(又は「正理」)を「利益」に優先するものとして、またときには「正理と利益と並行せしめて」[9]使用している例は、ほとんど枚挙にいとまがないといえるほどです。なるほど兆民思想のキイワードと呼ばれるゆえんですが、実はこの「理義」はもともとルソーの訳語として求められ、「理義」↕「利益」の二項対立も同じくルソーに由来するのではないかと考えられるふしがあります。

『社会契約論』第一篇冒頭にルソーが、

わたしは、人間というものをあるがままの姿にとらえ、法律をありうる姿にとらえた場合に、社会の秩序〔一般的構造〕の中に正当で確実ななんらかの統治〔国家構成〕上の原則がありうるかどうかを、調べてみたいと思う。この研究において、わたしは、正義と効用がけっして分離しないように、法〔=権利〕が許すことと、利害の命ずることをたえず結びつけるべく、努めるであろう(平岡・根岸訳)

と述べているのがそれで、ここには「正義」justice と「効用」utilité,「法」〔=権利〕droit と「利害」intérêt を「たえず結びつける」――兆民流にいえば「正理と利益と並行せしめ」る――必要が説かれています。「民約論」は「巻之一」が失われて、その訳しぶりを窺うことができませんので、『民約訳解』の同一箇所をみますと、

政、果して正しきを得べからざるか。義と利　果して合するを得べからざるか

と、原著冒頭の構文を思いきって崩した大胆な意訳が施されたのち、

……夫《そ》れ然る後、政の民と相い適《かな》い義の利と相い合すること、其れ庶幾《こいねが》う可きなり(以下島田虔次氏のよみくだし文による)(10)

となっています。訳文では「正義と効用」は「義と利」とそれぞれ一字に訳されて――岡和田常忠氏は兆民が「一旦重要な観念に会えば断固として一字訳である」ことを指摘されています(11)――前面に押し出され、義と利の合することが政の正しきを得るゆえん――すなわち政治の目的――であると強調したかたちになっています。

ところで、「民約論」巻之二と『民約訳解』の双方で、ここに「義」と訳されている《justice》の語に、兆民が概してどのような訳語を当てているかを調べてみますと、『民約訳解』巻之一第八章「人世」に、

今や事ごとに之を理に商《はか》り、之を義に揆《はか》る(12)

とあるのが「理義」として定着する以前のかたちをとどめるものとして注目されますが、さらに巻之二から双方の訳例を対比して引いてみますと、

「民約論」

○権利ノ均一及ビ百般公義ノ類ハ、只人々己レヲ愛スルノ私情ヨリ生ズルナリ(「君権ノ分界」)(13)

○正理ハ天地主宰ヨリ出ルヲ以テ……(「国法」)(14)

○義務ヲ権利ニ副《そ》ヘ正理ヲシテ現功有ラ令メント欲セバ……(「同右」)(15)

『民約訳解』

○是れ知る、権と云い義と云い、均と云い平と云うは、皆な己を利せんことを図るの中より生じ、空際よりして来るに非ざることを(第四章「君権の限極」)(16)

○明神上に照臨し、衆善の源を為す(第六章「律例」)(17)

○夫《そ》れ然る後ち義と利と相い合し、……(同右)(18)

などがあります。「民約論」では「公義」、「正理」、『民約訳解』では「義」、「善」が用いられていることがわかります

が、たいへんおもしろいのは「民約論」〔第五章〕「生殺ノ権」の、

斯ノ如キ人〔＝「社盟ノ約」を犯した罪人〕ハ理義ヲ以テ制ス可カラズシテ、乃チ戦闘ヨリ出ル所ノ殺死ノ権ヲ用ユ可ケレバナリ

という一節です。[19] ここにはじめて「理義」が訳語として登場しているわけですが、原典に当ってみますとこれはどうやら、

…car un tel ennemi n'est pas une personne *morale*, c'est un homme…（というのは、この種の敵は〔国家のような〕作為的人格ではなく、具体的な人間だからだ……）

とある「作為的人格《ペルソヌ・モラール》」personne *morale* の、とくに「モラール」をとらえて意訳したものと思われます。しかしながらこの「ペルソヌ・モラール」は通常「法人」と訳される言葉で、その場合、形容詞「モラール」は倫理的、道徳的の意ではなく、肉体を持たない、精神的くらいの意味になります（兆民流の表現のうちから探せば、たとえば『三酔人経綸問答』に「無形の理義を以て兵備と為《なさ》ざる乎《や》」、「公侯の爵位は無形の繡彫《しゅうちょう》には非ざる乎《か》」とある無形のが適訳で、[20] これはかれの監修した『仏和辞林』にも《moral》の訳語として載っています）。前章「君権ノ分界」では同じ表現を「心志ニ成ル所ノ体」と正しく訳していますから、ここはやはり兆民先生の――意訳といって強弁するよりはむしろ端的に――ケアレス・ミステイクだったと認めるべきところでしょう。いずれにせよ兆民には珍しいこの誤訳から、《justice》としばしば混用される《morale》――さきには挙げませんでしたが、『民約訳解』には《justice》を逆に「道と云い徳と云う」と訳している箇所があります[21]――の訳語として、失われた「民約論」巻之一でもすでに「理義」が用いられていたのではないかと推察されるわけです。これと《justice》の訳語としての「公義」、「正理」、「義」などを考え合わせますと、結局兆民は、ルソーの《justice》およびその類語――《morale》,《droit》など――の訳語として「理義」を

用いたということができないでしょうか。

さて、『社会契約論』第一篇冒頭の「正義」と「効用」、「法」〔=権利〕と「利害」という二項対立にはそのヴァリエーションと目すべきものが、同書の全篇にわたって何度か繰り返されています。それらを思いつくままに拾ってみますと、「一般意志」volonté générale と「特殊意志」volonté particulière(I—7)、「権利」droit と「事実」fait(II—4)、「一般法則」lois générales と「特殊原因」causes particulières(III—8)、「原理」principe と「応用」application(同上)、「名」mots と「実」choses(III—10、原注)などの例を挙げることができますが、兆民は『民約訳解』巻之一第六章「民約」の解に、社会契約の歴史的事実がなかったとするベンサムの異論を引いて、グロティウスやホッブズがいたずらに「実迹」に拠って専制を擁護したのに対して、ルソーはもっぱら「道理」にもとづいて「義の当《まさ》に然るべき所」を論じたものであると弁護したのち、ベンサム、ルソーの主張の相違を次のような二項対立に還元しています。

勉雑毋《ベンザム》は用を論じ、婁騒《ルーソー》は体を論ず。勉雑毋は末を論じ、婁騒は本を論ず。勉雑毋は単に利を論じ、婁騒は并せて義を論ず[22]

ここにもまた「義と利」の基本形態と、「体」と「用」、「本」と「末」というそのヴァリエーションが出てますから、このような二項対立的な思考方法を兆民はルソーから学んだか、少なくともルソーと共有するといってよいかと思いますが[23]、それがかれの政治思想の根幹に関わる現われ方をする典型的な例を、『東洋自由新聞』の未完の論説「国会問答」の一節に見ることができます。これは、『社会契約論』第一篇第四章「奴隷制について」の議論に拠って国会の早期開設、民約憲法の制定等を主張する「進取子」が、欽定憲法論者の「持重子」からルソーの論に迷って日本が「天子ノ邦」であることを忘れていると非難されたのに答えるくだりです。

……吾子之ヲ知ラズ乎天下ノ事皆正則ト変則ト有ラザル莫シ然レドモ先ヅ正則ハ理ヲ究ムルニ非ザレバ以テ変則

ノ利ヲ解ス可ラズ吾レ且ツ邦国ノ正則ヲ論ゼン吾子其レ之ヲ安ンゼヨ(24)

細かな論証は省きますが(25)、実はここで「正則」、「変則」と呼ばれているものは、兆民が二度の翻訳を二度とも第二篇第六章で中断したあとの『社会契約論』同第十一章「種々の立法体系について」から導かれた理念です。この章でルソーは、「各人民にとって最善であるような」立法体系を打ち樹てるためには、「すべての人民に共通な格律」les maximes communes à tous [les peuples] とともに、「その人民の立法をその人民だけに適したものとする何らかの原因」quelque cause qui rend……sa législation [de chaque peuple] propre à lui seul をも合わせて考慮しなければならないと説いているのですが、兆民は前者(=「共通の格律」)を立法の「正則」、後者(=「何らかの原因」)をその「変則」と呼んだもののようです。問題は日本で立法を行なう場合、なにをもって「正則」とし、「変則」と定めるかということになりますが、「進取子」、「持重子」の問答を、『社会契約論』第二篇第七章「立法者について」以下各章の所論に照らして検討してみますと、「正則」にはどうやら、みずから翻訳した「民約論」の人民主権原理を、「変則」にはおそらく日本固有の特殊条件としての天皇制を考えていたらしく思われます。正則の「理」、変則の「利」(理と利)につきましては、これまた「義と利」のヴァリエーションとして、もう一つの「正則」と「変則」という二項対立を補足しつつ、ルソー流の立法原理を天皇制日本に応用する場合、合わせてその利害得失を考慮すべきことを説いていることはいうまでもないでしょう。その後兆民の主張した君民共治論、国会開設・憲法制定論、憲法点閲論がほかならぬこの「正則の理」「変則の利」の二項対立を軸として展開されてゆくことを考えますと、「理と利」(又は「義と利」)もまた、さきほどの「理義」同様、もともとルソー翻訳の過程で訳語として得られた理念が、次第に兆民の政治思想の根幹に位置するようになり、ひいては根幹そのものにさえなっていったものといえるのではないでしょうか。

(1) 幸徳秋水宛書簡、明治三十四年十月、『全集』第一六巻、二〇八頁。
(2) 木下順二・江藤文夫編『中江兆民の世界――「三酔人経綸問答」を読む』、二二九頁。
(3) 『全集』第一〇巻、一七七頁。
(4) 『中江兆民の世界』、二三一頁。なお、島田虔次氏のこの説に対しては溝口雄三氏が異論を呈しておられる。入矢義高・島田虔次・溝口雄三「《座談会》中江兆民の漢学」(一)(二)(『全集』第三巻、月報11、および第六巻、月報13)の、とくに(一)を参照。
(5) 『一年有半』、『全集』第一〇巻、一七七頁。
(6) 同右、二〇八―二〇九頁。
(7) 同右、二一四頁。
(8) 『国会論』、同右、七五頁。
(9) 「又所得税に就て」、同右、第一三巻、三〇三頁。
(10) 同右、第一巻、一三六頁。
(11) 岡和田前掲論文、五八頁。
(12) 『全集』第一巻、一六四頁。
(13) 同右、九頁。
(14) 同右、一四頁。
(15) 同右、一五頁。
(16) 同右、一八二頁。
(17) 同右、一九三頁。
(18) 同右。
(19) 同右、一三頁。
(20) 『三酔人経綸問答』、同右、第八巻、一八二、一九〇頁。
(21) 『民約訳解』巻之二第六章「律例」、同右、第一巻、一九三頁。
(22) 同右、一五八頁。なお、ベンサムの「利」にルソーの「義」を対比させる考え方は、『理学沿革史』においてフイエーが

「英国ノ理学モ亦漸次ニ第十八紀法朗西ノ理学士ノ説ク所及ビ特ニジャンジャック、ルーソーノ垂示セシ所ノ政治ノ極致ニ近接スルヲ見ル」とする脈絡の中で、ベンサム以来ミル、スペンサーらの「英国学士」に「利益」を、「法国学士」に「権理ノ極致」を代表させる箇所(『全集』第六巻、三八六頁)に現われている。兆民はフイエー原著に明治十五年当時から——仏学塾の哲学講義などを通じて——親しんでいたのだろうか。

(23) 福島正夫氏が兆民の新発見資料として発表された「論公利私利」は兆民の漢文の師三島中洲の編集になる『二松学舎翹楚集』第二編(明治十三年六月五日刊)の巻頭に掲げられたものであるが、本論は、「兆民の、根本はルソーによるところの、自説」(前掲論文、九八頁。傍点は引用者)と福島氏が指摘されるとおり、題材を孔孟の説に仰ぎながら、ルソーのたとえば「公共の利益」intérêt commun と「個人的な利益」intérêt particulier(I—7)、「一般意志」volonté générale と「特殊意志」volonté particulière(同上)等の理念に想を得たものなのではあるまいか。

(24) 『東洋自由新聞』第二十二号(明治一四・四・一六)、『全集』第一四巻、三四頁。

(25) 以下詳しくは、本書第三章Vを参照されたい。

《付　録》

中江兆民――『民約訳解』の周辺

旧稿を再録するに当っては、誤字・脱字等を正すにとどめ、本文に加筆することはしなかったが、その後明らかになった事実、もしくは誤りであることが判明した記述については、新たに補注を行なった。

以下の小論は私の修士論文「日本におけるJ-Jルソオ――中江兆民と『民約訳解』」の一部を抜粋したものである。最初私が兆民によるルソオ紹介の事情を調べようと思い立ったときの構想は、(1)兆民がルソオと出逢った必然的動機ともいうべきものを、かれのフランス留学前後の伝記的研究および当時の日本の遭遇していた政治的・歴史的情況の中から割り出すこと、(2)兆民が「訳解」を発表しはじめる明治十五年以前の日本において、ルソオ思想がどの程度まで浸透しかつ理解されていたかを調べ、かれの訳業のもつ意義をその中に明確に位置づけること、(3)「訳解」本文に厳密なテキスト・クリティークをほどこすことによって、兆民のルソオ理解もしくはそれに伴う思想的齟齬の問題を取り扱うこと[1]、(4)なすべくして果していない厖大なテーマ、日本におけるルソオ思想の影響を、文学・政治・社会の全分野に亘って調査することであった。日本におけるルソオの影響は、大別しただけでも政治に対する Contrat Social《コントラ ソシアル》, 文学に対する Confession《コンフェッション》, 教育に対する Emile《エミール》と極めて広範囲にわたるものであり、したがって(3)・(4)の部分の研究が完成されないかぎり、「訳解」以後八十年余りになる現在もなお未解決といわざるをえず、いわんや(1)・(2)の問題についてですら兆民個人の伝記的資料が極めて乏しいこと、明治初年の諸刊行物中欠損散佚したものが多いことなどのためにいまだに不明確な点が少なくない実情である。それゆえ本論においては問題をいたずらに拡散させることを避け、最初構想したルソオ＝兆民研究の序の序ともいうべき(1)の部分のみに局限して、以下の諸問題については、ひとまず割愛し他日の調査に俟つことにした。すなわち、フランス留学以前の兆民の漢洋両学の素養を推測し、留学中の師友関係からの光を当てて、かれが特にルソオを選んで翻訳、紹介するに至った経緯をあきらかにし、合せてわざわざ漢訳を行った理由をも考察することにしたのである。最後に断っておかなければならないことは、兆民留学中の事蹟については殆んど直接資料が残っていないためにかれの師 Emile《エミール》 Acollas《アコラス》に関する記述がまったく仮説の域を出ていないことである。けだし百年近くも昔の黄面の貧書生の生活を物語る資料が現在のパリのどこかに遺されているとしたら奇蹟というほかはあるまい。

(一) 土佐・長崎・江戸

明治四年十月十日付太政官日誌には、「中江篤介、洋学修業トシテ仏国へ差遣サル」という記事が雑報欄の片隅にみえている。近く欧米視察の途にのぼることになった岩倉大使の一行に随伴する留学生の仲間に加えられたことを報じたものである。兆民はときに二十五歳、フランス学に志してより六年目であった。幸徳秋水の『兆民先生』は数少ない兆民伝の圧巻であるが、それによるとかれはすでに久しく抱いていた外遊の願いを大久保利通に通じて果そうとしたが、あまりの蓬頭垢衣に門番の容れるところとならず、已むをえず一計を案じて馬丁を籠絡し、ついに大久保に会見することができたのだという。その際かれは留学の選抜を乞う理由として、「自ら其学術優秀にして、内国に在て、就くべきの師なく読むべきの書なき」を訴えたといわれるが、[2]果してその「就くべきの師なく読むべきの書なき」兆民の学術がどのような種類の、またどの程度のものであったか、その点を明らかにする具体的な手がかりは残念ながらほとんど残されていない。兆民は自ら語ることを好まなかったし、秋水の記述もいささか抽象的で我々を満足させてくれるものではない。すなわち、(1)兆民は十九歳にしてはじめて長崎の平井義十郎についてフランス語を習ったこと。(2)長崎では「居ること二歳、先生学大いに進」んだこと。(3)以後江戸に出て村上英俊や箕作麟祥の塾に入り、かたわら大学南校の助教や、福地源一郎の日新社塾頭をつとめたことなどが略述されているにすぎない。ところで、いま我々が知りたいのは、留学前の兆民がすでにルソオを知っていたか否か、知っていたとすればどの程度の知識だったか、また彼のフランス学以外の教養はルソオを受け容れるのに役立ったか、あるいは却ってそれを妨げたか等々の問題である。以下に少しくこの点を検討してみたい。

郷里土佐では文久二年二月吉田東洋の手で藩校文武館が開かれ、同年四月この文武館は全国の藩校に先駆けて和漢の学のほかに洋学をとり入れ、致道館と改ためている(3)。兆民は翌文久三年、十七歳でこの致道館に入り漢学を奥宮慥斎についておさめているわけである。土佐では従来、天文年間に南村梅軒が程朱の学と禅の心法を渾然一体とした宗旨を説いて以来、南学が伝統的な教学とされてきたが、兆民のついた奥宮慥斎は陽明学者としてはじめて藩校に用いられた人である(4)。もっとも後年の兆民に特に陽明学の影響がいちじるしいということはなく、却って程朱学者の岡松甕谷《おうこく》の門に入っていることなどから考え合わせると(この点については後述する)、この人の個人的感化が特に強かったとは思われない。『土佐偉人伝』には当時の兆民について「性飄逸奇矯にして俗と合はず、当時尊攘の論盛んにして、壮士太刀を挟んで所在横議す、篤介は心これを屑とせず独り門を閉ぢ読書に耽る」と記されているから(5)、『史記』『荘子』などの漢籍に親しむようになったのはこの頃のことであろう。洋学については、同じくこの致道館で萩原三圭、細川潤次郎の二人について蘭学を学んでいる。短期間のことでもあり、その程度はおそらくとるに足らないものであろうが、蟹行のオランダ文字が少年の夢想に与えた清新の意気は無視することができないであろう。尊攘論者の巷をよそにして思いを遠く開国後の将来に馳せていたのでもあろうか、ひとり門を閉ざして蘭学にいそしむ少年篤介はすでに同輩を一頭抜いていたものとみえ、慶応元年十九歳の年にかれは細川の推挽によって高知藩留学生に選ばれ長崎に赴いている。

長崎では平井義十郎についてフランス学を修めたといわれる。平井は文久三年七月、のちにモンテスキューの『万法精理』を英語から重訳した何礼之とともに当地の英語所の学頭となった人で、英語所が江戸に移された後も長崎にとどまり、慶応元年、語学所済美館が改めて設立されるに及んでその教授となった(6)。当時の済美館では英仏露の三ヶ国語および語学以外の諸学科を教授したらしいが、その細目は知られていない。ただ当時の長崎の一般的情勢から推測すれば歴史、航海術、海防等、主として実学に類する洋書の講読が行われていたものと思われ、おそらくは語学を主として、他の諸学科は従とされたものであろう。『兆民先生』に、「居ること二歳、先生学大に進む」といっているのは、語学力が大いに進歩したといっている程度ではなかろうか。兆民が晩年に語っていることなどから推して、のちにかれがルソオの紹介者として登場するに至る思想的素地を長崎時代に準備したものがあるとすれば、それはかれが済美館において修めた学よりもむしろ、当時脱藩土佐藩士を中心とする海援隊を指揮していた坂本竜馬の影響であったかもしれない。

当時坂本は長崎の亀山を本拠として海援隊士を率いて航海貿易の業に従事していた(7)。従来土佐の公論は藩主山内容堂をはじめとする尊王佐幕派がリードしていたが、それに飽き足らず勤王討幕論を抱く者たちが敢えて脱藩し、坂本を中心に社中と称する非公式の結社を作っていた。海援隊はこの社中が慶応三年、

坂本竜馬事才谷梅太郎、右者脱走罪跡差免海援隊長仰付之
但隊中之処分一切御任セ被仰付之

という藩命をうけて公許されたのちの正式の名称である。この海援隊の公許は、土佐一国内の情勢の変化のみならず、日本全国が尊王攘夷から尊王討幕へと傾いていく過程を反映する一事実であろうが、ここで注意してよいのは、海援隊が当時の時流をはるかにぬきんでて、「運輸、射利、開拓、機、本藩の応援をなすを主とす」という着実な綱領をすでにかかげていたことである。これは薩長連合を画策していた坂本としては、連合なり、討幕なった将来を見越した上での建設的な指針だったものと思われ、まさにかれの先見の明をみるべきところであるが、右の目的を完遂するためには海援隊の隊規はまた極めて厳格で、たとえば隊士中人妻に通ずるものは、「隊長其死活を制するも亦許す」とされ、「独断過激儕輩の妨を為し」私利をはかる者も死をもって罪せられた(8)。社中でも特に世才に長じリーダー格をつとめていた上杉宗次郎が、隊員にはからずひとり英国渡航を企てたという違約行為によって文字通り詰腹を切らされているのがその例である。「術数有余而至誠不足、上杉氏の身を亡す所以なり」という坂本の批評は昨日の同志に対して苛酷にすぎる観もないではないが、それだけにまた隊員各自は彼の手足の如く働らき、隊中にはみごとな統制が保たれていた。そんな時に同郷の先輩としての坂本に来たり会した兆民が、日頃の不羈狷介にも似あわず、坂本の頼みとあらば嬉々として使い走りにも甘んじたというのもあながち無理からぬことといわねばならない。兆民の坂本崇拝はここで「何となくエラキ人なり」と信じたのがきっかけで、晩年の『一年有半』においてすら近世非凡人三十一人の中に算えているくらいであるから(9)、その傾倒ぶりは若年のことでもあり、当時全人格的なものであったろう。ところで、後年『民約訳解』の訳著者として東洋のルソオと仰

がれ、「自由党に向つてあたかも党師の如き位置を占めていた」(10)といわれる兆民は、坂本からいかなる思想的感化を蒙ったろうか。この間の消息を伝える具体的な資料はなく、ただ、坂本がかつて海援隊の船中にあって外人船載の一小冊子を得たことがあると伝えられるのみであるが、(11)それとただちにルソオを結びつけることは勿論できない。しかしかれが長岡謙吉に命じて書かせたという「藩論」、およびのちに諸侯会議のために土佐藩重役に示された「竜馬の八策」などにすでにみられる憲政思想が、当時海援隊内部で好んで論じられていたと想像するのはあながち不可能なことではない。たとえば八策中、

第四義　律令を撰し新に無窮の大典を定む　律令既に定まれば諸侯伯皆此を奉じて部下を率ゆ

第五義　上下議政所

とある二ヶ条のごときはのちに五箇条の誓文に継承発展され、ひいては自由民権運動の典拠にもなったことを考え合わせれば、坂本に接したことが兆民にとってルソオを知る機縁にはならなかったとしても、ルソオを知るための思想的素地になりえたであろうことは充分想像できるのである。つまりそれは徳富蘇峰が「尊王討幕論から、自由主義となり、門閥全廃、封土返上、公議政体樹立、憲法制定、立憲政治でなければならぬ」(12)といっている土佐藩伝統の自由主義という意味における間接的影響というべきである。

長崎で学ぶこと二年、兆民がさらに江戸遊学を思いたったのは慶応二年のことである。長崎は江戸三百年間を通じて西欧文明の中心地としての名実を欲しいままにしてきたが、幕末の相継ぐ政争の渦中で、国内情勢が攘夷佐幕から開国尊王へと傾き、江戸を中心として諸列強との外交折衝が頻繁になるにつれて、次第にその地位を江戸に譲らざるをえなくなったのもけだしやむをえぬ勢であった。江戸ではすでに文久三年、洋書調所が開成所と改められ、蘭英の学のかたわら仏学も村上英俊とその弟子たちによって講じられていた。それゆえ兆民がさらに仏学を研鑽しようと思えば長崎を去って江戸へ出るのが理の当然であろう。しかし当時長崎から陸路江戸へ赴くのは容易なことではなかった。一番の近道は外国船に便乗する海路をとることであったが、その船賃二十五両は兆民のごとき一介の窮書生にとっては余りの巨額であった。窮余の一策としてかれは、当時長崎で土佐藩留学生の監督をしていた岩崎弥太郎にかけあってみたが、岩崎はたかが一書生のためにとてとりあってくれる気配もない。そこは生来他人の前に頭を屈することの嫌いな兆民であ

るからいつまでも岩崎に恋々としてはいず、怫然袂を払って辞し去ったのは勿論のことである。ところが折も折、兆民にとって運のよいことには、土佐藩参政の後藤象二郎が艦船購入の藩命を受けて長崎に来ていた。岩崎に拒まれた兆民はこの後藤にことを諮ったわけである。坂本竜馬がはじめて会見し、一見して相許したというのが慶応三年二月下旬のことであるから、兆民が後藤に面会したのはおそらくそれ以後のことで、あるいは坂本を介してであったかもしれない。[補1] 席上兆民は、「此身合称諸生否、終歳不登花月楼」(前二句不詳)の一絶を示し、後藤は青年の客気をよろこんでか、笑ってかれに二十五両を与えたといわれる。兆民と後藤の長い間の関係もここにはじまるのである。

兆民が江戸に出てまず入門したのは、本邦仏学始祖と呼ばれる村上英俊が深川に開いて間もない私塾、達理堂であった。村上はかつて蘭学を宇田川榕庵について学び、主として西洋化学を修めたが、のちにベルツェリウスの「化学論」を求めたところ、三年待って漸く手に入ったものが偶然その仏訳本だったという機縁でフランス学に志し、爾来研鑽十六ヶ月、漸く語句に通ずることを得たといわれる人で、夙に仏学の分野でも『三語便覧』(安政元年)、『仏蘭西詞林』(安政四年)、『仏語明要』(元治元年)等の著書を公けにしていた。安政六年蕃所調所の教授手伝となり、開成所と改称されてからも弟子の林正十郎、小林鼎助らと共に仏学を講じたが、維新に際して致仕引退し、以前から公務の余暇に営んでいた家塾を公開して広く門生を募ったものが達理堂であった。村上英俊伝には「一度達理堂の開塾が伝はるや、青年のこの門を叩く者踵を次いだ」[13]といわれている。

達理堂における講義内容には、フランス語およびフランス語で書かれた西洋史書の講読の他、英俊得意の化学があったがこれにはさっぱり人気がなかったという。兆民はフランス語の読解については長崎時代すでにある程度は習熟していたと思われ、また西洋史の一般知識のわきまえもあったであろうから、ここでの講義に特に新鮮味を感じられなかったであろうことも想像にかたくない。英俊は明治四年に「ダニール」(Daniel, le R. P. Charles)の西洋史翻訳十冊を出しているから、この種のものがテキストに使われていたのかもしれないが、兆民が特に英俊から思想的影響を受けたということはなさそうである。

達理堂門人名簿によれば、兆民は榎本武揚らとともにいち早く村上の門に参じたひとりであるが、かれがいくばくもなくして破門されているのは、かならずしも『兆民先生』にいわれているように慢心のあまり深川の娼楼に留連したためばかりとは思われない。破門されたのはひとり兆民に限ったわけではなく他にも一番弟子の林正十郎をはじめとして決して少なくはないからである。これよりさき、慶応三年、パリで万国博覧会が催されたとき日本からは将軍の名代として徳川民部公子が派遣されたが、この民部に随行して翻訳御用頭取をつとめた箕作麟祥がすでに明治元年二月には帰朝している。時代の進運はもはやEgypte《エヂプト》をエゲプトと発音する教師に仏学始祖の名声を擅にさせておくことを許さない段階に至っていたのではなかろうか。先駆者の常として英俊の身の上にも次第に後進に先を越される悲哀が迫っており、達理堂を辞して箕作塾へ趨る門生も少なくなかったのである。兆民の破門という事実のうらには、英俊心中の悶々とした焦燥感も手伝っていたのかもしれない。

　達理堂を去った後の兆民は、一時横浜のカトリック僧について学び、慶応三年十二月、神戸大阪開港の際にはフランス公使レオン・ロッシュ、同領事レックに従って通弁官の列に加わったこともあるという(14)。当時としてはフランス語も抜群だったのかもしれないが、のちに留学した当初、文法上の誤まりは指摘しえても一旦路上に出ると一々西園寺を煩わさなければ用が足りなかったといわれているところをみると(15)、兆民のフランス語も読むのが専門だったのであろう。またそれはかれの時代を考えれば無理からぬことでもある。

　その後兆民は、短期間ではあったが神田南神保町に箕作麟祥が開いた家塾に学んでいる。同門には神戸洋学校で箕作の教えを受けたことのある大井憲太郎や、兆民のフランス留学時代親交のあった今村和郎の名がみえている(16)。箕作はのちには官学教授の肩書を持ちながら明六雑誌に「リボルチーの説」を載せ、また八年十月には自ら主宰する雑誌「万国叢話」に「国政転変の論」(ともに典拠不明)を訳載して物議をかもした人であるが、兆民の入門した当時はフランスから帰って間もない頃であり、講義内容についても村上塾とさほど距りがあったとは思われない。箕作のフランス語にしても徳川民部一行に随行を志願してからの俄か仕立てであり、滞仏中も公務に追われて特に学問をするという暇もなかったらしいから(17)、祖父阮甫以来箕作家の家学ともいうべき歴史書の講読などが主で、どちらかといえば新帰朝という稀少価値が世にもてはやされていたのであろう。ただし、明治四年刊の『万国新史』(18)がこのときの講義をもとにして書かれたものであったとすれば、その口にはウォルティルと並んでルーソウの略伝、及び「民約ノ説」(ソシアル・コントラクト)の要旨が紹介されているから(19)、兆民が箕作塾でルソオを知ったという可能性もないではないが、確証はないのであるから、これを過大評価するのは危険であろう。またかりに知ったにしてもおそらくは断片的な知識にすぎなかったのではないかと思われる。

兆民がこの箕作塾もいくばくもなくしてやめているのは、やはり講義内容に慊りなかったことが第一原因だったのであろうか。それ以後福地源一郎の日新社に塾頭となり、フランス学の学生を受け持ったのみで誰にも師事していないのは、当時の段階においてまさしく彼の学力が「就くべきの師なく読むべきの書なき」に至っていたことのひとつの証拠といってよい。かれが日新社塾頭になったのは明治二年末ないし三年はじめと推定されるから、(20) 四年、大久保に会って留学を許されるまでの一年有余の間は、このような状態ですごしたわけで、日新社にありながら時々ひそかに抜け出しては杵屋の三絃を習いに出かけたといわれるのもあるいはその間の無聊を慰めるためであったかもしれない。

(二) フランスに於ける兆民

願いかなって兆民がいよいよフランス留学の途に上るのは、明治四年十一月十二日のことである。岩倉遣欧使節一行と同じ船で十二月六日サンフランシスコ着、一行とはおそらくそこで別れてフランスに向かった。パリに着いた時期は不明であるが、五年はじめごろであろう。(補2) かれが第一歩を印した当時のパリは、マルクスによって史上最初のプロレタリア革命と呼ばれたパリ・コムミューヌが政府側の徹底的な弾圧によって殲滅された翌年にあたり、かつてミラボー蠅(Mirabeau-Mouche)の異名をとったチェールが大統領に選ばれて辣腕をふるいはじめていたころである。第二帝政が倒れてからいまだ日も浅く、さりとて生れたばかりの第三共和政はまったく暗中模索の段階であったから、さらぬだに不安定なフランスの政情がとりわけ紛糾をきわめている時期であった。チェールが共和党中道左派を地盤として立っていれば、国民議会の過半数は中道右派のオルレアニストによって占められ、その上極右王党派のレジティミスト、ガンベッタの率いる極左共和派などの小党が乱立する一方、ナポレオン三世の失墜後をうけて議会勢力とはなりえなかったが、ボナパルティストは他日を期して雌伏中という有様で、維新草創後まもない日本をあとにした兆民がこれらの勢力関係を果してどの程度まで識別したかはいささか疑問とすべき点であろう。兆民自身は着仏当時の印象を語っていないが、かれよりも一と足早く前年三月、コムミューヌがパリの支配権を握った直後に到着した西園寺公望は比較的多くの印象記を残しているので、第三共和政初期のフランスが明治初期の日本インテリの目にいかに映じたかを物語るひとつの傍証として以下に引用してみよう。パリ・コムミューヌについて西園寺は橋本実梁宛書簡に次のように書きおくっている。(21)

……就中仏は昨年普に打ち負けしより国内更に紛乱し、遂に解兵之時より事起り、共和政治を必とし姦猾無恥の徒大に愚民を煽動し以て王戈を用ふるに至れり。政府は是を鎮定すること不能、却而此賊を避けベルサイユといふ地に引き移れり。賊は則ち巴里斯に蟠り、政府を偽主し頗る暴威を張る

……既にして政府の方大に勝を得、賊兵敗走す。政府の兵則ち四方に散じて、放火を救ひ賊を捕ふ。捕ふれば則ち尽く是を誅す。其屍路頭に横れり。欧州には珍敷愉快の所置なり。此戦凡そ三週日にて平定すと雖も、仏国古来の宝品書籍多分に焼失すと云ふ。前条に付而は人々誠に危急なりし、然れども本州の学生には一人も怪我なく、益々実地によき研究せり、あゝ此の後の終局如何あらん。目を刮して傍観致し候

ここにみられるのは齢十九歳にして山陰北陸鎮撫の総督となった西園寺の、官軍を尚び賊軍を卑しむ一種の衆愚観なのであるが、これは開国当初の日本の知識階級のメンタリティーとしては特に不自然なものではなかったかもしれない。ましてやコムミューヌにしてもかならずしもマルクスの定義通りの理想的共和国として進展したとばかりはいいえず、明白な政治的・社会信条をもっているのは一部の社会主義者にとどまって、表面的には目的意識も曖昧な烏合の衆と映じたこともあったであろう。(22)大政奉還、維新新政をみてきたばかりの人間にただちに「本質的に労働者階級の政府」をみてとれと注文するのが本来無理というものかもしれない。しかしここでひとつ注目しておきたいのは、フランス政況の進展に対する西園寺の実に新鮮で且つ熾烈な好奇心の発露である。「あゝ此の後の終局如何あらん。目を刮して傍観致し候」という気持は、たまたま西園寺がパリ・コムミューヌという未曾有の政変を目撃したという事情によるにしても、またそれは遠く日本から選ばれて留学した者たちがひとしく抱いたいつわらない心境だったというべきであろう。第三共和政については西園寺は自伝の中でこのように語っている。(23)

わたしが徳をしたと思ふのは、第一、日本が維新で緊張して風雲の気が冷めない時であつたこと。第二、フランスが敗戦の後を享けて臥薪嘗胆してその緊張ぶりが日本どころ

ではない、人心興奮して、俊才輩出して、王家派も帝統派も、共和派も協心戮力、王家派から大統領チェールが出、ナポレオンの大臣であつたルェールが新政府の大蔵大臣に出直して共和主義の諸名流と同じく、政治をとるといつた風で、学者にしろ芸術家にしろ、真に挙国一致の必要を痛感して、全能力を発揮する雰囲気に包まれたために、わたし自らも緊張せざるを得ない……

兆民はパリ留学中この西園寺と交を結び、帰国後も明治十四年には相謀って東洋自由新聞を起しているが、かれがチェールについて述べている言葉の端々に徴してみても、その第三共和政観は右に掲げた西園寺のものとそれ程遠くかけ離れたものであったとは思われない。例えば、『一年有半』中兆民は、古今東西にわたって大政治家は誰ぞと問い、フランスでは「リセリユー」「コルベール」とともにチェールを挙げている。しかもこれらの「大政事家の為す所は、一定の方向有り、動す可らざる順序有り、光明俊偉の観有り、其言ふ所は即ち其行ふ所[24]」とされているのであるが、ほかならぬこのチェールこそ、マルクスの『フランスの内乱』ではその似而非英雄振りを「フランスのスルラ」と綽名され、「ヴォルテールの予見したように、一時その虎のような諸本能を思い切り奔溢させることを許された猿ほど、恐ろしいものはない[25]」と罵倒されて反動政治の元兇ときめつけられているのである。しかしひるがえって考えるならば、たとえその正体はマルクスの告発する通りだったにしても、一方、たしかにチェールには、その非義を許さぬ技量、驚異的な活動力、および議員、閣僚会議議長、大統領という三職兼任によって威信は断然他を圧していたし[26]、あまつさえ、つねに革命と共和国の擁護者としてのポーズは忘れなかったから、兆民がそこに共和政治の理想をみいだしたとてさして怪しむには足りないであろう。兆民は後年、「迂闊に迄理想を守ること、是小生が自慢の処に御座候」と弟子の秋水に述懐しているが[27]、この場合にもチェールの擬装された議会政治が、その擬装のままに、兆民の理想主義的精神の内部において共和主義のひとつのプロトタイプとして定着されたということができるであろう。かれはチェールのうちに「燃ゆるが如き熱誠と至剛の気[28]」をみていたが、それはかれが死にいたるまで攻撃してやまなかった薩長藩閥政府の中には絶えてみいだしえないところであった。チェールが普仏戦争敗戦後の政権を受け持ってともかくもフランスの威信を回復したこと、また第三共和政の地固めという難事業をなし遂げたこと——これらの実際的功績こそ維新日本が当面最も必要とするところではなかったか。兆民のチェール認識にはたしかに限界があり、後年「ルーソー主義と革命主義」[29]の鼓吹者と目された一面と一見矛盾するようにもみうけられるのであるが、これはある意味ではのちの『三酔人経綸問答』にも跡をとどめているかれの共和主義的政治家像であって、ひとり兆民を責める前に、まず、それが当時の日本の現実的要請を踏まえたものであった点に注意すべきであろう。

兆民滞仏中二年間のフランスの政治情勢についてはここで特に触れる余裕がないが[30]、それはまことに混乱動揺をきわめた第三共和政の胎動期であった。いわば共和政のカオスにほかならなかったともいえるが、それだけにそこではあらゆる種類の政党が一応議会主義のレールの上でそれぞれの立場を主張し合っており、実際政治のよい見本でもあった。ルソオ思想と直接の関係はないが、帰国後の兆民の藩閥政府攻撃があれほど大きな影響力をもちえたのは、かれの名文もさることながら、フランスにおける実際政治の見聞が大いに与って力あったものといわなければならない。

さて、留学中の兆民の生活については知られているところ極めて少ない。『兆民先生』にも「先生が仏国留学中の事、親しく其詳細を叩くに遑あらざりしは、今に於て予の深く遺憾とする所也」という断りがあって、二、三のとるに足らない逸話が述べられているにすぎない[31]。わずかに手がかりとすべきは在仏中の交遊関係で、西園寺公望をはじめ、光妙寺三郎、今村和郎、福田乾一、飯塚納らと交ったことだけはわかっているが、記録の残っているのは西園寺だけで、それとてもあまり頼りになる性質のものではない。

西園寺と兆民との交遊がいつごろからはじまったものかはっきりしないが、西園寺の自伝によれば、かれがパリのある私塾に入っていたころ「中江兆民、光妙寺三郎、松田正久などは後から来た」と記されているから[32]、フランス到着後まもないころであろう。パリにおける交遊のうちでは西園寺がいちばん親しかったとみえるが、出生、性格、趣味その他あらゆる点で対照的であったことが却って二人を結びつける結果になったのであろうか。一方の西園寺は九清華の一家、徳大寺家の出身、兆民は貧乏士族の出であり、西園寺がパリジャンよりもパリジャンだと噂された貴公子であったとすれば、兆民は平民中の平民をもって自認していた。西園寺は正式にソルボンヌに入学して法律の学位を取得しているが、兆民については、「中江だの今村(和郎)などは留学でも正式に入学したのではない。入ろうとしても実は入れなかった。勉強よりも高論放談の方だった」と

いわれているくらいである。(33)

当時の兆民の生活を推測するには右の西園寺の証言のほかに『兆民先生』の記述をあげることができる。(34)

> 先生が司法省の派遣する所たりしに拘らず、専ら哲学、史学、文学を研鑽したることを聞けり。孟子、文章軌範、外史の諸書を仏訳したることを聞けり。其渉猟せる史籍の該博なりしことを聞けり

以上の二つの手がかりによって、在仏中の兆民の生活のおおよその輪郭だけはつかめるであろう。すなわち、かれは司法省出仕という資格にもかかわらずもっぱら高論放談と自由な読書に日を送っていたということである。放談の対象となったものは哲学、文学等と、いうまでもなく現下のフランス第三共和政のなりゆき、それから特に日本の将来であったろう。

さてここでいよいよ「フランスにおける兆民」の問題の核心に迫らなければならない。すなわち兆民がいかにしてルソオを知るに至ったかということである。さきに前節において、留学前にも兆民があるいは箕作塾あたりですでにルソオをいくらかは知っていたのではないかという推定を下しておいた。しかし箕作塾でたとえルソオの名前とその略伝、民約論の要旨などを学んだとしても果してそれが文字の知識以上のものを意味したであろうか。かれが日本をあとにしたころはまだ明治政府の絶対政権的基礎が確立する以前で、一応四民平等、百事御一新という改革ムードが全国にみなぎっている時期であったから、特にルソオ思想をもってする攻撃目標となる必然性もとぼしく、たとえ理論として、知識としてルソオ思想が入ったとしてもそれが現実的効果を発揮する基盤を欠いていたといわなければならない。

それでは兆民がフランス留学中にルソオと出会ったとすれば、それはどのような機縁によってであろうか。かれがあまねく諸書を渉猟し、専ら高論放談をこととしていたときに、その読書書目の中にルソオが何冊か入っていたと想像するのはきわめてたやすいことである。しかし私は兆民がルソオを読むようになった契機としてかれとルソオとの間に一人の仲介者をおくのが自然であろうと考える。すなわちその第三者の紹介によって兆民とルソオとの出会いが実現するという経路を設定したいのである。いかに留学前の兆民が「就くべきの師なく読むべきの書なき」域に達していたとて、たとえばルソオを読むためにというはっきりした目的をもって海を渡ったとは考えられないからである。大久保に推輓を依頼した事情から考えても国家に有為

の材たらんといった程度の、当時の留学生に一般の漠然とした気持からではなかったか。それでは、私の仮定を可能にした仲介者とは一体誰のことなのだろう――Emile Acollas がその人である。[補3]

兆民がパリに着いたときに、西園寺公望が「ある私塾」に学んでいたことはさきに述べた。その私塾を営んでいたのが実はこのアコラス[補4]で、私塾では主にソルボンヌ大学へ入学する者のための準備教育が施されていた。西園寺の前にもすでに薩摩藩出身者の前田正名がいたといわれ、当時日本から留学する者のうちにはこのアコラスの門を叩いた者が多いらしい。

エミール・アコラス[35]は、一八六七年ジュネーヴにおける第一回平和会議に参加してヨーロッパ民主同盟を結成するなど、当時としてはかなり急進的な法律学者、政論家であった。ジュネーヴから帰国した際には社会運動を企てたかどで投獄されたり、一八七一年にはコムミューヌ政府によって法科大学長 Doyen de la Faculté de droit に任命されたりしているが、普仏戦争の勃発前にベルヌに招聘されたままコムミューヌの招きには応じなかったので乱後の反動期にはことなきをえた。私塾は糊口の資を得るために一八五〇年ころからいとなんで法律を講じていたらしく、兆民が留学したころにはかなり発展していたようである。

ところで、西園寺公望はこのアコラスの門人として自他共に許し、弟子というよりは友人、のちには服飾、料理にもおよぶ身辺の相談相手にまでなった程の人であるから、かれがしばしばアコラスのことを語っているのに不思議はないといえるが、同じく門人に名を連ね、[補5]西園寺とも親しかった兆民が殆んど黙しているのは何故だろうか。[36]ここにはアコラスをめぐっての西園寺と兆民との思想的、性格的差異、ひいてはルソオ解釈の差異にまで溯りうる問題がひそんでいるらしいのである。

兆民は師アコラスについて語るところ少なかった。むしろ口を緘していたとさえみうけられる。しかしだからといって決して師弟の礼を欠いていたわけではない。[37]逆説的にいえば、語らなかったことによって却ってアコラスへの敬意を表わしていたのではなかったろうか。死ぬまで薩長政府を罵倒し攻撃しつくした毒舌家兆民は、晩年秋水に自伝を著わすことを勧められた際、「我れ一寒儒の生涯、何の事功か伝ふるに足る者有らん哉。且つ夫れ自伝を草する、勢ひ知人故旧の秘密を暴露せざるを得ず。彼のルーソーの如きは忌憚なきの甚しき者、是れ余の忍ぶ能はざる所也[38]」と答えて応じなかったという謙虚な一面をも備えた人であった。自己の生涯について決定的な意味をもったパリ留学中の事蹟を絶えて語ろうとしなかった兆民が、[39] ここでもまた師アコラスについて語らなかったとて特別奇異なことには属さないのである。以下に私はアコラスとルソオさらにアコラスを通じて兆民とルソオの関係を考察してゆきたいと思う。

アコラスはさきにも述べたとおり、かなり急進的な政治思想家で、社会主義者にはならなかったが、それに近い急進社会民主主義者であった。西園寺は後年師を追懐してこのように語っている。[40]

> 余が師エミール・アコラス翁は此世紀の半ば頃より、仏国の政治思想界に少なからぬ勢力を有し、学問の淵博と云はんよりは、寧ろ識見の透徹を以て知られたる碩学にして、亦一種の慷慨家なり。クレマンソウ、フロッケイ等の急進党多くその門に出入し、余も亦彼等と翁の家に於て相会したること少なからざりき。今は其時代已に過ぎ去れりと雖も、仏国が余りに武権政治に傾き若くは政治家が余りに温和に傾くの時は、今後共反動の勢力は、此流派より復現せんこと少なからざるべきか

これは西園寺のアコラスへのオマージュであって、無論兆民のそれではない。かれはこの種の追懐談をなにひとつ残していないのである。しかしここに期せずして私は、師アコラスをめぐって西園寺と兆民との態度の鮮かな対比をみざるをえない。

ここにかくいう西園寺は、また「時流に逆らいもしなければ時流に従いもしない」と自ら語っている人である。帰朝直後の明治十四年、兆民と共に興し、自ら社主に任じた東洋自由新聞から内勅によって追われた際にも、いくばくもなくして参議官補に任ぜられ、「議官だって議官補だって同じことではないかといって平気で受けた」[41]という一面もある。「西園寺侯、気宇高亮、識見宏遠にして、加ふるに聡明匹儔なし、但其太だ聡明にして、一切事に於て直ちに輒ち其着落の処を透観するが為めに、一も侯の好奇心を動すに足る莫し」[42]という兆民の批評の適確な所以でもあろう。それでは師について語らなかった兆民についてはどうか——ある意味では帰国後のかれの全言論活動が、西園寺がアコラスにおいて評したことを自ら行っていたとはいえないだろうか。「自由党に向つて恰かも党師の如き位置を占めてゐた」[43]のも勿論西園寺でなくて兆民であったし、「純理を楯とし、秕政を掊撃して余力を仮さず、以て講壇自由主義の精華を揚げ、自由党の別働として、抜戟一隊を成」[44]したといわれるのも、兆民の功ではなかったろうか。

西園寺はのちにリベラルな元老となって長く政界に君臨し、

迂闊に迄理想を守った兆民は陋巷に窮死して門生から酒井雄三郎、幸徳秋水らを出した。語った西園寺と行った兆民と――これまた二人が結ばれた所以でもあったのだろう。

西園寺は右の他にも『政理新論』に序文を寄せて師アコラスの説を掲げ、ルソオをしりぞける所以を次のように説明している。(45)

……今之時去二婁騒《ルソオ》之時一已遠、而去二孔子之時一又益遠矣。借如取二噎《エミール》先生之業一、質二之前賢一、非二独婁騒必賛レ之、雖二即孔子一、亦必将レ従レ之矣。無レ他、俗随レ時而移、識累レ世而益進也

ここに現われている西園寺のルソオ批判は、たとえばルソオの『学問芸術論』などとは正反対の進歩主義の立場からするものであるが、果してそれは師アコラスの思想を祖述したためにそうなのか、否か、以下にその点を明らかにしてみたい。

同じ『政理新論』巻頭には、アコラスの自序が漢訳されて掲げられている。冒頭に「告先師婁騒」という献辞があるのは、アコラスとルソオとの精神的紐帯がひととおりでなかったことを示唆するものであろう。

予始読夫子之書、大有所悟、遂得別自立一説、是豈夫子起予者非邪、夫夫子信天神矣、而予也排之、夫子論主権、帰之於衆庶矣、而予也斥之、則予之与夫子、宜若不相容也、雖然、夫子之在世也、推闡天理、講明人義、孜々不倦、視斯道猶飢渴之於飲食、唯恐不及焉、自生民以来、未若夫子也、是以、予今掲夫子之名于巻首、而表之、不知夫子果頷予言否

ここにアコラスとルソオの思想的対比が端的に図式的に述べられている。ルソオ頌はまたルソオ批判である。敬愛してやまないのはルソオの人であり、断じて相容れないのはその説である。ところでその説に与しえない理由は何か。それは以下の二点に要約されている。

一、ルソオが神を信じたこと。

二、ルソオが主権を人民に帰したこと。

アコラスが右の二点に基いてルソオを批判したとするならば、逆にアコラスが神を信じえない理由、ルソオの人民主権説を肯んじない理由によってアコラスとルソオとの関係を一層明確に把握することができるであろう。(46)

(i) アコラスの無神論

アコラスは、『政理新論』の「学及び神」と題する一章に、

地上の一切の事物は学問研究の対象となりうること、また人間には学問をする性質が備わっていることを論じたのちに、神の存在の問題を取り上げている。(47)

夫レ神ノ物タル学理ニ乖戻スルモノナリ独リ神其物ノ学理ニ乖戻スルノミナラズ其之ヲ認識スルノ方モ亦タ学理ニ乖戻スルモノナリ

すなわちかれにおいて神は、科学的実証的に検証しうる物でもなければ法でもない。それは理性によって証明することのできない無稽の妄想にすぎないのである。もし神を人体と異なる無形の法則と仮定すれば、それは畢竟人間の知性を抽象してそれに至上権を与えたものというべきであるから、人間に愛があるとすれば神にも愛がなければならない。愛がある以上神は世に悪徳の存在するのをみるにしのびない筈であるが、ところが現世には悪徳がいつまでも跡を絶たない。

また、神には先見の明が備わっているはずであるから、人間の悪徳を未然に防いでしかるべきであるのに、実はその反対で、悪徳をなすがままに任せておいて後になってそれを罰する。これではまったく人形使いが自分で糸の操り方を誤まりながら人形を罰するのと同断で、いずれにしろこんな不条理なことはない。それならば神を人体とひとしい形を具有するものと仮定したらどうか。いうもおろか、この宇宙では人間こそ万物の霊長であって、これにまさるものはないのであるから、ことさらに屋上屋をかさねてみたところで何の足しにもなりはしない。

要するに神の存在のごときは世界の秩序にもとり、不条理なるが故に信ずる底の仮想概念にすぎず、ひとり学問とは本来両立しえないものなのである。それどころか、ひとり学問と両立しえないのみならず、神が有害なものであることは、キリスト教のうちもっともひろく行われているローマカトリックの教説をみれば明らかである。なぜなら、ローマカトリックが、主権を掌るのは神であり、神はその欲するところの一人もしくは一家族にそれを授けると説いたためにこそ、古来君主が横暴をほしいままにするような事態が生じたのである。まさしくキリスト教こそは、人類をして奴隷たらしめる道徳であって各人自主の権利に反すること、これほど甚だしいものはない。

以上がアコラスの無神論の大略である。アコラスは自ら「予ノ如キハ第十八世紀ノ文化ヲ承受シ其照明ナル光火ヲ借リテ書ヲ著ハシ事ヲ論ズル者」(48)と認めているとおり、その思想は十八世紀百科全書派の理性万能主義の直系ということができ、さらにその上にテーヌらの観察と帰納とを重んじる科学的実証主義を加味したものである。かれの学説は「各人自主」autonomie de l'individu[49]の一語に要約しうるといって過言ではないが、かれがキリスト教を排撃するのは、キリスト教がその精神的普遍《カトリ》主義《シズム》によって、この各人自主の権利を犯すと考えたからに他ならない。それゆえルソオが、キリスト教を人民を奴隷にする道徳だといい、専制政治を助長するものにすぎないというときには、アコラスは我意を得たりとばかりに讃辞を送っているわけである[50]。「各人自主」の理論はこのとおりかれの無神論を支えているものであるが、それはまた、かれの政治論においても特に重要な概念となっている。ルソオ批判ももっぱらその線上においてなされているので以下にそれをみよう。

(ii) アコラスの人民主権論批判

右にみたとおりキリスト教、特にローマカトリック批判においては、アコラスはキリスト教が人民を君主の奴隷とし、王権神授説に道をひらいたという理由でそれを排撃したのであった[51]。それではかれがルソオの人民主権論をも「衆庶専擅ノ謬説」といってしりぞけるのはなぜだろうか。ルソオによれば、社会状態における個人の自由は、個人がその社会の一般意志に絶対的に服従するという義務の対価として確保されるわけであるが、アコラスはこの一般意志こそ「各人自主ノ権」を損うこと、キリスト教衰頽の時代に際して、キリスト教よりもさらに甚だしいものとするのである。ルソオは、人民が互いに契約を結んでひとつの政治体 corps politique を形づくるとするのであるが、アコラスからみれば、本来この、人民が一体であるという考え方自体が重大な誤謬であると考えられる。人民がもし一体であるならば、なぜかれらは日々互いに相争ってやめないのか。この不統一の人民を「主権者」le souverain と称し、その共同目的のためには契約を結んだ個々人の財産ばかりか生命までを犠牲にするのもやむをえないとは、何と不合理なことであろう。主権者の意志は政治体内部の多数者の決定するところだから不公平はないとルソオはいうが、古来の歴史に徴してみれば、この多数者こそそもそも疑わしいのであって、往々それは有名無実のまやかしか、或いは少数者が体よく多数者を装っているかのどちらかにすぎない。いずれにしろルソオの人民主権論というのは、所詮、少数者によるその余の人民に対する専断を意味するにすぎず、いわゆる「至善至良ノ制度」も一転して至悪の制度に堕してしまう。

すなわちアコラスにおいては、ルソオが個々人の意志の上に人民もしくは国家の意志を君臨させ、ときにはそれが個々人の意志に反してまでも決定権を握る、と説いている点が非難されているのである。アコラスによればルソオの最大の誤謬は「各人自主」の理を見おとしたことで、それゆえルソオは、権力とは実は個人の自己自身に対する権利にすぎず、この「各人自主」の理は民主政という理想的政体においてのみ実現される、という点に気づかなかったといわれるわけである。(52)

アコラスのルソオ批判は大略以上のとおりであるが、無論かれは非難ばかりをルソオに向けているわけではない。それどころか、積極的にみとめうる点があったればこそ、ルソオを先師とまで仰いだのであろう。

アコラスよりみれば、なるほどルソオの主唱した社会的権利 droit social の概念はそれが「各人自主」の理をみおとしているという点で誤謬ではあった。しかしその反面、政治的権利 droit politique の原理をはじめて明確に打ち出したのはこのルソオに他ならなかったし、また主権の存在に固有の三条件――(i)主権は譲渡できないこと、(ii)主権は分割できないこと、(iii)主権は代表されえないこと――を見出したという点でも、ルソオは偉大な先人であった。

アコラスはその主著「民法提要」Manuel de droit civil の中でルソオに関して次のような注を附しているが、これはかれのルソオ観の総決算といってもよいものである。(53)

Il est devenu mode d'insulter à la gloire de l'homme qui demeure la personnification la plus complète du XVIIIe siècle ; avec ses erreurs, en dépit de ses fautes, en dépit de ses chutes, Rousseau est assez grand pour défier tous les dénigrements et tous les outrages ; nul esprit n'éleva plus haut l'idéal des déstinées du genre humain, nul cœur ne fut plus rempli de l'amour des déshérités de toutes sortes ; nulle conscience ne lutta plus ardemment pour le triomphe de la vérité.

(十八世紀の完璧な化身たるを失わない人の栄光をもの笑いの種にすることが、いまでは流行になってしまった。しかしルソオは、その誤謬如何、欠陥如何、失敗如何にかかわらず、どのような中傷、どのような侮辱をもってしてもゆるぎないまでに偉大である。人類の運命の理想をこれ程高くかかげた精神はかつてなかったし、またたとえどのような落伍者に対しても、これ程愛にみたされた心はなかった。真理の勝利のためにこれほど熾烈な戦いを挑んだ良心もたえてなかった)

以上がルソオとアコラスとの関係であったとすれば、次に検討しなければならないのは当然、アコラスを媒介としてのルソオと兆民との関係である。兆民が直接、ルソオの批判者たるアコラスをとらず、却ってアコラスによって批判されたルソオを摂取し、明治初年の日本においてルソオ主義の祖述者として喧伝されたのは何故であったか、我々はそこを知りたいのである。

わが中江兆民がフランスに留学していたのは、明治五年(一八七二)初めから二年余の間である。その間ずっとアコラスの塾に在ったか否かは断定しがたいが、西園寺とアコラスとの関係から推してアコラスのサロンにもしばしば出入していたことは間違いあるまい。ただ残念なことにはアコラスと兆民との師弟関係の緊密さを具体的に物語る資料が残っていないのであるが、『兆民先生』には明治七年、かれが日本政府の全留学生召還命令に接して帰国することになった際の事情について、以下のような記述がある。[54]

……而して其帰朝や、当時我政府が一切の留学生を召還するの議ありて、先生も亦其中に在り、而して仏国の教師、先生の才を惜みて、資を給して止まらしめんと云ふや先生意頗る動けるも、而も母堂の老いて門に倚るを想ふて、他年風樹の嘆あらんことを慮り、竟に帰途に就けるものなるを聞けり(傍点引用者)

私は右の文中、仏国の教師とあるのが実はエミール・アコラスその人ではないかと考えたいのである。[補6] さきにも触れた通り、アコラスの私塾はソルボンヌ入学準備のための外国留学生の指導を主とするところで、日本人留学生が多くここに学んだことは勿論、西園寺らを通じてアコラス自身もかなり親日家であったと思われる。西園寺のフランス滞在が余りに長くなったときにも(西園寺は明治三年から十年間フランスに滞在した)「君が悠遊も亦已に足りしならん、悠遊必ずしも不可ならずと雖も、君門閥一世に秀づ、何ぞ国に帰りて政治を行はざる」[55]と勧告したと伝えられる。かりにアコラスが、外国人門生の一身上の問題にまでこのような助言と勧告を惜しまないといったタイプの師であったとすれば、西園寺に帰国を勧めたアコラスこそ、兆民にはとどまるようにと説くにふさわしい教師ではなかったろうか。才はあっても門地なく、財産もない兆民であってみれば、帰国したところで所詮はもとの一寒措大にもどるばかりである。ところがフランスにとどまりさえすれば立派に新聞記者として立つ道がひらかれていたのだ。[56] アコラスは人をみて仁を説く類いの師ではなかったろうか。

アコラスと兆民との右のような師弟関係を一応設定した上で私は、アコラスの批判を通じてルソオが兆民に受容される過程を考えてみたい。

ルソオはアコラスによってかなりきびしい批判を受けながら且つ偉大な先人として敬愛された。兆民にとってアコラスは、まず第一にこのようなルソオ批判者として現われたわけであるが、同時にその批判が却ってかれにルソオを啓示することになったということがなかったろうか。すなわち兆民は、まずアコラスによって批判されたルソオ像に接し逆にアコラスへの反批判を通じて一層自覚的にルソオ理解を深めることができた、と考えることは不可能だろうか。私はそこに、一見不可思議な、アコラス＝兆民という師弟関係の鍵がひそんでいるのではないかと思う。兆民において師説を批判することが必らずしも師への敬愛を欠く所以でないことは、かれが終生、勝や西郷に対して抱きつづけた尊敬の念によってもうかがい知ることができる。さきにアコラスがルソオに対してとった師資の礼についていったのと同じようなことが、アコラス＝兆民の関係についてもいえないだろうか。

さてそれでは、兆民は、同じくアコラスに師事した西園寺が「今之時去婁騒之時已遠」と書いているときに、一体何を好んでこの時代おくれのルソオを選んだのであろうか。この問題の解決は、当時のフランスと日本という、二つの歴史的発展段階の相違を抜きにしては考えられないであろう。

兆民在留当時のフランスは、夙に七月革命、二月革命という二つの市民革命を経過しており、その間第二帝政の介在をみたとはいえ、国家経営の実権はすでにかつての第三階級の手に帰していた。のみならず、兆民渡仏前年のパリ・コムミューヌは第一インターナショナルの指導のもとに蜂起した史上最初のプロレタリア革命でさえあった。その点において西園寺がいちはやく師アコラスの急進社会民主主義を奉じたということに何の不思議もない。当時のフランスで、時代思潮の尖端を行こうとする者のためには、それはすでに拓かれた道であったのである。しかしここで忘れてはならないのは、それがあくまでフランスにおける時代思潮の尖端であって、同時に日本におけるそれではないということである。フランスにおける階級分化はすでに第四階級ともいうべきプロレタリアートを生み出していたが、日本においてはようやく四民平等が唱えられ、江戸三百年間にわたる士農工商の隔壁が一応とりのぞかれたにとどまり、真の近代的市民階級の造成はなおこれを他日に期さねばならないという段階であった。アコラスはすでに「個人の自律」autonomie de l'individu を唱え、さらにそれを推し進めて、「人類からフランスが欠け落ちたとて、人類それ自体として欠けるところはない」(57)という一種のコスモポリタニズムに到達していたが、日本人としての兆民の使命はまさにこの近代的個人を覚醒させることにありはしなかったろうか。また当時の日本の急務は欧米列強の間に伍して、まず国としての独立を確保することにありはしなかったろうか。

私は兆民がアコラスのルソオ批判を否定していたわけではないと思う。晩年かれが『続一年有半(無神無霊魂)』に構想を素描しているいわゆる「ナカエニスム」も、あるいは留学時代、アコラスの無神論にふれたことが直接の端緒になったとも考えられるし、またアコラスの政治論そのものをも否定していたとは思われない。敢えて兆民がアコラスを採らなかった理由を忖度すれば、かれの理論をそのまま日本に直輸入したとて、当時の日本の国情はそれを受け容れる段階に至っていなかったこと、この一点に帰すると思う。『民約訳解』の「叙」にさえ(たとえ検閲逃れの粉飾があるにしても)「如妄崇異域習俗、以激吾邦忠厚之人心、予豈敢焉」と書いている兆民であることを我々は忘れてはならない。兆民の脳裡にあって片時も離れることのなかったであろう「日本」が厳然としたレアリテであって単なるイマージュでない以上は、かれがフランスで学びとるべき思想は、他日、日本に帰ったときに、その「理想を政治の現実に表現する手段」(58)となるはずであった。兆民よりみれば開国日本にとってまず第一に必要なことは、数百年来封建的抑圧に泥んできたその人民を近代的な国民に作りかえること、さらにグロテュイゼンの言葉を借りれば、その国民を「共通の大義 cause commune に結びつけることによって祖国 patrie を創ること」(59)に他ならなかったろう。この至上命令をにないうる者とては、(アコラスもそれを認めるに吝かでなかったとおり)近代社会においてはじめて奴隷でなしに人間をみいだし、その人間の自由と権利とを高唱した、ルソオを措いてなかったのである。

ルソオはアコラスによって一旦批判された形で兆民に啓示され、兆民はさらにアコラスを日本というレアリテにてらして再批判することによってルソオに戻った――この間にみられる否定的契機こそが、人をして兆民を東洋のルソオと称せしめた、真の原動力となったのではないだろうか。

㈢ 帰国後の兆民

二年有余のフランス留学を卒えて、兆民は明治七年五月帰国[補7]した。その間フランスの動静もさることながら、祖国日本も大きく変りつつあった。前年十月の政変で征韓論にやぶれた西郷は郷里鹿児島に帰って雌伏中であったし、かれと時を同じくして官を辞した板垣、後藤ら四参議による建白書も同年一月には提出され、世を挙げて民撰議院是か非か、もしくは時期尚早か否かをめぐって囂々の論議が行われていた。政府側は征韓論の成敗が決着するや直ちに六年十月、新聞紙条目十八ヶ条をもって言論統制の機先を制し、反政府側は、あるいは岩倉具視を赤坂喰違に要撃し(七年一月)、あるいは江藤新平の佐賀の乱(七年二月)等をもってこれにこたえた。これらの二事件はそれぞれ時政に忿懣やるかたない血気の徒かあるいは封建勢力の残党による暴発的事件にすぎなかったが、たまたまそれが民撰議院建白と相前後して起ったこと、喰違事件の犯人が悉く、板垣と共に野に下った土佐藩出身者であったこと、なおさらわるいことには征韓論派に気脈を通じた江藤新平が佐賀の乱の主謀者だったことなどのために、両者が互いに呼応関係にある一連の反政府行動であるとの感を強め却って政府側の態度を益々硬化させる逆効果におわった[60]。このためにそれ以後の民撰議院運動はきわめて不利な立場におかれることになったが、しかしその反面ではこれをきっかけに言論界は俄然活況を呈し、兆民帰国後まもない七年七月には、加藤弘之の国会尚早論、それに対する副島、後藤、板垣らの反論に端を発して、朝野を挙げて民撰議院論議に沸騰する観があった。「此時迄は概して江湖の瑣話を録するに止り、政治上の問題は稀に見る所」といわれた新聞雑誌の類が、「忽ち論難攻撃の媒」と一変したのもこのころであった[61]。

当時新帰朝気鋭の兆民がこれらの問題にどのように対処したかは審かでないが、『兆民先生』には帰国後いくばくもない頃の逸話がのっている。かれはある日、自ら著したところの策論一篇を袖にして、勝を介して島津久光に面会を求めた。数日後島津から呼び出しがあって両者の間に交されたのが以下の一問一答であるという[62]。

先生曰く、鄙見幸に採択せらるゝを得ば幸甚也。公曰く、足下の論甚だ佳し、只だ之を実行するの難き耳と。先生乃ち進んで曰く、何の難きことか之れ有らん、公宜しく西郷を召して上京せしめ、近衛の軍を奪ふて直ちに太政官を囲ましめよ、事一挙に成らん、今や陸軍中乱を思ふ者多し、西郷にして来る、響の応ずるが如くならんと。公曰く、予召すと雖も隆盛命に応ぜざるを奈何。先生曰く、勝安房を遣して以て説かしめよ、西郷必ず諾せんと。公沈思之を久して曰く、更に熟慮すべしと

征韓論の破裂は永く明治政界を二分する「分水嶺」となり、兆民の生涯もしたがって、「時の政府即ち薩長政府を攻撃して余力を遺さず、為めに誤りて我国体に加害する者と認めらるるに至」ることになるのであるが、[63]帰国匆々の時期にすでにかれがいかに日本の命運に意を用いていたか、その一斑をここにみることができよう。しかしこのような兆民の一面のみを捕えてただちにかれを「日本のジャコバン」[64]と呼ぶのはいささか早計にすぎるのではないかと思われる。たしかにこれは一種のクーデター論ないしは革命論ではあるにしても、そこには同時に岩倉一派の陰険な術策に対比して、西郷の「正理公道」がかれの理想主義的精神によって賞讃を受けている点をみのがしてはならないからである。

さて帰国後の兆民の活動のうち注目に値するのは、七年十月五日の東京日々新聞に広告されている仏蘭西学舎の開設であろう。それはのちに仏学塾と改ためられ、「四方の子弟来り学ぶ者、前後二千余人に及ぶ」[65]盛況を収めたといわれるが、ここでかれが講義したものは政治、法律、歴史、哲学の諸般にわたった。かれがいつごろから『民約訳解』の訳業に着手したかはつまびらかでないが、仏学塾の講義がルソオ、ヴォルテール等フランス十八世紀の啓蒙主義思想を中心とするものであったことはほぼ間違いないであろう。この仏学塾を経営するかたわら兆民は、八年二月二十三日には東京外国語学校校長に任ぜられたが、これは三ヶ月たらずでやめている。一説によると、[66]かれは、「当時の教育界における福沢派の実学主義に反対して、師弟間の儒教的道徳による上下関係の確立を重視し、『国民の道徳維持に最も適当なのは孔孟の教である』と主張してほとんど学校を追われるような形で辞職したといわれるが、それは必ずしも兆民が漢学者流の偏狭な儒教道徳を主張したわけではなく、却って余りに実学、実利に傾きすぎた当時の教育界に対する、かれの儒教的理想主義からする警告ではなかったかと思われる。かれには生来、ものの体・本・義を重んじ、用・末・利をいやしむ底の理想主義がそなわっており、[67]「孔孟の教」に対してもルソオの「国家宗教《ルリジオン・シヴィル》」におけるような社会・倫理的役割を与えていたのではなかろうか。

外国語学校を辞したのちには、八年五月、新設されることに

なった元老院の権少書記官に任ぜられている。議長が空席のため副議長に後藤象二郎が任じ(事実上は後藤が議長を代行した)、議官には板垣派から陸奥宗光、木戸派から鳥尾小弥太らが列っていた。兆民の任ぜられた権少書記官は元老院では高等官の末席(七等出仕)で、法律調査局外国部勤務であった。司法省派遣の留学生であった関係で狩り出されたまでであろうが、(補8)仕事は外国法律制度の審議、翻訳で、同僚には大井憲太郎、島田三郎、司馬盈之、田中耕造らがおり、みな当時の少壮知識人であった。兆民はここも一年半余りで十年一月にやめているが、理由は幹事の陸奥宗光とよからぬためであったという。陸奥は板垣派の代弁者として、元老院を民撰議院の準備機関とするために、その権限拡張を主張して木戸派の鳥尾小弥太と激論をまじえるほどの革新派であったが、個人的な術策に長けている半面などもあって、そんなところが兆民とは合わなかったのかもしれない。

元老院時代の兆民が、日本におけるルソオ思想の紹介、および自由民権運動の理論闘争に対して果した役割を物語るものとしては、杉田定一との交遊を挙げることができる。『杉田鶉山翁』によると、明治八、九年のころ数寄屋橋に来々会と称する会が催されて、同志が集まって立憲政治の研究をしていたとのことである。(68)そこに来会したのが植木枝盛や杉田定一で、兆民は元老院書記官時代であったから、日曜毎にやってきては大いに議論をたたかわせたという。かれは当時すでに民約論を訳しており、政府から不都合を難じられて刊行を控えたといわれているから、(69)この来々会では講師格の兆民がルソオを論じたということもときにはあったであろう。民約論の刊行をさしとめられた事情ははっきりしないが、当時、八年六月の新聞紙条例、讒謗律の制定以来、言論統制が頓にきびしく、新聞記者の筆禍事件が相継ぐ時勢であったことを思えば、いやしくも政府組織の一端につらなるものが反政府組織に力を藉すような書物を翻訳刊行するのは好ましくない、というような理由だったのかもしれない。ともあれ、のちの『民約訳解』の原型となる仮名まじり体手写本は、土佐に遊んだ河野広中が植木枝盛から借りて読むなど、民権勢力内部においてかなり流布していたものとみられ、『訳解』の刊行以前から兆民の名はルソオの翻訳者としてひろく知られていたらしい。(70)

さて兆民が来々会で交りを訂した杉田定一は当時自ら興した采風新聞の記者をしていたが、評論新聞とも関係があったらしい。九年三月十二日、采風新聞に掲げた「日本帝国ハ将ニ衰頽亡滅云々」の社説のために筆禍を蒙り、禁獄六ヶ月を宣告されている。その在獄中から出獄後にかけて新聞紙条例および讒謗律の改正、国会開設願望に関する両建白書を草し、元老院へ建白に行ったがあやうく却下されかかったところ、旧知の兆民の骨折りでようやく受理されたということがあったという。

この杉田の親友に評論新聞記者宮崎八郎があった。兆民は杉田が著わした漢詩集『窮愁一適』(明治十七年)の序文に当時を追懐して次のように述べている。

距今十数歳余始得与鶉山杉田君締交于都下、君方在評論新報主翰、而余則聚徒教授、君与肥後宮崎八郎等屢訪余廬、張宴酔輒談時事、或慷慨泣下居久之……

宮崎八郎はここにもみえているように肥後熊本の人で、明治初年藩命によって東京に出、尺振八に就いて英学を、西周について万国公法を修めた。明治六年征韓論が敗れたときには左院に上書して容れられず、翌七年一月、赤坂喰違の変には嫌疑を受けて下獄したこともある。江藤新平が佐賀の乱を起すとともに急遽帰郷して、これに呼応しようとしたが、時期を逸したために果さず、征台の役には自ら義勇軍を率いて従軍するという武断派であったらしい。のちに再び上京して評論新聞に筆を執っていたが、西郷挙兵の報に接してまた帰郷し薩軍に投じた。このときも自ら協同隊を組織し、本営に入って参謀格をつとめ、十年四月、萩原堤の激戦で二十七歳の若さで戦死した(71)。

この宮崎八郎が明治八年、郷里熊本に滞在中同志と謀って興したのが植木学校で、教科書には『自由之理』、『万国公法』その他漢籍を用いたが、ときあたかも自由民権運動の勃興期に当ったから演説や集会もさかんに行っていたらしい。民約論は宮崎がたまたま上京した折に持ち帰ったもので、植木学校では一種経典のごとき扱いを受け、自由民権論は俄かに勢いを得たといわれている(72)。

天下朦朧皆夢魂　危言独欲貫乾坤
誰知凄月悲風底　泣読盧騒民約論

はこの間の消息を伝える宮崎の一絶である。「泣読盧騒民約論」が果して「白髪三千丈」式の潤色によるものか否かは別としても、ルソオの名が当時の悲憤慷慨型の青年にとっていかに斬新な魅力をもっていたかはこれだけでも充分察せられるところである。

宮崎が再び上京するのは八年暮ごろであるから、杉田と知り合ったのもそのころであろうか。かれはすでに兆民に会って民約論を写していたのであるから、あるいは兆民を介しての知己ではなかったかと思われる。それゆえ、杉田と宮崎が相携えて兆民の寓居を訪れたというのは九年はじめ、杉田の下獄以前であろう。

評論新聞第九〇号(九年五月)には本邦最初のルソォ伝といわれる「ジャン・ジャック・ルーソー氏伝並評」という記事が載っているが(73)、上述の事情を考えれば、この記事が宮崎の手になったことは充分ありうることである(杉田は九年五月にはすでに獄中にあった)。いずれにしても評論新聞と兆民との関係は、杉田、宮崎の二人を介して間接的ながらかなり密接だったと思われ、少なくとも同新聞紙上のルソォ紹介に関しては兆民の影響が大であったといってよいであろう。ただここで注意しておくべきことはこの評論新聞の性格と兆民自身の思想的立場との関係である。

評論新聞は本来征韓論派の言論発表機関として出発した。社長海老原穆は薩摩の人で、戊辰の役には北陸・奥羽に転戦して大功をたて、明治初年にはその功によって陸軍近衛大尉、愛知県七等出仕等を歴任したが、征韓論が破れて西郷らが帰郷するや、海老原も職を辞して野に下った。西郷らが鹿児島に私学校をたて、子弟の教育を始めたのに呼応して、かれは東京に集思社を興し、その機関誌として評論新聞を発刊したのである。それゆえ評論新聞は初期においては征韓論の主張が圧倒的に強く、それが同じく藩閥政府攻撃という意味において、時とともに次第に自由民権の主張へと傾いてゆくわけである。このことは杉田や宮崎の行動に徴しても明らかで、まず日本という国家の独立を諸列強からまもるために自由民権を主張する、従ってその言論を圧迫する有司専制の政府に対してはあくまでも戦いを挑む、という態度がみられるのである。「圧制政府転覆スベキ論」(同誌第六二号、九年一月)などの過激な記事が掲載されるのも、このような経緯があってのことであろう。

さて西郷の乱を伝え聞くやただちに宮崎は筆を投じて熊本に帰った。別離に臨んで杉田は一絶を示して友への餞けとした。

男児欝々屈蓬蒿　須跨長鯢破大濤
去此九州三百里　傲遊飽慰胆心豪

一方宮崎を西に送った杉田は、西郷が西南にことを挙げた今こそ「第二維新」をおこすにふさわしい時期とみて、みずからは十年三月、東北一円遊説の途に上っている。水戸藩にはかつてその尊王攘夷論をもって徳川三百年の覇政を倒した実績があり、庄内藩には維新討伐の際に西郷が施した旧恩がある。第一維新が西南から起ったものなら、第二維新は当然東北から起るべきだ、というのが杉田が第二維新を思い立った所以であった。しかるに案に相違して水戸にも庄内にも昔日の気風はもはやなく、失望した杉田は東北を諦らめ、踵を転じて土佐に板垣を訪れている。土佐に入るに臨んで賦した一絶。

朝談盧騒《ルーソー》夕弥留《ミル》　欲以言論陳自由
不識当年華盛頓《ワシントン》　言論竟得自由不

ここにみられるのは言論による自由獲得への懐疑である。自由を伸張するには朝夕ルソオやミルを論じてもなお足りない。やはりワシントンの武力がなければだめなのではないか――このような種類の武断主義は、さきの「泣読盧騒民約論」と詠じた宮崎八郎にもみられるもので、かれは「述懐」と題する長詩に「君不見連邦長和盛頓、剗除残賊布至徳」と述べ、「百王畢而四海一」と結んでいる。杉田や宮崎は日本でもっとも早い時期にルソオ思想の洗礼を受けたものということができるが、かれらが次第にこのような発言をするようになったところをみれば、本質的にはルソオの影響というよりは、むしろ、

言論を以て此目的(民撰議院設立のこと)を達し得べしと信ぜず、如かず自から政府を取て、然る後にこの未曾有の盛事を行はんには(74)

という西郷の感化をより深く受けたものというべきであろう。

それではかれらにルソオを伝えた兆民自身の場合はどうか――兆民が元老院を辞したのは十年一月十九日である。西郷の鹿児島私学校党が武力蜂起するのは一月三十日であるから西南の雲行きがいよいよ険悪になってきた時期にあたるが、両者の関係は暫く措くとして、かれが杉田の第二維新計画をどのように評価していたかについては、「窮愁一適」序文によってうかがい知ることができる。これは十年三月、杉田が東北遊説に上るべきか否かを兆民に謀ったときのことである。

君遽来謂余曰、我将有所之、余以有知君之平生也不敢危之、君則一剣飄然出都遊下総常陸之間、蓋君慷慨尚気節当国家有事……

兆民は必ずしも杉田の第二維新論や、ひいては西郷の挙兵に全面的な同意を与えていたわけではあるまい。後年自由党との関係は保ちながら、どちらかといえば党師的な位置にとどまって自由党員として活動したことはなかったように、ここでも積極的な行動はなかったようである。かれが杉田について「余以有知君之平生也、不敢危之」といっているのは、口訳すれば、「まあ杉田のことだから大丈夫だろう」で、いわば杉田の行動を黙認していることになる。しかしこの黙認は、かれが生涯にわたって西郷の「風采を想望し、欽仰措かず、深く其時を同じくせざるを恨みと」(75)したといわれるところをみれば、決して無根拠の黙認とはいえないであろう。すなわち、兆民にしても、

杉田や西郷にしても、時の藩閥政府を攻撃するという点で同じであり、ただ思想なり、手段なりが異なるわけである。そうした場合、西郷の至誠、杉田の気節というふうに、事に当るにふさわしい人を得られさえすれば「不敢危之」という態度が生まれてくるのではないだろうか。いわんや西郷には、素朴ながら明確なナショナリズムの意識があり、時の藩閥専制政府の無節操な欧米追随政策に対して「先づ我が国の本体を据へ、風教を張り、然して後、徐ろに彼の長所を斟酌するものぞ」[76]というだけの批判力もあったのである。

フランスから帰朝匆々、策論を草して島律久光を説いたこともある兆民である。かれが西郷の挙兵に無関心だった筈はありえず、むしろ杉田とともに、第二維新の時期到来！　という期待をかけたとて不思議はないであろう。西郷の政治を為すのはすなわち「天道を行ふもの」であって、「心を公平に操り、正道を踏み、広く賢人を撰挙し、能く其人(職か?)に任ずる人を挙て政柄を執らしむるは即ち天意なり」[77]という思想は、ルソオ思想とは別に、強く兆民の理想主義的精神に訴えかけたであろうことも想像にかたくない。事実『訳解』におけるルソオ理解には、多分にこれに近い把握のされ方が認めうるのである。

(四)『民約訳解』の漢訳をめぐる事情

『民約訳解』の訳業については、まず、それがなぜ漢文で書かれたかを問う必要があろう。明治十年の服部徳訳『民約論』が出る以前、未刊行手写本の形で民権運動家の間に回覧されていた兆民訳『民約論』は当時普通の漢文書き下し体であった。民権運動の多くのパンフレットのうちでも植木枝盛の「民権自由論」(十二年六月)などは下降的姿勢を明確にして「日本の御百姓様、日本の御商売人様」などにも読んで貰おうとてきわめて平易な俗語体で書かれているし、おなじ兆民のものでも、国会開設をひかえた明治二十年の『平民の目さまし』などは商人相手の問答体という形をとっている。なぜ『訳解』だけが漢文で書かれたか、それは漢文をよくしない多くの人民に対してみずから門戸を閉ざすことになりはしなかったか、本節においてはこの辺の問題を考えてみたいのである。

まず兆民は漢文、書き下し文等、文体論的な問題をどのように考えていたろうか。[補9]　たとえば『兆民先生』の記事を引いてみよう。[78]

先生予等に誨へて曰く、日本の文字は漢字に非ずや、日本の文学は漢文崩しに非ずや、漢文を用ゆるの用を解せずして、能く文を作ることを得んや、真に文に長ぜんとする者、多く漢文を読まざる可からず。且つ世間洋書を訳する者、適当の熟語なきに苦しみ、妄りに疎卒の文字を製して紙上に相踵ぐ、拙悪見るに堪へざるのみならず、実に読で解するを得ざらしむ。是れ実は適当の熟語なきに非ずして、彼等の素養足らざるに坐するのみ、思はざる可けんやと。
又曰く、漢文の簡潔にして気力ある、其妙世界に冠絶す。泰西の文は丁寧反覆毫髪を遺さゞらんとす。故に漢文に熟する者より之を見る、往々冗漫に失して厭気を生じ易し。ルーソーの『エミール』の妙を以てするも、猶ほ予をして之を訳さしめば、其の紙数三分の二に減ずるを得ん

『一年有半』にはかれの翻訳観の一端が述べられている。[79]

翻訳は故森田思軒最も佳なり、蓋し学漢洋を兼て、而して殊に漢学の根底有る者、之人一人也、故に善く文字を駆使して左右皆宜し

すなわち、右の二つの引用例によって、兆民が漢文の簡潔にして気力ある点を高く買い、漢字、漢文学の素養をもって日本文章道の骨子と考えていたことがわかる。かれが当時夥しく出版された西洋書の翻訳を概して面白からず思っていたらしいことは、刊行されたものとしては一応、本邦初訳といわれる服部徳訳『民約論』に関して一言半句も費やしていないことからあきらかであり、また事実加藤弘之の『国法汎論』などにもその序文に「……唯恥ヅラクハ余ガ浅学努才(駑か)、殊ニ漢字ニ嫺ハズ云々」と(恐らく謙遜の積りもあろうが)漢字の知識の不足をみとめているように、たしかにかれらの文章には冗長乱雑で、拙悪見るに堪えない悪文が多い。

しかしこれはある意味ではまた、程度の差はあれ兆民自身の翻訳についてもいえることで、帰朝後まもないころの書き下し体未刊稿本と、漢訳された『訳解』本文とでは、かれが文章の極意と考えていた簡潔さという点で『訳解』の方がまさっているように思われる。参考までに両訳例をならべて比較してみよう(引用は民約論第二篇第六章の一節)。

○未刊稿本訳例

国法ハ全国民ノ意ニ出デ又事物ヲ汎視シテ衆人ニ渉ルト看做スモノニ限ルナレバ如何ノ権有ルモ一人ノ意ヨリ命ズルトキハ之ヲ国法ト謂フ可カラズ又縦令ヒ全国民ノ意ニ出ルモ其視ル所汎カラザルトキハ亦此名ヲ与フ可カラズ徒《ただ》之ヲ命令ト曰ハン耳[80]

○『民約訳解』本文訳例

夫律例必合衆志之公而成、又不局一人一事、故若以一人之意有所著令、是人為王侯将相、不得視為律例、雖即民之所議決之、若局一人一事、而不汎及于衆、是特詔誥耳

○ルソオ原文

On voit encore que, la loi réunissant l'universalité de la volonté et celle de l'objet, ce qu'un homme, quel qu'il puisse être, ordonne de son chef, n'est point une loi: ce qu'ordonne même le souverain sur un objet particulier n'est pas non plus une loi, mais un décret; ……

しかし、最初書き下し文で翻訳したものを『訳解』では漢文に改めているのはこれだけの理由からだろうか。『訳解』は文字通り訳幷解であって、兆民は二度の翻訳で二度共解を附している。勿論解をつけたのは、かれがルソオ思想として把握したものを能うかぎり正確に読者に伝達したいからに他ならなかったろう。すると、かれが最初の書き下し文翻訳を未刊のまま放棄して、のちに一言もこの企てのあったことに触れていないのは、それがかれの意に副わないと判断したためではあるまいか。そこには単なる文体論上の問題をこえるものがないであろうか。

書き下し文については、『一年有半』に、「崇重典雅の様を見はし、若くは悲壮慷慨の状を写す」のにふさわしいといわれている。(81) その限りにおいては漢文とさほどえらぶところはないはずだが、これは文学的情意に関していわれた場合であって、民約論のようにどちらかといえば論理にかかわるものの場合にそれが必らずしもふさわしいとは限らない。古来日本には情意に関する限り、近松や竹田の義太夫など欧州悲劇の塁を摩するものが少なくないが、残念なことには昔から今にいたるまで哲学というもののあったためしがない。つまり論理的思考の体系がないわけである。近来加藤某、井上某のごときが自他共に哲学者を以て許しているのは噴飯ものである。(82) とすればやはり日本人は、古来そうしてきたようにそれを中国大陸に借りねばならないのではなかろうか。なぜならそこには、儒仏道三学の歴史とともに厖然大をなす論理体系が存在するではないか。日本の文章の、あたかも戦国時代のような混乱は、この強靱な論理体系によって統一もしくは補強されねばならないだろう。

学士書を著す、宜しく読者を世界に求む可きのみ、区々小島国中の人民と議論を上下す、能く何の為す所ぞ(83)

まさしく東洋豪傑の感懐であろうが、あるいは兆民は、漢文に東洋の世界語《ラング・ユニヴェルセル》を夢みていたのではなかったろうか。あたかも西洋におけるラテン語のように。

兆民が『訳解』の漢訳に着手するに至った経緯については次のような逸語が伝えられている。かれは一日散歩のみちすがら、とある古書店に立ち寄ってふと和漢対訳の小冊子を手にした。訳文は縦横無礙で、たえて硬渋の迹を残していない。著者の名をみると岡松甕谷《おうこく》とある。当時川路甕江とともに東都二甕と並び称せられた漢学者であった。明治九年ごろのことで兆民みずからは仏学塾の主であったが、早速その門を叩いて師弟の礼をとった。(84)

かれが師事した岡松甕谷は、豊後高田の人で、若くして洋学者帆足万里の高弟となり、儒学のかたわら西洋窮理の手ほどきをうけた。万里がその主著ともいうべき『窮理通』八巻を刊行した際、校訂その他の業をたすけて大いに力あったのがこの甕谷であった。明治元年に上京して一時大学小博士に任じたこともあったが、三年に辞して帰郷し、九年ふたたび上京して内幸町に漢学塾紹成書院をひらいた。

早くから蘭英の学をよくした人で、『窮理解環』(明治六年)の訳業もある。一時開成学校に教鞭をとっていたフルベッキと交際があり、先師万里の、磁石や潮汐の理論に関する研究をかれに示して西洋人すらいまだ窮めえない理論を、と驚歎せしめたこともあったが、世間がようやく英仏独の諸書を重んじて蘭書を顧りみなくなるにつれて、憮然として西説に口をとざしたという。

紹成書院で漢学を研鑽していたころの兆民の消息については「文靖先生行状」(文靖は甕谷の謚)に次のような記述がある。(85)

　中江篤介奇傑士也。睥睨天下。藐視王公。不肯与人相下。及一見先師。深服其識。執弟子之礼。遂寓書院。先師命監督諸生。夜間暇則対坐酌醪。談古議今。不覚更漏之移也

一方には仏学塾の主としてフランス思想紹介者としての声望をほしいままにしながら、なお加藤某井上某といった連中が(86)「泰西某々の論説を其侭に輸入し、所謂崑崙に箇の棗を呑」んでいるのを苦々しく思っていた兆民と、他方には、かつて西説に傾倒しながら、いまでは世間とともにそれを喋々することを好まず、専ら漢籍を講じていた甕谷と――たがいに師弟というよりはむしろ心友として、肝胆相照らすの感を禁じえなかったであろう。兆民がどれほどの期間この紹成書院にとどまっていたか、また事実そこに寓したか否かについてははっきりせず、『兆民先生』には「学ぶ者数年」といわれているが、十四年三月、東洋自由新聞を興して身辺多事になるまで、と一応考えて

さしつかえないであろう。政理叢談(十五年—十六年)には『民約訳解』が連載された他、「一千七百九十三年仏蘭西民権之告示」(第一号)、「北米連邦独立之告示」(第二八号)[補10]などが兆民の手で漢訳されており、いわば兆民の漢文熱の現われともみることができるから、寄寓の件はともかくも、少なくとも甕谷との交遊はその頃まで保たれていたのであろう。かれは『一年有半』中先師甕谷についてこう語っている[87]。

　近時の漢文は一も観るに足る者無し……独り岡松甕谷先生は実に近代の大家にして、其訳常山紀談、東瀛通鑑、記事本末、荘子注釈の如き、他の漢学先生連中の夢にも想ひ至らざる所也……岡松先生叙事文に於て大に力を用ゐられたり、其材を取る極て宏博にして、即ち三代秦漢より下明清に及び、旁ら稗官、野史、方伎の書に至る迄、時に応じ意に任せ、駆使して遺さず、而して其紙に著はるゝ所、所謂字々軒昂して、而かも且妥貼を失はず、其常山紀談を訳する原文の一字をも放過せず……山陽履軒と云はず徂徠と雖も恐くは筆を投じて膝前に平伏せざる能はざる可し

兆民がのちに「自由党の別働隊」としてその無類の麗筆をふるうことができたのは、一にこの塾で文章を研鑽したためであることは言うを俟たないが、『訳解』の漢訳に関連して特筆すべきことは、右の文中みえている『常山紀談』漢訳の事業であろう。

　『常山紀談』は江戸中期(十八世紀中葉)に湯浅常山の著わした一種の戦記文学で、戦国時代の紀実が真偽相半ばし、幾多の「節義の士」、「殉難忠臣」の姓名がむなしく散佚しようとしているのを嘆いてそれら将士の言行録をまとめたものである、と序文に断ってある。『訳常山紀談』十巻はこれを兆民をはじめとする主だった門弟が協力して漢訳し、最後に甕谷が推敲、校訂を加えてでき上ったものである。その漢訳に当って兆民の功最も大であったといわれるのは、勿論、かれがそれを『訳解』への布石と考えていたことを物語るものであろうが、同時にまたかれが戦国武士の死義伏節といった種類の倫理的価値を高く買っていたからでもあったろう。全訳業の完成は明治十七年(兆民らの下訳は十三、四年ごろにできていたと思われる)、その刊行は資金の都合で甕谷、兆民共に存命中に果さず、大正五年になって甕谷の長子参太郎の手で行われているが、それはかなり紆余曲折を経たのちのことであった。

　甕谷ははじめ、この『訳常山紀談』を木板で刊行することを

主張して活刷にする積りはなかった。しかし木板には巨額の費用を要するためにその生存中はついに実現をみることなく(甕谷は明治二十八年没)、原稿は兆民の手に遺された。ところが兆民もまたまもなく喉頭癌を宣告されたためにさらに弟子の秋水に遺托され(三十四年)、秋水が大逆事件の罪に問われるにおよんで徳富蘇峰の手にわたった。徳富はかつて紹成書院に学んだことがあり、その縁で訳稿を引き受けたのだが、数年間篋底に蔵めたままになっていたところ、かれが甕谷の継嗣参太郎に会ったときたまたまその話が出て、百方探索中のものだったことがわかり、ようやく日の目をみることになったものである。それゆえ岡松参太郎は大正五年、同書の二百部限定出版を行った際、その緒言に兆民の処置をあつく徳としている。

子篤之於此書。何其忠且厚哉。他日。此書一出于世。子篤亦当瞑于地下矣

これは兆民が原稿を秋水に托す際、「是れ文学の至宝也、今汝に授く、我死後切に愛護して、之を見る猶ほ我を見るが如くせよ」[88]といっていたことを蘇峰から聞いたからなのだが、この一事によってみても、兆民がいかにその訳業に打ち込み、先師甕谷に傾倒していたかがわかるであろう。甕谷自身がそれを『訳常山紀談』自序において裏づけている。

自余入都。有諸生請受業者。必先授以紀実之法。従文簡先生(帆足万里のこと)遺教也。中江子篤見之。喜曰。循子之法。雖東西言語不同。未有不可写以漢文者也

兆民が十九年に公けにした『革命前法朗西二世紀事』が、まったくここにいわれている紀事法によっているのもなるほどと思われるが、「循子之法。雖東西言語不同。未有不可写以漢文者也」とまでいいきるほどのえがたい手法を体得した兆民であったとすれば、どうしてそれを『民約訳解』に試みずにいられたであろうか。あるいは省きあるいは敷衍し、意訳して殆んど削正のあとをみせない『訳解』の文章は、この『常山紀談』漢訳の事業を抜きにしては考えられないであろう。なお蛇足ながら『訳常山紀談』の文章については、明治十七年、甕谷の求めに応じて当時清の名儒、兪樾(号は曲園。張之洞の北張に対して南兪と並び称せられた)が序を寄せている。その賛辞はあながち、監修者甕谷の功とばかりはいえまい。

余読其書。叙述詳明。語意簡要。於其国之興衰治乱。随筆銓次。自有条理。其大者織田豊臣東照三公之戡残戢暴……即其他瑣屑之事……経其筆點染。即有生色

兆民が甕谷の塾で得たものは、勿論この文章道のことばかり

ではない。終生かれの坐右の書となった『荘子』や『史記』、『碧巌録』などもみなこの時期に甕谷との触れ合いによって味読したものと思われ、それらが兆民の文章のみならず、思想形成の上でも決定的な影響を与えているといっても過言ではない。秋水がいっているように、「治国平天下の志業」と「洋学の為めに養はれたる自由平等の思想」[89]が車の両輪のように兆民の脳裡に結びついたのもこの時期で、以後かれの多分に儒教的な(ないしはその変形としての武士道的な)理想主義を媒介とするルソオ紹介がはじまるのである。

このような兆民の儒教的根柢を背景においてみれば、『訳解』が漢文で書かれて平易な言文一致体などがとられなかった理由もおおよそ見当がつきそうである。『訳解』はあくまで士君子を対象として書かれたものであろう。というよりむしろ、文章を平易にしてなるべく多数の者が読めるようにすることと、たとえ少数でもルソオないしは自己の思想をできるかぎり正確に把握させるという両者の選択を迫られた場合、(自由民権の理念と多少矛盾することはあったとしても)理想主義者兆民としては当然後者を採ったにちがいない。『訳解』は、「昔日双剣を佩び自ら武門武士と称せし者」、「豪俠の気を以て自由の論に心酔して窮餓の苦に窘迫」[90]する民権運動家たちによって、その君子的ないし志士的モラルと知性とをもって受けとられるべきものであったろう。そこにはたしかに兆民のルソオ紹介の限界があるともいえ、ルソオ思想が一般民衆の層まで下降したかどうかは甚だ疑問である。『訳解』が漢文で書かれていたということだけでも、その影響が水平的に拡がることを大いに妨げたであろう。しかしその反面、漢文で書かれてあったために逆にその影響が深刻且つ大であったということも否定できないだろう。なぜならそこで兆民が説いた民権の大義に対しては、『訳解』の読者層がその理論に対する忠節を以って応えるであろうことが期待されえたし、その意味ではこの志士的モラルは、藩閥政府掊撃という現実政治の局面において、民権勢力の不必要な拡散をさけ、一種の凝集剤的な効果を発揮したであろうと思われるからである。

(五) 補遺——『訳解』の中断について

最後にひとつ、本稿を終えるにのぞんで『訳解』中断の問題を考えておきたい。[補11] すなわち、民約論については明治初期に『訳解』以外にも服部徳の『民約論』(十年)、原田潜の『民約論覆義』(十六年)の二つの翻訳があり、ルソオ理解の程度はともかくとしても両者共に全訳であったのに、兆民訳にかぎって原書の三分の一にもみたない第二篇第六章までで中断されている問題である。『訳解』は政理叢談第二号(十五年三月十日)に第一篇第一章「本巻旨趣」が掲げられたのをはじめとして、十五年暮までにほぼその主要部分を訳出され、第四三号(十六年八月五日)に第二篇第六章「律例」の補助訳が載ったのを最後に打ち切られている。[補12] 雑誌そのものは第五五号(十六年十二月)まで続いているので、兆民が翻訳を打ちきった理由が単なる事務的な支障にあったとは思われない。服部訳や原田訳が、いわば漫然と全訳しているのと違って、その背後には兆民のルソオ理解と何らか関係のある問題がかくされているのではないだろうか。

(i) まず、兆民が多分に儒教的な意識でルソオを理解し、しかもそれを漢文で翻訳したために、ルソオ思想と儒教思想とが互いに牴触し、ついに訳業を挫折させたのではないかという見方が行われる(中村雄二郎氏「中江兆民『民約訳解』にみられるルソー思想のうけとり方について」)。

『訳解』のテキストを検討してみると、たしかにルソオの「主権者」souverain を「君」、「主権」souveraineté を「君権」と訳している例などは、通常「君」といえば天皇を意味した当時の用語法からすれば多少論理的な無理があり、ルソオの「主権者」souverain と「臣民」sujets の関係もそれぞれ「君」、「臣」と訳された場合には儒教流の封建的君臣関係と混同される危険性がないではなかった。兆民は「解」を施すことによってこの誤解をさけようとしたのであろうが、孔子以来の中国・日本の封建制の歴史が君とか臣とかいう言葉に与えてきた重みを一挙に拭い去るのは容易なことではなかったかと思われる。その意味ではこれらの言葉の混同(あるいはそれをうけとる読者側で錯覚する危険)が『訳解』を事実上行き詰らしてしまった、ということは充分ありうるのである。しかしこの問題とは別に、兆民が漢文の表現能力について「雖東西言語不同、未有不可写以漢文者」という絶対的な信頼をよせていたと伝えられること(『訳常山紀談』序文)、また漢文の簡潔さを「世界に冠絶」するものと考え、ルソオの『エミール』も自分が訳せば紙数三分の二に減じてみせるという自信のほどを示しているところをみれば(『兆民先生』三二頁)、かならずしも漢文で訳したことばかりがかれの挫折の第一原因になったとはいいきれないのではないか。むしろ『訳解』中断のうらにはこのような消極的な理由だけでなしに、もっと積極的な理由があったといえないだろうか。なぜならルソオの原文中には「社会契約」、「一般意志」、もしくは「主権者」などの重要概念について繰り返し定義したり敷衍したりしている個所がいくつもあって、ファゲやルメートルらの「明晰な思想の混沌」chaos d'idées claires とか「ルソオの著作中一番の駄作」le plus médiocre des livres de Rousseau とかいう非難を招いているわけであるが、その点が漢文流の簡潔をたっとぶ兆民からみればいささか「冗漫にして厭気を生じ易」いたぐいと映ったかもしれないからである。

(ii) 右の訳語選定、もしくは文体論的な問題とならんでもう一つ中断の理由として考えられることは、明治初期の天皇制下の日本、という政治的現実においては、『訳解』に訳出された第二篇第六章あたりまでが特に必要とみられたのではないかということである。

フランスから帰朝直後の明治七年に通常の仮名混じり体で翻訳した民約論の未刊稿本でも、兆民は『訳解』とおなじく第二篇第六章で擱筆したといわれており(稲田正次氏『明治憲法成立史』上巻六三四頁)、二度共偶然に同じ個所で挫折したと考えるのはやや不自然といわねばならない。第二篇第六章までの所論を調べると、自然状態と社会状態、社会契約、一般意志、主権者、法律等ルソオ理論の主要概念はほぼ出揃っており、それ以後の諸章はこれを個々の具体例について敷衍したものにすぎないともいえるから、兆民は『訳解』だけでルソオ思想の本質をとらえるのにさしつかえないと考えたのではないだろうか。特にかれが、第二篇第六章「律例」を重視して、そこからかれの政治論の中心というべき「君民同治」ないし「君民共治」の主張をひき出していることも、かれがそこで『訳解』を中断した理由の裏付けとなるだろう。

『訳解』から除外された部分を調べると、たとえばすぐあとの第二篇第八章「人民について」Du peuple には、人民の発展段階を人間の生長にたとえて、幼年期、青年期もしくは成熟期と区分し、幼年期の人民に法を与えることは却ってその人民をそこなうもとになると論ぜられているから、このような個所を訳出することは、かえって加藤弘之らの国会開設尚早論者に恰好の言質を与えることになりかねない。また、後半の第三篇、第四篇は当時の日本においては実現不可能な純粋共和政の問題が多く扱われており、ことにギリシャ、ローマの民会に関する歴史論などは、まさに『政治論略』や『国法汎論』の著者たちがルソオを「偏理家」として非難しているところであるから、『訳解』のもっていた民権運動の理論的武器という性格を考えれば、これらの諸章の訳出は必要でないばかりか、かえって不利を招くことにもなりかねなかったといってもよいであろう。

いずれにせよ『訳解』に訳出されている諸章は、天皇制確立期という当時の政治的現実においてもある程度実現可能な個所、兆民のいわゆるプラクチースに転じうるテオレーム(補13)であったのだろう。それにひきかえ、服部訳や原田訳が全訳でありながら、その与えた影響は部分訳である『訳解』にはるかに及ばなかったというのも、文章の巧拙などは別としても、それらがともに無意識的、無選択的な全訳であって、当時のアクチュアリティーから遊離してしまったためかもしれない。

【注】

(1) 『訳解』本文のテキスト・クリティークとしては明治大学法律論叢第三六巻の一号に中村雄二郎氏の「中江兆民『民約訳解』にみられるルソー思想のうけとり方について」の一文があるのみであるが、惜しむらくは兆民の儒学・漢文学方面の素養に対する充分な検討を欠いていることを氏も断っておられる。ルソオ思想がわが自由民権運動に及ぼした影響、ないしは運動の過程におけるルソオ理解の屈折の事情を調べるにはまずこの方面の検討からはじめなければならないこともまた同時に明らかであり、これは今後ルソオ＝兆民研究者にのこされた大きな課題のひとつであろう。

(2) 幸徳秋水『兆民先生』岩波文庫版一〇頁。

(3) 京都大学人文科学研究所「人文学報」第十三号(一九六〇年)所収、小島祐馬「中江兆民の学問と文章」。

(4) 小関豊吉『南学の発展と土佐の教育』に拠る。

(5) 寺石正路『土佐偉人伝』。

(6) 長崎市役所刊『長崎と海外文化』下編第一章「語学」の項一二—一三頁。

(7) 『坂本竜馬関係文書』第二所収、坂崎紫瀾「坂本竜馬海援隊始末」。以下同文書による。

(8) 同右所収「海援隊日史」。

(9) 『一年有半』岩波文庫版六一頁。

(10) 徳富猪一郎『蘇峰自伝』一七七頁。

(11) 小島祐馬『中江兆民』アテネ文庫版六頁。

(12) 徳富猪一郎『土佐の勤王』五三頁。

(13) 滝田貞治『仏学始祖村上英俊』上巻二二丁裏。以下これによる。

(14) 東雲新聞第七七号(明治二一年四月二一日)「土佐紀游」第二、岩波文庫『兆民選集』一六四頁。

(15) 竹越與三郎『西園寺公望』九三頁。

(16) 大槻文彦『箕作麟祥君伝』五一頁。

(17) 同右四六頁。

(18) 『万国新史』前書には底本として「チャンブル氏モデルンヒストリー、ヒューム氏ヒストリーヲフイングランド、ヂュルイ氏イストワールドフランス、ヂュクードレイ氏イストワールコンタムポレーン」を使用したと断ってある。

(19) 箕作麟祥『万国新史』和綴五丁表―六丁表。箕作はのちに「リボルチーの説」や「国政転変の論」を発表して民権論者たちから日本最初の「東洋のルソオ」の名を冠せられた人でもあり、『万国新史』の記事も断片的なものではあるが、ごく初期のルソオ紹介としては比較的詳細なものである。「……又此ウォルティルの同志中最も有名の者はルーソーにして此人は本と瑞西に生れ仏国に来て生長せしが其性激烈にして頗る異常人を驚ろかすの説を講じ、其志す所唯、当時の法教を弁駁するのみを以て足れりとせず、挙て之を廃絶して更に一種の理説を立て彼の法教に易へ以て人民を善道に導かんとす、此人文一書を著はし題して民約の説(ソシアル・コントラクト――引用者)と曰ふ、其書の趣旨とする所は君民の区別、政体の大綱、其源皆国中の人民互に契約して設立せし所に出づ、故に現今人民互に復た同心協議する時は忽ち従来の政綱を変更し君臣の別を廃絶する事自由たるべきの意を説きたり」。

(20) 『兆民先生』一〇頁には「後ち明治二年(?)福地源一郎先生湯島に日新社を設くるや、先生其塾頭となれり」とあり時期は不明確であるが、川辺真蔵『福地桜痴』八八頁によれば湯島の日新社は、福地が二年十月十五日に浅草新堀端抹香橋厳念寺境内に開いた英仏語の稽古場を移転したものであるから、早くも二年末、おそらくは三年はじめの設立であろう。

(21) 木村毅『西園寺公望』九三―九四頁。

(22) Bourgin: La Troisième République. p. 33.

(23) 木村毅編『西園寺公望自伝』七二頁。

(24) 『一年有半』三一頁。

(25) 木下半治訳『フランスの内乱』岩波文庫版八六頁による。

(26) Bourgin, op. cit., p. 44.

(27) 『兆民先生』二五―二六頁。

(28) 同右四七頁。

(29) 陸羯南『近時政論考』明治文化全集政治篇四七三頁。

(30) この事項については木村毅『西園寺公望』第六章「フランスについて再び(細説)」の記事(八六―一二六頁)がかなり詳しい。

(31) 『兆民先生』一一頁。

(32) 『自伝』五七頁。

(33) 同右六〇頁。

(34) 『兆民先生』一一頁。

(35) エミール・アコラスについては二十世紀ラルース、および Dictionnaire de Bibliographie Française 所載の略伝による。なお木村毅『西園寺公望』には特に「アコラスの政治思想」(九八―一〇六頁)の一節があり、それをも参照した。

(36) 新聞論説をも含めて兆民の著作中アコラスの名がでてくるのは、私の気がついたかぎりでは『三酔人経綸問答』中、洋学紳士の口を藉りて語らしめているのみである。周知のとおり、「洋学紳士」は兆民の理想的分身像であり、本心はむしろ「南海先生」の所論に仮託されているとみるべきであるから、洋学紳士にアコラスを語らしめているのは、アコラスに対して共鳴はしながら、いくぶん批判的な兆民の立場を示唆しているものと解してよいと思う。つまり、アコラスの所説は先進国フランスにおいてはともかく、少なくとも日本の政治的現実に適用するには時期尚早の理想論と考えられていたのであろう。

(37) たとえば明治十七年刊、酒井雄三郎訳の『政理新論』上下には「法朗西《フランス》 噎美尓《エミール》 亜哥剌士《アコラス》著、同氏門人西園寺公望序、中江篤介校」として西園寺と名を連ねている。兆民としては『民約訳解』を出した直後のことであり、また、本書がかなりきびしいルソオ批判書であることを思えば、それが西園寺に対する友情によるとばかりは思われない。

(38) 『兆民先生』四〇頁。

(39) 兆民のフランス関係の発言はつねに政治、社会、文化等の公的な分野に限られ、西園寺の個人的な懐旧談に類するものは、秋水がきき出した二、三の逸話を除いて皆無といってよい。

(40) 『陶庵随筆』五頁。

(41) 『西園寺公望自伝』七三頁、九五頁。

(42) 『一年有半』六一頁。

(43) 『蘇峰自伝』一七七頁。

(44) 『自由党史』岩波文庫版中巻三八頁。

(45) アコラス著、酒井雄三郎訳、明治十七年刊。原題は Philosophie de la Science politique et commentaire de la Déclaration des droits de l'homme de 1793 (Paris, 1879)、前半だけを訳して『政理新論』としたものらしい。

(46) 以下に紹介するアコラスのルソオ批判は、主として前記『政理新論』およびアコラスの主著 Manuel de droit civil à l'usage des étudiants, contenant l'exégèse du Code Napoléon et un exposé complet des systèmes juridiques (premier examen) (Paris, 1877) に拠ったものである。尚『政理新論』については本稿作成までに原書を閲読できなかったので酒井訳に従うことにする。

(47) 『政理新論』上巻四三頁。

(48) 同右七四頁。

(49) Manuel de droit civil, Introduction p. XVIII.

(50) 『政理新論』上巻一二八頁。

(51) 同右一三頁。

(52) Manuel de droit civil, Introduction p. XVI. note (1).

(53) Ibid., p. XXVII. ¶ Droit de la Révolution, note (1).

(54) 『兆民先生』一一頁。

(55) 『陶庵随筆』六頁「アコラス翁の政治家」。

(56) 小島祐馬『中江兆民』二四頁。

(57) Manuel de droit civil, Préface.

(58) B. Grœthuysen: J.-J. Rousseau. p. 220. 230.

(59) Ibid., p. 230.

(60) 『自由党史』上巻九六頁。

(61) 指原安三『明治政史』明治文化全集正史篇二三七頁。

(62) 『兆民先生』一五頁。

(63) 『一年有半』五六頁。

(64) 服部之総『明治の思想』著作集第六巻二九六頁。

(65) 『兆民先生』一二頁。

(66) 石田雄『明治政治思想史研究』二八八頁。

(67) 『民約訳解』第一篇第六章「民約」の項の「解」による。

(68) 雑賀博愛『杉田鶉山翁』追補附録「鶉山と兆民」七九八頁。

(69) 稲田正次『明治憲法成立史』上巻六三六頁所引による。福島大学東北経済研究所「東北経済」十八号所載、河野広中「南遊日記」。

(70) 九年六月四日の朝野新聞投書欄には、栃木県平民田代生の署名で「タイランニーノ弊害ヲ論ズ」という一文がのっている。要旨は国の内乱には政府の圧制がみずから招いた禍いであるものが多いとして、暗にフランス革命を弁護するものなのであるが、興味あるのは、投書者がまだ翻訳の出ていない時代において(服部徳訳『民約論』の刊行は十年十二月)すでに民約論の一部を引用していることである。この引用文は『明治憲法成立史』の著者稲田正次氏が入手せられた「民約論巻之二、中江篤助訳、仏蘭西戎雅屈拉蘇《ジャンジャックルソー》著」(明治七年十月上旬稿)の文面と一致するとのことであるから、兆民訳民約論がかなりひろい範囲に滲透していたことの一例証となるであろう。引用文。

「拉蘇氏著ス所ノ民約論ニ曰ク国民若シ政府ニ向テ偏ニ恭従ヲ約スル而已ニシテ己レノ意ヲ行ハシムルノ事ナキトキハ此約ハ乃チ既ニ其レヲシテ解体セシムルモノニシテ真国民ノ性ヲ失フナリト」

『訳解』本文同一個所(巻之二第一章)

「是故一邦之民、若挙一人、托之以君権、而約永従其所令無敢忤違焉、是約則是破壊其所由以為民之本旨也」

ルソオ原文

Si donc le peuple promet simplement d'obéir, il se dissout par cet acte, il perd sa qualité de peuple; … (Liv. II—Chap. 1: Que la souveraineté est inaliénable)

(71) 黒龍会編『西南記伝』下の二、六六五—六七二頁「宮崎八郎伝」。以下これによる。

(72) 宮崎は八年六月、地方官会議が催された際に県令安岡良亮に陳情のため上京しているから、はじめて兆民に接したのはこのときであろう。

(73) これはルソオ紹介初期のものとしてはじめてまとまった体裁をそなえたものであるが、極く短かいものである。民約論については「彼ノ有名ナル『コントラ・ソシアル』ノ一書世上ニ現出スルニ及ビシガ其論旨ニ於テ人間社会上ニ及ブ所ノ影響ハ沈思穏当ヲ欠クモノナキニ非ズト雖モ其豪胆ナル実ニ一世ノ人心ヲ驚駭攪動シ復タ前日著書ノ比ニ非ズ」、ルソオの生涯については「『ルーソー』ハ著書頗ル多ク其書凡テ文章激烈ニシテ立意頗ル凱切ナリ後来仏国革命ノ際ニ及ビ当時世人ノ意見ニ大イナル影響ヲ及ボシタルハ更ニ疑ヲ容レザル所ナリ」という程度の簡略な紹介がなされている。尚同誌には第九一号(九年五月)にも前号のルソオ紹介が特に官界に投じた波紋をしるした「政府ノ官員ハ『ルーソー』ヲ嫌ハルル話並評」が載っている。

(74)『自由党史』上巻八〇頁。

(75)『兆民先生』一五頁。

(76)『西南記伝』上の二、六六四頁所引「西郷南洲翁遺訓」。

(77) 同右。

(78)『兆民先生』三一―三二頁。

(79)『一年有半』四六頁。

(80)『明治憲法成立史』上巻六三五頁所引のうち一節。

(81)『一年有半』三三頁。

(82) 同右四五―四六頁及び二三頁。

(83)『兆民先生』三二頁。

(84) 同右二九頁による。

(85) 関口隆正撰「文靖先生行状」甕谷遺稿巻八、和綴四七丁裏―四八丁表。

(86)『一年有半』二三頁。

(87) 同右五九頁。

(88)『兆民先生』二九頁。

(89) 同右一二頁。

(90) 東洋自由新聞第二六号(明治十四年四月二一日)「防禍于未萌」、岩波文庫『兆民選集』六五頁。

【補注】

(補1) 秋水が忘れた絶句の前二句は、「苦学未遑試放遊 傍行書冊日埋頭」である(松永昌三『中江兆民』二八頁所引、嘉治隆一「中江兆民の著書のことなど」)。「花月楼」は単なる形容というより、長崎に実在した娼楼「花月楼」のことであろう。

(補2) 兆民は十二月十一日、使節と別れてサンフランシスコを出発し、翌五年一月十一日(西暦一八七二年二月十九日)パリに着いた(本書第二章Ⅲを参照)。

(補3)　Acollasの読みについては西園寺公望以来「アコラース」が踏襲されてきたが、兆民は『三酔人経綸問答』(『全集』第八巻、二一七、二一八頁)ほかで終始「アコラース」と表記しており、パリで探し当てた孫のPierre Acollas氏の家族のあいだでも「アコラース」と伸ばした発音がなされていた(本書第一章Ⅱを参照)。

(補4)　西園寺は明治四(一八七一)年二月、着仏後まもなく前田正名がモンブランの世話で入っていた「ある私塾」に入ったところ、兆民らが「後からきた」と『自伝』に述べているが、かれはパリ・コミューン後の混乱を避けて同年夏をジュネーヴで、冬をマルセイユで過ごし、翌五年春、おそらくは兆民の着仏後、パリに帰来して「ミルマン」の塾に入っている。アコラースに就いて法律を学び始めるのはそれ以後と思われるから、ここにいう「ある私塾」とアコラースをにわかに結びつけるのは無理がありそうである(本書第二章Ⅲを参照)。

(補5)　兆民がアコラースに師事したことは確証できないが、さりとてかれをアコラースの門下から排除しなければならない積極的な理由もない(本書第一章Ⅳを参照)。

(補6)　兆民の「仏国の教師」の候補としてはほかに「普通学」(=語学・一般教養)の師「バレー」氏、東洋語学校日本語科教授レオン・ド・ロニーほかを挙げることができる(本書第一章Ⅴおよび第二章Ⅲを参照)。

(補7)　兆民の帰国は明治七年六月九日であったと考えられる(本書第二章Ⅸを参照)。

(補8)　元老院時代の兆民の任務、とりわけ国憲案編纂事業への参画については本書第五章を参照。

(補9)　翻訳・訳語の問題については本書第六章を参照。

(補10)　『政理叢談』の漢訳論説中、全集編纂委員会が兆民筆と認定したのは、「仏蘭西民権之告示」のみであった(『全集』第一四巻、七八頁以下および松永昌三氏による解題を参照)。

(補11)　『民約訳解』中断の理由については本書第三章で再び検討した。

(補12)　旧稿では「明治文化全集」版に拠ったが、同版では第四六号(明一六・九・五)に載った最後の「解」(『全集』第一巻、一二八―一二九頁)が欠落している。この「解」は松永昌三氏によって復刻版『兆民文集』(昭和四十年)に再録された。

(補13)　「プラクチース」、「テオレーム」の表現は『東洋自由新聞』第一四号(明一四・四・七)の論説「意匠業作」(嘉治隆一編『兆民選集』、三八―四〇頁)に借りたものであるが、同論説は『全集』からは兆民筆でないとして削除された。ただし、本書第三章では『民約訳解』に訳出された部分を『社会契約論』の原理論と規定した上で立論しているので、同章を参照されたい。

主要参考文献

◇以下に掲げる文献は、主として著者の関心領域にかかわるもの、著者が本書各章の執筆に際して披見・参照する機会を得たものに限られ、兆民研究全体を網羅するものではない。一般的なものとしては、Ⅰに掲げる二種類の『中江兆民集』巻末に松永昌三氏が付せられた「参考文献」を参照されたい。
◇兆民が著作・翻訳に利用した原著についてはその原題を示し、簡単なコメントを付した。
◇著者が編纂に参画した『中江兆民全集』については、とくに著者の担当部分を明確にして、本書からの『全集』の検索・参照を円滑ならしめるようつとめた。
◇本書から兆民研究へ進まれる若い読者を想定して、Ⅱ、Ⅲの評伝・研究等には簡単なコメントを付した。
◇Ⅳの諸研究では、本書各章の所論について紹介・批判等がなされている場合、その旨を記して読者の判断に俟つことにした。

Ⅰ　中江兆民の主要著作・選集・全集

「民約論巻之二」(原著 Du Contrat social ou principes du droit politique par J. J. Rousseau, 1762 の第二篇第一章―第六章に相当する部分の訳稿で、故稲田正次氏が入手・所蔵されたもの。裏表紙に「明治七年十月上旬」の記載があるが、「巻之一」の存在は確認されていない。同氏の『明治憲法成立史の研究』昭五四・四、有斐閣 ではじめて公刊された。『全集』第一巻に収録)

「策論」(「元老院権少書記官」の肩書きで書かれた明治八年頃の自筆草稿を松永昌三氏が入手され、「中江兆民の〃策論〃一篇について」『思想』昭五三・八 で公表された。『全集』第一巻に収録)

『英国財産相続法』・『孛国財産相続法』(ともにアントワーヌ・ド・サン＝ジョゼフ『諸外国民法典とナポレオン法典との異同弁』第二版 Fortuné Anthoine de Saint-Joseph : Concordance entre les Codes Civils Etrangers et le Code Napoléon, 2e édition, entièrement refondue et augmentée…, 4 tomes, 1856 のそれぞれ英国篇、プロイセン篇の一部を訳出したもの。ともに明一〇・

一二、司法省。『全集』第一七巻別篇にそれぞれ冒頭部分を収録、巻末に松沢弘陽・大久保泰甫両氏の解題がある)

『仏国訴訟法原論』全四巻(ボニエ『民事訴訟手続原理』初版 Edouard-Louis-Joseph Bonnier : Eléments de Procédure Civile, 1853 の全訳で、ごく一部を立木頼三・山口芳輔が分担。明一一・七—明一二・一一、司法省。『全集』第一七巻別篇に冒頭部分を収録、巻末に松沢弘陽・小山昇両氏の解題がある)

『民約訳解』(ルソー原著第一篇の漢訳で、『政理叢談』第二号から第一一号までの連載分を一本に纏めたもの。明一五・一〇、仏学塾出版局。第二篇は雑誌連載分のみ。『全集』第一巻に収録)

『非開化論』上節(ルソー『学問芸術論』Le Discours sur les sciences et les arts par J. J. Rousseau, 1750 の第一部を三分の二ほどで中断した部分訳。明一六・八、日本出版会社。下節は土居言太郎訳、明一七・八。『全集』第一巻に収録)

『維氏美学』上下(ヴェロン『美学』初版 Eugène Véron : L'Esthétique, 1878 の全訳。上冊 明一六・一一、下冊 明一七・三、文部省編輯局。ただし「舞踏」・「音楽」の二篇は野村泰亨訳。『全集』第二、三巻に収録)

『理学沿革史』上下(フイエー『哲学史』第二版 Alfred Fouillée : L'Histoire de la philosophie, 2ème édition, 1878 の全訳。上冊 明一九・二、下冊 明一九・四、文部省編輯局。『全集』第四、五、六巻に収録)

『理学鉤玄』(明一九・六、集成社。数種類のフランス語原著に拠るものと考えられる。『全集』第七巻に収録)

『革命前法朗西二世紀事』(明一九・一二、集成社。主に「引用書目」に掲げられた Victor Duruy : Histoire de France ; Henri Martin : Histoire de France depuis les temps les plus reculés jusqu'en 1789 の両フランス史に拠る。『全集』第八巻に収録)

「民主国ノ道徳」(バルニ『民主政における道徳』Jules Barni : La Morale dans la démocratie, 1868 の節訳。『欧米政典集誌』第一〇号〔明二〇・一〕から第一二号〔明二〇・五〕までの連載が確認される。『全集』第八巻に収録)

『三酔人経綸問答』(明二〇・五、集成社。「洋学紳士」の永久平和論に右バルニ原著ならびにアコラース『民法提要』Emile Acollas : Manuel de droit civil, 1869. 2e ed., 1874 を引用。『全集』第八巻に収録)

『平民の目さまし 一名国会の心得』(明二〇・八、文昌堂。『全集』第一〇巻に収録)

『仏和辞林』(中江篤介校閲、野村泰亨ほか纂訳。明二〇・一一、仏学塾蔵版。リトレの大著『フランス語辞典』をボージャンが要約した A. Beaujean : Abrégé du Dictionnaire de E. Littré, 1874 の翻訳。『全集』第一七巻別篇に扉写真および《U》の部を収録、巻末に松永昌三氏の解題がある。仏学塾経営十余年の記念碑というべき訳業)

『国会論』(明二一・一一、盛業館。『全集』第一〇巻に収録)

『選挙人目ざまし』(明二三・四、金港堂。文中引用される「エヅワール・ヒリポン」の『フランスおよび外国における命令的委任制度』Edouard Philipon : Le Mandat impératif en France et à l'étranger, 1882 の大幅な引用を点綴して成ったもの。『全集』第一〇巻に収録)

『道徳学大原論』前後(ショーペンハウエル原著『倫理学の二つの根本問題』Arthur Schopenhauer : Die beiden Grundprobleme der Ethik, 1841 の第二論文『道徳の基礎について』Über das Fondament der Moral, 1840 のビュルドーによる仏訳本 Le Fondement de la morale traduit par A. Burdeau, 1879 からの重訳。前編 明二七・三、後編 明二七・九、一二三館蔵版。『全集』第九巻に収録)

『一年有半』(明三四・九、博文館。『全集』第一〇巻に収録)

『続一年有半』(明三四・一〇、博文館。『全集』第一〇巻に収録)

『兆民文集』(明四二・一〇、日高有倫堂、幸徳秋水編。ただし『民約訳解』は仏学塾版の翻刻で、「巻之一」のみ)

「明治文化全集」第三巻「政治篇」(『民約訳解』、『三酔人経綸問答』、『平民の目さまし』を収める。昭四・一一、日本評論社。『民約訳解』は「巻之二」を増補されたが、『政理叢談』第四六号に掲載された第六章「律例」末尾の「解」を欠く)

『一年有半・続一年有半』(嘉治隆一編校、昭一一・二、岩波文庫)

『兆民選集』(嘉治隆一編校、昭一一・四、岩波文庫)

『三酔人経綸問答』(桑原武夫・島田虔次訳・校注、昭四〇・三、岩波文庫)

復刻『兆民文集』(松永昌三解説、昭四〇・七、宗高書房。『民約訳解』「巻之二」第六章末尾の長らく忘れ去られていた「解」を、『政理叢談』第四六号から再録・紹介)

「明治文学全集」13『中江兆民集』(林茂編、昭四二・三、筑摩書房。『民約訳解』本文に「巻之二」第六章末尾の「解」を追加。松永昌三氏による「年譜」、「参考文献」を収める)

「明治文化全集」戦後版補巻一『維氏美学』(木村毅解説、昭四五・五、日本評論社)

「近代日本思想大系」3『中江兆民集』(松永昌三編、昭四九・一一、筑摩書房。「年譜」、「参考文献」を収める)

『中江兆民全集』(松本三之介・松沢弘陽・溝口雄三・松永昌三・井田進也編。全一七巻、別巻一。昭五八・一一―昭六一・四、岩波書店。本全集では、法律翻訳以外の兆民の全著作と、かれが主筆等の資格で参画したことが知られるかぎりの新聞・雑誌の署名論説を網羅し、その間の無署名論説にかんしては、編纂委員会の認定基準に合格したものを兆民筆と認めて収録した。翻訳作品にかんしては、とくに全篇を原著と厳密に照合して、兆民が原文に加筆ないし改変を加えている箇所を別巻の「翻訳作品加筆箇所総覧」に掲出し、かれがいかに原著を読み解いたかを窺う手がかりとした。著者は本全集中とくに、全翻訳作品ならびに『革命前法朗西二世紀事』の校訂・解題を担当し、右「加筆箇所総覧」のほか、第八巻巻末の『革命前法朗西二世紀事』引用・加筆一覧」と、第一〇巻巻末の「『選挙人目ざまし』のフィリポン原著引用個所一覧」を作成した。第一五巻所収「『政理叢談』解題」も、本書巻末「原典目録」を補完するものとして合わせ参看されたい。別巻にはさらに、松永昌三氏が蒐集された兆民にかんする同時代の証言のうち重要と思われるものを年代順に配列した「中江兆民関係記事」、ならびに同氏が全集編纂の成果を踏まえて作成された現時点でもっとも詳細な「年譜」を収める)

II　同時代人による兆民評・評伝等(『全集』別巻所収のうち)

徳富蘇峰「妄言妄聴」(『国民新聞』明二八・一二・一三、一四、一五。兆民を知る人の言で、非常に示唆に富む)

岩崎徂堂『中江兆民奇行談』(明三四・一二、大学館。他に伝わらない逸話も収める)

幸徳秋水「兆民先生」(明三五・二以後、草稿。『兆民先生』の母胎になると考えられる秋水のノート)

同『兆民先生』(明三五・五、博文館。兆民研究の出発点であるとともに、絶えず立ち帰って味読さるべき必須文献)

同「兆民先生行状記」(明二六執筆か。小泉策太郎のもとに残された秋水の遺稿を小泉が『蘇峰先生古稀祝賀知友新稿』昭六・一一ではじめて公表したもの)

同「故兆民先生追悼会の記」(明三六・一二・二〇、『週刊平民新聞』第六号)

同「文士としての兆民先生(評伝)」(明四〇・四・一五、『文章世界』第二巻第五号)

渋江保「中江兆民居士」(大二・九、『独立評論』再興第八号。森鷗外『渋江抽斎』に登場する抽斎の子「保さん」による談話。

明治初年の逸話に富む)
勝田孫弥「甲東と中江篤介氏」(『甲東逸話』昭三・五、冨山房。甲東は大久保利通の号。兆民のフランス留学をめぐる両者の交渉を伝える)
雑賀博愛「筆禍に罹りて獄に下る」「鶉山と中江兆民」(『杉田鶉山翁』昭三・一一、鶉山会。兆民の元老院時代の消息を伝える。別巻所収分以外にも兆民関係記事あり)
徳富蘇峰「東京に於ける交遊」(『蘇峰自伝』第五章四、昭一〇・九、中央公論社。兆民の明治十五年当時の消息を伝える。別巻所収分以外にも兆民関係記事あり)

III　主な評伝・研究

小島祐馬『中江兆民』(昭二四・三、弘文堂「アテネ文庫」。前記「明治文学全集」版『中江兆民集』に再録)
林茂『近代日本の思想家たち』(昭三三・一二、岩波新書)
土方和雄『中江兆民』(昭三三・一二、東京大学出版会)
桑原武夫編『中江兆民の研究』(昭四一・二、岩波書店。京都大学人文科学研究所の七氏による論文を収める)
松永昌三『中江兆民』(昭四二・四、柏書房。現在までのところもっとも詳細かつ信頼のおける兆民伝)
同『中江兆民の思想』(昭四五・一〇、青木書店。個人による唯一のまとまった研究書)
木下順二・江藤文夫編『中江兆民の世界――「三酔人経綸問答」を読む』(昭五二・一二、筑摩書房。〈山本安英の会〉のゼミナール報告を中心に各学問分野を代表する十三氏の論文を収める。『三酔人』のみならず兆民思想全般に多角的なアプローチがなされている)
松沢弘陽「中江兆民の世界をたずねて――兆民研究の最近の動向」(『社会科学研究』昭五三・八。右『中江兆民の世界』をはじめ、本書第一章、第二章の論考についての紹介あり)

IV　中江兆民をフランスとの関係で論じた研究

島本晴雄「『維氏美学』と中江篤介」(『女子大文学』昭三二・三。前掲「明治文化全集」版『維氏美学』に付録)

平岡昇「兆民の『民約訳解』について」(『講座近代思想史』月報第四号、昭三四・二、弘文堂)

中村雄二郎「中江兆民『民約訳解』にみられるルソー思想のうけとり方について」(『明治大学法律論叢』昭三七・七。『近代日本における制度と思想』昭四二・八、未来社　に収録)

井田進也「中江兆民――『民約訳解』の周辺」(『比較文学研究』第八号、昭三九・七。本書《付録》に再録)

飛鳥井雅道「民権運動と『維氏美学』」(『人文学報』昭三九・一〇。前掲桑原武夫編『中江兆民の研究』に収録)

佐々木毅「西洋法・政治思想の初期継受――中江兆民とルソー」(石井紫郎編『日本近代法史講義』昭四七・九、青林書院新社　所収)

井田進也「兆民のフランス留学――ルソーとの出会い」(芳賀徹ほか編『西洋の衝撃と日本』昭四八・一〇、東京大学出版会　所収)

藤野雅己「中江兆民の思想形成と儒教的要素」(『上智史学』第一九号、昭四九・一〇)

井田進也「兆民研究における『政理叢談』の意義について」(『文学』昭五〇・九。本書第一章に収録)

同「中江兆民のフランス――明治初期官費留学生の条件」(『文学』昭五一・七、八、一〇。本書第二章に収録)

藤野雅己「明治初年におけるルソー」(『上智史学』第二一号、昭五一・一二)

岡和田常忠「兆民・ルソー――『民約一名原政』訳解」(日本政治学会編『日本における西欧政治思想』昭五一　所収)

富田仁『フランスに魅せられた人々――中江兆民とその時代』(昭五一・一二、カルチァー出版社。本書第一章、第二章、《付録》の各論考について紹介・引用あり)

井田進也「『民約訳解』中断の論理」(『思想』昭五二・一一。本書第三章に収録)

同「中江兆民の書簡――『洋学紳士』の原像」(平川祐弘ほか編『文章の解釈――本文分析の方法』昭五二・一一、東京大学出版会　所収)

河野健二「日本における共和主義の原型――ルソー・兆民・諭吉」(『展望』昭五三・三。本書第二章の論考についての批判あり)

安永寿延「ルソーと兆民」(『第三文明』昭五三・一〇、第三文明社 に収録)

井田進也「『政理叢談』原典目録ならびに原著者略伝」(東京都立大学『人文学報』第一二六号、昭五三・三。本書巻末に収録)

同「『東洋のルソー』中江兆民の誕生――『三酔人経綸問答』における『社会契約論』読解」(『思想』昭五三・七、特集「ルソー／ヴォルテール――歿後二〇〇年(II)」。本書第四章に収録)

宮村治雄「中江兆民の思想――その共感と反感の構造について」(一)(東京都立大学『法学会雑誌』第一九巻第一号、昭五三・八)

藤野雅己「中江兆民の仏学塾と『仙台義会雑誌』」(『日本歴史』、昭五四・一一)

同「明治前期におけるルソー受容をめぐる二、三の問題」(『政治経済史学』第一七〇号、昭五五・七)

井田進也「中江兆民の翻訳・訳語について」(『文学』昭五五・一二、昭五六・一。『翻訳』昭五七・六、岩波書店　ならびに本書第六章に収録)

米原謙「『東洋のルソー』考」(『阪大法学』第一一六・一一七号、昭五六・三。後出『日本近代思想と中江兆民』に収録)

井田進也「『立法者』中江兆民――元老院国憲案編纂過程における〝豆喰ひ書記官〟とボアソナードの角逐」(『思想』昭五六・八。原題を一部変えて本書第五章に収録)

藤野雅己「中江兆民の文明構想とスイス」(『信州白樺』第四四・四五・四六合併「自由民権運動百年記念特集号」昭五六・一〇)

井田進也「中江兆民――『民約論』から〈立法者〉へ」(『ジャポニスムの時代――十九世紀後半の日本とフランス』昭五八・七、日本美術学会　所収。前年十月の「第二回日本研究日仏会議」で口頭発表したもの)

同「『選挙人目ざまし』のフィリポン原著引用個所一覧」(『中江兆民全集』第一〇巻、昭五八・一一、岩波書店)

同『民約論』・『民約訳解』・『非開化論』「解題」(『全集』第一巻、昭五八・一二)

米原謙「方法としての中江兆民――『民約訳解』を読む」(『下関市立大学論集』第二七巻第三号、昭五九・一。後出『日本近代思想と中江兆民』に収録)

井田進也『革命前法朗西二世紀事』「引用・加筆一覧」と「解題」、「民主国ノ道徳」「解題」(『全集』第八巻、昭五九・二)

宮村治雄「中江兆民と『ルソー批判』」(季刊『日本学』第四号、昭五九・四、名著刊行会)

同「明治パトリオティズム覚書――訳語の歴史を手がかりに」(『国語通信』第二六四号、昭五九・四)

井田進也『道徳学大原論』「解題」(『全集』第九巻、昭五九・五)
同『維氏美学』「解題」(『全集』第三巻、昭五九・一一)
同『理学沿革史』「解題」(『全集』第六巻、昭六〇・三)
同『政理叢談』「解題」(『全集』第一五巻、昭六〇・八)
米原謙「フランス時代の中江兆民——その思想形成」(『下関市立大学論集』第二九巻第三号、昭六一・一。本書巻末「原典目録」をふまえた初の現地研究、後出『日本近代思想と中江兆民』に収録)
井田進也「翻訳作品加筆箇所総覧」ならびにその「解題」(『全集』別巻、昭六一・四)
米原謙『日本近代思想と中江兆民』(昭六一・一〇、新評論。前掲諸論文を収録、本書各章への批判あり)

V　本書各章にかんする文献

1　第一章　「兆民研究における『政理叢談』の意義について」

〈Archives Nationales〉 Répertoire des diplomés. Droit 1874–1878. F 17*2391.
Affiches des cours et conférences. Faculté des lettres. Paris 1854–1896. F 17 13126.
Cours publiques. Accolas[*sic*] à Azaïs. F 17 6684.
Bulletin administratif de l'instruction publique.
L'Annuaire de la société d'ethnographie.
L'Annuaire de la société d'études japonaises.
Bulletin de la société Franklin.
O. Lorenz : Catalogue général de la librairie française, T. VIII et T. II de la Table des Matières, 1840–1875.
Emile Acollas : Manuel de droit civil, 1869(2e édition, 1874).
——Philosophie de la science politique et commentaire de la Déclaration des droits de l'homme de 1793, 1877.

La Science politique, présidée par Emile Acollas, 1878.
Revue des Deux Mondes.
Revue des cours littéraires (plus tard, *Revue politique et littéraire*).
Saint-René-Taillandier : Les Renégats de 89. Souvenirs du cours d'éloquence française à la Sorbonne, 1877.
J. Brac de la Perrière : Le Socialisme, 1880.
Amédée Le Faure : Le Socialisme pendant la Révolution française (1789–1798). 1863.
J. J. Thonissen : La Constitution belge annotée, 1876.
L'Université de Lyon, 1900.
L'Université de Lyon. Cinquintenaire de la Faculté de droit, 1926.

2　第二章　「中江兆民のフランス」

〈岩倉使節団について〉

久米邦武編『特命全権大使米欧回覧実記』㈢(明一一・一〇、太政官記録掛刊行。ただし、田中彰校注の同書岩波文庫版㈢、昭五四・一二を使用)
外務省調査部編『大日本外交文書』第五、六、七巻(昭一三—一五、日本国際協会)
下村冨士男『明治初期条約改正史の研究』(昭三七、吉川弘文館)
『大久保利通文書』第四(昭三、日本史籍協会。複製は昭四三、東京大学出版会)
『木戸孝允文書』第四、五(昭五、木戸公伝記編纂所。複製は昭四六、東京大学出版会)
『木戸孝允日記』第二、三(昭八、日本史籍協会。複製は昭四二、東京大学出版会)
妻木忠太『史実考証木戸松菊公逸事』(昭七、有朋堂)
木戸公伝記編纂所『松菊木戸公伝』(下)(昭二、明治書院)
佐佐木高行日記『保古飛呂比』第五、六(昭四九、五〇、東京大学出版会)
中野礼四郎等編『久米博士九十年回顧録』(昭九、早稲田大学出版部)

〈**海外留学制度について**〉

国立公文書館『公文録』明治六年「文部省之部」

『文部省日誌』

井上馨侯伝記編纂委員会編『世外井上侯伝』(昭八―九、内外書籍)

井上毅伝記編纂委員会編『井上毅伝』史料篇第四(昭四六、国学院大学図書館)

教育史編纂会編『明治以降教育制度発達史』第一巻(昭一三、龍吟社。重版は昭三九、教育資料調査会)

文部省『学制七十年史』(昭一七、帝国地方行政学会)

石附実『近代日本の海外留学史』(昭四七、ミネルヴァ書房)

渡辺実「遊学から留学へ」(『日本歴史』第五九号、昭二八・四)

藤田東一郎「入江文郎に関する研究」(『日本学士院紀要』第六巻第一号、昭二三・三)

安倍季雄編『男爵辻新次翁』(昭一六、仁寿生命保険)

〈**西園寺公望と兆民の友人たち**〉

木村毅編『西園寺公望自伝』(昭二四、大日本雄弁会講談社)

国木田独歩編『陶庵随筆』(木村毅解題、昭一八・一二、新潮社。「欧羅巴紀遊抜書」、「滞仏日記の一節」等を収める)

橋本実斐「西園寺公滞仏書簡」(『心』昭二五・六、七、八。原本は国会図書館憲政資料室蔵「西園寺公望関係文書」中にあり)

小泉策太郎『随筆西園寺公』(『小泉三申全集』第三巻、昭一四、岩波書店。「坐漁荘日誌」を収める)

木村毅『西園寺公望伝』(昭一二、伝記刊行会)

竹越與三郎『陶庵公西園寺公望公伝』(昭五、叢文閣)

田中貢太郎『西園寺公望伝』(昭七、改造社)

白柳秀湖『西園寺公望伝』(昭四、日本評論社)

安藤徳器『西園寺公と湖南先生』(昭一一、言海書房)

前橋黒潮「光妙寺三郎」(『日本及日本人』大三・三・一五)

飯塚納『西湖四十字詩集』(明三六、権藤成卿「西湖山人事歴攷」を収める)

桑原羊次郎「飯塚納」、同「補遺」(『伝記』第八巻第五、七号、昭一六)

〈旅行者・在留者・留学生にかんする文献〉

成島柳北『航西日乗』(「明治文学全集」4『成島柳北・服部撫松・栗本鋤雲集』昭四四、筑摩書房)
寺島宗則「寺島宗則自叙伝」(二)(『伝記』第三巻第五号、昭一一)
中井弘『漫游記程』(下)(明一〇・一一、博文堂)
長與専斎『松香私志』(明三五・一二、長與称吉刊)
大山巌「欧州再旅日記」(国会図書館憲政資料室蔵「大山巌文書」)
尾野実信編『元帥公爵大山巌』(昭八―一〇、大山元帥伝刊行会)
立志社創立百年記念出版委員会編『片岡健吉日記』(昭四九・四、高知市民図書館)
祖田修『前田正名』(昭四八、吉川弘文館)
笹川多聞『松田正久稿』(昭一三、江村会)
中村修二『大久保春野』(大九、奉公会。大久保は留学中「堀江提一郎」と変名)
尾崎三良『尾崎三良自叙略伝』(上)(昭五一、中央公論社。中公文庫版は昭五五)
馬場辰猪『馬場辰猪自叙伝』(「明治文学全集」12『大井憲太郎・植木枝盛・馬場辰猪・小野梓集』昭四八、筑摩書房)
安永悟郎『馬場辰猪』(明三〇、東京堂)
萩原延寿『馬場辰猪』(昭四二、中央公論社)
坂根義久校注『青木周蔵自伝』(昭四五、平凡社)
中村孝也『日下義雄伝』(昭三、同伝記編纂所)
加藤房蔵編『伯爵平田東助伝』(昭二、平田伯伝記編纂事務所)

〈九鬼隆一について〉

国立国会図書館憲政資料室蔵「大木喬任文書」
国民教育奨励会編『教育五十年史』(大一一、民友社。男爵九鬼隆一「海外留学生の引上げ」。複製は昭五七・一、日本図書センター)

藤木亮助『兵庫県近世五十傑伝』(昭二六。「我国教育美術の功労者　九鬼隆一」中の「翁の逸話」。『全集』別巻に収録)
平塚篤編『伊藤博文秘録』(昭四、春秋社)
〔なお、九鬼隆一に的を絞った緻密な研究として高橋真司「九鬼隆一」(『福沢諭吉年鑑』第八、九、一〇号、一九八一、八二、八三年　所収)がある〕

3　第三章「『民約訳解』中断の論理」

〈ルソー『社会契約論』関係〉

J. J. Rousseau : Du Contrat social *in* Œuvres complètes de J. J. Rousseau, Bibliothèque de la Pléiade, T. III, 1964.
C. E. Vaughan : The Political writings of J. J. Rousseau. Basil Blackwell, Oxford, 1915 (reprinted in 1962).
Raymond Polin : La Politique de la solitude, essai sur J. J. Rousseau, 1971.
Michel Launay : J. J. Rousseau écrivain politique (1712-1762), 1971.
Paul Bastid : Rousseau et la théorie des formes de gouvernement *in* Etudes sur le *Contrat Social*, 1964.
(『社会契約論』の翻訳は平岡昇・根岸国孝訳、角川文庫版を使用)

〈兆民とその一門が常用した辞書類〉

A. Beaujean : Abrégé du Dictionnaire de E. Littré, 1874.(『仏和辞林』原著)
G. Vapereau : Dictionnaire universel des Contemporains, 1858, 1861, 1865, 1870, 1880, 1893.(小山久之助宛書簡、明二一・四・一一、『全集』第一六巻、一四〇頁　に言及あり)
M. N. Bouillet : Dictionnaire universel d'histoire et de géographie, 1852.(同右書簡ならびに『革命前法朗西二世紀事』に引用)
——Dictionnaire universel des sciences, des lettres et des arts, 1854.(『民約訳解』巻之二第六章末尾の「解」に引用、本書一五九—一六一頁参照)
Maurice Block : Dictionnaire général de la politique, 1862.(『政理叢談』原典)
——Dictionnaire de l'administration française, 1862.(同右)
Adolphe Franck : Dictionnaire des sciences philosophiques, 1844-1852. 2e édition, 1875.(同右)

〈伊藤博文の滞欧憲法調査について〉

『伊藤博文伝』(昭一五、全三巻、春畝公追頌会編刊)

『伊藤博文関係文書』第四(昭五一、塙書房)

板垣退助「我国憲政ノ由来」(『明治憲政経済史論』所収。大八、国家学会。複製は昭四九、宗高書房)

清水伸『独墺に於ける伊藤博文の憲法取調と日本憲法』(昭一四、岩波書店)

渡辺幾治郎監修解説『日本憲政基礎資料』(昭一四、議会政治社)

宇田友猪・和田三郎編『自由党史』(明四三・三、五車楼。岩波文庫版を使用)

陸羯南『近時政論考』(明二四・九、日本新聞社。岩波文庫版を使用)

4 第四章「『東洋のルソー』中江兆民の誕生」

〈とくに「洋学紳士」の永久平和論の出典〉

Jules Barni: La Morale dans la démocratie, 1868.(『全集』第八巻所収バルニー「民主国ノ道徳」および『政理叢談』の原著。明治一七年二月届出の「仏学塾教授用書籍」では『民政道徳論』、『全集』第一七巻、一四八頁)

5 第五章「『立法者』中江兆民」

国立公文書館『元老院日誌』明治八年五月―一〇年一月〔その後写真版による『元老院日誌』第一巻、明治八―一一年、我部・大日方解説、昭五六、三一書房 が刊行された〕

Les Constitutions d'Europe et d'Amérique recueillies par M. E. Laferrière, revues par M. A. Batbie, 1869.(ラフェリエール原著『欧米各国憲法集』。元老院国憲案編纂の基本資料。『政理叢談』原典)

『各国憲法類纂』(明一四・一二、元老院。右ラフェリエール原著から訳出した欧米各国憲法を元老院国憲案の編別にしたがって整理したもの。国憲案編纂に使用された資料をのちに刊行したものと考えられる)

『欧州各国憲法』(明一〇・九、元老院。ラフェリエール原著から訳出した欧州小国憲法集)

尾佐竹猛『日本憲政史大綱』(下)(昭一四、日本評論社)

浅井清編『元老院の憲法編纂顚末』(昭二一、巌松堂)
稲田正次『明治憲法成立史』(上)(昭三五、有斐閣)
『熾仁親王行実』(上)(昭四、高松宮家)
金子堅太郎「明治憲法制定の由来」(前掲『明治憲政経済史論』所収)
宮沢俊義「元老院の憲法草案について」(『国家学会雑誌』第五五巻第四号)
平野義太郎『馬城大井憲太郎伝』(昭一三、大井馬城会編纂部)
高橋昌郎『島田三郎』(昭二九、基督教史学会)
大久保泰甫『日本近代法の父ボアソナアド』(昭五二、岩波新書)
向井健「明治八年ボアソナード『憲法論』小考」(『一橋論叢』第七九巻第四号、昭五三・四)

本書刊行後の主要な兆民伝・兆民研究としては、左記のものがある。
宮村治雄『理学者兆民――ある開国経験の思想史』(昭六三、みすず書房)
米原謙『兆民とその時代』(平一、昭和堂)
後藤孝夫『記者兆民』(平二、みすず書房)
松永昌三『中江兆民評伝』(平五、岩波書店)
宮村治雄『開国経験の思想史――兆民と時代精神』(平八、東京大学出版会)
飛鳥井雅道『中江兆民』(平一一、吉川弘文館)

おわりに

中江兆民についてはじめて読んだり調べたりするようになったのは、昭和三十七年夏、当時下宿していた経堂の書店で岩波文庫の幸徳秋水『兆民先生　兆民先生行状記』を買ってからのことであるから、今から数えて二十四年前のことになる。恥かしいはなしだが、その頃私は親父に逆らって進学した東大大学院比較文学比較文化課程の二年目で、ボードレールあたりと思い定めていた修士論文が纏まりそうもないので今はこれまでと観念し、一しきり就職運動に奔走して、さる貿易商社に翌春から採って貰うことが決まったあとだった。ボードレールから兆民に百八十度転換したのは、論文を書けないで行った会社から、せっかく大学院へ進んだのだから修士号を取ってくればそれなりに待遇してあげよう、いい論文を書いて来給えと、ヘンに激励されてしまった皮肉な結果である。明日からでも来いと言ってもらいたいときに、翌春まで否応なしの猶予期間を与えられて、その間遊んで暮らすには長すぎるし……と思案投げ首の果て、書ける書けないはともかく兆民をやってみようと思い立ったのは、大学に入ってまもない頃、母の実家で、むかし明治義塾で馬場辰猪に学んだかもしれない祖父鬼城村上荘太郎が上京に先立つ明治十五年ごろ上州高崎とその近在を演説してまわった毛筆書きの原稿「紅顔」(その後『群馬県史』資料篇21に「村上鬼城政談演説草稿」として収められた)を見せて貰ったことがあり、それがなんとなく心にひっかかっていたからである。養蚕を盛んにせよとか、学校を興すべしとかいう議論が四、五篇綴じられていたと記憶するが、ところどころに「喝釆」とか「拍手」とか朱筆が入っており、演説にまじって楠木正成を詠じた、もしくは大楠公を気取った自作の漢詩数篇が記されているところに、いかにも田舎の漢学書生の心緒があらわれているかに見えた。ひと騒ぎのあと私がまず手はじめに岩波文庫の

『兆民先生』を買い求め、ガルニエ版のルソー『社会契約論』ほかを繙いたのは、田舎書生の血を湧かせたのが自由民権の理念だったとすれば、これを私が勉強していたフランス語を介して中央から宣布していたのがほかならぬ中江兆民だろうと、ごく単純に結びつけたからである。

休み前に研究室へ顔を出して、ことの顚末をひとくさり喋ったからであろう、ルソーをやるなら平岡昇先生にお会いしてみたらと菊地栄一先生からお勧めを受けていたので、学部でフランス思想史を聴講したきり親しく言葉を交わしたことのなかった平岡先生を、帰省のみぎり軽井沢の万平ホテルにお訪ねしてみた。不熱心な学生には教室では窺い知れなかったことだが、お会いしてみると先生はたいへんな座談の名手で、散歩のお伴をし、途中の瀟洒な西洋料理店のテラスでアイスクリームを御馳走になるうち、宵闇の迫るのを覚えないほどであった。東京へ帰ってからはルソーの一連の論文を読んだり、戦前に出た岩波文庫の『一年有半』や『兆民選集』を古本屋で探すかたわら、国立国会図書館に日参して兆民をめぐる民権関係の資料を漁りはじめたが、調べに興が乗るとともに、会社のほうは人事部長氏に便箋十二、三枚の詫び状を書いてやめさせてもらった。なにか書けそうな当てがあったわけではないが、なまじこれでいけるという見通しがついてからやめるのは卑怯千万だと思ったからである。平岡先生のお宅は、当時経堂から歩いて十五分とかからない世田ヶ谷にあったから、これはと思う資料がみつかるたびに鬼の首をとったとばかり御報告に参上して、夕食まで居坐ったのみか、さらに深更に及ぶことがしばしばであった。

こうして私の修士論文「日本におけるJ・J・ルソー——中江兆民と『民約訳解』」は、昭和三十七年の夏休みから三、四ヶ月国会図書館に日参して資料を集め、十月半ばから執筆にかかって、十二月下旬の提出期限までになんとか間に合わせることができたが、分量だけは人並みに三百五十枚とふくらんだものの、やっつけ仕事の標本であることにかわりはなかった。口述試験の主査は亡くなった小林正先生で、「君の論文は一言もっていえばガサツである」

という開口一番の総括評価はむろん覚悟するところだったが、そのあと、「しかし面白かった」とつけ加えて下さったのはたいへん意外であり、悪あがきの産物であっただけに、正直いってうれしくもあった。今回《付録》に収めたのは昭和三十九年夏『比較文学研究』第八号に百枚のスペースを与えられて、このガサツな論文のうち「しかし面白かった」の評言を頂いたのはこのあたりかと見当をつけた部分を活字にしたものである。いま読み返してみると、その荒っぽい議論運びに時として背筋が寒くなるほどだが、当時としては兆民のフランス留学時代に焦点を合わせた論考が少なかったこともあって、松永昌三氏編『中江兆民集』(筑摩書房「近代日本思想大系」3、一九七四年)の参考文献に掲げられるなど、望外の待遇を蒙ってきた経緯もある。校正刷りを見るなどという斯界の慣習も知らずに東京を離れたため、君のゲラはかわりに見ておいたからと平川祐弘氏から旅先に端書が届いたくらいのものだが、本書はいわば、あそこでひととおり述べた事柄を個々のテーマごとに多少は掘り下げて展開したものであり、まだ論じ残しているテーマも少なくない。私の兆民とのかかわりの出発点となった旧稿を敢えて本書の《付録》とするゆえんである。

しかし、兆民にはじめて接したのはたしかに四半世紀も昔のことであるが、その間一貫して兆民につきあってきたわけではなかった。私は右のような事情で修士課程を辛くも修了すると同時に昭和三十八年春、現在勤務する東京都立大学人文学部に仏文専攻の助手として赴任したが、以後十年間は完全に兆民からは遠ざかった。ルソーも兆民も三、四ヶ月かじったなりで雑駁な論文に仕立てたわが身をうとましく思ったのと、今後は仏文研究者の駆け出しとして少しはまっとうな仕事をしたいと念じたからである。しかし、にわか仕立てのルソーも、フランスに留学して(昭和四十一年—四十三年)ナンシー大学のドラテ教授に師事して以来のモンテスキューも、はかばかしい進捗をみないまま焦燥の歳月が過ぎていった。

二度と兆民を口にすまいと肝に銘じていた私が、兆民にいわば出戻るきっかけとなったのは、ちょうどそんな折に芳賀徹氏から「講座比較文学」になにか書かないかとの誘いを受けて、「兆民のフランス留学――ルソーとの出会い」(同「講座」5、芳賀徹ほか三氏編『西洋の衝撃と日本』所収、昭和四十八年)を書いたことであった。修士論文の焼き直しのようなものであり、本書の諸論考と重複する部分があるので収録はしなかったが、このとき久しぶりに、かつて国会図書館に日参して資料漁りに熱中していたときの、あの楽しさを味わった。

第二の、ほとんど決定的なきっかけとなったのは、昭和四十九年六月から翌五十年三月末日まで、文部省の一部助成を得てフランスへ出張したことであった。このときも、留学以来のテーマとして、一応はモンテスキューの論文を仕上げるという恰好ででかけたのだが、前年に「講座比較文学」でまた少しく兆民ごころをくすぐられていたこと、出発前『文学』編集部から寄稿を勧められていたこともあって、着仏後の二、三ヶ月は兆民の下宿先とか、パリ大学入学の事実の有無など、直接資料の探索に費やしてもよいと考えていた。それが二、三ヶ月どころか帰国ぎりぎりまで、モンテスキューそっちのけで『政理叢談』原典の探索に明け暮れすることになった顛末については、本書巻末「原典目録」のはしがきや、各論考に述べたとおりである。

ただしこの滞仏調査に出立するに際しては、個人的なレヴェルで思いがけぬ事態が出来した。渡航手続きを進めていた矢先の五月の連休明け、高崎国立病院に入院した母が突如急性白血病と診断され、余命三ヶ月を宣せられたことである。ために滞仏中の八ヶ月あまりは、いつ何時届くかもしれぬ容態急変の知らせにたえず怯えて暮らすことになり、いきおい、この強迫観念を逃れようとして、原典の探索に血道を上げることともなった。さいわい母の生命は輸血によって帰国時まで維持されたが、本書第一章に収めた原典探索についての報告は、高崎への見舞いの車中、あるいは病床に侍して、残された母の時間との競争裡に書き継がれたものであり、辛うじて刷り上った『文学』九月号を病床に届けることができたのは死の二週間前であった。

第二章以下の諸論考もまた、理不尽な病魔に対する、ないしは死の床に臥した母を置いて一年近くも外地にあったおのれ自身に対するいきどおりのようなものがまだ醒めやらぬ頃に書かれたもので、今これを本書に収めるため読み返してみると、その気負った表現に過ぎ去った歳月を感ぜざるをえないが、表現を改めた個所もあり、改めなかった個所もある。そのときの騎虎の勢いのようなものを、多少は残しておきたいと考えたからである。


私が兆民に関心を抱くようになって以来、本書の刊行に至るまでには、多くの方々にお世話になった。

平岡昇先生は、四半世紀近くにわたってルソーとフランス十八、九世紀にかんする該博な知識でお導き下さったのみか、一身上の問題に至るまでなにかと気遣って下さった。本書に収める諸論考はいずれも、想が浮かぶたびに先生を相手に電話で、あるいはお宅まで押しかけて長広舌をふるっては纏め上げていったもので、雑誌に載ると真っ先にお褒めの電話をかけて下さるのも先生であった(由来先生は、できの悪い学生、危なっかしい学生を褒めるのがたいへん上手であられた)。七年前私が兆民全集の編纂にたずさわることになったときも、大丈夫やれるだろうかと心配して下さっていることを仄聞していたが、昨年十月末、久しぶりにお目にかかると、君の本を早く出してくれないと僕はあと一、二年しか生きられないよとおっしゃるのがいつになく真に迫っていたので、帰るなり思い直して書架に眠ったままになっていた旧稿をとり出してみたことがあった。しかし十二月はじめ、はからずも全集別巻の追い込み作業中に、先生は溘焉と逝ってしまわれた。お願いしてあった全集への月報は、とうとう頂けずじまいだった。刷り上った本書を先生にお届けして、いま一度お褒めにあずかりたかった。

寺田透先生には学部で道元を、大学院でドストエフスキーを教わり、修士論文も読んで頂いた。先生が大学を辞めて〝売文業〟の看板を掲げられてからは、敬遠して営業の妨げをしなかったが、はじめて『文学』から寄稿の誘いがあったのは、先生の御推薦だったということをあとで知った。兆民全集では思いがけず文章を頂戴して（第一巻月報2「二重の因縁」。みすず書房刊『海山かけて』所収）、迂闊者としてはただ、長い「因縁」を拝謝するのみである。

島田謹二先生には学部学生としてはじめて比較文学の手ほどきを受け、前田陽一先生にはフランス語とパスカルを教わったのち、大学院でも修士論文をお読み頂いたが、各論考が活字になるたびに、その都度適切な助言と激励を賜わった。両先生の永年の御恩顧に深謝したい。比較文学の先輩諸氏もまた、若くて美しい学問とやらに背を向けたひねくれ者の後輩に心やさしかった。

しかし私が二十年余にわたってこのような精神的彷徨を続けてこられたのも、ひとえに、勤務する東京都立大学仏文研究室の同僚諸氏の理解と庇護があったからこそである。それは、かつて学園紛争の嵐が吹き荒れたときもかわることがなかった。心から御礼申し上げる。

中江兆民全集編纂委員会の松本三之介、松沢弘陽、溝口雄三、松永昌三の四氏にもお礼を申し上げなければならない。四年に及ぶ準備期間中、何度となく合宿を重ねて文字どおり寝食を共にし、ずいぶんと苛烈な議論も交わしたものだが、結果はいつもさわやかだった。多くのことを教えて頂いたが、旧稿に手を入れるに際して全集編纂の成果をとり入れることができたのは、さいわいであった。

諸論考を準備する段階で、国立国会図書館、同公文書館、早稲田大学図書館その他諸機関にお世話になった。とくに早稲田大学図書館の蔵する豊富な明治期刊行物ならびに十九世紀以降のフランス書を多数利用させて頂いて、どれほど恩恵を蒙ったか計り知れない。同図書館で学外者の私をいつもあたたかく迎えて下さった方々に厚く御礼申し上げる。

はじめ『文学』に、ついで『思想』に発表した諸論考を本にしないかと岩波書店の竹田行之氏からお勧めを受けたのは、いまから八年も前、『思想』の「ルソー・ヴォルテール特集」Ⅱ(一九七八年七月号)で本書第四章の論考が、大学の紀要で巻末の「原典目録」がほぼ同時に活字になったあとだから、昭和五十三年の初秋のことだったと記憶する。そのときのお話では、それまでに発表した論考になにか一篇新たに書き下ろして……ということだったが、それが遅れに遅れて今日に至ってしまったのは、一度活字にしたものになかなか手を入れる気にならなかった当方の怠慢に主としてよるが、書き下ろし一篇を用意するうち、翌年夏ごろから岩波書店に兆民全集編纂の計画がにわかに浮上して私も編纂委員の一員に加わることになったため、爾来準備に四年、刊行に二年余、今春まで通算七年近くにわたってもっぱらこれに時間を費やさざるをえなかった事情もあった。本書第五章の元老院国憲案にかんする論考は、本来ならば書き下ろし一篇になるはずのものであったが、その時期にはすでに編纂委員会の作業が無署名論説の認定ならびに翻訳作品の検討に入っていたので、委員会の席で一旦披露したのち、とりあえず『思想』に発表したものである。本書に刊行の機会を与えて下さった竹田行之氏と、『文学』以来全集編纂期間をも通じて永年お世話になった佐岡末雄氏に、心からお礼を申し上げたい。

最後に、井田清子には、十数年来二言目には兆民がどうしたのこうしたのとやって、うるさがらせた。この場を借りて一言その労をねぎらっておく。

本書は、いろいろ思い迷った末に、やはり、私の関心を祖父を介して兆民に向け、身をもって諸論考を執筆するきっかけを作ってくれた母と、期待を裏切った息子のその後を黙って見ていてくれた今は亡き父に捧げる。

昭和六十一年 秋

著者しるす

再版あとがき

本書の再版に際しては、改頁を伴わない範囲内で全巻にわたって字句の修正をほどこすとともに、若干の注を補い、かつ、帰国の途についた兆民がマルセイユで乗り込んだフランス郵船の船名を「イラワジ」号 irraouaddy と正した(一五一頁)。

フランスで兆民を調べ出したのは、かれが帰国してからちょうど百年目に当たる一九七四年であった。再版が出るのは没後百年を迎えようという晩秋の候である。ずいぶん時間がたったものである。

初出一覧

第一章　兆民研究における『政理叢談』の意義について　　『文学』一九七五(昭和五十)年、第四十三巻第九号
第二章　中江兆民のフランス——明治初期官費留学生の条件——　　『文学』一九七六年、第四十四巻第七、八、十号
第三章　『民約訳解』中断の論理　　『思想』一九七七年、第十一号(第六四一号)
第四章　「東洋のルソー」中江兆民の誕生——『三酔人経綸問答』における『社会契約論』読解——　　『思想』一九七八年、第七号(第六四九号特集「ルソー／ヴォルテール——歿後二〇〇年(II)——」)
第五章　「立法者」中江兆民——元老院の〝豆喰ひ書記官〟と国憲案編纂事業——(初出時の副題は「元老院国憲案編纂過程における〝豆喰ひ書記官〟とボアソナードの角逐」)　　『思想』一九八一年、第八号(第六八六号)
第六章　中江兆民の翻訳・訳語について　　『文学』一九八〇年、第四十八巻第十二号および一九八一年、第四十九巻第一号
付録　中江兆民——『民約訳解』の周辺　　『比較文学研究』第八号、一九六四年七月
巻末　『政理叢談』原典目録ならびに原著者略伝　　東京都立大学『人文学報』第一二六号、一九七八年三月

〔本書は刊行に先立って、東京大学大学院人文科学研究科比較文学比較文化課程に学位請求論文として提出したものである〕

■岩波オンデマンドブックス■

中江兆民のフランス

1987年12月1日　第1刷発行
2000年11月8日　第2刷発行
2015年5月12日　オンデマンド版発行

著　者　井田進也《いだしんや》

発行者　岡本　厚

発行所　株式会社　岩波書店
〒101-8002 東京都千代田区一ツ橋2-5-5
電話案内 03-5210-4000
http://www.iwanami.co.jp/

印刷／製本・法令印刷

ISBN 978-4-00-730186-5　　Printed in Japan

人名索引

●本索引には，兆民と同時代の東西の人物，ならびに兆民の著作，論説等に紹介されている人物のみを採録した．
●採録は本書の当該頁に多少とも論じられている人物にとどめ，単なる引用もしくは羅列にすぎないような場合には，採録しなかった．
●イタリック体の数字は，巻末の「『政理叢談』原典目録ならびに原著者略伝」の頁数を示す．

ア 行

カ 行

ナ 行

ハ 行

マ 行

ヤ 行

ラ 行

『政理叢談』原典目録ならびに原著者略伝

原著者目次

TABLE ALPHABETIQUE DES AUTEURS

AHRENS (Heinrich) アンリー・アラン …………………………… 26

BARNI (Jules-Romain) ジュルバルニ …………………………… 43

*BARROT (Camille-Hyacinthe-Odilon) ヲジョンバロー ………… 75

*BASTIAT (Claude-Frédéric) バスチア …………………………… 51

*BECCARIA (Cesare-Bonesana, marchese di) ヘッカリア ……… 62

BELIME (William) ベリーム …………………………………… 63

*BENTHAM (Jeremy) ベンサム ………………………………… 64

*BLANQUI (Jérôme-Adolphe) ブランキー ……………………… 57

BLOCK (Maurice) ブロク ………………………………………… 59

BRAC DE LA PERRIÈRE (J.〔acques〕) ブラク，ラペリヱル … 55

*BUCHEZ (Philippe-Joseph-Benjamin) ビュセー ……………… 52

CLEMENT (Ambroise) アンブロアズ・クレマン ……………… 26

COMTE (François-Charles-Louis) シァアル・コント ………… 36

*CONDORCET (Marie-Jean-Antoine-Nicolas de CARITAT, marquis de) コンドルセ ……………………………………… 34

COURCELLE-SENEUIL (Jean-Gustave) スヌイユ ……………… 45

DUNOYER (Barthélemy-Charles-Pierre-Joseph) ジュノワイエー ……………………………………………… 41

DUVERGIER DE HAURANNE (Mme Ernest) エルネスト女史 …………………………………………… 28

ETIENNE (Louis) ルウイゼチエンヌ …………………………… 72

FOUCHER DE CAREIL (Louis-Alexandre, comte) フーシュ・ド・カレイュ …………………………………… 54

FRANCK (Adolphe) フランク …………………………………… 58

GLASSON (Ernest-Désiré) クラスソン …… 33
*GUIZOT (François-Pierre-Guillaume) ギゾー …… 31
*GUYAU (Jean-Marie) グュイヲ …… 31
HARNY DE GUERVILLE (……) アルニー …… 25
HELIE (Faustin) ヘリー …… 62
HERVE (Edouard) エヅアル・エルウェ …… 74
JOURDAIN (Charles-Marie-Gabriel BRECHILLET)
シァール・ジュールダン …… 35
LABOULAYE (Edouard-René LEFEBVRE-) ラブーレー …… 67
LACROIX (Julien-Adolphe-Sigismond KRZYZANOWSKI, dit)
シジスモン・ラクロハー …… 39
LAFERRIERE (Edouard-Julien) ラフェリエール …… 69
LAVOLLEE (Charles-Hubert) ラバレー …… 66
LE FAURE (Amédée-Jean) フォール …… 54
*LOCKE (John) ロック …… 73
MAZADE (Louis-Charles-Jean-Robert de) ドマザド …… 47
*MIRABEAU (Honoré-Gabriel RIQUETI, comte de) ミラボー …… 64
NAQUET (Alfred) ナケー …… 48
ORTOLAN (Joseph-Louis-Elzéar) オルトラン …… 29
PICOT (Jean-Bonaventure-Charles) ピコー …… 51
READ (Charles) シァル・レア …… 35
*ROUSSEAU (Jean-Jacques) ルーソー …… 70
*SAY (Jean-Baptiste) ジァン・バチスト・セー …… 38
*SIMON (Jules-François-Simon SUISSE, dit Jules)
ジュルシモン …… 42
THONISSEN (Jean-Joseph) トニッサン …… 46
*VACHEROT (Etienne) バシュロー …… 50
VALETTE (Jean-Baptiste-Philippe) ウヮント …… 28

〔星印(*)は，岩波書店刊『西洋人名辞典』掲載分につき，「略伝」を省略〕

はしがき

前回渡仏したのは，兆民中江篤介が帰国したのが1874(明治7)年6月だったとすると，それからちょうど百年が経過してまだまもない1974年6月中旬のことであった．都合で海路ナホトカへ向かうこととなったので，船が横浜を出港するときには，百年の時間，幽明の境を隔てて兆民を乗せた機帆船がすれちがいに入港してくるさまなど思い浮べ，因縁めいた感懐に耽ったものだが，とりわけ興をそそられたのは2年余の留学を卒えて――といえば聞こえはよいが，実は留学生全員，十把一からげで呼び返されたのだ――帰国する兆民がくだんの外輪船にどんな書物を積み込んでいたろうか，ということであった．5ヶ年の予定で留学してから1年余，ようやく言葉にも生活にも慣れたという頃に官費留学生召還の議がおこり，1873(明治6)年8月末，事実上全員召還が確定してから7ヶ月後の翌年4月末にはマルセイユ発航，という慌ただしい留学生活であったから(1)，この最後の7ヶ月間には帰国後にそなえて資金の続くかぎり書物を買い漁ったものと思われる．幸徳秋水は留学中の兆民が「専ら哲学，史学，文学を研鑽」し，とりわけ「渉猟せる史籍の該博」であったことを伝え(2)，徳富蘇峰もまた明治15年夏――『政理叢談』に『民約訳解』を連載中――兆民の書棚に「多くの仏蘭西書」が並んでいるのを見ているから(3)，実際にかなりの部数を持ち帰ったはずなのだが，これらはみな，のちに実業に失敗するとともに米塩に換えられて，いまはその迹形もない．『中江兆民奇行談』には兆民所蔵の仏書にはことごとく細密な書き込みがあって，それを盗み見た者が「アヽ真黒では如何に貧乏したとて売れませんな」と言ったと伝えられるが(4)，これらのうち関東大震災と今次大戦との両度の災禍をくぐり抜けて今日どこかの書架に眠っているものがはたしてどれほどあるだろうか――

さて，ナホトカへ向かう船に持ち込んだわたくしの旅行鞄には，出発前の慌ただしい時期に図書館へ日参して作った『政理叢談』目次のノートを

納めてあった．個々の論文に目を通す余裕がないままに，とりあえず第55号まで全号の目次——合本の巻頭に附せられた15号毎の簡略な総目次ではなく，各号，各論文毎の論題，原著者名(片仮名表記)，ときに翻訳者名——だけを筆写しておいたものであるが，これら『叢談』論文の原著はたとえ全部探し出したとて，それを兆民が読んだとか所蔵したとか断定しうる保証はほとんどないのであるから，目次作りはあくまで，兆民の留学生活にかんして当面目論んでいた直接資料の探索が不首尾に終った場合何かの役に立てば，との心づもりであった．『叢談』論文の題名には原著の題名そのものなのか，それとも訳出した章の題名にすぎないのか判然としないものが多く，原著者名にもまた明らかにフランス人名の表記法になじまないと思われるものがあったから，はじめから『叢談』論文の全点にわたってその原著・原著者名を網羅的に割り出すというような作業は考えられなかったのである．ただ，陸羯南以来定着したかに見える「ルーソー主義と革命主義」に概括される『叢談』評価を改めて問い直すためにも，また，兆民から秋水へ，共和主義から社会主義への思想展開の過程を辿る意味でも，単なる翻訳論文として看過すべきではないと思われたブラク「近世社会党の沿革」やフォール「革命社会論」等，著者名の原綴さえも定かでない論文の原著をこの際突きとめておきたいという気持が働いたことはたしかである．

だが，着仏後2ヶ月前後を費やして行なった直接資料の探索からなんらの具体的な成果をもえられぬことがほぼ確実になってくるにつれて，兆民留学中の思想的営為の跡を辿るには，従来おおむね仏学塾の思想的雰囲気を伝える副次的資料としてのみ使われて，それ自体として直接研究対象にされることのなかった『政理叢談』の原典を——ふたたび徒労におわる危惧がないではなかったが——ひとまず洗い出してみるほか道は残されていないのではないか，と次第に考えるようになった．こうして留学生活にかんする間接資料の蒐集と平行して，成否のほどは覚束ない原典探索の作業がはじまったわけだが，それには，兆民が留学中から座右に置いていたと

みられるアコラースの『民法提要』Emile Acollas : Manuel de droit civil. Paris, A. Maresq aîné, 1869 (2e éd., 1874), 3 forts vol. accompagnés d'un appendice. の第一巻巻頭「序文」(のちに『法学研究入門』Introduction à l'étude du droit. Paris, ibid., 1885. と題して別冊刊行される)に付せられた古代法，革命法，現行法にかんする各「選択書誌」Bibliographie choisie, とりわけ「法学生用選択書目」Bibliothèque choisie de l'étudiant en droit が最初の手がかりを与えてくれた．これは，法律，政治，経済はもとより，哲学，歴史等の諸分野にわたって「必読書をすべて網羅しながら，しかも安価な学生用書目」からなるものだが，アコラースは「ここに掲げた三，四十人の著者を勉学期間中に精読した学生は，実り豊かで，堅固で，しかも実際的な教養の基礎を身につけたことになろう」と推薦の弁を述べている[5]．学業なかばにして帰国を迫られた兆民がこの書目を手がかりに書店をめぐったかどうかはともかく，これらのアコラース推薦図書の中から直接『叢談』論文の原著が，あるいは少なくとも原著者名が見出された例は少なくない．

しかしアコラースの「選択書目」に載っているものが必らずしも探しやすいとばかりは限らなかった．たとえ原著者名は載っていても，その日本語表記となかなか結びつかなかったり，これと見当をつけて帰国し，『叢談』論文と照合してみたところテキストが違っていたというような場合もあったし，逆に，なまじ原著者と同姓の別人が載っていたために長い間作業が空転したこともあったからである．ともあれ，アコラースの「書目」を手はじめに，次いでパリ国立図書館蔵書目録，当時さかんだった民衆図書館設立運動の架蔵推薦書目録，70 年代から 80 年代にかけて次第に建設されていったパリの各区立図書館の蔵書目録……と探索の網を広げてゆき，まずは探しやすい名著ものから，『叢談』目次とそれらしき著作とを照合する作業にとりかかったが，ミラボー，コンドルセ，ギゾーなど日本でも披見可能と思われた古典的著作については，時間の節約のため，帰国後の調査に俟つことにした．パリ国立図書館東洋部に備付けてあった『内閣文

庫洋書分類目録(仏書篇)』には，原著者名がわかってみると，案外まとまった数の原著が記載されていることがわかったからである．しかし，どうやら作業に明るい見通しがついたのは，国立図書館の蔵書目録を繰っているうち，フーシュ・ド・カレイユ「英国革命論」の原典につけられた「モーリス・ブロック『政治学大辞典』(『叢談』原著—筆者)からの抜刷」というただし書きをみつけたときであり，こうして，それまで原著者名はわかっていながらどうしても原著を突きとめられなかった10点近くの論文が，実は意外にも辞典の項目であったことが一挙に判明した．フランク「自殺論」の出典が数ある著作の中でもとりわけその『哲学辞典』ではあるまいかと思い到ったのは，ひとえに辞典の連想によるものである(6)．

出典不明の論文の数が次第に少なくなってくるにつれて，こうなったら全部の出典を明らかにしたいという欲望がおのずと頭を擡げてくるのは当然の勢いだったが，最後まで残ったものだけに以後の作業ははかばかしい進展をみせず，結局帰国直前までの数ヶ月間にわたって断続的に続き，ついに本目録作成の最終段階まで持ち越されることになった．

さきに挙げたフォール，ブラク等，留学中の兆民と特別のかかわりがあるかに思われた若干の論文については，本書第一章に述べたのでここでは省略するが，探索に難渋しただけに，みつけたときには鬼の首をとったような心地のした例を二，三挙げておこう．

まず，エルネスト女史「仏蘭西大革命の原因」については，第二帝政末期，ときの文部大臣ヴィクトル・デュリュイ Victor Duruy(『革命前法朗西二世紀事』に出典として引かれる『法国史』の著者「ウイトルチュルイー」)の許可を受けてソルボンヌの講堂で朗誦会を開き，なかなかの人気を博したその名もエルンスト女史 Dame Ernst なる女性朗誦家がおり，第三共和政樹立後は新任の文部大臣ジュール・シモン Jules Simon(『叢談』原著者「ジュルシモン」)によってソルボンヌの無料使用許可を取消されてからは，スイスや国内の地方都市間を巡回公演していた(7)．兆民がリヨンに滞在していた1872年冬には同市文化センターの観があった文学部講堂で朗誦

会を開いていることが地方新聞によって知られる上[8]，その十八番中にはルイ・ブラン『フランス革命史』からとった『シャルロット・コルデーの裁判と処刑』Procès et exécution de Charlotte Corday なる演目があったから[9]，出典はブラン『革命史』の一節をエルンスト女史が朗誦用に編み直したものにまずまちがいないとみて，しばらくはもっぱらその方面に探索の的を絞ったものである．ところが国立図書館地下参考室で教えられた出版総目録(O. Lorenz : Catalogue général de la librairie française)の《Révolution》の項で探し当てた原著『通俗フランス革命史』Histoire populaire de la Révolution Française の著者は，Mme *Ernest* DUVERGIER DE HAURANNE なる長い名前の未亡人であった．つまり「エルンスト」とは，何某氏夫人を表わすフランス流のしきたりによって用いられた亡夫のファースト・ネームであり，律義にフルネームを書けば「エルネスト・デュヴェルジエ＝ド＝オーランヌ氏夫人」といったところなのである．訳者澗松《たにまつ》晩翠はこの長すぎる名前をもてあまして，一思いに「エルネスト女史」とやったのであろうが，ことによるとこの表記法には，兆民がフランス語の耳慣らしに聴いた朗誦家「エルンスト女史」の面影が映じているのであろうか．だが帰国後，同書の邦訳(高木為鎮編，中江篤介題『通俗仏蘭西革命史』)が明治20年に出ていることを知ったときは，せっかくの鬼の首も色褪せる思いがした．

さて，アルニー「自由の恢復，一名圧制政府の顚覆」ともなると，これは優に『叢談』中のミステリーというべきものである．原著・原著者名については訳者(澗松)が「叉手《さて》右に登録せるは千七百九十一年一月四日に仏国巴里府に於て演ぜし院本にして，アルニー・ド・ゲルウィル氏が物せられしものなり，題号は自由の恢復，一名圧制政府の顚覆と云へる最《い》と面白き書なり，今摘訳して看客の一覧に供する事爾り」と前書(第7号)に断わっているから，演劇史関係の書誌からそれが1791年，Théâtre de la Nation (Comédie Française の革命時代の呼称)で上演されて大当りをとった Harny de Guerville : La liberté conquise, ou le despotisme renversé. であ

ることを確認するまでに大した手間はかからなかった．だが問題は原著の所在である．国立図書館はむろんのこと，演劇台本のことならと勧められたArsenalをはじめ，パリの主要な図書館を軒並み探し歩いても，どこにも見当らなかった．それもそのはず，原著は，リヴォアールの博士論文『革命時代の深刻派演劇における愛国主義』J. A. Rivoire : Le patriotisme dans le théâtre sérieux de la Révolution (1789–1799), 1949. に，原著が見当らないのでやむなくエティエンヌ－マルタンヴィル共著の『フランス演劇史』Etienne et Martainville : Histoire du théâtre français (An X-1802, 4 vol.) の梗概に拠ったと断わってある，いわくつきのものであった[10]．原著探索の緒はここで一旦断ち切られたかたちとなり，アルニーについてはしばらく作業が中断していたが，その後，今世紀はじめに出たパリ図書館案内を何気なく繰っていて，Comédie Française に資料図書室が附設されていることを知った．演劇史の門外漢には劇場とは観に行くところという固定観念のみあって，調べに行くところという発想は浮かばなかったのである．ともかく案内書の一項に勇を鼓して早速同室を訪れると，たまたま応対に出られたのがモリエール研究の大家で，先年日本へ講演旅行に来られたこともある同室司書兼文書保存官，銀髪端麗のシュヴァレー女史 Mme Chevalley で，折から劇場本館の大修理のため閉室中だったにもかかわらず，言下に上演の際使われた台本を取り出して下さった．つまりアルニーの原著は，コメディー・フランセーズの書庫深く蔵されて，今日に至るまで一度も刊行されたことのない手稿本だったのである．この未刊行台本が明治初年の日本に紹介されたことを女史はしきりに訝っておられたが，兆民にせよ潤松にせよ，よもやこの原本を見たとは信じられないから，『叢談』原著はなにかの梗概だったということになろう．その最も早いものはこの劇の上演中の《Mercure de France》《メルキュール・ド・フランス》 (le 22 janvier 1791) に載った劇評で，それより半世紀前，ルソーがディジョン・アカデミーの懸賞論文募集の広告をみたのも同誌だったから，もしや兆民も古書店などで掘り出した同誌の端本を持ち帰ったのでは……などと考えたくなるところだが，この劇評

からは潤松が記している初演期日を窺うことはできない，したがって『叢談』原著としては失格である．残るは『叢談』以前に刊行された二，三の演劇史——さきのエティエンヌ-マルタンヴィルの共著やジョフレ『革命演劇』Jauffret : Le théâtre révolutionnaire (1788–1799), 1869. など[11]であるが，いずれもごく簡略な梗概を潤松は，ルソー流の人民主権論を解説する学者を登場させたり，モンタニャール派〔＝革命派〕，ジロンダン派〔＝立憲王政派〕の主張をそれぞれ代弁するとみられる二人の老人に国会開設，憲法制定という明治日本現下の問題を論議させたりして倍以上の長さに引き伸ばしている．さてこの翻案というべき文章から枝葉をとり払ってみると，エティエンヌ-マルタンヴィルにはあってジョフレにはない若干の細部が見出されるから，アルニーの直接の出典としては前者にやや歩があると思われるが，この程度のずれはジョフレを翻案した場合にも生じないとはいいきれないし，店頭での求めやすさの点を考慮に入れれば，ナポレオン時代の4巻本の大著〔＝前者〕よりは1869年刊行の1巻本〔＝後者〕の方が逆に浮かび上ってくる．いずれにせよ両者は演劇史の専門書というべきであるが，この種のものが『叢談』にとくに設けた「文学門」にとり入れられたということは，兆民滞仏中の文学研鑽と無縁ではないように思われる．『一年有半』ではかれがコルネイユ，ラシーヌの古典悲劇，当代ではユゴーの詩劇に——少なくとも文章として——親しんでいたことが窺われ，病を得て余命一年有半を宣告された後にさえ，文楽の演目が替わる度毎に見物に出かけたという無類の演劇好きときているから[12]，上記いずれかの演劇書がかれの舶載した書籍の中に含まれていたとしてもさして異とするに足りない．後年，大阪で壮士芝居の旗上げに積極的な役割を買って出るのも，あるいは革命演劇を自由民権の土壌に移植することを年来考えていたからではなかろうか．だがそれにしても，数ある革命演劇の中から上記演劇書が口を極めて「醜悪見るに耐えぬ作品」[13]，「でき損いのつぎはぎ細工」[14]と酷評しているアルニーをとくに選んだのは，やはり『忠臣蔵』に喝采する日本の公衆に訴えるには，バスティーユ攻略ものに若くはないと

いう判断があったためであろうか(15).

このほか探索に難渋したものの例としては，ビコー(「仏国租税法一斑」)を長らくBの見出しでそれらしい綴りをあれこれ工夫しながら探した果てに，実はピコ Picot であることが判明したり(気をつけてみると，兆民の著作にもしばしば《p》音を《b》音で表記する例が見出される)，ウァント(「仏国県会内則」)がウァレトの誤植であったためについにフランスでは原著を突きとめられず，帰国後，それが井上毅閲，大森鍾一訳『仏国県会纂法』の原著者「仏人ワレット」と同一人物であることが判明したものの，フルネームが記されていないためにふたたび別人の Auguste Valette(ヴァプローにも，アコラースの推薦書目にも載っているパリ大学法学部教授)と混同して，パリ国立図書館にも架蔵されない幻の原著を長らく追い求め，最終段階になってようやくその誤りに気づき，かろうじて本目録に原著者，原題を掲げることができた，というような場合もある．グュイヲ(「スペンセル政治論略」)に至っては，出発前に『叢談』目次を筆写する段階で古い活字の「ヲ」を「チ」と読みちがえるというケアレス・ミステイクを犯していたために，比較的著名な原著者の割には作業に手間どったが，さいわいかれがアコラースの主宰する政論雑誌『政治学』*La Science Politique*(シジスモン・ラクロハー「主権属民論」の出典で，恐らく『叢談』編輯の手本とされたもの)に原著探索のヒントになるような題名の論文 L'instinct moral et social d'après MM. Spencer et Darwin(N° 9. —Mars 1879)を寄稿していたので，まず原著者名を，次いで原著を突きとめることができた．またこれと逆に，国内での調査に俟つことにして帰国したもののうち，ベンサム「司法組織論」については，内閣文庫所蔵の3巻本 Œuvres が，偶然，訳者田中耕造の前書に「氏が全書中ヨリ訳出シテ，云々」と断わってある版にほかならぬことがわかったり，ミラボー「専制政治ノ宿弊ヲ論ズ」では期待していた18世紀版，あるいは19世紀の全集版には『叢談』第1号に訳載された「序文」がどうしても見当らず困惑していたところ，灯台もと暗し，はじめはまさかと思って調べようともしなかった所蔵本のヴェルモ

レル編著廉価袖珍版『ミラボー——その生涯，意見，演説』A. Vermorel : Mirabeau —sa vie, ses opinions et ses discours. がまさに探しあぐんでいた原著と判明するなど，幸運に助けられたこともある.

さて，以下に掲げる目録は，こうして1974年9月頃から翌年3月末日の帰国直前まで，主としてパリで探索・採集した原資料を持ち帰り，これに帰国後蒐集した資料を合わせて，逐一，『政理叢談』の訳文と照合・確認するという手続きを経て成ったものである．パリでは『叢談』そのものが，帰国後は原資料や各種の書誌・辞典類が手許にないために，3年余にわたる作業の全期間を通じてつねに隔靴搔痒の感を免れなかった．持ち帰った資料は，照合の結果，さいわい多くの場合『叢談』原典であることが確認されたが，『叢談』では序文や本文の一部を省略して訳出しているために，おおよその見当で用意したコピー分だけでは不足を生じたり(フォール，エルネスト女史等)，逆にある特定の版の序文から訳し始めていることがわかって再調査を余儀なくされた例(ロック，ミラボー等)もある.

なお，目録の作成に当っては，おおむね以下の諸点に留意した.

A　原著者名の日本語表記については，『叢談』では姓のみの場合，フルネームの場合と統一がなく，さきのエルネスト女史のように，夫の名(ファースト・ネーム)が姓と混同されたり，フォール Le Faure，スヌイユ Courcelle-Seneuil のように姓の一部が脱落したり，甚しくはルウイゼチエンヌ Louis Etienne のように名と姓とを音連結(リエゾン)して読んでしまったり，ヲジョンバロー Odilon Barrot のようにあらかじめ原著者を知らないかぎり原綴の見当もつかない場合，さらには，ブラク，ラペリエル J. Brac de La Perrière のように，一人の原著者の長い姓を——恐らく故意に——二分して別箇の著者であるかのように表記した場合などがあって一定の方針を立てにくいので，煩瑣のきらいはあるが，『叢談』に初出のかたちで(ヲジョンバロー，シァアル・コント…のように)原則として旧仮

名五十音順に配列し，ローマ字原綴によって姓(大文字)と名(小文字)の別を明示した(BARROT, Odilon)．これはあくまで『叢談』から原著を検索する際の便宜を考えた配列法であるから，逆に原著者名からも検索が可能なように，冒頭に原著者原綴索引を掲げた．

B 逐一原著の出版社名を明記することにしたのは，ほかでもない．『政理叢談』は「ルーソー主義と革命主義」という世上の評価(これが本質的な意味で正鵠を射ていることについては後述)にもかかわらず，全体としては決して一部の革命もの(アルニー，エルネスト女史，フォール，ブラク等)からにわかに連想されるように矯妄詭激な政治思想を鼓吹することを旨としたものではなく，やはり兆民自身「叢談刊行之旨意」に力説しているとおり，将来「議員ノ重任ニ堪ユ」べき有為の青年に各方面の有用な「学術時務」を授けておこうという，きわめて堅実な理論雑誌であったことを判然とさせたいからである．たとえば本目録に収録した約43点の原著(長短，巻数を問わず1著1点と数える)中，Guillaumin 社刊のものが7点，Germer-Baillière 社刊のものが5点と際立っており，両社は『叢談』以後(1880年代中葉)統合されて Félix-Alcan 社となり，その後今日のフランス大学出版社 Presses Universitaires de France(略称 P. U. F.)へと発展してゆくのであるが，前者の「倫理・政治学叢書」Bibliothèque des Sciences morales et politiques は『政理叢談』の題号の由来を窺わせてくれるばかりでなく[16]，兆民が「少し許り承知し」ていることを自ら認めている「アダムスミツス，ミル，チユルゴー，バチストセー等の経済書」[17]を網羅しており，後者の各種叢書中，とりわけ「現代哲学叢書」Bibliothèque de Philosophie contemporaine にはかれの哲学研鑽の直接の手引きとなったかと思われる入門書が数多く収められている(たとえば『理学沿革史』の著者フイエー Alfred Fouillée は『叢談』原著者グュイヲの義父となった人であるから，兆民がフイエーを知ったのも同叢書に収められたグュイヲの原著が機縁となったのではないかと想像されるし，また，『道徳学大原論』の原著 Le Fondement de la Morale par A. Schopenhauer, trad. par

A. Burdeau も同叢書中の一巻として刊行されたものである). 第二帝政末期, アコラースの盟友であった人々の著作にしても, ジュルバルニ(アコラースが1867年, ガリバルディー, ユゴーらに呼びかけて組織した自由平和同盟第一回ジュネーヴ大会の組織委員長), ナケー(自由平和同盟大会から帰国直後, アコラースとともに秘密結社容疑で逮捕され, コミューン政府によってアコラースがパリ大学法学部長に推挙されたときにも同医学部長に推される)らの原著が Germer-Baillière 社から, またジュルシモン(スヌイユ, ウヮシュローらとともに, 帝政末期アコラースが提唱した「民法改訂研究会」の一員)の原著が Hachette 社から刊行されたという端的な事実は,『叢談』原著の選択に際して, いうところの革命主義よりは欧米大家の論説という基準が優先されたことを示唆するものといえよう.

C 『叢談』の翻訳底本として原著のどの版が用いられたかということは, シァアル・コント, シジスモン・ラクロハー, ルウイゼチエンヌのような定期刊行物, ベンサムのように訳文前書で「全書〔＝選集〕中ヨリ訳出」したと断わっている場合, ブラク, ビュセーなどのようにそれぞれの特殊な事情によって再版されなかった場合等をのぞいて, 特定が困難である. それゆえ本目録では, 原著の少なからざる部分を兆民がフランスから持ち帰ったもの, および帰国後購入した新刊書・再刊書が占めているとの想定のもとに——近来その心証をいよいよ強くする——(1)兆民滞仏中に刊行ないし再刊された版, および古書店などで求めたと思われる版, (2)かれの滞仏中まだ書店の店頭で求められたと思われる第二帝政末期以降の版, (3)帰国後に新刊・再刊されたものについては比較的『叢談』に近い時期の版, という順序で原典欄に掲げることをおおよその目安とした. ただ日仏両国にまたがる作業に伴なう困難, あるいは見込み違い等によってかならずしもこの方針を貫けない場合が二, 三生じたことを申し添える.

肝腎のルソーの版——それを突きとめることがやはり本目録作成を思い立った一つの動機だったといえよう——についてはついに決め手はえられなかった(18). 18,9世紀の各種の全集版,『社会契約論』Du contrat social の

各版を調べても注解の施されている版は稀れで，それも同一のごく簡略なものが次々に踏襲されているにすぎない．思うに，ルソーのテキストに今日のプレイアド版にみられるごとき詳細な注解を施す風習は，今世紀に入ってルソーが生誕二百年祭を期にランソン Lanson 流の実証的方法による研究対象となって以来のことである．『民約訳解』の模範となりえたような詳細な注解版はそれ以前には皆無だったといってよいから，兆民はあくまで原テキストを「細嚼」・「熟復玩味」し，こうして読みとった結論を「解」に記したものと考えられる．それゆえ『訳解』底本の問題を，角度を替えて，司法省派遣の官費留学生であった兆民が帰国に際してその学費の一部を割いて買い求め，これを荷造りして舶載した，というもっぱら実際的・即物的観点から眺めてみると，すでに定評のあったミュッセ＝パテー Musset-Pathay 版全集(8 折判，全 25 巻)や，アコラースの推薦する Du contrat social の版——ダリボン Dalibon 版全集本(8 折判，全 27 巻の一)——のような浩瀚なものよりも，Hachette 社から刊行されてすでに版を重ねていた 12 折判 8 巻本(1856–1858 ; 1862 ; 1864)，あるいは，18 折判 13 巻本(1865–1870 ; 1871 ; 1873)，簡便な政治論集としてはパリの各区立図書館にもしばしば蔵される Garnier 社刊行の『ルソー傑作小品集』Petits chefs-d'œuvre de J.-J. Rousseau (1867) などが有力候補として浮かび上ってくる．兆民がルソーに言及するときは，『学問芸術論』(兆民訳題名は『非開化論』)，『不平等論』(『叢談』では野村泰亨訳)，『社会契約論』，『エミール』，『告白』の範囲内にほぼ限られているから，かれはコンパクトな体裁ながらこれらの作品を全部網羅する Hachette 社のとくに 13 巻本——「フランス大作家叢書」の一つで，つい最近までルソー研究の「ウルガータ」の位置を保ってきた——を所蔵し，日頃は Garnier 社刊行の 1 巻本を愛用した，というような事情を想定して，一応さしつかえなかろう．

D　原著として掲げた各版については，内閣文庫に所蔵されるものについてはその整理番号を，しからざるものについてはパリ国立図書館の番号を付してその所在を明らかにした．国内でも創立の古い諸大学の附属図書

館には世紀来の埃に覆われた『叢談』原著が大抵数点は眠っていることがわかったが，これらの図書館相互が同じく世紀来の glorious isolation を必らずしも脱し切っているとはいえない現状では，分散する原著を逐一特記するに充分な意義を見出せなかった．近くの親戚より遠くの他人，というのが残念ながらいつわらざる実感である．

E　「略伝」を付したのは今日のわれわれにもはやなじみの薄くなってしまった原著者を紹介し，合わせて『叢談』の性格をも浮かび上らせたいと願ったからであるが，紙幅の都合上，岩波書店刊『西洋人名辞典』に記載されている分については「略伝」を省略し，代わりに原著者見出しに星印(＊)を施した．「略伝」作成の典拠としては，作業の過程でアンリー・アランの紹介がヴァプロー『世界現代人名辞典』G. Vapereau : Dictionnaire universel des contemporains (1858 ; 1861 ; 1865 ; 1870 ; 1880 ; 1893) に拠っていることがわかったので，主としてその 1880 年版(『叢談』刊行当時の最新版)を採用し，原著者の生没年により適宜 1870 年版，1893 年版に従った．訳者たちの目に映じた生きた原著者たちの姿を眺めたいと念じたからである．ヴァプロー以外の典拠を掲げてあるのは，むろん，ヴァプローに記載のないものである．

F　「付記」では，原著者とアコラース，ロニーらパリの知日派グループ，ならびに兆民をはじめとする在留日本人との特殊な交渉関係を可能なかぎり跡づけることに努めた．これらの原著者がなぜ『叢談』に紹介されたかを窺う一助となることを期待する．

G　アコラースが前述の「法学生用選択書目」その他に推薦する原著，または原著者の他の作品についてはその旨を【　】内に示した．わたくしの作業に最初の手がかりを与えてくれたこれらの書目は，『叢談』原著を選定する際にもやはり標準として用いられたのではないかとの印象をいよいよ強くするからである．

H　本目録に収録したのは，『叢談』第 46 号(明治 16. 9. 5)以前に掲載の始まった原著者名つき原著のすべてである(したがって，第 1 号「一千七

百九十三年仏蘭西民権之告示」，第6号「瑞西国ウォー列邦選挙法改正案」，第28号「北米連邦独立之告示」，第33号「馬耳塞協士歌《ラ・マルセイエーズ》」の集合的作品は除外した）．『叢談』自体はその後第55号（16. 12. 17）まで続刊されるが，『民約訳解』本文の掲載が第43号（16. 8. 5）で終り，第46号に最後の「解」が追加掲載されたことをもってすでにその使命を果したものと考えられる．読者を惹きつける一枚看板を失った第47号以下，新規に訳載されるものをみると，「板垣先生欧州ヨリ携持セラレシ書」（主に英書），とりわけ「欧米近世名家列伝」等，いかにも雑誌の余喘を保つためにする埋め草といった感じの記事が目立っているが，第50号（16. 10. 29）末尾の「本社出板ノ主義ヲ明告ス」からは『叢談』が政府による板垣買収→自由党解党の策動とともに廃刊を迫られている事情が，また，同「広告」からは訳者たちの側にも第47号以下新規掲載分については合本刊行の意志のないことが，明らかにされるからである(19)．

I　各『叢談』論文日本語見出しのあとの〔政〕，〔法〕，〔史〕，〔文〕の記号はそれぞれ，第3号以下に掲げられた「政論門」，「法論門」，「史論門」，「文学門」の部門別を示す．

本目録の稿を終えるに臨んで，『叢談』に紹介された個々の原著者がどのような基準で選ばれ，相互にどのような有機的関連を保っていたかをできるかぎり概観しておきたい．「略伝」欄によっておわかりいただけるとおり，これらの原著者はルソー，ミラボー，コンドルセなどの18世紀作家と，兆民の渡仏前後に活躍中であった大多数の作家とに大別され，その間をつなぐ19世紀前半の作家は数えるほどしかいない．その中で，ギゾー，ジァン・バチスト・セー，ビュセー，ブランキー等，今日でも著名なフランス史，経済学史の通史作家は別として，シァアル・コント，ジュノワイエー等，正直言って調査以前には名前も知らなかった原著者がなぜ紹介されているのか，腑に落ちないだけに漠然とした異和感を抱かざるをえなかった．とりわけシァアル・コントの原著『批判者』*Le Censeur*（ジュノワ

イエーと共著)のごときは，ナポレオン一世時代(1814)の定期刊行物であるから，今日のフランスでもおそらく日本における『政理叢談』そのものにも匹敵する稀覯書になっていると思われ(最近復刻が出たようである)，兆民時代すでに古書でしか求められなかったはずのものである．『叢談』原典と覚しき箇所を調べているときにさえ，これが果して訳文と一致しうるのだろうかと甚だ心許なかったが，帰国してそれがまさしく『叢談』原典にほかならないことを確認したとき，さきの疑念がかえっていっそう深まるのを覚えた．当時の洋書輸入事情を推量すれば，このような特殊な原著を入手しえた者は留学経験者(兆民のほかに，明治12年，大警視川路利良に随って渡仏し，アコラースに師事した田中耕造がいる)[20]を措いてありえないが，かれらはいったいどこでその名を知ったのであろうか．

――本目録作成のため改めてアコラースの前掲「序文」に当ってみて，わたくしは，この疑問に対する解答がアコラースの提唱する「連邦共和国」L'Etat républicain fédératif の定義に付せられた長い注に明快に示されていることに気づいた．この注は，ただ単にわたくしの素朴な疑問を氷解してくれたばかりでなく，一見無造作に選ばれたかにみえる原著者たちの間に，実は緊密な脈絡がめぐらされていることを示唆するように思われる．以下に，やや長いが，この注をご紹介して「はしがき」の結びとしたい．

アコラースはその標榜するところの「個人の自律」(酒井雄三郎訳『政理新論』では「各人自主」)l'autonomie de l'individu の原理にもとづいて，国家 l'Etat，県および州 le Département et la Province，市町村 la Commune 等の権能はいずれも個人権の委任によって成り立つものにほかならぬから，「個人ができるかぎり統治されず，できるかぎり自らを統治する国家」の条件にあてはまるものは「連邦共和国」しかありえないとして，次のように注記する[21]．

> イギリス人が自治 *Self-Government* と呼ぶものにただ一つ相当し〔…〕，個人の自律のただ一つ完全な形態に依拠する政治的権利のこの体系〔＝連邦共和国〕には，主だった先達に，ロック，チュルゴ，コン

ドルセ，そしてとりわけ，社会的権利 le droit social の謬説のあの偉大な宣布者 J.-J. ルソーその人がある．

ロックの影響を受けて，ルソーは，はじめて，政治的権利の一大理論体系(社会契約)を抱懐したのだ．

たしかにルソーは，ジュネーヴの実例とプルターク耽読に惑わされて，主権原理の問題を解決できなかった．アリストテレスや古代民主政論者とともに，かれは国民意志 la volonté nationale を権利の基礎とし，すべての人間が一人について，もしくは反してさえ決定を下す政治状態を正当と認めた．国民意志をその多様かつ必然的な要素に分解できなかったために，ルソーは，権力がじつは個人の自分自身に対する権利にほかならず，民主政こそ各人が自分自身の行動を自由に決定しうる理想の制度であることを解さなかったのだ〔…〕．

個人の自律の理念，新しい民主政の真の原理は，それゆえルソーの誤った古代的原理を排除し，同時にその理論の一面を完全につき崩す．だが，ルソーは政治的権利の基礎についてこそ誤謬を犯したものの，ともかくあとにもさきにもかれほどみごとに主権の存在に固有の三条件を表現した作家は皆無である〔…〕．

チュルゴとコンドルセは，経済学者の理念を拡大し，深化することによって，ルソーに欠けた原理を見出した．

権利は個人のうちにあり，社会は個人的活動の自由な伸張を目的とする．

王政復古時代には，シァアル・コントとジュノワイエーが相次ぐ定期論集(*Le Censeur* および *Le Censeur européen*)において，チュルゴ，コンドルセの直系の伝統を継承した．

ここには，兆民にもそのまま継承されたかもしれぬアコラースのルソー観[22]——個人主義の立場からルソー理論の「社会的権利」を，「国民意志」〔=「一般意志」〕による個人の自由への重大な侵害とみなしてこれを厳しく批判しながらも，近代国民における主権に固有の三条件を見出した偉大な

先人として尊崇する——が集約的に表現されており，兆民自身のルソー観，ひいては『叢談』巻頭に『民約訳解』を掲げた意図を探る上でも参考になると思われるが，ここでわたくしがとくに注目したいのは，アコラース流の「連邦共和国」論の系譜——ロック→ルソー→〔チュルゴ〕，コンドルセ→シァアル・コント，ジュノワイエー——がそのままに『叢談』の根幹を形づくっているという事実である．すなわち『叢談』原著者たちは，それぞれ，ロックを根とし，ルソーを幹とし，〔チュルゴにかわるジァン・バチスト・セー，ブランキーら19世紀前半の経済学者〕，コンドルセを大枝，シァアル・コント，ジュノワイエーを枝とし，多くはアコラースと何らかの交渉のあった当代の論客を葉として鬱然とそびえる大樹の中に，それぞれ枝として，葉としての固有の位置を与えられているのではあるまいか．この系譜がとりもなおさず，人権宣言〔＝「仏蘭西民権之告示」〕と革命の成果を継承し，ルソーとコンドルセを偉大な先人と仰ぐフランス急進主《ラディカリ》義《スム》のそれであることはいうまでもないが[23]，さきに陸羯南の「ルーソー主義と革命主義」という『叢談』評が——恐らく評者の真意を超えて——本質的に肯綮に当るといったのは，『叢談』がまさしく兆民の学びとったフランス急進主義思想の系統的な宣布を目的とする，すぐれて理論的な雑誌だったという意味である．

（なお，この「はしがき」と本文「付記」とで若干記述に重複を生じた箇所があるが，通読よりも検索を旨とする目録の性質上やむをえぬものとご諒解いただきたい．）

注

(1) 兆民の留学時代についてはとくに本書第二章を参照されたい．

(2) 『兆民先生』，『全集』別巻，450頁．

(3) 『蘇峰自伝』，同上，522頁．

(4) 岩崎徂堂『中江兆民奇行談』「書斎中の仏書は真黒」，同上，360-361頁．

(5) Acollas, op. cit., Introduction, T. I, p. LXXIII.

(6) はじめ迂闊にも，アコラースが「法学生用選択書目」に，ブロク『政治学大辞典』ほか各種の辞典類を推薦して，「辞典は時間の無駄を省いてくれる．よ

くできたものなら，辞典に頼らない場合，しばしば苦心惨澹した結果でなければえられないような情報をふんだんに提供してくれるのだ」(op. cit., T. I, p. LXXIX, note 2)と辞典の効用を弁じているのを気にもとめなかったが，兆民とその一門が辞典の項目で自由民権を闘ったとすれば，これを迎え撃つ側の井上毅も同じ辞典に頼って岩倉や伊藤のために意見書を書いていたというのは，興味深いことである．

(7) Amélie Ernst : Mes lectures en prose, Introduction.

(8) *Le Salut Public de Lyon*, samedi 14 décembre 1872.

(9) Ernst, op. cit., pp. 344–353.

(10) Rivoire, op. cit., p. 55.

(11) これらの梗概については M. Tourneux : Bibliographie de l'Histoire de Paris pendant la Révolution Française, 1900, T. III. によって検索した．

(12) 復刻『東雲新聞』第3巻附録，盛田嘉徳「中江兆民と義太夫節」．

(13) Etienne et Martainville, op. cit., T. I, p. 18.

(14) Jauffret, op. cit., p. 120.

(15) 明治人のバスティーユもの好みについては，兆民の同郷人宮崎夢柳が「『自由の燈《ともしび》』に『自由の凱歌』といふ標題で，デューマのテーキング，バスチールを翻訳し，東都の文壇を風靡した」といわれ(幸徳秋水「夏草」，『全集』別巻，258頁)，同書の続篇が保安条例による兆民の帝都追放後『東雲新聞』に連載されているが，モラン『革命演劇選』Louis Moland : Le théâtre de la Révolution ou choix de pièces de théâtre qui ont fait sensation pendant la période révolutionnaire, Paris, Garnier, 1877. に収録された M. J. Chénier : Charles IX や Sylvain-Maréchal : Le jugement dernier des rois のような名作には，直接バスティーユ攻略を扱ったものはない．

(16) 『叢談』巻頭「稟告」には「政理叢談ハ欧米大家ノ政法倫理ニ関スル論説ヲ訳出シ……」とうたってある．

(17) 「阿讃紀游」『全集』第11巻，153頁．

(18) 永年探していた『民約訳解』の翻訳底本が『全集』の刊行によって偶然判明した．白柳秀湖『西園寺公望伝』に写真版で収載されていた『訳解』の「出版版権願」に「千七百七十二年」刊行の《Contrat Social》とある(『全集』第17巻，152頁)．本目録42〔付記〕ならびに本書口絵の同年版の扉を参照されたい．

(19) その間の事情については，『全集』第15巻の『政理叢談』解題を参照．

(20) 田中耕造『欧米警察見聞録—仏蘭西之部』「緒言」，および平凡社刊『大人名辞典』．

(21) Acollas, op. cit., T. I, pp. XVI-XVII et la note 1.

(22) 本書《付録》「中江兆民—『民約訳解』の周辺」を参照．

(23) *Voir* Claude Nicolet : Le radicalisme.《Que sais-je?》, Introduction. 白井・千葉両氏による邦訳『急進主義』(白水社)がある．

1　アルニー〔・ド・ゲルヴィル〕

「自由の恢復，一名圧制政府の顚覆」（澗松《たにまつ》晩翠訳）〔文〕第7，8，10号

HARNY DE GUERVILLE, (…)

La liberté consquise, ou le despotisme renversé. Drame en cinq actes et en prose. Théâtre de la Nation, 4 janvier 1791.

Manuscrit original aux Archives de la Comédie Française.

Analyses dans : *Mercure de France*, le 22 janvier 1791, pp. 152–154 ; Etienne et Martainville : Histoire du théâtre français depuis le commencement de la Révolution jusqu'à la réunion générale. Paris, an X-1802, 4 vol. T. I, pp. 16–19 ; Jauffret : Le théâtre révolutionnaire. Paris, 1869, pp. 120–122.

〔原著者略伝〕 伝記辞典，百科辞典類には見当らず，ケラールにも「18世紀の劇作家」とあるだけでファースト・ネームさえ不詳であるが(J.-M. Quérard : La France littéraire ou Dictionnaire bibliographique, T. IV)，上記Jauffretに原著を「出来損いのつぎはぎ細工」mauvaise rapsodieと酷評した上での原著者の晩年が紹介されているので以下に掲げる(op. cit., p. 120).「アルニーにはすでに単独もしくは共同執筆の戯曲が若干あり，それによってささやかな文学的名声を築いていた．この心地よい凡夫の境涯を逸脱しなければ幸いだったろうに．だが『自由の恢復』が成功，それも大成功を収めてからというもの，この男はいわば政治家になってしまった．革命裁判所の裁判官名簿にたしかに名が載っているからだ．学問をやめさせられて死刑の道具と化せられたこの気の毒な老人は，ひそかにこの残酷な宿命に泣き，自分が死刑台に送った薄倖な人々に涙を流す姿さえ見られたものだ」．なお劇作に，Mme Favartとの共作になるルソーの『村の易者』Le Devin du villageのパロディー Les Amours de Bastien et Bastienne(1753)のほか，Les Ensorcelés ou Jeannot et Jeannette(1857); Sybille(1758) ;

Georges et Georgette (1761) などのパロディー，オペラ・コミックがある (Catalogue général des livres imprimés de la Bibliothèque Nationale).

〔**付記**〕『叢談』掲載論文中，「文学門」に分類されているのは，アルニーと第33号の漢訳「馬耳塞協士歌」だけである。なお，原著探索の経緯については「はしがき」を参照されたい.

2　アンブロアズ・クレマン

「租税論」（野村泰亨訳）〔政〕第31号

CLEMENT, Ambroise

《Impôts》(extrait du *Dictionnaire général de la politique* de Maurice Block).

〔**原著者略伝**〕経済学者，1805年生まれ．サン＝テチエンヌ市役所書記のかたわら，『経済学者雑誌《ジュルナル・デ・ゼコノミスト》』や『経済学辞典』に多数寄稿して知られ，一時これらを監修(1852-1854)．自由放任《レッセ・フェール》主義者として社会主義理論，ことにルイ・ブランの労働組織論を激しく論難．旧著 Recherches sur les causes de l'indigence (1846) は倫理・政治学アカデミー賞受賞．1872年，同アカデミー通信会員 (Vap., 5e éd., 1880).

3　アンリー・アラン〔アーレンス，ハインリッヒ〕

「法理論第一」〔法〕第3，5号

AHRENS, Heinrich

Cours de droit naturel, ou de philosophie du droit, complété, dans les principales matières, par des aperçus historiques et politiques. 6e éd. Leipzig, F. A. Brockhaus, 1868, 2 vol.

内閣/F 7190

Réflexions préliminaires——Notion et rapports de la philosophie du droit.

§1　Notion de la philosophie du droit, pp. 1-3.

§2 Rapports de la philosophie du droit avec l'histoire du droit et avec la politique, pp. 3-6.

〔原著者略伝〕『叢談』の「訳文前書」はヴァプロー『世界現代人名辞典』Vapereau : Dictionnaire universel des Contemporains(1858年に初版. 1893年第6版まで)に拠っていることが判明したので，その1880年第5版にもとづき，本目録編者において〔 〕内に補筆する.「法理論は孛漏士《ブリュス》人〔法学者〕アンリー・アラン氏〔1808年，ハノーヴァー生まれ〕の著作に係る.氏は〔ゲッチンゲン大学などに学び〕日耳曼《ゼルマン》人クローズ《クラウゼ》〔＝Krause〕氏の学を宗とす〔＝その哲学原理を採用〕. 千八百三十年独逸連合策〔De confederatione germanica〕と題する文〔＝博士論文〕を草し，日耳曼国に代議政を行ふの説を立て名声〔＝悪評〕頓に高し. 翌歳政論のため〔＝政治運動にかかわり〕国を遁れて仏都巴里《パリー》に来り心を仏学に潜む〔＝鋭意フランス語を習得〕. 爾来荐りに書を著はし〔＝Revue encyclopédique などへの寄稿，ならびに1836年に開設した哲学無料講座の講義録 Cours de psychologie. Paris, 1837-1838, 2 vol. など〕法学に深邃なるを以て称せらる. 今重訳せんとする所の法理論は其最顕著なる者なり. 欧州各国皆之を其邦語に訳行せり. 殊に南亜墨利加諸邦の法律学校の如きは大抵取て其教材に充つと云ふ.」〔フランス諸大学からの招聘の約束が履行されぬことに倦んで，1839年から1848年までブリュッセル大学哲学教授. その間ライデン，ユトレヒト両大学からの招聘を辞退. 帰国後フランクフルト議会に送られ，憲法委員に任ずるが，オーストリア排斥を要求する党派に反対して辞任. 1850年，グラーツ大学に迎えられ，『哲学および人類学にもとづいた政治学』Organische Staatslehre auf philos. anthrop. Grundlage の第一巻を，また，1855年には『道徳哲学にもとづいた法学・政治学百科辞典』Juristische Encyclepaedia, und... を出版. 1874年没〕.

〔付記〕 原著者名のドイツ姓 AHRENS《アーレンス》をフランス風にアランと読んだのは，ヴァプローが，名を Henri《アンリ》とフランス風に綴っているためであろう.なお，ジュネーヴに留学していた大山巌が1873年8月から10月にかけて

官命によってウィーン万国博覧会を見学した際,「アレンス社同人と共に博覧会に赴き……」あるいは「シミツ,アアレンス諸氏と交はり……」(『元帥大山巌』, 355頁)と日記に記しているのは同一人物だろうか. 岩倉使節団は, 同年3月中ドイツに滞在し, 5月はじめウィーン博覧会の開会式に立ち会っているが, ことによると,「アアレンス」は, パリにおけるブロク(『叢談』原著者)同様, 使節団をはじめとする日本人と交渉のあった学者の一人なのだろうか.

4 ウヮント〔ヴァレット〕

「仏国県会内則」(四蹩生訳)〔法〕第9, 10, 13号

VALETTE, Jean-Baptiste-Philippe

Code manuel du conseiller général de département, nouvelle législation. Paris, P. Dupont, 1871.

BN/F 45795

Un règlement intérieur à l'usage des conseillers généraux〔à la tête du livre〕.

〔原著者略伝〕 第二帝政下の立法院および第三共和政宣言後のヴェルサイユ国民議会の書記官長. 1877年没. 著書に, 同書の第二帝政期旧版(1856, 1868)のほか, Mécanisme des grands pouvoirs de l'Etat et des formes réglementaires de l'Assemblée Nationale(1850)がある(O. Lorenz : Catalogue général de la librairie française depuis 1840. Cat. de 1866-1875, T. IV, p. 550 ; T. VI, p. 648).

5 エルネスト女史〔エルネスト・デュヴェルジエ・ド・オーランヌ氏夫人〕

1. 「仏蘭西大革命の原因」(澗松晩翠訳)〔史〕第1, 2, 4, 5, 11, 12, 16, 18, 19, 21, 22号
2. 「自由の旗揚」(澗松晩翠訳)〔史〕第35, 37, 39, 41, 43, 45号

Madame Ernest DUVERGIER DE HAURANNE

Histoire populaire de la Révolution Française. Paris, Germer-Baillière, 1879.

BN/8° La^{32}541

1. Livre Premier : Préliminaires de la Révolution. Introduction historique——Origine de la Révolution, pp. 1-18.
2. Ibid., Chap. Troisième——Prise de la Bastille, pp. 62-79.

〔**原著者略伝**〕 エルネスト・デュヴェルジエ＝ド＝オーランヌの妻. 夫エルネスト Louis-Prosper-Ernest は, 1843 年生まれの政治家. アメリカ旅行を経験. 普仏戦争に従軍・負傷して, レジオン・ドヌール勲章を受く. 1871 年 7 月の補欠選挙に共和派として当選し, 中央左派《サントル・ゴーシュ》に席を占めるが, 次第に共和党左派《ゴーシュ・レピュブリケーヌ》への接近を強め, 右翼の攻撃するところとなる. 1876 年 2 月の選挙には病苦をおして立候補し, 激戦のすえ当選, 中央左派に所属したが, 議会活動はほとんどできぬまま, 1877 年没. 著書に Huit mois en Amérique, lettres et notes de voyage (1866, 2 vol.) ; La république conservatrice (1873) 等がある (Vap., 5e éd., 1880).

〔**付記**〕 テキスト探索の経緯については上記「はしがき」を参照されたい. 高木為鎮編, 中江篤介題『通俗仏蘭西革命史』(明治 20 年刊) は本書を翻訳したもの.

6 オルトラン

「国事犯罪論」 (野村泰亨訳) 〔政〕第 28, 29 号

ORTOLAN, Joseph-Louis-Elzéar

Eléments de droit pénal. Pénalité-Juridiction-Procédure. 4e éd. Mise au courant de la législation française et étrangère par M. E. Bonnier. Paris, Plon/Marescq aîné, 1875, 2 vol.

内閣/F 5878 et F7097 (2 ex.)

Livre Ier : Titre III—Du délit.

§5 Délits politiques ou non politiques.

1° Suivant la science rationnelle,《695》-《732》, T. I, pp. 298-315.

〔原著者略伝〕 法学者，1802年生まれ．エックス，パリで法学を修め，1825年学士号取得．翌年弁護士登録．1829年，博士号取得．個人教授で生計を立てながら，1827年に主著『ユスティニアヌス法典の歴史的解釈』を刊行し，この業績を認められて破毀院《クール・ド・カッサシオン》付属図書館司書となる．1830年，同院書記官長．その間ソルボンヌで1年間ヨーロッパ憲法史を講義．1849年，憲法，刑法両講座の復活にともなって比較刑法学教授となり，名声を博す．進歩的思想の持主として知られ，1848年3月，文部大臣の委嘱により「人民主権と近代共和政の原理」と題する講義を行なう(同年刊行)．以後1851年のクーデターまで公教育上級委員．1873年没．著書に欧米諸大学の教科書とされた主著 L'Explication historique des Institutes de Justinien (1827, 3 vol.) のほか，Introduction philosophique au cours de législation comparée (1839) ; Origines du gouvernement représentatif (1831) ; Sur les déclarations des droits de l'homme, influence de la Révolution française sur la législation constitutionnelle de l'Europe (1835) があり，詩集 Les Enfantines (1845) の余技もある (Vap., 5e éd., 1880)．

〔付記〕 オルトランは1873年3月(兆民のリヨン滞在中)に死去し，盛大な葬儀がパリ大学法学部(当時は法学校 Ecole de droit といった)で営まれた．故人を敬愛して集まった多勢の弟子・学生を前にして，学部長，弁護士団長に次いで弔詞を述べたのが，故人病中の代講者であり，20年来の弟子であったボアソナード G. Boissonade である．ボアソナードはこの年11月来日するが，故人の面影を偲ぶよすがとして原著を学生たちに推奨している (Obséques de M. Ortolan dans *la Revue de législation anc. et mod....*, 1873)．なお，オルトランは日曜日に法学部講堂で催された公開講演会の名物講師であったから，着仏後まもない兆民がその謦咳に接した可能性もある(本書第一章を参照)．

【原著はアコラース推薦図書】

7 *ギゾー

1.「代議政ノ原因」（屋代健士又は矢代生訳）〔政〕第 5, 6, 9, 10, 12, 13, 14, 18, 20, 21, 23 号

2.「改進ハ人ノ天性ナリ」〔理〕第 12 号

3.「代議政ノ主旨」（屋代健《ママ》訳）〔政〕第 24, 30 号

4.「貴族政ト代議政トノ異同」〔政〕第 35 号

GUIZOT, François-Pierre-Guillaume

Histoire des origines du gouvernement représentatif en Europe. Paris, Didier, 1851, 2 vol.

内閣/F 6648

1. Ière leçon, T. I, pp. 16–32. IIe leçon, pp. 33–46.
   IIIe leçon, pp. 54–60. IVe leçon, pp. 61–72.
2. Ière leçon, pp. 12–14.
3. VIe leçon, pp. 83–88 ; 94–98.
4. VIIe leçon, pp. 100–103.

【原著者のものではアコラースは Histoire de la civilisation en France..., Paris, 1829–1839, 5 vol. を推薦】

8 *グュイヲ〔ギュイヨー〕

「スペンセル政治論略」（烏洲生訳）〔政〕第 18 号

GUYAU, Jean-Marie

La morale anglaise contemporaine. Paris, Germer-Baillière, 1879.

BN/8°R 1889

Première partie : Exposition des doctrines. Chap. X : Herbert Spencer. ——VII. Politique et législation.——Progrès sur Bentham et Stuart Mill.——Quelle est la vraie fonction du gouvernement.——Quelle est la meilleure forme de gouvernement.——Les deux forces de progrès

social.——Idéal du gouvernement, pp. 181-183.

〔**付記**〕 1854年に生まれ，1888年に33歳の若さで死んだ原著者は，『叢談』に紹介された明治15(1882)年現在，まだ27歳，無名の高校哲学教師であり，原著が出版された1879年にはなんと24歳であった(かれはヴァプロー『現代人名辞典』の1880年版に記載されるには若すぎ，1893年版ではすでに故人になっていた)．概して評価の定まった原著者を集めたといえる『叢談』の中でこのように若い，もしくは無名の人物が紹介される場合には必らずなにかいわくがあるように考えられるが(本書第一章ではとくに兆民伝との関連においてシジスモン・ラクロハー，ルウイゼチエンヌ，ブラクの3名を取り上げた)，原著者は1873年，19歳の若さで功利主義哲学にかんする論文によって倫理・政治学アカデミー賞を受賞している．原著はこの論文の第二部を刊行したものだが(第一部はLa morale d'Epicure et ses rapports avec les doctrines contemporaines, 1878. となる)，1873(明治6)年といえば兆民にとっては留学2年目，折からの留学生召還命令に接して急遽リヨンからパリに居を移し，欧州各国の間を遊説して反対運動を組織した年である(本書第二章を参照)．秋水によればそのころかれは「専ら哲学，史学，文学を研鑽」していたわけであるが，この日本の哲学青年にとって，自分より9歳も年下の原著者によるアカデミー賞受賞は，奇しくも同年，同じく19歳の浮浪少年アルチュール・ランボーの書いた『地獄の季節』などとは比較にならぬ驚異的な事件だったに相違ない．原著者の母(G. Brunoの筆名でベストセラーTour de France par deux enfantsを著わしている)の再嫁した相手が兆民訳『理学沿革史』Histoire de la philosophieの著者フイエーAlfred Fouilléeであったという事実からは，さらにまた，兆民がフイエーに関心を抱いたのはそもそも後者がかの天才的少壮哲学者の唯一の師であり，義父であったということが契機になったのではないかと想像されるのである(『沿革史』の翻訳底本は「凡例」によればグュイヲ原著の前年1878年に刊行された第2版であるから，ともに兆民の帰国後，ほぼ同時期に購入されたものであろう)．ともあれ原著者は，ア

コラースの主宰する『政治学』*La Science Politique*(シジスモン・ラクロハーの原典で，恐らく『叢談』編輯の手本となった)に L'instinct moral et social, d'après MM. Spencer et Darwin (N° 9.—Mars 1879) を寄せている(その前号 N° 8.—Fev. 1879 には前掲 Morale d'Epicure の書評が載る)．この雑誌には日本人と関係の深いレオン・ド・ロニーやモンブラン伯と並んで兆民の親友今村和郎や光妙寺三郎が寄稿者欄に名を列ねており(本書第一章Ⅳ)，その交わりの輪の中にはむろん西園寺もいるから，兆民もまた原著者に少なからぬ親近感を覚えたであろうし，かねてよりこの少壮哲学者に大いに嘱目していたであろうことは，ほとんど疑いを容れない．

9　クラスソン(又はグラソン)〔グラッソン〕

1.「政府ノ権ヲ論ズ」(寧楽生訳)〔政〕第14号
2.「古今人不平等ノ来歴」(寧楽生訳)〔政〕第21号

GLASSON, Ernest-Désiré

Eléments du droit français considéré dans ses rapports avec le droit naturel et l'économie politique. Ouvrage couronné par l'Institut, Académie des Sciences Morales et Politiques. Paris, Guillaumin, 1875, 2 vol.

BN/F. 35697-35698

1. Livre Huitième : Le droit public, Chap. Ier——Le rôle de l'Etat. 《240》——Comment on le comprenait autrefois, pp. 299-302.
2. Ibid., Chap. II——De l'inégalité devant la loi. 《243》——Historique. 《244》——Principes modernes, pp. 304-307.

〔原著者略伝〕 法学者，1839年生まれ．1862年，法学博士．1867年，パリ大学法学部教授資格《アグレジェ》者．1872年，民事訴訟法講師，1878年，民法教授に任ぜられ，1879年，Colmet-Daage の後任として民事訴訟法講座を担当．1882年，倫理・政治学アカデミー会員．著書に Histoire du droit et des institutions politiques, civiles et judiciaires de l'Angleterre comparés au

droit et aux institutions de la France...(1882-1883, 6 vol.); Eléments du droit français (1883, 2 vol.); Histoire du droit et des institutions de la France (1887-1888, 8 vol.) がある (Vap., 6e éd., 1893).

【原著者のものではアコラースは Les sources de la procédure civile française. Paris, 1882. を推薦】

10 *コンドルセ

I. 「書ヲ国会議員ニ呈シ当選資格ヲ論ズ」(野村泰亨訳)〔政〕第 23 号

II. 「将来人心ノ進歩」(野村泰亨訳)〔理〕第 47 号

CONDORCET, Marie-Jean-Antoine-Nicolas de CARITAT, marquis de

Œuvres publiées par A. Condorcet d'O'Connor et M. F. Arago. Paris, Firmin-Didot, 1847-1849, 12 vol., in-8°.

BN/Z. 28850-28861

I. Lettres d'un gentilhomme à Messieurs du Tiers-Etat, 1789. Lettre Troisième : Conseils aux électeurs, T. IX, pp. 255-259.

II. Esquisse d'un tableau historique des progrès de l'esprit humain. Dixième époque : Des progrès futurs de l'esprit humain, T. VI, pp. 236 sqq.

〔**付記**〕 アコラースは原著者について，ルソーは古代的理想に従って「国《ヴオ》民意志《ロンテ・ナシオナル》」を「法《ドロワ》」〔=権利〕の基礎とみなし，民主政の真の原理たるべき「個人の自律《オトノミー・ド・ランデイヴイデュ》」の観念を見落したが，「チュルゴとコンドルセは，経済学者の説を深化発展させて，ルソーに欠けた原理を発見した」と述べている (op. cit., T. I, p. XVII, note 1.). なお原著としては作業の都合で 8 折判 12 巻全集本を掲げたが，ロックの原著が 18 世紀版単行本，ミラボーが民衆教育用袖珍本であること，上記のような大部の全集が兆民周辺に蔵されていた可能性の有無，等を勘案すれば，あるいは原著 I には 1789 年

版(in-8°, 3 part.), 原著IIには1794年版(in-8°, viii+389 p.), 1822年版(in-8°, viii+440 p.), 1829年版(in-8°, 431 p.)のいずれかの単行本が選ばれたことも考えられる(A. Cioranescu : Bibliographie de la littérature française du 18e siècle). 全集本にしても兆民留学当時すでに古書でしか入手できなかったはずだから, 原著は兆民の舶載本であろう.

【原著IIはアコラース推薦図書】

11　シァル・レア

「政治家論《ヲムデター》」(田中耕造訳)〔政〕第29号

READ, Charles

《Homme d'Etat》(extrait du *Dictionnaire général de la politique* de Maurice Block.)

〔原著者略伝〕 文学者. 1819年生まれ. 1842年, 官途に就き, 1849年から1857年まで文部省非カトリック宗務課長. ついでセーヌ県庁に移り, 訴訟課長. 1867年, 同文書課長に任ぜられ, 名著『パリ通史』の刊行, ならびにパリ市立博物館の創設に積極的に参画. 考古学会会員. 1852年, フランス新教史協会創立に加わり, 一時期その『会報《ビュルタン》』の刊行主幹. *Les Tragiques* d'Agrippa d'Aubigné(1872); *l'Enfer*, satire(1873), *le Printemps*, du même(1874); *le Tigre de 1560* de Fr. Hotman(1875); *le Texte primitif de la Satire Ménippée*(1878)等, 新教文学作品の注解書を刊行. *Mémoires* de P. de l'Estoile(1875–1876, T. I-X)の編輯者の一人. 著書にCourses en Italie(1883)がある(Vap., 6e éd., 1893).

12　シァール・ジュールダン

1. 「理　学《フイロゾフイ》又哲学ト訳スノ旨」他　〔理〕第3, 4, 5, 6号
2. 「心理篇」(田中耕造訳)〔理〕第7, 8, 10, 15, 16, 17, 19, 28, 29, 31, 34, 36, 39, 41, 42, 45号

JOURDAIN, Charles-Marie-Gabriel BRECHILLET

Notions de philosophie. Paris, Hachette, 1873 (14e éd. des *Notions élémentaires de logique*, 1853).

BN/R 39552

1. Introduction. Objet de philosophie, etc., pp. 1–10.
2. Ière Partie. Psychologie, Chap. I-VI, pp. 11–50.

〔**原著者略伝**〕 哲学者，文学者．1817 年，アリストテレス翻訳にかんする研究で知られた東洋学者の子に生まれる．法律学士，文学博士(1838)，哲学級教授資格者《アグレジエ》(1840)となり，パリのスタニスラス高等中学校《リセー》などに教鞭をとる．1849 年，文部大臣官房長に任ぜられ，教育の自由にかんする 1850 年 3 月の法律案作成に大いに寄与する．同省経理部長，高等教育視学総監(1896)，事務次官を歴任．1879 年同省をしりぞき，名誉視学総監．1863 年，碑銘・文芸アカデミー会員．著書に Questions de philosophie pour l'examen du baccalauréat (1848)；Philsophie de Saint Thomas (1858, 2 vol. 倫理・政治学アカデミー賞受賞)；Histoire de l'Universitè de Paris aux XVIIe et XVIIIe siècles (1862–1864) のほか Œuvres philosophiques d'Arnauld (1843) et de Nioile (1844)；le T. II des Œuvres d'Abélard (1859) の編輯がある (Vap., 5e éd., 1880)．

〔**付記**〕 第 3 号「理学ノ旨」では政法倫理を究めるためには，理学の大体を修めねばならぬと説き，「理学ノ旨遂ニ明カナラザレバ斯ノ政理叢談ヲ世ニ公ニスルモ将タ何ノ益カ之レアラン」と，原著を収録した意図を明確にしている．原著者については，虚霊派《スピリチュアリズム》，実質派《マテリアリズム》の理学二派のうち前者に属するとされるが，『理学鉤玄』で兆民は「法国一種学官ニ立ツル所ノ虚霊説有リテ，其論ズル所極テ平易ニシテ初学ニ在リテ最モ解シ易シ」と述べている（巻之一第二章「理学ノ諸説」，『全集』第 7 巻，23 頁）．かれは留学中，ことによると原著によって哲学を研鑽したのであろうか．

13 シァアル・コント

「代議政論」（烏洲生訳）〔政〕第 20，22，28 号

COMTE, François-Charles-Louis

Le Censeur, ou examen des actes et des ouvrages qui tendent à détruire ou à consolider la constitution de l'Etat. Paris, Chaumerot, 1814–1815, 7 vol.

T. III, Première Partie : Matières générales.

Du système représentatif, pp. 66–96.

〔**原著者略伝**〕 有名な自由主義的政論家．倫理・政治学アカデミー終身書記(1832)．1782年生まれ，1837年没．パリで法学を修め，王政復古下(1814)，Dunoyer(『叢談』原著者ジュノワイエー)と共に定期論集*Censeur*(『叢談』原著)を創刊しブルボン王家の逆行政策に仮借ない攻撃を加える．ナポレオンのエルバ島脱出に際してかれらは一書を著わし，「軍人のもとでは立憲王政は達成されない」と不信を表明．*Censeur*の論調もこれに劣らず苛烈で，二人の全盛時代であったナポレオン流刑後，過激王党派に対するかれらの徹底抗戦は自由主義派の発展に甚大な影響を及ぼす．*Censeur*は弾圧のために再三休刊を繰返しながら*Censeur européen*(1817–1819, 12 vol.)として再刊されたが，1820年，検閲の復活とともに*Courrier français*に合併された．同誌は編集者にオーギュスタン・ティエリーやセー(『叢談』原著者)など，高名な政論家を擁した．このころコントは禁錮2年，罰金2000フランの宣告を受けてスイスに逃れ，ローザンヌ大学公法教授に招かれたが，フランス政府の要請によってイギリスに渡り，数年を過す．1828〜9年ごろパリに戻り，1831年，下院議員に任ぜられ，左翼に着席．著書としてはとりわけ，Traité de législation ou Exposé des lois générales suivant lesquelles les peuples prospèrent, périssent ou restent stationnaires(1826, 4 vol. Montyon賞受賞)；Traité de la propriété(1834, 2 vol.)の二著が思想の深遠をもって称せられる．セーの女婿(Grand dictionnaire universel du XIXe siècle. Paris, P. Larousse, 1869)．

〔**付記**〕 原著者についてアコラースは，ルソーに欠けた原理〔＝個人権の

思想〕を発見したのはチュルゴとコンドルセだが，王政復古期における両者の直系の継承者はコントとデュノアイエ〔＝ジュノワイエー〕である，と述べている (op. cit., T. I, p. XVII, note 1). 上記「はしがき」を参照されたい.

【原著は *Censeur européen* ほか1点とともにアコラース推薦図書】

14 *ジァン・バチスト・セー〔セー，ジャン・バティスト〕

I. 「経済問答」（矢代生訳）〔政〕第9，11，37，39，41，43，46，47，50，53，54，55号

II. 「富国策緒論」（白石時康訳）〔政〕第21，22，25，26，33，36，38，40，42，44，45号

SAY, Jean-Baptiste

I. Œuvres diverses. *Collection des Principaux Economistes*, T. XII. Paris, Guillaumin, 1848.

BN/R 55376

Catéchisme d'économie politique, Chap. I-XIII, pp. 7-56.

II. Traité d'économie politique ou simple exposition de la manière dont se forment, se distribuent et se consomment les richesses, même collection, T. IX, 1841.

BN/R 21123

Discours préliminaire, pp. 1-54.

〔**付記**〕 兆民は「阿讃紀游」に，「余や迂儒なりアダムスミツス，ミル，チユルゴー，バチストセー等の経済書を読み所謂需要，供給，分配とかお定まりの理論は少し許り承知し居れり」と書いている(『東雲新聞』，第108号，明治21.5.27.『全集』第11巻，153頁). 西園寺関係の伝記に，ある年(恐らく明治5年)の夏，兆民と光妙寺三郎がブーローニュ海岸へ避暑に行った際，洒落者の光妙寺が「おい，君，君は分業が現代経済学の第一義諦である位は知つてるだらう」といって獲物の小魚を兆民に持たせて宿へ帰ったとい

う逸話が伝えられているが(田中貢太郎『西園寺公望伝』, 129-130頁), 真偽のほどはともかく, 兆民らは留学中からすでに, 多くGuillaumin社から刊行されたこれらの経済書に親しんでいたのだろうか. なお『経済問答』の原語catéchisme《カテシスム》は, もともとキリスト教の信条を平易な問答体で解説した「教理問答」(又は「公教要理」)を意味する宗教用語. 原著はこれを問答体の論述形式として経済学に転用したものであるが, 兆民が『平民の目さまし』,『国会論』,「国会問答」等の啓蒙書に多用する問答体もこのcatéchismeの形式に倣ったものであろうか. 『叢談』ではほかにビコー「仏国租税法一斑」が問答体をとっているが,『三酔人経綸問答』に関連して「日本思想史における問答体の系譜」を発表された丸山真男氏は, キリシタンのカテキズムを引証しておられる(『中江兆民の世界』, 187頁以下).

【原著Ⅱはアコラース推薦図書】

15　シジスモン・ラクロハー〔ラクロア〕

「主権属民論」（中沢文三郎訳）〔政〕第31号

LACROIX, Julien-Adolphe-Sigismond KRZYZANOWSKI, dit

De la souveraineté du peuple. Dans la *Science Politique* présidée par Emile Acollas, 1878, pp. 37-41.

BN/8º R 4079

〔原著者略伝〕 政治家, 元議員. 1845年ワルシャワに生れる. アンジェに定住した亡命ポーランド人の子. パリ大学で法学を修めた後, 1866年, パリ第十一区役所の補助吏員となる. 1867年, アコラースの秘書. 普仏戦争後フランスに帰化し,『ラディカル』紙に入ったが同紙はまもなく廃刊. 1874年以来パリ市議会に数期連続選出され, 同議会内に地方自治派《オトノミー・コミュナル》を結成. 1881年の総選挙ではパリ第二十区で急進党から立候補し, ガンベッタと争ったが, 激戦のすえ惜敗. 翌年の補欠選挙でも落選したが, ガンベッタの死後その空席を埋める1883年の選挙で当選. 議会内では極左派に属す. 1885年の選挙でも当選したが, 1889年には中途で立候補を取下げる.『ラ

ディカル』紙の復刊(1881)とともにその編輯者となる．著書に Mémento de droit civil pour la préparation aux examens(1873-1882, 3 vol. Acollas : Manuel de droit civil を受験生用に縮約したもの); Histoire des prolétaires, en collaboration avec Yves Guyot(1873), inachevée. などがある(Vap., 6e éd., 1893).

〔付記〕 ラクロアと本論文については本書第一章Ⅳに詳説したのでここでは略記するにとどめるが，ラクロアの原典が掲載された『政治学』*Science Politique* 誌は1876年の総選挙でアコラース(落選)を支持した急進派グループを母体として発刊された政論雑誌である．その「刊行の辞」にアコラースが，同誌の研究領域を狭義の政治学のみにとどまらず「倫理，法律，経済，歴史」の諸領域にまで拡大するとうたっているのは，『叢談』第3号以下の「政《ポリチク》論，理《フイロゾフイ》 論，法《ドロワー》論，史《イストワル》論ノ四門ヲ分チテ愈々精覈ノ議論ヲ訳載」するという編輯方針の由来を示すかに見える．思うに同誌は――Guillaumin 社の「倫理政治学叢書」〔→政理叢談〕Bibliothèque des sciences morales et politiques とともに――『叢談』をつくるに当って政論雑誌の範とされたものである．同誌の寄稿者名簿には兆民の親友今村和郎，光妙寺三郎のほか，レオン・ド・ロニー，モンブラン伯らの日本学者も名を列ねているから，『叢談』刊行当時，他の原著者とくらべてまだいちじるしく知名度の低かったラクロア(ヴァプロー1880年版に記載なし)の，しかも雑誌論文を紹介したのは，兆民自身とラクロア，そしてその師アコラースとの間にも個人的交渉のあった証左ではなかろうか．アコラース流の「個人の自律」l'autonomie de l'individu を標榜するラクロアが，原典においてルソー(訳文では名を伏せる)の「主権属民論」を，「社会権」le Droit social による個人的自由の抑圧であるとして激しく論難していることも，兆民のルソー観を窺う上で見落してはならない一面であろう．なおジュール・ヴァレース Jules Vallès がコミューン壊滅後，ロンドンの亡命先で書き上げた Jacques Vingtras 三部作の第二『学生時代』Bachelier は，『家なき子』Sans famille の作者として知られるエクトル・マロ Hector

Malotの仲介で，1879年，ラクロアの創刊した日刊紙*Révolution Française*に『一反逆者の回想』Mémoires d'un révoltéとして発表されたものである.

【原著者のものではアコラースは自著の縮約版Mémento de droit civil, 2e éd., 1881, 3 vol.を推薦】

16　ジュノワイエー〔デュノアイエ〕

「政府ノ本分」〔政〕第4，6号

DUNOYER, Barthélemy-Charles-Pierre-Joseph

Œuvres de Charles Dunoyer. Paris, Guillaumin, 1870〔-1886〕, 3 vol.

内閣/F 6774

De la liberté du travail. Livre Onzième : Suite des arts qui agissent sur les hommes, Chap. Ve : Suite des arts qui travaillent à la formation des habitudes morales——Du gouvernement. § 1 Objet propre du gouvernement, T. II, pp. 528-536. § 2 Office social du gouvernement, ibid., pp. 536-537.

〔原著者略伝〕 経済学者，行政官．学士院《アンスティテュ》会員．1786年生まれ，1862年没．法学を修めるためパリに出て，シァアル・コント(『叢談』原著者)と知り合い，1814年，定期論集*Censeur*を創刊，王党派をはげしく攻撃．ナポレオンの「百日天下」のあいだは度重なる懐柔，弾圧にも屈せず刊行を続ける．同誌は1815年に中断した後，1817年，*Censeur européen*(1817-1819, 12 vol.)として復刊．第二王政復古期にもあらゆる弾圧手段と敢然と戦いながら，1819年には同誌を日刊紙とするが，翌年同紙は*Courrier français*に合併される．コントが罰金，投獄を逃れてスイスに亡命中，ジュノワイエーは経済問題の研究に没頭．1825年，L'Industrie et la morale considérées dans leurs rapports avec la sociétéを刊行し，これに増補を重ねて1845年，原著De la liberté du travail(3 vol.)を完成．七月革命(1830)後，県知事(1833-1837)．1832年の倫理・政治学アカデミー改組に際してその

倫理部門に入会し，熱心に活動．1839年，王立図書館長に任命され，属僚となった保守派の間に物議を醸すが，山積する難問のため辞任．前年，常任参事院議官《コンセイユ・デタ》に任ぜられ，第二共和政後も議会決議によって留任．La Révolution du 24 février (1849) を著わして，自由の名において共産主義理論を激しく論難．1851年の危機には，一切の非合法な憲法改正に反対．ナポレオン三世によるクーデター後は公職をしりぞき，経済学協会会長，および学士院会員の仕事に専念．1853年，学士院によりイギリスに派遣され，労働管理を研究．著書に，Esprit et méthode comparés de l'Angleterre et de la France dans les entreprises de travaux publics, et, en particulier, des chemins de fer ; conséquences pratiques tirées pour notre pays de ce rapprochement (Paris, 1840) がある．知性，勇気，明敏に恵まれた政治的・経済的自由の擁護者(Grand dictionnaire universel du XIXe siècle. Paris, P. Larousse, 1870.)．

〔付記〕 原著者についてアコラースは，ルソーに欠けた原理〔＝個人権の思想〕を発見したのはチュルゴとコンドルセ(『叢談』原著者)だが，王政復古期における両者の直系の継承者はコントとジュノワイエーであると述べている (op. cit., T. I, p. XVII, note 1.)．上記「はしがき」を参照されたい．

【原著 De la liberté du travail はアコラース推薦図書】

17　*ジュルシモン〔シモン，ジュール〕

I. 「自由ノ本源ハ天ニ出ヅ」 (野村泰亨訳) 〔理〕第1，2，7，13，14，17，23，27，30，32号

II. 「国権論」 (野村泰亨訳) 〔政〕第29，30号

SIMON, Jules-François-Simon SUISSE, dit Jules

I. La liberté politique. Quatrième éd. Paris, Hachette, 1871.

内閣/F6861

Chap. I——Premiers principes de la philosophie politique,〔Introduction〕, pp. 1-6. 1°——De la liberté, pp. 6-22.

II. 《Autorité》(extrait du *Dictionnaire général de la politique* de Maurice Block).

〔付記〕 原著者は，アコラースの提唱で1866年から1867年にかけてJules Favre(セダン陥落後，国防政府外相)宅で催された「民法改訂を目的とする研究会」に参加(Acollas, op. cit., T. I, p. LXXX, note 1). ただし，普仏戦争中ベルン大学法学部に教鞭をとっていたアコラースは，1871年，ベルンから書を送って，ドイツによるフランス支配を承認し，パリを蹂躙せしめたかどで「かつての同志」を否認する旨通告(Acollas, op. cit., T. III, p. VI). 一方，新政府の文部大臣となった旧同志は，アコラースが同年9月帰国後，主として労働者を対象とした法律講座を開設するために提出した認可申請を職掌上やむなく却下(Gabriel Deville : Biographie du Citoyen E. Acollas. Paris, 1876, p. 7). 兆民が着仏した1872年2月当時，かれは文部大臣在任中であったが，30年代末から40年代にかけて哲学者ヴィクトル・クーザンの代講をつとめていた苦学時代を回想して，「我々はパリで外国出身者仲間のような暮らしをしていた. それはほぼ，ヨーロッパ文明を勉強するためにパリへやってきて，仲間うちで暮らしている日本人といったところであった」と語っている(Nouveaux mémoires des autres, p. 184). 兆民ら日本人留学生が群れをなしてカルチエ・ラタンを闊歩するさまは，原著者の皮肉と同情の入りまじった目でみられていたのだ.

18 ジュルバルニ〔バルニ，ジュール〕

I—1.「民主政論」（野村泰亨訳）〔政〕第21，24，26，27号

2.「政府ノ本分」（屋代健士訳）〔政〕第22，26，27，32号

3.「外交上ノ道義」〔政〕第46，51，55号

II—1.「邦国論」〔政〕第49号

BARNI, Jules-Romain

I —La morale dans la démocratie. Paris, Germer-Baillière, 1868.

BN/R 27627

1. Première leçon : Introduction. La morale et la démocratie, pp. 1-16.

2. Neuvième leçon : La morale dans l'Etat.——III : Les devoirs du gouvernement (*Suite*), pp. 139-158. Dixième leçon : Les devoirs du gouvernement (*Suite*), pp. 159-177.

3. Treizième leçon : La morale dans les rapports des Etats entre eux, pp. 218-232.

II—Manuel républicain. Paris, Germer-Baillière, 1872.

BN/Lb^{57} 3011

1. Deuxième partie : Les institutions républicaines. V : L'Etat ——Les trois pouvoirs——La séparation des pouvoirs, pp. 27-33.

〔原著者略伝〕 哲学者，政治家．1818年生まれ．1837年，高等師範学校《エコール・ノルマール》入学．1840年，哲学の教授資格試験《アグレガシオン》に首席合格．以後10年間，パリの中学校で哲学級助教諭 agrégé suppléant を歴任．1841年から1年間，哲学者ヴィクトル・クーザンの秘書．文学博士号取得．1851年，ルーアン大学哲学講座に在職中，クーデターが起こり，ただちに辞表提出．その後1861年，ジュネーヴ・アカデミー哲学史講座に聘せられ，無料講義によってスイス全土に名声を馳せる．国際平和大会の組織者の一人で，1870年大会には委員長を勤め，普仏戦争の勃発に際してヨーロッパ諸国民への平和アッピールに署名．9月4日の革命後帰国，ソンム県においてさかんに共和思想を宣布し，幾多の講演を行なう．1872年，国民議会の補欠選挙に共和党から立候補して落選したが，同年の再選挙で当選，極左派に属す．甚だしく健康を害したため審議の大半を欠席せざるをえなかったが，1876年の総選挙にも共和党から立って再選される．翌年の「5月16日事件」後行なわれた選挙では立候補とりやめ．カント哲学の全貌を詳細な注解を施した数多くの翻訳によってフランスに紹介し，Philosophie de Kant (1850-1851) を著わしてカント形而上学を包括的に批判・解説しようと試みた．*Liberté de*

penser, *Revue de Paris* などの雑誌への寄稿のほか，ジュネーヴでの講義録をまとめた Martyrs de la libre pensée(1862)，フランスで発禁となった Napoléon Ier et son historien M. Thiers(1865)，さらに Histoire des idées morales et politiques en France au XVIIIe siècle(1866, 2 vol.), complétée par un 3e volume, intitulé les Moralistes français au XVIIIe siècle(1873) などがある(Vap., 5e éd., 1880).

〔**付記**〕 1867年9月，アコラースがジュネーヴに自由平和同盟第一回大会の開催を呼びかけたとき，当地に亡命中のバルニは同大会委員長をつとめている．原著 I の巻末にはバルニの「開会の辞」，ならびに三項目からなる大会決議が付録として収められているが，兆民は「土著兵論」で同大会に言及して，「近時一千八百六十七年には諸国の学士瑞西に相集まり万国平和会と号する一大会を開き三箇の問題を設けて反覆討議し遂に力を竭して相共に此説を主張することに決せり」(『全集』第11巻，144頁)と述べている．

19　スヌイユ〔クルセル＝スヌイユ〕

1.「国債論」〔政〕第43号
2.「結社ノ精神ヲ養成スルノ要」〔政〕第44号

COURCELLE-SENEUIL, Jean-Gustave

Traité théorique et pratique d'économie politique. Deuxième éd., revue et augmentée. Paris, Amyot, 1867, 2 vol.

BN/R 32503

1. T. II : Partie pratique ou Ergonomie. Chap. IX : De l'administration des finances publiques. § 1.――Principes généraux, pp. 236–238.
2. Ibid., Chap. V : Lois sur les contrats.――Contrat de société. § 4.――Importance de l'esprit d'association, pp. 166–169.

〔**原著者略伝**〕 経済学者．1813年生まれ．はじめ商業をいとなんだが，のち研究生活に入り，共和派系諸新聞に経済・財政記事を多数発表．Pagnerre 編『政治辞典』のもっとも熱心な寄稿者の一人．1848年にはしばらく

大蔵省領土局長をつとめ，イギリスに派遣される．のち招かれてチリのサンチアゴ大学経済学教授．1879年，参事院議官《コンセイエ・デタ》．著書に Lettres à Edouard sur les révolutions (1833); Traité théorique et pratique des opérations de banque (1852); Leçons élémentaires d'économie politique (1864); Liberté et socialisme (1868); l'Héritage de la révolution (1871) および『経済学辞典』の記事がある (Vap., 5ᵉ éd., 1880).

〔付記〕 原著の初版(1858)および第3版以降は Guillaumin 社刊．なお原著者は，アコラースの提唱で1866年から1867年にかけて Jules Favre (セダン陥落後，国防政府外相)宅で催された「民法改訂を目的とする研究会」に参加 (Acollas, op. cit., T. I, p. LXXX, note 1).

20　トニッサン〔トニッセン〕

「主権《スープレーヌテ》ノ解」（酒井雄郎訳）〔政〕第14号

THONISSEN, Jean-Joseph

La constitution belge annotée. 3ᵉ éd. Bruxelles, Bruyant-Christophe, 1879.

内閣//F 5387

Titre III : Des pouvoirs. Article 25 : Tous les pouvoirs émanent de la nation. Ils sont exercés de la manière établie par la Constitution.

Commentaire. II. *Source, limites et exercice de la souveraineté.*《151–153》, pp. 110–112 ; I. *Idées générales. Notion et définition de la souveraineté.*《149–150》, pp. 109–110.

〔原著者略伝〕 ベルギーの経済学者．1817年生まれ．法学を修め，弁護士資格を取得．行政職，司法職を歴任したのち，1847年，ルーヴァン・カトリック大学刑法教授に就任．国会議員に選ばれる．その業績により，1855年ブリュッセル・アカデミー会員．1869年，フランス倫理・政治学アカデミー通信会員．著書に Le Socialisme et ses promesses (1850, 2 vol.); le Socialisme dans le passé (1851, 3 vol.); le Socialisme depuis l'antiquité jus-

qu'à la Constitution française du 14 janvier 1852(1852, 2 vol.)等の社会主義反駁書のほか，Principes d'économie politique(1854); Histoire de Léopold et de la Belgique sous son règne(1855-1856, 4 vol.); Etude sur l'histoire du droit criminel des peuples anciens(1869, 2 vol.); Mélanges d'histoire, de droit et d'économie politique(1873)がある(Vap., 5e éd., 1880).

〔**付記**〕 訳者名に「酒井雄郎」とあるのは酒井雄三郎の変名であろう。稲田正次氏は酒井が原文を一部変改して「トニッサンに仮託して仏学塾の主権在民論を主張した」ことを指摘されているが(『明治憲法成立史』上巻，638頁)，ブラクの社会主義反駁書(『叢談』原著)を逆手にとって社会主義を紹介してみせた諧謔家酒井は，余勢を駆って今度は社会主義撲滅の大家に狙いを定めたものであろうか．なお，岩倉使節団の副使としてパリに滞在中ブロク(『叢談』原著者)の「仏国政事書を取調べ」た木戸孝允は(『木戸孝允日記』第二，305頁)，ベルギー留学中の馬屋原二郎宛て，明治6(1873)年3月28日付書簡(ベルリン発)に，「錦地にて御投与被下白耳義之政事書大略之形情見るに足り大に仕合申候」と書き送っているが(『木戸孝允文書』第五，17-18頁)，あたかも『叢談』刊行と時を同じうして明治15,6年伊藤博文の憲法調査に随行していた山崎直胤は，ベルギー憲法にかんする疑義をトニッサンに質して，帰国後，『比国憲法釈義』(明治18年)を著わしている(稲田前掲書，上巻，598頁)．著名な欧米学者との交渉は，大方，岩倉使節団の各国歴訪に遡ると考えられるから——たとえば伊藤が就学するグナイストにはベルリン滞在中の木戸がすでに面会している(『木戸孝允日記』，明治6.4.23)——木戸のいわゆる「白耳義之政事書」もなんらかのトニッサン著(原著は1876年刊)だったのではあるまいか．

21 ドマザド〔ド・マザド〕

「代議政論」(田中耕造訳) 第2号

MAZADE, Louis-Charles-Jean-Robert de

《Institutions politiques》(extrait du *Dictionnaire général de la poli-*

tique de Maurice Block).

〔原著者略伝〕 政論家，アカデミー・フランセーズ会員．1820年，国民公会議員 de Mazade Percin の孫として生まれる．トゥールーズ大学で法学を修めたのちパリに出て，1841年，『抒情詩《オード》集』を出版．やがて *Presse, Revue de Paris* を振り出しに *Revue des Deux Mondes* に入り，終生同誌の編輯にたずさわる．1852年から1858年まで政界消息欄を担当(1869年以降も再び担当)．現代文学批評のほか，スペイン，イタリア関係記事を連載．1882年，アカデミー・フランセーズ会員．著書の多くは *Revue des Deux Mondes* の記事を纏めたものであるが，L'Espagne moderne(1855); l'Italie moderne(1860); Lamartine, sa vie littéraire et politique(1872); la Guerre de France〔1870-1871〕(1875, 2 vol.); Portraits d'histoire morale et politique du temps(1875); M. Thiers, cinquante années d'histoire contemporaine(1884) などがある(Vap., 6e éd., 1893).

22 ナケー

1. 「結社集会印刷ノ三自由権」〔政〕第4，6号
2. 「秩序論」(田中耕造訳)〔政〕第8号
3. 「社会党論」(田中耕造訳)〔政〕第12号
4. 「改進論」(野村泰亨訳)〔政〕第17，19号

NAQUET, Alfred

La république radicale. Paris, Germer-Baillière, 1873.

BN/8°Lb^{57}4079

1. Chap. XV——Liberté d'association, liberté de réunion, liberté de la presse, pp. 221-232.
2. Chap. II——L'ordre : I et II, pp. 29-40.
3. Ibid. : III, pp. 41-47.
4. Chap. III——Le progrès, pp. 49-60.

〔原著者略伝〕 化学者，政治家．1834年生まれ．1859年，パリ大学医学

博士. 1863年, 同学部代教授 professeur agrégé(博士号取得者から選抜, 代講・演習を担当することもある). 同年, パレルモ技術学院に教授として招聘され, 1865年までイタリア語で化学を教える. 1867年, 秘密結社を組織したかどで, 禁錮15ヶ月, 罰金500フラン, 公民権停止5ヶ年を宣告され, 代教授職を解かれる. 1869年には『宗教・所有権・家族』の著によりふたたび禁錮4ヶ月, 罰金500フラン, 終身公民権停止を宣告されたため, スペインへ逃れ, *Réveil*, *Rappel* 両紙に通信を送る. またアンダルシア反乱に参加. 恩赦によって帰国. 1870年9月4日の革命では, コンコルド橋突破, 議会・市庁舎占拠を敢行した国民軍の一人. 1871年の二度の国民議会選挙に選ばれ, 極左派に属す. ルイ・ブランらとともにガンベッタの「日和見主義《ナポルチュニスト》」政策を攻撃. 元コミューン派の全面恩赦, 一院議会制等を主張. 1876年以降, 再三, 離婚承認法案を議会に上程したことで有名. 全国遊説, 新聞への寄稿等, さかんに院外活動をも行なう. 元老院《セナ》〔=上院〕廃止論者であったが離婚法案成立のため, 1883年, 元老院議員選挙に立候補して, 当選. ブーランジェ事件に際してはいちはやくこれに加担. さかんにデモ, 集会等に参加し, 支援の論陣を張る. 議会解散, 元老院廃止のみならず, ブーランジェ将軍による権力奪取を率先して主張したかどにより, 1888年, 極左派を除名される. 1889年の総選挙には現職元老院議員のまま立候補したが, 当選を取消される. 翌年ふたたび立候補して, 当選確定後元老院議員を辞す. 著書に化学専門書のほか, Religion, Propriété, Famille(1868); le Divorce(1877); Questions constitutionnelles (1883); Socialisme collectionniste et socialisme libéral(1890)等がある (Vap., 6e éd., 1893).

〔**付記**〕 原著者はアコラース終生の盟友. 1867年にはアコラースの組織した自由平和同盟ジュネーヴ大会に参加し, 帰国したところをアコラースの共犯として逮捕され(Procès de manœuvres à l'intérieur et société secrète. Affaire Acollas, Naquet, etc. 6e Chambre du Tribunal correctionnel de la Seine. Audiences des 26, 27, 29 décembre 1867. Paris, 1868. パリ・ア

コラース家蔵)，アコラースがコミューン政府によってパリ大学法学部長に推挙されたとき，同医学部長に挙げられたのはナケーであった(Grande Encyclopédie, article《Acollas》). アコラースはまた，ナケーが議院の内外で離婚法成立のためのキャンペーンを展開したときにも「個人の自律」l'autonomie de l'individu を旗印とする民法学者として共同戦線を布いている(Les doctrines de MM. Naquet et Acollas sur le mariage et sur le divorce. Réponse d'un Catholique. Poitiers, 1877). なお兆民は『選挙人目ざまし』(明治23年)で有限委任論者として「オヂョンバロー」(『叢談』原著者)，クレマンソーと並んでナケーに言及し，「又ナケー氏即ち近時武将軍に党して其計謀を参画したるナケー氏も亦嘗て言へること有り，云々」と，ブーランジェ事件に加担した最近の消息を伝えている(『全集』第10巻，117頁).

23 *バシュロー又はウヮシュロー〔ヴァシュロ〕

1. 「邦国ト政府トヲ区別スルノ急務」 第1号
2. 「兵制論」 (田中耕造訳) 〔政〕第22, 27号
3. 「警察論」 〔政〕第34, 35, 37号
4. 「財政論」 〔政〕第40号

VACHEROT, Etienne

La démocratie. Paris, F. Chamerot, 1860.

BN/Lb^{56}886

1. Livre III : Le gouvernement démocratique. Chap. I——Le gouvernement, pp. 336-344.
2. Livre II : L'Etat démocratique. Chap. IX——L'armée, pp. 311-321.
3. Ibid., Chap. VIII——La police, pp. 296-311.
4. Ibid., Chap. XI——Les finances, pp. 326-335.

〔付記〕 原著者は，アコラースの提唱で1866年から1867年にかけて Jules Favre(セダン陥落後，国防政府外相)宅で催された「民法改訂を目的

とする研究会」に参加(Acollas, op. cit., T. I, p. LXXX, note 1). ただし,普仏戦争中ベルン大学法学部に教鞭をとっていたアコラースは,1871年,ベルンから書を送って,ドイツによるフランス支配を承認し,パリを蹂躙せしめたかどで「かつての同志」を否認する旨通告(Acollas, op. cit., T. III, p. VI).

24 *バスチア〔バスティア〕

「戦乱ノ起因ヲ論ズ」〔政〕第42,44,45号

BASTIAT, Claude-Frédéric

Œuvres Complètes. Paris, Guillaumin, 1873, 6 vol., T. VI : Harmonies Economiques.

BN/R 21447

Chap. XIX——Guerre, pp. 518-530.

〔付記〕「婦人改良の一策」に兆民は,「男子と共にギョート バイロンの文章を品評しバスシヤー リカルドーの経済説を論議し佶屈なる漢語と流滑なる洋語」とを操って文章も書けば演説もする,いわゆるブルーストッキング女性を登場させ,これに眉を顰める世の婦人改良家を揶揄している(『全集』第11巻,196頁).

【原著はアコラース推薦図書】

25 ビコー〔ピコ〕

「仏国租税法一斑」〔法〕第28号

PICOT, Jean-Bonaventure-Charles

Petits éléments des codes français exposés par demandes et par réponses à l'usage des écoliers primaires. Paris, J. Louis, 1870.

BN/F 41728

VIe partie——Des contributions ou impôts, pp. 132-136.

〔原著者略伝〕 法学博士,パリで弁護士開業. 1810年生まれ. 著書にNé-

cessité et moyens d'établir une réforme dans l'enseignement du clergé (1843); Colonisation de l'Algérie (1848) がある (O. Lorenz : Catalogue général de la librairie française. Cat. de 1866-1875, T. IV, p. 72 ; T. VI, p. 395.).

〔付記〕 原著はとくに「小学生用」と銘打った問答体の常用フランス法令解説書.『叢談』には問答体のものとしてほかにジャン・バチスト・セー「経済問答」があるが, 兆民が『平民の目さまし』,『国会論』,「国会問答」等の啓蒙書に問答体を多用しているのは, これらフランスの啓蒙書に倣ったものであろうか.

26 ＊ビュセー〔ビュシェ〕

「仏王十六世路易の獄を記す」〔史〕

1. (「革命の沿遷」) 第 34, 36 号

2. (本文) 第 36(末尾), 38, 40, 42, 44, 46, 55 号

BUCHEZ, Philippe-Joseph-Benjamin 〔et ROUX〕

Histoire parlementaire de la Révolution Française ou journal des Assemblées Nationales, depuis 1789 jusqu'en 1815. Paris, Paulin, 1834-1838, 40 vol.

BN/8° La^{32}200

1. N° 34 〔Introduction historique extraite de〕 Victor Duruy : Histoire de France. Paris, Hachette, 1871, 2 vol. Chap. LVIII——Le règne de Louis XVI ; Chap. LIX——L'Assemblée Constituante, T. II, pp. 422-487.

   N° 36, Ibid., Chap. LX——L'Assemblée Législative ; Chap. LXI——La Convention, ibid., pp. 487-521.

2. N° 36 (*in fine*), Buchez, op. cit., T. 21e, pp. 304-305 ; 311-313 ; 317-319.

   N°s 38-42, Interrogatoire de Louis Capet, ibid., pp. 286-291.

N° 44 (*suite*), pp. 299–303 ; 326–329, Défense de Louis...par le citoyen Desèze, T. 22e, pp. 1–4.

N°s 46, 55 (*suite*), ibid., pp. 4–10.

〔付記〕 ビュセーについては革命史との関連からまず原著『フランス革命の議会史』を考えないではなかったが，兆民の留学当時すでに古書でしか求められず，しかも全40巻からなるこの大著が『叢談』の出典であろうとはにわかに信じがたかった．だが，それらしきテキストがほかに見当らぬまま，やむなく，訳者前書に「仏王の獄を知らんとせば先づ彼国の革命の沿遷を見て其事実の連接する所を知るべし」とあるのをたよりに第一巻から調べにかかったところ，なにしろ原著は，革命の原因を遠く5世紀ガリアの諸王から説きおこし，それだけで最初の数巻を費やすという規模宏壮なものであるから，とうてい簡略な要約に適さないのではないか，という疑念が次第に強くなってきた．同じ前書にすぐ続いて，「依て革命史中より其概略を撮みて之を訳載し，云々」と断ってあることに気づいたのはそのころである．そこで，簡略な革命史ということからまず『叢談』原著者エルネスト女史の『通俗フランス革命史』，ついで『革命前法朗西二世紀事』巻頭の引用書目に掲げるマルタン，デュリュイらの『フランス史』という手順で調べていったが，結局出典はデュリュイで，ルイ十六世の治世から革命裁判までまさしく「其概略を撮みて之を訳載」したものであることが判明した．訳者は，エルネスト女史の「自由の旗揚」が第35号以下奇数号の掲載であり，偶数号のビュセーとは交互に発表されているところから，澗松晩翠と思われるが，ルイ十四世の秕政から説きおこして革命前夜に及ぶ『二世紀事』の構想はこのとき芽生えたものではあるまいか．なお兆民の革命観については，秋水が「仏国革命は千古の偉業也．然れども余は其惨に堪へざる也」と語ったところ，「然り予は革命党也．然れども当時予をして路易十六世王の絞頸台上に登るを見せしめば，予は必ず走つて劊手を撞倒し，王を抱擁して遁れしならん」と答えたと伝えられるが（『兆民先生』，『全集』別巻，470頁），原著八折判全40巻の中からとくにルイの生

死を決する立憲議会の「尋問」，および「市民ドゥゼーズによる……弁護」が訳出されたのは兆民のこのような革命観によるものであろうか．

【原著はアコラースの推薦図書】

27 フーシュ・ド・カレイュ〔フーシェ・ド・カレイユ〕

「英吉利革命論」〔政〕第 33，34 号

FOUCHER DE CAREIL, Louis-Alexandre, comte

《Révolution d'Angleterre de 1688》(extrait du *Dictionnaire général de la politique* de Maurice Block).

〔**原著者略伝**〕 文学者，政治家．1826 年，同名の将軍の子に生まれる．大学を優秀な成績で卒業して旅行に出たが，帰来後，哲学・文学研究のかたわら政治運動に入り，パリで行なった講演のかどで公開演説を禁止される．カルヴァドス地方の資産家として，同県議会に選出されたが，1869 年 5 月の総選挙には民主陣営から立候補して惨敗を喫し，アメリカ旅行に発つ．普仏戦争中はブルターニュ召集兵の野戦病院総監．和平後は 1871 年，コート＝デュ＝ノール県知事，1872 年，セーヌ＝エ＝マルヌ県知事．1875 年 2 月の国民議会補欠選挙に共和派から立候補して官選候補と争ったが，選挙干渉を受けて落選．1876 年 1 月の元老院選挙に当選し，中央左派(少数共和派)に属す．学問的業績としては『ライプニッツ選集』(第一，二巻)に収められた『書簡集』Lettres et opuscules inédits de Leibniz (1854); Nouvelles lettres et opuscules inédits de Leibniz (1857) の編輯をはじめとする一連のライプニッツ研究のほか，Hegel et Schopenhauer (1862); Gœthe et son œuvre (1865); Les habitations ouvrières et les constructions civiles (1873) などがある (Vap., 5e éd., 1880).

28 フォール〔ル・フォール〕

「革命社会論」(坂井勇訳)〔政〕第 13，16，32，33，35，38，41，43，44，46，54 号

LE FAURE, Amédée-Jean

Le socialisme pendant la Révolution Française〔1789-1798〕. Paris, E. Dentu, 1863.

BN/8° La^{32} 430

Chap. Ier——Droits de l'homme, pp. 23-92.

〔原著者略伝〕 政論家，代議士．1838年生まれ．下院の書記・編纂官として，1870年以降 *France* 誌の編輯にたずさわり，とくに軍事問題を論評する．1879年の選挙に共和派の支援をえて立候補，当選．共和国連《ユニオン・レピユブリケーヌ》合派に属し，軍制にかんする討論に活躍．著書に Aux avant-postes〔juillet 1870-janvier 1871〕(1871)；Commentaire sur le code de justice militaire(1873, avec Pradier-Fodéré)；Histoire de la guerre franco-allemande(1874, 2 vol.)；Procès du Maréchal Bazaine(1874)；les Lois militaires de France commentées et annotées(1876)；la Guerre d'Orient〔1876-1877〕(1878, 2 vol.)等がある(Vap., 5e éd., 1880).

〔付記〕 原著者フォールの表記については，同じく酒井雄三郎訳とおぼしきブラクの社会主義反駁書「近世社会党ノ沿革」の原典脚注(p. 52)に Faure として引いた例があるが，通常，フランス人名に冠せられた Le, La 等は省略されないから，酒井は恐らくブラクの著作から原著を知って社会主義の沿革を革命時代まで溯り，かつフォールの表記法を踏襲したものと思われる(本書第一章VIを参照)．ブラクの連載が『叢談』第11号で終り，同第13号(明治15.8.25)からフォールの紹介が始まっているのは，兆民周辺で本格的な社会主義研究が開始された時期を示しているともいえよう．

29 ブラク〔ブラック・ド・ラ・ペリエール，J.〕

1. 「近世社会党ノ沿革」〔史〕第2，3，9，11号
2. ラペリエル著「社会党ノ主義」（日下東男訳）〔政〕第23，28号

BRAC DE LA PERRIÈRE, J.〔acques〕

Le socialisme. Paris, Edouard Baltenweck, 1880.

BN/Lb^{57} 7217

1. VI——Origine historique du socialisme moderne, pp. 45-62.

2. IV——Le premier article du programme socialiste, pp. 24-36.

〔原著者略伝・付記〕 原著者については，パリ国立図書館蔵書目録で原著を探し当てたほかは，調べたかぎりの伝記辞典，書誌，人名カード類からなんらの手がかりもえられなかったが，たまたま兆民のリヨン時代を調べているうちに，そのころ当地の元弁護士団長に原著者と同姓の Paul Brac de La Perrière なる人物がいたことを知った．この Paul が秋水のいわゆる「里昂《リヨン》の状師」であったかどうかは明らかでないが(本書第二章 III を参照)，ともかくかれは熱心なカトリック教徒で，兆民の帰国した翌(1875)年，リヨン・カトリック法学部を創設し，いまもリヨンの町を見下ろすフルヴィエール大寺院の建設委員長をも勤めた土地の名望家である．本書第一章では原著の出版元がパリの信仰書専門書店であり，扉に記された著者肩書きが「法《リサ》律学士《ンシエ・アン・ドロワ》」であるところから，ことによると原著者は Paul の同族でパリ大学法学部に遊学したことのあるカトリック青年ではないかと推定しておいたが，その後リヨンに現存する同姓の数家族に問い合わせた結果，Paul の曾孫に当る Pierre Brac de La Perrière 氏からの御回答をえられたので，以下に該当部分をそのまま掲げさせていただく．

> Jacques Brac de La Perrière について調査を行なった結果，すでに 1909 年刊の Dieu et Science と題する書物(その一章が社会主義を論じています)を見出しましたが，こちらの調査もかなり暇がかかりそうです．Jacques(1852-1911)が Brac de La Perrière 家の正系に属するのに対して，Paul(1814-1899)は傍系の出であるからです．なおこの両系の共通の先祖は François Brac(1693-1779)です．正系の子孫はいまも La Perrière のシャトーを所有しており，そこに Jacques Brac de La Perrière も埋葬されています，云々．

すなわち，原著からは J. というイニシアルしかわからない原著者 Jacques は，『叢談』に紹介された明治 15(1882)年当時ようやく 30 歳，2 年

前に原著を出版したころにはまだ「法律学士」の肩書しかもたない無名の青年だったということになる．リヨン大学には1875年まで法学部がなかったから，兆民が渡仏した当時20歳になったばかりの原著者はかつてのPaul同様パリ大学に遊学中だったのではあるまいか．おおむね当代一流といってよい『叢談』の原著者の中にあってこのJacquesはまことに特異な存在であり，またカトリック教の立場からする社会主義反駁という原著の性格も「ルーソー主義と革命主義」で概括される『叢談』の一般的傾向とおよそそぐわないものである．考えられるのは，着仏後まもない兆民が原著者と知り合ったのがきっかけでその郷里リヨンに遊学したとか，土地の名望家Paul Brac de La Perrièreの知遇をえた結果，当時パリに遊学していた同族の青年を紹介されたとかいうような事情であるが，あるいはただ単に——本目録編者がかなり長い間そうであったように——J.としか記されぬ原著者を通常P.と略記される旧知の元弁護士団長と混同しただけであったろうか．いずれにせよ原著は，兆民自身が寄贈を受けるか，渡仏した田中耕造に托されるか，あるいはとくに取寄せるかしたものを愛弟子の酒井雄三郎に訳させたのではあるまいか．

30　*ブランキー

「経済学沿革史」（林庸介訳）〔政〕第8，14，15，16，17，19，20，24，27，28，29，30号

BLANQUI, Jérôme-Adolphe

Histoire de l'économie politique en Europe depuis les anciens jusqu'à nos jours suivie d'une bibliographie raisonnée des principaux ouvrages d'économie politique. 4e éd. Paris, Guillaumin, 1860, 2 vol.

内閣/F 7145

Chap. I——L'économie politique est plus ancienne qu'on ne pense.——Les Grecs et les Romains ont eu la leur..., pp. 19-29.

Chap. II——De l'économie politique chez les Grecs.——Leurs idées

sur l'esclavage.——Administration de leurs finances..., pp. 30-47.

Chap. III——Des systèmes économiques essayés ou proposés en Grèce.——Des lois de Lycurgue..., pp. 48-69.

〔**付記**〕 原著は兆民が「少し許り承知し居れり」と自ら語っている「アダムスミツス，ミル，チユルゴー，バチストセー等の経済書」(『全集』第11巻，153頁)と同じく Guillaumin 社刊「倫理・政治学叢書」所収.

31 フランク

「自殺論」〔政〕第46号

FRANCK, Adolphe

Dictionnaire des sciences philosophiques par une société de professeurs et de savants sous la direction de M. Ad. Franck. Deuxième édition. Paris, Hachette, 1875. BN/4° R 1294

L'article《Suicide》.

〔**原著者略伝**〕 哲学者，学士院会員．1809年イスラエル人の家系に生まれる．1832年，教授資格試験《アグレガシオン》の哲学部門第一位合格．各地の中等学校《コレージュ》で哲学の教鞭をとった後，1840年，パリのシャルルマーニュ高等中学校《リセー》に招かれる．同年，新規の大学教授資格試験に合格し，ソルボンヌに公開補講を開設．1843年，喉頭病のため教職をしりぞく．1844年，倫理・政治学アカデミー会員．1847年，ソルボンヌで社会哲学を講じ，1849～1852年，コレージュ・ド・フランスで Barthélemy Saint-Hilaire のためにギリシア・ラテン哲学を代講．1842年，帝室図書館保存官補．1854年，コレージュ・ド・フランスの自然法・国際法講座講師．1856年，同正教授就任．文部最高委員，イスラエル人会議副議長を歴任．著書に La Kabale, ou Philosophie religieuse des Hébreux (1843); le Communisme jugé par l'histoire (1849); Réformateurs et publicistes de l'Europe (1863); Philosophie mystique en France à la fin du XVIIIe siècle (1866); Morale pour tous (1868); Moralistes et philosophes (1871) などがある．*Journal des débats* の編輯者の一

人(Vap., 5ᵉ éd., 1880).

〔付記〕 主著のカバラ研究のほかEtudes orientales(1861)の著もある東洋学者フランクは，1860年の人種誌《エトウノグラフイー》学会名簿に，のちに東洋語学校日本語科教授(1868)，同学会会長(1873〜1877)ともなるレオン・ド・ロニーLéon de Rosnyとともに名を列ねているが，同学会は終身書記ロニーの日本研究熱を反映して，日本からの使節が到着するたびに福地源一郎，福沢諭吉，箕作秋坪，島地黙雷，寺島宗則，成島柳北と日本人会員を増やしてゆき，とくにロニーが会長に，兆民の親友今村和郎が書記に就任した1873年以降は，アコラース，光妙寺三郎など，兆民に近い人々の入会が目立っている(Annuaire de la Société d'Ethnographie, 1860, pp. 16-26 ; Liste des membres ; ibid., Résumé historique〔1859-1878〕, 1878, p. 45). なお兆民は『理学鉤玄』において,「理学ノ物タル其目的猶ホ未ダ一定セズ」とするジューフロアーJouffroyの説に対するフランクの反論を紹介しているが(第一章「理学ノ意義幷ニ旨趣」,『全集』第7巻，16-17頁)，フランク原著《Philosophie》の項にも両者の論争が紹介されている.

32 ブロク〔ブロック〕

I—1.「政党論」(野村泰亨訳)〔政〕第5，6，8，11，13，15号

2.「反対政党ヲ論ズ」(酒井雄訳)〔政〕第10号

3.「政談社及ビ与論ノ効用」(酒井雄訳)〔政〕第11，12号

4.「専制政治ノ類別」(野村泰亨訳)〔政〕第24号

5.「為政者ノ大志」(野村泰亨訳)〔政〕第25号

6.「英国国会一斑」(奥山十平訳)〔政〕第31，33，37，42号

II—1.「仏国行政一斑」〔政〕第50，52，53，54号

BLOCK, Maurice

I—Dictionnaire général de la politique. Nouvelle éd. Paris, O. Lorenz, 1873-1874, 2 vol.

内閣/外F 4330(et 5 autres ex.)

1. 《Partis》(par Maurice Block).

2. 《Opposition》(par Emile Chédieu).

3. 《Club》(par Maurice Block); 《Opinion publique》(par Charles Dollfus).

4. 《Despotisme》(par Emile Chédieu).

5. 《Ambition》(par Jules Simon).

6. 《Parlement britanique》(par Smith).

II—Dictionnaire de l'administration française. 3e tirage de la 2e éd. Paris, Berger-Levrault, 1881.

内閣/内 F 6993 (et 7 autres ex.)

1. 《Agent diplomatique》; 《Appel comme d'abus》; 《Armée》; 《Association》.

〔**原著者略伝**〕 経済学者. 1816年ベルリン生まれ. 5歳のときフランスに来て帰化. 1843年以来, 農商務省の一般統計局勤務. 1861年官職をしりぞき, 政論家としての研究と, 内外諸雑誌の編輯に専念する. 統計・経済学関係の労作が多いが, とりわけ Statistique de la France, comparée avec les divers Etats de l'Europe (1860, 2 vol.; 2e éd., 1874, 2 vol.); Puissance comparée des divers Etats de l'Europe (1862); l'Europe politique et sociale (1869); Théoriciens du socialisme en Allemagne (1872); les Finances de la France depuis 1815 (1863); l'Annuaire de l'administration française (1858–1868, 11 vol.) 等がある. 1861年, 科学アカデミーの Montyon 賞受賞 (Vap., 5e éd., 1880).

〔**付記**〕 原著巻頭の執筆者欄には, 日本人西岡逾明 NISHIOKA, conseiller d'Etat à Yedo (Japon) や, パリ東洋語学校日本語科教授レオン・ド・ロニー Léon de ROSNY ら日本関係者が名を列ねているのが注目されるが, 『米欧回覧実記』には岩倉使節団のパリ滞在中, 1873年2月4日の項に「プロフェツソル, モリス・ブロック氏ヲ訪フ後一再訪問ス一一録セズ仏国ニテ高名ナル経済学士ナリ, 会計学ニ長ジ, 著ス所ノ政治字書〔＝『叢談』原著〕, 世ニ

称セラル」とあるのを皮切りに(岩波文庫版第三巻，159 頁)，ブロックを訪問ないし招待するとの記事が何度か見えている．なかでも熱心なのは木戸孝允で，1 月中連日のように西岡の宿舎へ出向いて「仏国政事書を取調べ」，月末には折からの雪を衝いて西岡同道，ブロックの意見を叩いているほどであるが(『木戸孝允日記』第二，305, 314 頁)，かれが前年 4 月 2 日，滞在中のアメリカからブロックに師事する西岡に送った書簡には(ブコ《(ママ)》ック氏一条はい曲鮫島〔駐仏弁務使〕へ相談し同氏之勘考を以て使節之処も何と歟決し候はゝ穏便に可有之と奉存候いづれ同氏より可申上事と奉存候」とあるから(『木戸孝允文書』第四，356 頁)，木戸の後輩西岡が師事するブロックを雇入れるのに，とくに大久保の意向を慮ってか，直接木戸の口からではなく，鮫島公使から使節一同へ発議するよう，前々から画策されていたらしい．続けて木戸は「愚考に而は折角老先生も是まで本邦之為にも本邦人の為にも一人尽力いたし呉候事に付不取放候方可然と奉存候」との意向を示し，外国人雇入れについては「心切にして博学なるが第一等に御座候」と述べているから(同上)，お雇い外人候補としてボアソナード以前に白羽の矢を立てられていたらしいブロックは，ことによると，前年 1 月(西暦 2 月)には着仏していた兆民ら法科系留学生たちのためにも一人尽力してくれたことがあったのだろうか．使節と時を同じうして司法省調査団の一員として在仏した井上毅もまた，帰国後，岩倉，伊藤らの下問を受けて意見書を草する際につねにブロックの政治，行政両辞典を座右に置いており，日本近代国家の骨格はこの両辞典によってかたちづくられたといっても恐らく過言ではない．『叢談』第 24 号から第 34 号まで，兆民の四国・九州地方遊説のため休載していた『民約訳解』にかわって，もっぱらブロック『政治大辞典』の項目が巻頭に掲げられたこと，今日内閣文庫に残る各省庁旧蔵のフランス書中，個人としてはブロックの著作がもっとも多いことなども，なるほどと首肯されるのである．

【原著はアコラース推薦図書．よくできた辞書は居ながらにして多くの情報を提供してくれるから，時間の節約になる，というのが推薦理由】

33 *ヘッカリア〔ベッカリーア〕

「刑罪論」〔法〕第4，6号

BECCARIA, Cesare-Bonesana, marchese di

Des délits et des peines. Deuxième édition. Avec une introduction et commentaire, revus et augmentés des notes nouvelles par M. Faustin Hélie. Paris, Guillaumin, 1870.

BN/F 28963

§ Ier : Introduction, pp. 9–13.

§ II : Origine des peines et droit de punir, pp. 14–18.

〔**付記**〕『叢談』原著者ヘリーによる新訳で，初版刊行は1856年.『政理叢談』の誌名の模範の一になったかと思われるGuillaumin社の「倫理・政治学叢書」の一冊で，巻末の同叢書目録にはほかにもバスチア，ブランキー，ジァン・バチスト・セーなど『叢談』の原著が並んでいる.

【原著(とくにその Hélie 版，1866)はアコラース推薦図書】

34 ヘリー〔エリー〕

「内訌論」〔政〕第26号

HELIE, Faustin

《Guerre civile》(extrait du *Dictionnaire général de la politique* de Maurice Block).

〔**原著者略伝**〕法学者，学士院《アンスティテュ》会員. 1799年生まれ. レンヌ大学で法学を修める. 1823年，弁護士認可を受けたが，パリに出てさらに法学を研鑽し，博士号を取得. 1827年ごろ，法務省事務局に入る. 10年後，刑法にかんする研究業績を買われて刑事課長に，二月革命直後，同刑事局長に抜擢され，1849年，破毀院《クール・ド・カツサシオン》(最高裁)刑事部判事. 1872年，同部裁判長をもって退職，名誉裁判長. 1879年，参事院《コンセイユ・デタ》副議長. 1855年，倫理・政治学アカデミー(立法部)会員. 1829年，*Journal du droit criminel* の創刊に

参画．著書に Théorie du code pénal (1834–1843, 6 vol. 斯学の基本文献)；Traité de l'instruction criminelle (1845–1860, 9 vol.) や，刑法書の注釈・改訂のほか，Beccaria : Des délits et des peines の翻訳(1870,『叢談』原著)がある．法律雑誌への寄稿多数(Vap., 5e éd., 1880)．

【原著者のものではアコラースは Théorie du Code d'instruction criminelle. 2e éd. Paris, 1866–1868, 8 vol. を推薦．ただしその 1875 年共和政憲法注解については「最も反動的」と評している (Introduction à l'étude du droit, p. 49, note 1)】

35 ベリーム

1. 「万国公法ヲ論ズ」（白石時康訳）〔政〕第 31，33，36，38，39，41，43，45 号
2. 「圧制政論」〔政〕第 41 号

BELIME, William

Philosophie du droit ou cours d'introduction à la science du droit. 4e éd. Paris, A. Durand et Dupont-Auriel, 1881, 2. vol.

BN/8° F 2097

1. Livre Troisième : Des diverses branches de la science du droit. Chap. II : Du droit des gens, T. I, pp. 287–290.
   §1 De la souveraineté, pp. 290–294. §2 Des traités, pp. 294–300. §3 Des agents diplomatiques, pp. 300–305. §4 De l'étiquette, pp. 305–312. §5 De la guerre, pp. 312–314. §6 Des justes motifs de guerre, pp. 314–317. §7 De ce qu'autorise l'état de guerre, pp. 318–322. §8 Du droit des neutres, pp. 323–325. §9 De la paix perpétuelle, pp. 326–327.
2. Livre Premier : Fondement des idées morales. Chap. V : Système de l'égoïsme——Hobbes, T. I, pp. 66–71.

〔**原著者略伝**〕 1811 年ディジョンに生まれ，1844 年同市で死す．ディジ

ョン大学法学部教授. 著書に Traité de droit de possession et des actions possessoires(1842)がある(O. Lorenz : Catalogue général de la librairie française depuis 1840. Cat. de 1866–1875, T. I, p. 208 ; T. V, p. 106).

36 *ベンサム

「司法組織論」(田中耕造・野村泰亨訳)〔法〕第7, 8, 9, 10, 16, 17, 18, 19, 20, 21, 23, 24, 25, 26, 27, 30, 31, 32, 33, 34, 35, 37, 38, 39, 43, 45号

BENTHAM, Jeremy

Œuvres de J. Bentham. Bruxelles, Louis Hauman, 1829–1830, 3 vol.

内閣/F 6825

T. III : De l'organisation judiciaire et de la codification, pp. 1–23.

〔**付記**〕 原著にはほかに単行本(Paris, H. Bossange, 1828)もあるが, 第7号の訳者前書で田中は「予今之ヲ氏ガ全書中ヨリ訳出シテ以テ世ニ公ニス」と断わっているから, 上記仏訳『選集』本に拠ったものと考えられる. なお兆民は『民約訳解』にベンサムが「民約」の実迹を否定したことに触れて, ルソーが事の体, 本, 義を重んずるのに対して, ベンサムは用, 末, 利を追うものだという批判的見解を洩らしているが(巻之一第六章「解」,『全集』第1巻, 91頁),「叙」では西欧近世の大政論家としてモンテスキュー, ルソー, ロック, ライプニッツ, カントとともに「賓撒毋《ベンサム》」を挙げ,「皆な雄俊閎偉, 淹博の識, 通達の材を以て, 書を著して治道の要を論ず. 理の密なるは毫芒を分かち, 辞の華なるは万色を奪う」と讃辞を呈している(島田虔次氏による「よみくだし文」, 同上, 132頁).

【原著者のものではアコラースは Théorie des peines et des récompenses, trad. par Dumont(Paris, 1827, 2 vol.)を推薦】

37 *ミラボー

1.「専制政治ノ宿弊ヲ論ズ」〔政〕第1, 3, 4, 5, 6号

2. 「仏王路易ニ上ル書」〔政〕第7号

3. 「仏蘭西国民ニ告グルノ文」（坂井生訳）〔政〕第8号

MIRABEAU, Honoré-Gabriel RIQUETI, comte de

A. Vermorel : Mirabeau——sa vie, ses opinions et ses discours. Paris, Librairie de la Bibliothèque Nationale, 1880, 5t. en 1 vol.

BN/8° Ln^{27} 14272A

T. I : Essai sur le despotisme, pp. 123–150.

〔以下，検索の便のため，メリルー版『ミラボー選集』第2巻 Œuvres de Mirabeau, précédées d'une notice sur sa vie et ses ouvrages par M. Mérilhou. Paris, P. Dupont, 1825–1827, 9 vol. T. II. の該当頁数をかっこ内に併記する〕

1. N° 1〔préface〕, pp. 126–127(該当部分なし). N° 3, pp. 127–130 (pp. 251–254). N° 4, pp. 131–133(pp. 268–271). N° 5, pp. 134–135 (pp. 272–275). N° 6, pp. 136–139(pp. 337–340 ; 348 ; 356–358 ; 297–298).

2. Ibid., pp. 139–142(pp. 287–291 ; 294–296).

3. Ibid., pp. 147–150(pp. 400 ; 434–436 ; 441–442).

〔付記〕 ヴェルモレルの編輯になる原著は，「国民文庫，別名，古今名家集」Bibliothèque Nationale, collection des meilleurs auteurs anciens et modernes と銘打った民衆教育用の廉価袖珍版で，5分冊を綴じて1巻とし(各冊ともコーヒー1杯分の料金で2冊は買えようという25サンチーム，32折判)，ミラボーからの抜粋をヴェルモレルの解説で綴ったもの．訳者——韜晦癖の強い酒井雄三郎であろう——はこれをお構いなしに解説の文章ごと訳出し，第3号前書に「自今号ヲ逐フテ掲録セント欲スル所ハ専ラ本論ノ大体ニ就キ最モ時勢ニ切用ナル者ノミヲ撮訳セリ故ニ章句ノ進転中或ハ文理ノ連接セザル如キモノナキニ非ズ読者幸ヒニ之ヲ諒セヨ」と何食わぬ顔で断っている．なお第1号に掲げられた原著序文は18世紀単行本，および19世紀全集本のいずれにもなく(1821年版単行本は未見)，このヴ

ェルモレル版に付せられているのみである．また第7号では国王一般に第二人称で警告を発する原文を特殊に「仏王路易ニ上ル書」と改め，第8号でも「有徳な人々よ」Hommes vertueux! の呼びかけにはじまる文章を，「仏蘭西国民ニ告グルノ文」という檄文の体裁に仕立て上げている．ブラクの社会主義反駁書を逆手にとって社会主義を紹介した例に見られるように，いかにも酒井らしい時勢の切用を考えた改変というべきである．原著の編者ヴェルモレル VERMOREL, Auguste-Jean-Marie は1841年生まれのジャーナリスト．法学を修めるためパリに出たが，はじめ小説家を志望し，のちジャーナリストに転向．文学新聞を起こし，卒業試験直後に筆禍・入獄したのを皮切りに，以後新聞社を転々としながら筆禍・入獄を繰返す．著書に匿名の Les Mystères de la police (1864, 3 vol.); 獄中作 Hommes de 1848 (1868) などがあるが，ほかにダントン，ロベスピエール，マラーらの Œuvres (1865–1866) を編輯している．

【原著者についてはアコラースは Mirabeau : Œuvres complètes (Paris, 8 vol.) を推薦】

38　ラバレー〔ラヴォレー〕

「政術家《ヲムポリチク》，政略家《ポリチシアン》及ビ政論家《ピユブリシスト》ノ区別」（田中耕造訳）〔政〕第30号

LAVOLLEE, Charles-Hubert

《Homme politique》

《Publiciste》 (par Maurice Block)

(extraits du *Dictionnaire général de la politique* de Maurice Block).

〔**原著者略伝**〕 文学者．1823年生まれ．1843年，中国派遣使節団に参加．1846年帰国後，通産省入り．1855年，内務省に移り，局長．同省を辞してパリ乗合馬車会社（今日のパリ市交通公社 R.A.T.P. の前身）取締役．1846年以来，*Revue des Deux Mondes* などの雑誌に寄稿．著書に Voyage en Chine (1852); la Chine contemporaine (1860); les Chemins de fer en France (1866) がある (Vap., 5ᵉ éd., 1880).

〔付記〕 ラバレーの表記から考えられるのは『フランス人の歴史』(1838-1839, 3巻)や『オットマン帝国史』(1859)を書いた歴史家 Théophile-Sébastien Lavallée(1804-1867)であるが，原典の執筆者名は *C.* Lavallée となっている.「中国」Chine の項にも同じ署名があり，原著巻頭の執筆者一覧には「元知事」Lav*o*llée(Ch.)は載っているが，Lav*a*llée の名は見えないから，Lav*a*llée は原著の誤記であろう．同執筆者一覧には監修者モーリス・ブロックと岩倉使節団との交渉を反映してか，日本人西岡逾明，東洋語学校日本語科教授レオン・ド・ロニー Léon de Rosny らの名も見えるから，中国旅行者ラヴォレーの寄稿はそのような縁故によったものか.

39 ラブーレー

「宰相責任論」〔政〕第 17，18，20，32，36 号

LABOULAYE, Edouard-René LEFEBVRE-

Le parti libéral, son programme et son avenir. 8ᵉ éd. Paris, Charpentier, 1871.

Deuxième partie. XIII——De la responsabilité ministérielle, pp. 185-216.

〔原著者略伝〕 法学者，学士院《アンスティテュ》会員．1811 年生まれ．パリ大学で法学を修めた後，1839 年，『ヨーロッパ土地所有権史』で碑銘・文芸アカデミー賞受賞．1845 年，『古代ローマ刑法論』によって再び同賞を受賞するとともに同アカデミー会員．1849 年，コレージュ・ド・フランス比較法学教授.帝政下における世論喚起を目的とした自由主義派の企てに加わって，公開講演等を行なうが，帝政末期の総選挙，補欠選挙で三たび立って落選.1870 年，パリ市・セーヌ県行政組織調査委員に任命されるとともに旧来の反対意見を翻し，「平和革命」と賛成投票の必要を説いたので，コレージュ・ド・フランスの講義が混乱し，一時休講を余儀なくされる．1871 年 7 月の補欠選挙に当選し，中央左派の副総裁となる．1873 年，一連の王党派

の策謀に反対し，共和政支持を表明．同年また終身元老院議員に選ばれる．議員活動に入ってからコレージュ・ド・フランスには代講を立てていたが，1873年，1876年，1879年と同校校長を勤める．1875年，アメリカ独立百年記念祝賀のための米仏合同委員会総裁．1880年，アカデミー・フランセーズに立候補したが，Maxime Du Campのために敗れる．著書はHistoire politique des Etats-Unis (1855–1866, 3 vol.); l'Etat et ses limites (1863); Questions constitutionnelles (1872)などのほか多数．小説，コント類もある．Œuvres complètes de Montesquieu (1875–1879, 7 vol.)の編者 (Vap., 5e éd., 1880).

〔**付記**〕 ラブーレーにはアラビア風小説Abdallah (1859)のような余技もあるからもともと東洋趣味があったようだが，東洋語学校日本語科教授レオン・ド・ロニーLéon de Rosnyの『日本選文集』Anthologie japonaise (1871)に序文を寄せているのは，東洋語学校が一時コレージュ・ド・フランス構内の校長官舎を仮校舎としていた縁故によるものであろうか．同校が1873年9月，リール街の新校舎に移転したのはラブーレーのコレージュ・ド・フランス校長就任とともに官舎の明渡しを迫られたためである (Cent cinquantenaire de l'Ecole des Langues Orientales Vivantes. Paris, 1948, p. 9)．なお兆民の親友今村和郎も同年3月から東洋語学校講師として，ロニーを輔けているから，コレージュ・ド・フランスの建物は同6月はじめリヨンから帰来して留学生召還反対運動をはじめた兆民の行動半径内に入っていたと考えられる(本章第二章を参照)．原著者はフランス文学・思想研究者にはラブーレー版『モンテスキュー全集』の編者として知られる．

【原著者のものではアコラースはHistoire du droit de propriété foncière en Occident. Paris, 1839, 1 vol. ; Recherche sur la condition civile et politique des femmes depuis les Romains jusqu'à nos jours. Paris, 1843, 1 vol. およびBenjamin Constant : Cours de politique constitutionnelle. Paris, 2 vol. ほか1点の編著を推薦】

40 ラフェリエール

1.「英吉利《イギリス》国憲」（四蟹生訳）〔法〕第3，4，5，7，11，12，14，15，18，22，23，24，25，27，29，30，31，32号

2.「巴西《ブレジール》国憲」〔法〕第36，38，40，43，49，50，52，55号

LAFERRIERE, Edouard-Julien

Les constitutions d'Europe et d'Amérique recueillies par M. E. Laferrière, revues par M. A. Batbie. Paris, Cotillon, 1869.

内閣/長田 F 5788

1. Grande Bretagne. Exposé des principes généraux de la constitution d'Angleterre, pp. 410-460.
2. Brésil. Constitution du 25 mars 1824, avec les modifications et additions résultant de la loi des réformes constitutionnelles du 12 août 1824, pp. 589-597.

〔原著者略伝〕 法学者．1841年生まれ．パリ大学で法学を修め，1864年弁護士登録．一時 Ernest Picard（第二帝政時代の共和党代議士で野党の代弁者）の秘書を勤めたことがあり，1869年には *Rappel* 紙（共和派系）にさかんに寄稿．同年の総選挙の際にはパリ Mazas 監獄に投ぜられたが，弁護士団の要請により釈放される．1870年，参事院《コンセイユ・デタ》にかわる臨時委員会の請《メー》願委員《トル・デ・ルケート》に任ぜられ，訴訟部の政府委員．1879年，内務省宗務局長に聘せられ，臨時参事官扱いとなる．同年，常勤参事官，ついで訴訟部長に任ぜられ，1886年，参事院副議長．1892年山岳協会長．著書としては，法律・政論雑誌へのさかんな寄稿のほか，Les Journalistes devant le Conseil d'Etat (1865); La censure et le régime constitutionnel (1867); Traité de la juridiction administrative et des recours contentieux (1887-1888, 2 vol.) がある (Vap., 6e éd., 1893).

〔付記〕 英国憲法が当時兆民ら民権派の主張していた国約憲法〔＝君民共治憲法〕の模範であったことはいうまでもないが，折からドイツに滞在中

の伊藤博文がドイツ流の君主政憲法を準備しているのではないかと質された元老院大書記官金子堅太郎は，その巷説を否定し，自分としては「南亜墨利加巴西帝国の憲法に倣はんと欲するなり．該国憲法は十七年間の準備を以て調成せしとかにて，宇内各国の憲法を斟酌折衷して立案せしものなれば，実に完美なり」と韜晦している(『東京横浜毎日』，明15. 8. 3)．すなわち，ブラジル帝国憲法もまた英国憲法とともに兆民らの考えていた国約憲法の範とされたらしいことが窺われるが，これに反して，伊藤博文を輔佐して君主政憲法制定のために尽瘁していた井上毅が，同じくラフェリエールの原著から『孛国《プロイセン》憲法』(明治15年)を摘訳しているのはまことに対照的である．なお，原著が明治9年に元老院で起草された「日本国憲按」の基礎資料となった事情については，本書第三章Ⅲを参照されたい．

【原著者のものではアコラースはHistoire du droit civil de Rome et du droit français. Paris, 1846-1858, 6 vol.(inachevée)を推薦】

41　ラペリエル

〔29 ブラクを見よ〕

42　*ルーソー

I．「民約訳解」〔政〕第2，3，4，5，6，7，8，9，10，11，12，13，14，15，16，20，35，36，37，38，39，40，41，42，43，46号

II．「不平等論」(野村泰亨訳)〔理〕第18，19，22，24，25，26，40号

ROUSSEAU, Jean-Jacques

I. Du contrat social ou principes du droit politique. Amsterdam, Marc-Michel Rey, 1772, in-8°, viii-283p. (traduction arrêtée au Liv. II, Chap. vi : De la loi).

II. Discours sur l'origine et les fondements de l'inégalité parmi les hommes (Œuvres Complètes de l'éd. de la Pléiade, T. III, pp. 134-150)

〔**付記**〕『民約訳解』の底本については，滞仏調査でもついに決め手がえられなかったが，本目録「はしがき」注(18)に記したように，兆民の使用した『社会契約論』の原本は1772年版であったことが，その後判明した．書誌(Jean Sénelier : Bibliographie générale des œuvres de J.-J. Rousseau)によれば，著者存命中の1772年当時まだ全集はなく，選集類で原著の刊行が1772年に当るものはないから，原本は原著初版(1762年刊)の偽版を1772年に再版した単行本だったということになろう．兆民がこの単行本のほかにもなんらかのルソー全集ないし選集を留学から持ち帰ったことは大いに考えられるが，求めやすさ，荷造りなど，留学に伴なう即物的条件を考えれば，たとえ定評はあってもミュッセ＝パテー版全集 Œuvres complètes de J.-J. Rousseau mises dans un nouvel ordre avec des notes historiques et des éclaircissements par V. D. Musset-Pathay. Paris, Dupont, 1823–1826, 25 vol., in-8°. などのような浩瀚なものではなかったろうと思われる．18世紀版の手頃な選集類(Œuvres, Œuvres diverses と銘打ったもの)なら，当時，古書店で簡単に買い求められたはずだが，その場合，『エミール』，『告白』のような大部なものは収められていない場合が多いから，別途単行本で買い足されたのであったかもしれない．しかし，『叢談』原著にも3点を数えるフランス出版界の雄 Hachette 社からは，兆民の渡仏当時すでに12折判8巻本(1856–1858)，18折判13巻本(1865–1870)の二種類の全集が出まわっており，とくに「フランス大作家叢書」の一環として刊行された13巻本は，そのコンパクトな体裁にもかかわらず，プレイアド叢書版全集が完結していない今日なおルソー研究の「ウルガータ」たる位地を失なっていないから，兆民は刊行まもないこの13巻本全集(1871年，1873年にも再刊される)を持ち帰ったものと仮定して，一応，さしつかえないと思う．仏学塾の「輪講」・「輪読」(「明治十五年九月改正仏学塾規則」，『全集』第17巻，130頁)のテキストとしては，明治16年，17年の「仏学塾開陳書」に1866年刊の『民約論』が届けられており(同上，142, 148頁)，該当する全集版・選集版がないところから，これはミラボー原著と同じ袖珍本「国民

文庫」の Du contrat social. Paris, 1866, in-32, 192 p., avec une notice sur Rousseau par N. David(1864 年初版)であろう．また『社会契約論』,『学問芸術論』,『不平等論』などの政治論文を収める Petits chefs-d'œuvre de J.-J. Rousseau. Paris, Garnier, 1867, in-16, 514 p. は今日の「ガルニエ古典文庫」の Du contrat social et autres œuvres politiques(in-16, XXX+506 p.)にほとんど同じ体裁で伝わっている手頃な政治論集の名版で，上記「国民文庫」版とともにしばしばパリの各区立図書館に蔵されるから，この『ルソー傑作小品集』が 18 世紀版以外に単行本のなかった『不平等論』などの講読に使用された可能性は大いにある．なお,『不平等論』についてはとりあえずプレイアド版によって訳出箇所を示しておく．

43　ルウイゼチエンヌ〔エチエンヌ，ルイ〕

「文明ヲ進ムルハ政治ノ分トスベキ所ニ非ズ」(田中耕造訳)　第 2 号

ETIENNE, Louis

Le positivisme dans l'histoire : M. Henri Thomas Buckle. Du gouvernement.

Dans la *Revue des Deux Mondes* du 15 mars 1868, pp. 392-394.

〔原著者略伝・付記〕　当時の人名辞典・百科辞典類に記載はないが(あるのは同名の別人)，ソルボンヌの「講義科目一覧」(Affiches des cours et conférences. Faculté des Lettres. Paris.〔1854-1896〕. Archives Nationales : F^{17} 13126)によれば，エティエンヌは兆民がフランスに滞在していた 1872 年から 1873 年にかけてフランス雄弁術講座の正教授サン＝ルネ＝タイアンディエ Saint-René-Taillandier の代講者として 18 世紀前半の文学・思想を講じており，1873 年春から同年冬タイアンディエが帰任して「ジャン＝ジャック・ルソーとその時代」の講義を再開するまで(兆民は同年 6 月，留学生召還の報に接して，急遽リヨンからパリに戻る)，「18 世紀前半の歴史家と政論家」と題してモンテスキュー，ヴォルテールらについて論じている(本書第一章Ⅴを参照)．なお，タイアンディエによれば，かれが 1870

年はじめラブーレー(『叢談』原著者)の推挙により文部事務次官に転出したときに代講者として *Revue des Deux Mondes* の寄稿者仲間であったエティエンヌを選んだ由である．以後タイアンディエは第三共和政宣言後のジュール・シモン(『叢談』原著者)まで二代の文部大臣に仕えて1872年に依願退官したが，ソルボンヌへの復帰が翌年冬になったのは当該年度内はエティエンヌに代講を任せるという当初からの約束によるものだという．つまりその間に教歴・業績を積んで他大学に教職をえられるようにとの配慮であった．エティエンヌはその後シャムベリー大学区《アカデミー》総長，ついでブザンソン大学区総長に任ぜられたが，業なかばにして早世した．死後まもなくその著 Histoire de la littérature italienne(1875)がアカデミー・フランセーズ賞受賞(Saint-René-Taillandier : Les renégats de 89. Souvenirs du cours d'éloquence française à la Sorbonne. Paris, 1877, pp. 64-65).

44　*ロック

1. 仏人某撰「英人ロック氏政体論ノ序」〔政〕第4号
2. 「人世ノ前ニ天世アリ」〔政〕第37，39号

LOCKE, John

Du gouvernement civil par Mr. Locke, traduit de l'anglois par L. C. R. D. M. A. D. P. Cinquième Edition exactement revûë et corrigée sur la 5e Edition de Londres et augmentée de quelques notes. Amsterdam, J. Schreuder et Pierre Mortier le Jeune, 1755.

BN/8° R 37002

1. Avertissement de l'édition de 1724, pp. V-X.
2. Chap. I——De l'état de nature, I-XII, pp. 1-22.

〔付記〕 アコラースは「自治《セルフ・ガヴァメント》」の原理にかなう連邦共和国論の先駆者として「ロック，チュルゴ，コンドルセ，とりわけルソー」を挙げ，「ロックの影響を受けてルソーは，はじめて政治法《ドロワ・ポリテイック》の一大原理体系〔=「社会契約」〕を抱懐したのである」と述べている(op. cit., T. I, p. XVI,

note 1)．なお，「序」を書いた「仏人某」L. C. R. D. M. A. D. P. とは，同じくロックの『人間悟性論』の訳者ピエール・コスト Pierre Coste とともに，原著『統治に関する第二論文』の訳者として知られる亡命新教徒ダヴィッド・マゼル David Mazel のことであろう (Paul Hazard : Crise de la conscience européenne〔1680–1715〕, 1935. 野沢協訳，ポール・アザール『ヨーロッパ精神の危機』，308 頁)．なお，原著が『叢談』に収められた意義について詳しくは上記「はしがき」を参照されたい．

【原著 Du gouvernement civil, trad. de l'anglais. Paris, l'an III de la république française (1795), 1 vol. はアコラース推薦図書．作業の都合で 1755 年第 5 版を採択したが，求めやすさ等を考慮すれば，翻訳底本はこの 1795 年第 7 版だったかもしれない.】

45　エヅアル・エルウェ〔エルヴェ，エドゥアール〕

「英仏政党ノ首領」〔政〕第 3，5 号

HERVE, Edouard

《Leader》(extrait du *Dictionnaire général de la politique* de Maurice Block).

〔原著者略伝〕 新聞記者・政論家．1835 年生まれ．1854 年，高等師範学校《エコール・ノルマール》(文学部門) に首席合格した後数ヶ月で退学し，新聞記者の道に入る．1860 年，*Revue contemporaine* の政治欄を担当．のち *Temps* 紙などに移るが，当局の忌諱に触れて国内紙への寄稿を禁止され，*Journal de Genève* の通信員となる．1867 年，出版規制の緩和とともに *Journal de Paris* を創刊して帝政政府を痛撃．1869 年の総選挙にはチエールに推されて自由主義野党から立候補したが落選．1873 年，大日刊政論紙 *Soleil* を創刊してオルレアン王朝派の強力な論陣を張る．1877 年のいわゆる「5 月 16 日事件」に際しては王党派の反動政策を支持し，その敗退後は共和党攻撃の急先鋒となる．一時，正統王朝派との不仲を伝えられたが，その当主シャンボール伯の死後は保守王党各派の連合を説き，*Soleil* を新フランス王家創立のた

めの非公式機関紙とする．実際政治にも意欲を示し，1881年，パリ市議会に選出されたが，さらに国政に挑んで四たび立候補して四たび落選．ただしこの失敗は1886年，アカデミー・フランセーズ会員当選によって報いられた．名声を博した新聞論説のほか，著書に，英国の選挙・政治家を論じたUne page d'histoire contemporaine(1869)およびLa crise irlandaise depuis la fin du XVIIIe siècle jusqu'à nos jours(1885)がある(Vap., 6e éd., 1893).

46 ＊ヲジョンバロー〔バロー，オディロン〕

「中央集権ノ政ハ国家ノ風俗ヲ壊乱ス」（広野生訳）〔政〕第7，9号

BARROT, Camille-Hyacinthe-Odilon

Etudes contemporaines. De la centralisation et de ses effets. Paris, Didier, 1870.

BN/Lf[96] 135 A

Chap. III : De l'influence de la centralisation sur les mœurs, pp. 41–52.

〔**付記**〕『選挙人目ざまし』の中で有限委任はフランス古来の伝統であるとのフィリポン『有限委任論』Ed. Philipon : le Mandat impératif(1882)の説を引いた後，兆民は「近日に至りオヂヨンバロー，クレマンソーの諸氏も口を極めて有限委任の必要なるを論じ，云々」と書いている(『全集』第10巻，116頁).

【原著はアコラース推薦図書】